제주 사람들의 삶과 언어

제주 사람들의 삶과 언어

김순자 著

책을 내며

　　지난여름은 참으로 무더웠다. 낮은 낮대로, 밤은 밤대로 몸과 마음이 무더위로 축축 처져 있었다. 할 일은 쌓여 갔으나 진척이 없으니 짜증만 밀려왔다. 돌파구가 필요했다. 집을 이사해 몇 달이 지났는데도 정리하지 못한 채 쌓여 있는 책들부터 정리하기로 마음먹었다.

　　책을 정리하다 보니 이전에 《교육제주》, 《제주문화예술》, 《불휘공》, 《삶과 문화》 등에 발표했던 글들이 눈에 들어왔다. 글을 쓸 때는 잘 몰랐지만 우리 어머니 아버지들의 목소리로 들려준 그들의 삶의 내력이야말로 제주 문화의 정수라는 생각이 들자 가슴 밑에서부터 뜨거움이 밀려왔다. 옛 원고들을 읽고, 다듬다 보니 무더운 여름을 그야말로 뜨겁게 보낼 수 있었다.

　　언어는 생각, 느낌 따위를 나타내거나 전달하는 데에 쓰는 음성, 문자 따위의 수단이다. 또 그 음성이나 문자 따위의 사회 관습적인 체계를 말한다. 그런 점에서 제주의 언어는 제주 사람들의 생각이나 느낌,

그리고 그들의 삶과 역사의 표현 수단이다. 이번에 세상에 내놓는 《제주 사람들의 삶과 언어》는 지금은 옛 이야기가 되고 있지만, 우리 어머니 아버지들의 삶과 역사가 오롯이 담겨 있다.

　일제강점기, 4·3사건, 6·25전쟁 등 격랑의 세월 속에서 전통적인 삶을 살아온 우리 어머니 아버지의 삶은 제주 문화의 고갱이다. 그 삶 속에서 일궈낸 독특하고 다양한 생활상은 제주 문화의 원천이 되고 있다. 출생과 결혼, 죽음에 이르기까지의 통과의례는 물론이고 의식주, 세시풍속, 민간요법, 식물, 생활도구, 자연환경 등의 다양한 삶의 문화는 제주 전통 문화의 근간이 되고 있다. 이들 문화는 또한 우리 어머니 아버지들의 생생한 언어로 표현되어 있어 생명력을 더하고 있다.

　《제주 사람들의 삶과 언어》는 필자가 2006년 봄부터 2016년 여름까지 세상에 선보였던 글 가운데 제주 사람들의 삶의 내력을 담아낸 글 34편을 골라 새롭게 편집한 것이다. 42명의 제보자들이 풀어낸 그들의 삶과 정신은 오늘을 살아가는 우리들에게 시사하는 바가 크다. 10년 넘게 여러 매체에 글을 발표하다 보니 내용과 구술 자료가 중복된 경우도 있고, 미처 다루지 못한 부분도 있어, 앞으로 보완하겠다는 다짐으로 에끼려 한다. 그럼에도 불구하고 이 책이 잊혀져가는 제주 사람들의 삶과 정신을 한 꿰미에 꿰었다는 점에서는 자부심과 뿌듯함도 함께 느낀다.

　이 책은 모두 7장으로 구성되었다. 제1장에서 제5장까지는 제주도교육청의 《교육제주》(2006-2010, 2015-2016)에 실었던 글 21편과 한국민

족예술인총연합 제주도지회의《제주문화예술》에 발표했던 1편 등 22편의 글이 담겨 있다. 제6장은 제주문화예술재단의《삶과 문화》(2015-2016)에 연재했던 글 6편이, 제7장에는 '생활 속에서 찾은 식물 이야기'라는 주제로 제주전통문화연구소의《불휘공》(2009-2010)에 발표했던 글 5편과 책이 출간되지 않아 미발표 원고로 남은 1편 등 6편이 담겨 있다.

제1장 〈제주 여성의 삶과 언어〉에는 구좌읍 송당리 허순화의 피 농사 이야기, 성산읍 고성리 정양길의 출가 물질 이야기, 애월읍 봉성리 강자숙의 공출과 4·3사건 이야기, 안덕면 서광리 고희출의 숯을 굽고 농사짓는 이야기 등이 실려 있다. 이들 이야기를 통해 제주 여성들의 지난했던 삶과 지혜를 만날 수 있다. 아기를 낳을 때는 보릿짚을 깔아서 낳았다든가, 혼례 때는 '홍세함(혼서함)'에 무명이나 예장을 넣어서 가고, 시신에 좀먹은 수의를 입히면 손자 대에는 잘되지 않는다는 이야기 등등, 경험하지 않고서는 들려줄 수 없는 이야기가 그득하다.

제2장 〈제주 사람들의 음식과 언어〉는 제주 사람들의 기억 속의 밥과 국, 반찬, 떡, 민간요법, 발효음식에 관한 이야기이다. 보리밥과 조밥을 주로 먹었던 제주 사람들에게 '곤밥(흰밥)'은 제사 때나 먹었던 특별한 음식이었고, 김치와 장아찌, 자리젓과 멸치젓은 우리 어머니 아버지들이 즐겨 먹었던 반찬이었다. '오메기술'과 '쉰다리' 이야기도 곰삭은 풍미를 전해준다.

제3장 〈제주 사람들의 통과의례와 언어〉에서는 출산과 결혼, 장례, 제사 등 제주 사람들이 나고 자라고 죽기까지의 과정이 그려 있다. 갓 난아이에게는 삼베로 된 '봇듸창옷'을 입혀야 아기가 크면서 등이 가 렵지 않는다고 한다. 마을 잔치 때 신부상에 올라온 '곤밥'을 얻어먹기 위하여 신부방 창문에 매달렸던 우리 어머니 아버지의 유년의 기억은 해학에 가깝고, 이웃과 힘을 모아 치러냈던 장례와 제사 등 큰일을 통 해서는 제주 사람들의 공동체 정신을 배울 수 있다.

제4장 〈제주 사람들의 그릇과 언어〉는 제주 사람들이 사용했던 '구 덕'과 '차롱' 등 대그릇, '좀팍'과 '뒈약세기' 등 나무그릇, '허벅'과 '항아 리' 등의 질그릇, '돌화리'와 '돗도고리' 등 돌그릇, '멩텡이'와 '멱' 등의 짚그릇, 청동화로와 무쇠솥 등의 쇠그릇에 얽힌 이야기다.

제5장 〈제주 사람들의 의식주와 언어〉에서는 제주의 옷에 깃든 제 주어, 제주어 밥 이름, 옛 주거 공간 속의 제주어, '따비, 글겡이, 얼멩 이, 푸는체' 등의 농기구와 생활 도구를 통해 제주 사람들의 생활상을 들여다볼 수 있다.

제6장 〈제주문학과 제주의 언어〉에서는 '예술 작품을 통해 만나는 제주 말[글]'을 다시 읽을 수 있다. 제주의 언어 유산을 풍성하게 해주 는 문학 속의 바구니 이름, 예술로 승화해 낸 제주의 바람, 문학의 예

숙성을 더해주는 상징부사, 문학 속에 녹아있는 바닷고기 이름, 제주 사람들의 감정과 느낌을 담아낸 감탄사와 상징어를 만날 수 있다.

제7장 〈생활 속에서 찾은 제주의 식물 이야기〉에는 '부추(새우리)', '양하(양에)', '칡(끅)', '달래(꿩마농)', '들깨(유)', '억새(어욱)' 등 제주에 자생하는 식물에 얽힌 제주 사람들의 이야기가 담겨 있다. '새우리, 양에, 꿩마농, 유'는 제주 사람들의 식단에서 흔히 만날 수 있는 채소로, 때로는 식용으로, 때로는 약용으로 활용되었다. '끅'과 '어욱'을 이용해서 바를 드리고, 망사리를 짜고, 화승을 만드는 등 생활 도구를 다양하게 만들어 쓴 조상들의 지혜가 엿보인다. 나아가 식물을 언어로 재미있게 이야기할 수 있다는 가능성도 읽게 될 것이다.

이 글들은 우리 어머니와 아버지들이 보고 듣고 겪은 일과 필자의 경험, 그리고 선학들의 자료를 더해 썼다. 또 140여 장의 사진 자료는 글로 다 표현하지 못한 부분을 채워주었다. 사진 상당수는 필자가 조사하면서 틈틈이 찍어뒀던 자료들로, 이들 사진들은 이제 사라지는 풍경이 되고 있다. 만농 홍정표 선생님과 사진가 서재철·강정효 선생님의 사진 자료, 화가 강요배 선생님의 그림 자료, 도구 조사를 함께하는 김보향 선생의 사진도 이 책을 빛내주고 있다.

문화와 언어는 환경에 따라 달라진다. 바다를 터전으로 삶을 꾸리는 사람과 중산간에 사는 사람들의 삶과 문화는 달라질 수밖에 없고,

그들이 쓰는 말 또한 차이날 수밖에 없는 것은 당연하다. 제주의 전통 음식 '뭄국'을 정의 지역에서는 '돗국물' 또는 '물망국'이라 하고, 밭 밟는 도구인 '남테'를 '목마', 제주 북부에서 '조쿠제기'라 부르는 어린 소라를 제주 남동쪽 온평리에서는 '생퀑이'라고 말하는 것을 어찌 알았을까.

우리 어머니 아버지들을 만나 생애 구술을 채록하다 보면 제주는 정말 넓고, 다양한 문화를 품고 있음을 발견하게 된다. 어제의 나의 지식이 오늘의 지식이 될 수 없고, 내가 아는 지식이 상식이 아닐 수도 있다는 일깨움을 방언 조사 현장에서 배우게 된다. 이는 제주 사람의 문화, 그리고 보배로운 제주의 언어를 캐기 위해 다시 신발 끈을 질끈 동여매야 하는 이유이기도 하다.

원고를 읽고, 고치고, 책으로 꾸미다 보니 고마운 분들이 참 많다. 내가 제주도방언을 공부하고 연구하는 데 큰 가르침을 주시는 부모님, 오래도록 곁에 계서 주셔서 정말 감사하다. 일일이 거명할 수 없지만 생애 구술 채록에 기꺼이 응해주신 42명의 제보자 여러분께도 머리 숙여 감사드리며 만수무강을 기원한다. 제보자들 가운데는 이미 세상을 떠나신 분들도 여럿 계신데, 그분들의 안식을 기원하며 이 책을 바친다.

제주도방언 연구에 발을 들여놓도록 이끌어 주고 힘들 때마다 열심히 하라고 채근해 주시는 지도교수이신 강영봉 선생님, 국립국어원 민족생활어 조사 책임자로서, 당신 제자 못지않게 격려와 사랑을 베

풀어주시는 강정희 선생님, 만날 때마다 관심과 격려를 잊지 않으시는 제주대학교 국어국문학과 교수님들께도 고마운 말씀 드린다.

가족들보다 더 많은 시간을 국어문화원에서 함께 보내는 김미진·김보향 선생, 또 든든한 후원자가 되어주는 사랑하는 나의 가족과 친구들, 그리고 인연 있는 모든 분들께도 고마운 뜻 전한다. 아울러 선학들이 쌓아놓은 연구 업적과 자료들도 귀하게 썼음을 밝혀 고마움에 대신한다.

부족한 원고이지만 귀한 지면을 내어준 기관과 단체, 그리고 편집 담당자들의 애정 어린 관심에도 고마운 말씀을 전한다. 무엇보다 책을 예쁘게 꾸며준 도서출판 한그루 김영훈 사장과 교열을 꼼꼼하게 봐준 김지희 편집장의 노고에도 감사의 마음을 가득 담아 전한다.

이 책이 그동안 사랑을 베풀어주신 모든 분들에게 감사의 선물이 되었으면 좋겠다. 또 제주도방언과 제주 사람들의 삶과 문화에 관심 있는 여러분에게도 도움이 될 수 있다면 더없는 기쁨이겠다.

2016년 가을, 햇살 좋은 날에
김순자 씀

차 례

제1장

제주 여성의
삶과 언어

피쏠은 아홉 불을 벳겨사 먹어져
핍쌀은 아홉 별을 벗겨야 먹어져
　구좌읍 송당리 허순화 이야기

메역 ᄌ물앙 미녕도 바꾸곡 옷도 사곡
미역 채취해서 무명도 바꾸고 옷도 사고
　성산읍 고성리 정양길 이야기

우린 머키낭 ᅌᅳ름꺼장 공출 다 헤낫어
우린 머귀나무 열매까지 공출 다 했었어
　애월읍 봉성리 강자숙 이야기

숫 굽곡 용시허곡 낭 풀멍 살안
숯 굽고 농사짓고 나무 팔면서 살았어
　안덕면 서광리 고희출 이야기

피쏠은아홉 불을
벳겨사 먹어져

핍쌀은 아홉 벌을 벗겨야 먹어져

구좌읍 송당리 허순화 이야기

　　　　　　　　　제주 여성의 삶과 문화, 역사를 제대로
이해하기 위해서는 제주의 생활사를 알아야 한다. 생활사에는 제
주 여성의 삶과 문화, 역사가 오롯이 스며있기 때문이다. 이름이 널
리 알려진 사람들의 삶도 중요하지만, 우리네 보통 어머니와 할머
니들의 생활을 파악하는 것도 중요하다. 제주 여성의 독특한 문화
는 보통 사람들의 삶 속에 켜켜이 녹아 있기 때문이다.

　급변하는 현대 사회의 문화는 제주 문화나 서울 문화나 부산 문
화가 크게 다를 바 없다. 따라서 제주의 독특한 삶과 문화를 이해
하기 위해서는 70대 이상의 제주 토박이 여성들의 삶에 주목할 필
요가 있다. 기층민의 삶 속에서 우러나온 생활사라야 진정한 의미
의 제주 문화라고 할 수 있다. 신들의 본향, 송당리에서 75년을 살
아온 허순화의 삶에 관심을 갖는 이유도 여기에 있다.

　허순화의 '태순 땅(고향)' 송당리는 해발 200m 이상의 고지대에 위

치한 전형적인 산촌마을이다. 1970년대까지만 해도 조와 보리 대
신에 피와 '산듸(밭벼)'를 갈았다. 드넓은 초원에서 목축 생활을 주로
했던 중산간 마을이었다. 지금도 이 마을에서는 소와 말을 키우는
사람이 많다. 송당리는 또 민간 신앙인 당굿이 남아 있는 전통적인
마을이기도 하다. 그런 점에서 허순화의 삶이야말로 제주지역 기
층 여성의 삶을 대변해 준다고 해도 과언이 아니다.

허순화의 생애

허순화는 1932년 송당리 대물동네에서 태어났다. 대물동네는
'대물'이라는 물이 있어서 붙여진 이름이다. 비교적 부유한 가정에
서 5남매 가운데 네 번째 고명딸로 태어나 귀염을 받으며 자랐다.
공부는 아들이 하고, 딸은 집안일을 거들어야 한다는 통념을 가진
부모 밑에서 자랐기에 그녀는 어렸을 때부터 물 긷기, 밥 짓기, 아
기 보기 등의 일을 해야만 했다.

4·3사건이 터지자 그녀는 열일곱 살에 송당리에서 평대리로 소개
해 그곳에서 살다가 스무 살에 다시 송당리 김화민에게 시집와 슬
하에 3남 3녀를 두었다. 친정과 달리 시집살림은 넉넉지 않아 마음
고생이 많았다. 가난을 극복하기 위하여 허순화는 남자 이상으로
일을 했다. 일만 하느라 그녀는 6남매를 모두 '드르(들)'에서 키웠다.

> "씨집올 때 해온 꿀레이불은 넝 자는 디 써보지 못허고 밧듸서 그늘
> 대 허멍 다 헐럇주게."

19

그늘대 '그늘대'는 볕을 가리기 위하여 쳐 놓은 물건이다. 예전 우리 어머니들은 밭에 갈 때 아기를 '아기구덕'에 지고 가서 '그늘대' 아래 눕혀두고 일을 하였다. '그늘대'는 지역에 따라서는 '그늘케'라고 한다. 《만농 홍정표 선생 사진집-제주 사람들의 삶》에서 발췌.

(시집올 때 해온 누비이불은 누워 자는 데 써보지 못하고 밭에서 그늘대 만들면서 다 헐렸지.)

그러면서도 그녀는 아이들을 키울 때 '돗제(통돼지를 희생으로 올려 치르는 제의)'를 일곱 번이나 할 정도로 자식들에 대한 사랑이 유별났다. 먹을거리가 변변치 않은 시절, 아이들의 건강을 위해 '사농바치(사냥꾼)'에게 꿩을 사다 죽을 쒀서 먹였는가 하면 참새와 순작 같은 새를 잡아 아이들의 영양을 보충시키는 지혜로운 어머니였다.

허순화는 어려운 살림살이에도 분가해 살기 전까지 시부모를 모셨다. 기제사는 물론이요, 설 명절 때 시부모에게 세배 오는 이들의 음식 준비와 대접까지 일거리가 끊이지 않았다. 허순화는 말한다. 시부모 봉양보다도 설 명절 때, 세배 오는 사람들에게 음식을 준비했다가 대접하는 게 큰 일이었다고. 요즘은 당일 세배로 끝나지만 그녀가 젊었을 때는 세배꾼들이 3일 동안 끊이지 않았다.

많은 일 가운데 허순화는 물 긷는 일이 정말 힘들었다고 한다. 그래서 스물아홉에 분가해 살 때는 집 안에 물통을 직접 파서 생활할 정도로 문화의식이 높았다. 물통 파는 비용을 마련하기 위하여 그녀는 임신 중에도 퉁퉁 부은 다리를 이끌고 남편과 함께 '청새'를 뽑으러 다녔다. '청새'는 초록색을 띠는 청청한 띠를 말한다.

허순화는 송당리부녀회장과 송당본향당보존회 책임자로서, 당(堂) 관련 일도 수십 년 동안 했다. 그래서 그녀의 삶은 곧, 송당리 여성들의 삶의 축소판이라고 할 수 있다. 송당리 사람들 대부분이 그랬듯이 허순화도 피 농사를 지었고, 드넓은 목초지에서 소와 말을 키우며 힘겨운 삶을 살았다. 송당리 여성들은 가정일은 물론이요, 힘든 농사와 목축도 남자와 똑같이 하며 살았다. 부업으로 '새(띠)'를 베어다 '뜸'과 '김새' 등을 만들어 육지에 내다 팔아 생계를 꾸렸다. 나무도 키웠다. 가난에서 벗어나기 위해 악착같이 살았다는 그녀는 몸이 성한 곳이 없지만 자식들이 모두 착하게 자라주어 행복하다고 한다.

송당리 여성, 백줏도와 세명주할망 후손들

송당리본향당(松堂本鄕堂)은 제주도 신당의 원조로 알려진 송당 마을의 성소(聖所)다. 마을 이름이 당 이름에서 유래했듯이, 송당리 여성들에게 송당리본향당은 각별한 곳이다. 송당 마을을 관장하는 당신(堂神)인 '백줏도할망(또는 금백조할망)'이 모셔진 곳이기 때문이다.

송당리 마을굿은 정월 열사흘, 이월 열사흘, 칠월 열사흘, 시월 열사흘 네 차례 치른다. 당에 갈 때 송당리 여성들은 'ᄀᆞ는대구덕'[1]에 과일과 흰돌레, 흰시루떡, 자소주, 청감주, 계란 안주 등을 가득 담고, 할망옷을 정성으로 해 간다. 굿은 남자 심방만 할 수 있는데, 고봉선 고대중 박인주 문성남에 이어 현재는 정태진[2] 심방이 당을 매고 있다. 마을굿이 열리는 음력 정월 열사흘 대제일에는 신앙인뿐만 아니라 남성들, 그리고 구좌읍 관내 기관 단체장 등도 참석해 마을 공동체를 확인케 해준다.

그러나 시대의 변화에 따라 송당에서도 당에 가는 신앙민들이 줄어들고 있다. 당을 찾는 단골들도 대부분 나이든 어른들이어서, 앞으로는 신앙의 대상으로서가 아니라 마을 전통문화로서 당굿을 펼칠 날도 머지않아 보인다. 송당리마을굿은 현재 제주도무형문화재 제5호로 지정되어 있다.

스물일곱 살부터 당 일에 관여했다는 그녀는 사람들의 정성이 예년만 못하다고 한다. 백줏도할망 옷을 해도 입을 만한 물색 옷으로 해가야 하는데 아기가 죽어서 입는 '주게미옷'을 해가는 사람이 있고, '백돌레'를 좋아하는 할머니에게 '메밀돌레'를 해가는 일도 있어 주의가 요망된다는 것이다. 또 당굿에 참가하는 단골들이나

---

1) 'ᄀᆞ는대구덕'은 가는 대오리로 엮은 바구니다.
2) 정태진 심방도 2015년 12월 지병으로 작고했다.

송당리본향당굿 송당리본향당은 송당 마을을 관장하는 '백줏도할망'을 모신 곳이다. 매년 정월 열사흘, 이월 열사흘, 칠월 열사흘, 시월 열사흘 네 차례 당굿을 한다. 故 정태진 심방이 굿을 집전하고 있다. 김순자 촬영.

구경 오는 사람들도 옷차림에 신경 쓰는 등 예법을 갖춰 달라고 주문했다.

  송당은 '백줏도할망'과 함께 제주의 창조 설화인 '선문대할망' 설화가 남아 있는, 여권(女權)이 살아있는 고장이다. 송당에서는 '선문대할망'을 '세명주할망'이라고 부른다. 송당에는 '세명주할망'이 밥을 해먹었던 '시덕앞은밧'이 있었다고 전한다. '시덕앞은밧'은 솥을 올려놓았던 둥근 봇돌 세 개가 있었다는 데서 유래한 밭 이름이다. 현재 '봇돌'로 썼던 '덕'은 도로 확장 때 사라져 찾을 길이 없다는 것이 허순화의 주장이다.

물 긷는 일은 여성들의 '큰일'

수도가 없던 시절, 제주 여성들은 물 긷는 일에 여간 신경을 쓴게 아니다. 마을 가까이 '나는 물'이 풍부하면 다행이지만, 그렇지 못할 때에는 십 리 밖에까지 가서 물을 길어와야 했다. 산촌에 살았던 허순화도 어렸을 때부터 물을 길러 다녔다. 어렸을 때는 '대바지'[3]를 이용하고, 커서는 '허벅'에 물을 길어 날랐다. 평소에는 마을 안에 있는 '대물'에서 물을 길어다 사용했지만, '디물'이 마르면 한 참(약 2km) 거리에 있는 '만수물'을, '만수물이' 마르면 또 '올로레기', '돌오름', '거슨세미' 등 15리(약 6km)가 넘는 곳에까지 가서 물을 길어다 먹어야 했다.

그러기 때문에 마을에 대소사가 있으면 당연히 물 부조를 생각할 정도로 물 긷는 일은 여성들의 중한 일이었다. 가령, 마을에 '영장(장례)' 등 '큰일'이 났을 때는 물허벅을 지고 물을 길어다 주는 것을 여자의 도리로 생각했다. 친척집에 잔치나 제사 등의 대소사가 있을 때도 으레 물을 계속 길어야 한다고 받아들였다. 초집에 흙질을 할 때도 동네 사람들이 다 나서서 물을 길어다 줄 정도로, 물 긷는 일은 여간 힘든 일이 아니었다. 물은 예나 지금이나 우리 인간에게는 없어서는 안 될 생명수여서, 아끼고 보호해야 할 대상이다.

"송당은 비가 온 후제는 온 식귀가 문딱 내창에 물 뜰르러 가낫주게. 경 물이 귀헌 동네라. 오죽혜사 악착같이 돈 모양 집 안네 물통

---

3) '대바지'는 작은 물동이를 말한다. 지역에 따라서 '대베기'라고도 한다.

물 긷기 물이 귀한 제주에서는 물 긷기가 여간 힘든 일이 아니었다. 송당리에서는 비가 온 후에 식구 모두 '족박(바가지)'과 '허벅'을 가지고 냇가로 물을 길러 나갔다. 한 할머니가 산에서 흘러내리는 물을 허벅에 긷는 모습이다. 《만농 홍정표 선생 사진집-제주 사람들의 삶》에서 발췌.

을 파시커냐?"

(송당은 비가 내린 후에는 온 식구가 몽땅 내에 물 길러 갔었지. 그렇게 물이 귀한 동네야. 오죽해야 악착같이 돈 모아서 집 안에 물통을 팠겠니?)

피 껍데긴 아홉 번 벗겨야

산촌인 송당리는 기온이 낮은 데다 찰기가 없는 '뜬땅'이어서 해안과 달리 보리와 조 등 주곡이 생산되지 않는다. 지금은 더덕 농사, 콩 농사 등 부업과 목축을 주로 하고 있지만, 비료와 농약이 거의 없던 1970년대 중후반까지만 해도 송당리에서는 피 농사와 '산디(밭벼)' 등 전통적인 농업을 해 왔다. 또 소와 말을 키우는 목축업 생활을 주로 했다.

송당리 주민들의 주곡이었던 피 농사는 남성들과 함께 짓지만, 밭에서 거둬낸 이후에는 여성들의 수고가 더해져야 했다. 피 농사는 5월에 지어 10월에 수확한다. 송당은 산촌이어서 춥기도 하지만 '뜬땅'이어서 농사가 잘 되지 않았다. 그래서 피 농사를 짓기 위해서는 'ᄆᆞ쉬(마소)'를 밭에 가두어 기름지게 하고 씨를 뿌린 후에도 말떼를 동원하여 밭을 밟아 주어야 씨가 발아해 곡식을 수확할 수 있었다.

피 농사를 짓기 위해서는 먼저 밭을 간 이후에 20~50마리의 말을 밭에 가두어 밭을 불린다(밟는다). 처음에 밭을 밟는 '초불 불리는 것(초벌 밟는 것)'을 '설룸'이라고 한다. 밭을 '설룬' 후에 '씨와치'[4)가 들

봉덕과 고리 '봉덕'은 불을 피울 수 있게 돌로 네모나게 만든 도구로, 불을 피워 추위를 녹이거나 곡식을 말릴 때 사용했다. 고리는 대오리로 네모나게 결은 그릇이다. 예전에 송당리에서는 부엌에 봉덕을 설치하고, 그 위에 채 마르지 않은 피를 넣은 고리를 매달아서 말렸다고 한다. 김순자 촬영.

어 씨를 뿌리면, 밭을 갈아 며칠 동안 볕을 맞힌 후에 말떼를 이용해 다시 밭을 밟아주는데, 이를 '가블룸'이라고 한다.

　피를 장만할 때는 그 공력이 더 든다. 조 껍데기 벗기는 것은 두세 번만 방아를 찧어도 벗겨지지만, 피 껍데기는 아홉 번을 벗겨야 벗겨진다고 하니 송당리 여성들의 힘겨운 노동 생활을 짐작할 수 있다. 피 껍데기를 잘 벗기기 위해서는 피를 잘 말려야 한다. 그래서 송당리 사람들은 부엌에 '봉덕'5)을 만들어 보온에 힘쓰는 한편 피 말리는 데도 '봉덕(봉당)'을 요긴하게 사용하였다.

---

4) '씨와치'는 밭에 씨앗을 잘 뿌리는 사람을 일컫는 말이다.

"봉덕에 불살랑 고리에 피 낭 물류멍 보비는 게 춤 장난이 아니랏 주. 나도 발로 피 으라 번 나낫어. 우리 씨어머니는 그 고리만 놓민 네가 독허영 눈 멜라져불어. 게민 그 고리 물류는 거는 나가 주로 헷주. 봉덕에서 피를 다 물류왕 고리 들렁 큰 멍석에 그득허게 비와 놓민 그걸 발로 다 부비멍 체에 청 멕에 담앙 ᄀ레왕에 아져다근에 방에를 짛는 거라. 피 방에는 흔 번에 굴아지는 게 아니라. 푸는체 로 푸멍 치곡 계속 단장허멍 짛는 거라. 잘못허민 막 늬 굴런 안 굴 아져. 그게 춤말로 불편허주게."

(봉당에 불살라 고리에 피 넣어서 말리면서 비비는 것이 참 장난이 아니었지. 나도 발로 피 여러 번 났었어. 우리 시어머니는 그 고리만 놓으면 연기가 독해서 눈이 찌그러져버려. 그러면 그 고리 말리는 것 은 내가 주로 했지. 봉당에서 피를 다 말려서 고리 들어서 큰 멍석에 그득하게 부어 놓으면 그것을 발로 다 비비면서 체에 쳐서 멱에 담아 서 연자매에 가져다가 방아를 찧는 거야. 피 방아는 한 번에 갈아지 는 게 아니야. 키로 키질하며 치고 계속 단장하면서 찧는 거야. 잘못 하면 뉘가 갈려서 안 갈아져. 그것이 참말로 불편하지.)

이처럼 피는 농사지을 때도 힘들었지만 장만 과정이 더 힘들었 다. 연자매가 없었을 때는 손으로 방아를 찧으면서 쌀을 장만했다.

---

5) '봉덕'은 부엌 바닥에 묻어 고정시켜 놓고 삭정이나 장작 또는 콩깍지 등으로 불 을 때는 화로이다. 지역에 따라서 '부섭'이라고도 한다.

가시오름 강당장 첩의

세콜방에6) 새 걸럼서라

전승 궂인 이네 몸 가난

다섯콜도 새 맞암서라

이여 이여 이여도ᄒᆞ라

이여방에 고들베7) 짚엉

ᄌᆞ냑이나 붉은 때 허저

(가시오름 강당장 집에

'세콜방아' 새가 맞지 않더라

전생 궂은 이 몸이 가니까

다섯 콜 방아도 새가 맞더라

이여 이여 이여도하라

이여 방아 쉬지 않고 빨리 지어

저녁이나 밝은 때 하리)

— 2005. 8. 허순화 소리, 김순자 채록

위의 민요는 피 농사를 짓는 송당리와 교래리 지역에서 널리 불
리었던 〈ᄃᆞ리 손당 피방에 노래〉의 일부다. 방아를 찧는 힘든 노동
을 노래로 승화해 불렀던 노동요다. 자신의 처량한 팔자와 가시리
부잣집 강당장 집의 방아 찧는 모습을 비유해 불렀던 노래로, 송당
리 여성들의 처절함이 녹아 있다. 가시오름 강당장 집에서는 '세콜

6) '세콜방에'는 세 사람이 번갈아가면서 찧는 방아를 말한다.
7) '고들베'는 '쉬지 않고 빨리'라는 뜻의 제주어다.

방에'도 잘 찧지 못하는데 팔자가 궂은 몸이 가니까 '다섯콜방아'도 잘 찧어지더란다. 쉼 없는 노동 생활을 빗대면서도 이 노래 속에서는 바지런한 자신의 노동력을 부각시키는 적극적인 여성성을 확인할 수 있다. 즉 송당리 여성들의 근면하고 적극적인 면모를 엿볼 수 있는 민요다.

피 농사는 송당·교래·성읍·가시리 등지의 산촌에서 지었는데, 연자매가 없었던 시절에는 방아를 찧어 핍쌀을 장만했다. 핍쌀은 체로 쳐서 단장을 하는데, 체 위에 있는 '흙은 피쌀'(굵은 핍쌀)'은 '무거리 피쌀', 체 아래 자잘한 핍쌀은 '아시피쌀'이라고 한다. '아시피쌀'은 쌀을 씻지 않고 물이 끓으면 넣어서 물바가지로 물을 따르면서 밥을 하는데, 쌀이 부각하게 피어 밥맛이 좋다고 한다. 핍쌀 씻었던 물로는 송당리 특산물인 '눔삐(무)'를 넣어 국을 끓이면 그 맛이 일품이었다고 한다.

겨울나기 위해서는 '뜸'을 짜야

송당리 사람들은 추석이 지나면 들판으로 나가 '새'를 뽑는 일을 한다. 팔월에 뽑는 '새'는 '청새'라 하고, 시월 말에 뽑는 '새'는 '반새'라 한다. '청새'는 김발을 너는 '김새' 용으로 육지로 팔려나가고, '반새'는 뜸을 짜는 데 이용되었다. '뜸'은 '김새'를 덮는 덮개인데, 송당에서는 1950년대 초까지만 해도 집집마다 '뜸'을 짰다고 한다. '뜸' 짜는 일은 주로 여성들의 몫이었다. '뜸'은 10월 말부터 3월 말까지 짰는데, 농한기에 큰 벌이가 되어 생계유지에 도움을 주었다.

제주에서는 '뜸' 대용으로 'ᄂ래미'[8])가 사용된다. '뜸'이 여성들의 부업이었다면, 송당리 남자들은 대나무를 이용하여 바구니와 소쿠리 짜는 일을 했다.

이렇듯 송당리 여성들은 밭일과 목축, 그리고 부업으로 힘든 삶을 꾸려나가면서도 자연에 순응하며 적응하는 지혜를 갖고 있었다. 송당리 여성을 포함한 제주 여성의 강인함과 부지런함, 그리고 적극적인 자세는 바로 이러한 삶의 배경 속에서 탄생하지 않았을까. 따라서 우리 어머니들이 일궈온 전통적인 삶과 문화는 지금은 사라졌거나 사라지는 문화가 되고 있지만, 결코 잊혀지는 문화여서는 안 된다. 우리 어머니들의 힘겨운 삶의 문화는 오늘을 살아가는 제주 여성들의 발판이 되는 무궁한 에너지이기 때문이다.

《교육제주》 2006년 봄 통권 129호

---

8) 'ᄂ래미'는 표준어 '이엉'에 대응하는 제주어다. 지역에 따라서 'ᄂ람지'라고도 한다.

메역 ᄌ물앙
미녕도 바꾸곡 옷도 사곡

미역 채취해서 무명도 바꾸고 옷도 사고

성산읍 고성리 정양길 이야기

사면의 바다로 둘러싸인 제주섬 사람들에게 바다는 삶의 터전이자 생명의 젖줄이다. 바닷가 마을에 사는 남자들은 바다에서 고기를 잡고, 여성들은 소라와 전복을 따고, 미역과 우뭇가사리 등을 채취하면서 생활하였다. 제주 사람들에게 바다는 뭍의 밭 못지않은 중요한 삶의 터전이었다.

서귀포시 성산읍 고성리 정양길(1915년생)도 뭍의 밭과 바다 밭을 동시에 일궈온 제주 잠녀다. 지금은 물질하는 잠녀가 많지 않지만 30여 년 전까지만 해도 바닷가 마을 여성들은 대부분 바다 밭을 경작하며 생활하였다.

제주 잠녀들에게 바다 밭은 제주에만 있는 것이 아니었다. 울산과 원산 등 국내 바다는 물론이고, 일본의 대마도, 중국, 러시아의 블라디보스토크까지, 물질을 할 수 있는 바다면 어디든 상관없었다. 제주 바다에 머물지 않고 돈을 벌러 출가(出稼) 물질을 다닌 제주

제주 잠녀 사면의 바다로 둘러싸인 제주 지역 바닷가 마을의 잠녀들은 가정 경제를 일으키는 사람이었다. 성산읍 고성리 정양길은 열한 살에 물질을 배워 평생을 물질하며 번 돈으로 친정의 대소사까지 도맡아 했다. 김순자 촬영.

잠녀들의 강인하고 바지런한 삶과 정신은 오늘날 제주 문화의 고갱이가 되고 있다. 제주 잠녀를 제주 여성의 표상으로 삼는 이유도 이 때문이다.

열한 살에 물질 배워

정양길이 처음 물질을 배운 것은 한창 놀아도 부족함이 없는 나이인 열한 살 때다. 동료들과 함께 바다에 나가 '줴기통(웅덩이가 진 얕은 바다)'에서 물질을 배웠다. '줴기통'에서 물질을 배우다 보니 한 해 한 해 물질하는 것이 나아지더라는 정양길은 "어른들이 돈을 하라며 메역도 붙여주곤 했다."고 처음 물질할 때의 기억을 떠올린다.

정양길이 처음 물질을 다닐 때 제주 바다에는 온갖 해산물이 많았다. 돈벌이를 위해서는 주로 미역을 'ᄌᆞ물앗지만^{채취했지만}' 열 길 물속을 자맥질해 들어가 전복도 따고, 소라도 잡으며 생활하였다.

"오분제기엔 헌 거 이젠 세상 ᄒᆞ나 못 보주마는 그때는 바릇 가면 닷 뒈, 닷 뒈 허멍 큰 낭푼으로 하나 터 왕 반찬허고 헷주. 요새치록 에렵지 아녀주. 돌 일려보민 성귀엉 솜이영 발 찔러벙 걷지 못헐 정도로 항 흔 바구리썩 헤오쥐. 준준헌 건 솜이고, 크고 서밍허게 빗난 건 성귀엔도 허곡 웅기엔도 허곡 경허메. 거멍헌 솜 헤당 뻣아근에 국 끌리믄 그렇게 맛셔. 우리도 대개 솜 하영 먹엇주."

(오분자기라고 한 것 이젠 세상 하나 못 보지만 그때는 바다에 가면 닷 되, 닷 되 하면서 큰 양푼으로 하나 따고 와서 반찬하고 했지. 요새처럼 어렵지 않지. 돌 뒤집어보면 성게랑 말똥성게랑 발 찔러버려서 걷지 못할 정도로 많아서 한 바구니씩 해오지. 자잘한 것은 말똥성게고, 크고 거멓게 비싼 것은 '성귀'라고도 하고 '웅기'라고도 하고 그래. 거먼 말똥성게 해다가 빻아서 국 끓이면 그렇게 맛있어. 우리도 대개 말똥성게 많이 먹었지.)

지금은 탈의장이 잘 지어지고, 고무옷이 있어 추운 줄 모르고 물질을 하지만 할머니가 물질을 할 때는 무명으로 만든 '물옷'이 고작이어서 추위에 떨며 사시장철 바닷속을 헤집고 다녀야 했다. 물질을 가지 않을 때는 '솔똥^(솔방울)'과 나무 등 땔감을 해서 바닷가 마을인 성산과 신양에 가서 팔며 살았다. 나무를 '보달쳐서^{(보통이 만들어}

서)' 한 짐 해가면 오 전도 받고, 십 전도 받았다. '솔똥'도 한 마대에 오 전씩 받았다. 팔지 못할 때는 "검질 삽서.^(검불 사세요.)", "솔똥 삽서.^(솔방울 사세요.) 하면서 성산 마을을 몇 차례씩 돌아야 했다.

미역 채취하고 전복 따고

'줴기통'에서 헤엄치며 물질을 배우고 땔감 해다가 내다 팔고, '불턱'에서 잠녀들의 공동체를 배우면서 물질을 시작한 그녀의 본격적인 바다 생활은 열두 살부터 이루어진다.

이웃한 하도와 김녕과 우도에서는 '천초^(우뭇가사리)'를 많이 하지만 고성에서는 미역과 감태와 소라를 주로 채취했다. 미역을 보호할 목적으로 바다를 금했다가 해제하면 동네 사람들 모두 바다로 나간다. 바다를 금했다가 해제하는 것을 '해경^(解警)' 또는 '허채^(許採)'라고 한다. 잠녀들이 채취한 미역을 나르는 남자들까지 합치면 고성리 바다는 그야말로 축제장을 방불케 하였다. 이날은 300~400명이 한꺼번에 바다에 몰려들어 인산인해를 이루었으니 마을공동체를 확인할 수 있었다.

"옛날이야 메역 하나 목적으로 살앗주. 흐루 가민 상군덜은 석 냥, 넉 냥 버실고, 우리 그튼 못 버는 사름들은 버실어야 오 전, 십 전, 댓 돈, 엿 돈 경 버실엉 살앗주. 수망 일믄 흔 냥, 두 냥이주. 오 전이믄 미녕도 바꾸곡, 검은 옷 그튼 것도 바꾸곡 헐 때라. 줌수덜이 메역을 흔 망사리썩 잔뜩 허영 나오젠 허민 마중 간 사름덜이 이녁 사

메역 마중 '메역(미역)'은 제주 잠녀들의 경제 활동에 큰 도움을 준 바다 식물이다. 지금은 양식 미역에 밀려 잠녀들이 미역 채취를 거의 하고 있지 않지만 예전에는 주로 미역을 채취했다. 제주에서는 이를 '메역 주문'이라고 하는데, 이때는 가족들이 채취물을 옮기기 위해 마중을 나갔다. 서재철 사진집 《제주해녀》에서 발췌.

름 춫젠 막 손치멍 허여낫어. 이녁 줌수덜이 헌 메역을 궂더레 막 지영 쉐에 시끈다, 구루마에 시끈다 허멍 쉐물구루마가 막 데며져 낫주. 서너 번씩 물에 들멍 메역을 주물아. 후루에 서너 망사리썩 허주게. 우리 사위도 나 마중도 멧 헤 헷어."

(옛날이야 미역 하나 목적으로 살았지. 하루 가면 상군들은 석 냥, 넉 냥 벌고, 우리와 같은 못 버는 사람들은 벌어야 오 전, 십 전, 닷 돈, 엿 돈 그렇게 벌어서 살았지. 사망 일면 한 냥, 두 냥이지. 오 전이면 무명도 바꾸고, 검은 옷 같은 것도 바꾸고 할 때야. 잠녀들이 미역을 한 망사리씩 잔뜩 해서 나오려고 하면 마중 간 사람들이 이녁 사람 찾으려고 마구 손짓하면서 했었어. 이녁 잠녀들이 한 미역을 바닷가

로 마구 지어서 소에 싣는다, 달구지에 싣는다 하면서 소달구지, 마
차가 마구 쌓였었지. 서너 번씩 물에 들면서 미역을 채취해. 하루에
서너 망사리씩 하지. 우리 사위도 내 마중도 몇 해 했어.)

그렇게 '즈문(채취한)' 미역은 조칩(즈짚)을 깔아서 그 위에 넣어 말린
다. 검불을 깔아서 미역을 가지런히 펴서 말리는 것을 '메역 부찜'
이라고 한다. 봄내 미역하다가 미역이 삭아 없어지면 '헛무레'라고
해서 '고동(소라)'과 '셍복(전복)'을 잡았다. '헛무레'는 잠녀들이 전복, 소
라 따위를 캐는 일을 말하는데, '헛무레 들다'처럼 표현한다. 미역
을 따는 것을 '메역 즈물다', 전복 따는 것을 '전복 트다'라고 말한
다.

물질 잘하는 상군들은 끼리끼리 무리 지어 먼바다까지 헤엄쳐
나가 물질을 한다. 상군들은 '숨(호흡)'이 길어 깊은 바다에 가서 감태
를 해도 한 아름씩 하지만 못하는 사람들은 한 줄기씩 '즈무는' 수
준이라고 한다. 정양길도 물질을 잘하지 못해 한참 물질을 하고 나
서야 상군 소리를 들었다고 한다. 그러나 그녀는 해녀회장도 지냈
다며 함빡 웃는다.

그녀가 해녀회장을 할 때다. 오조리와 바다 싸움을 해서 이겼다.
예전에는 바다에 '영장(시신)'이 떠오르면 치워야 하기 때문에 상당
수의 마을에서는 '영장'을 치우지 않기 위해 바다 경계를 적게 잡
았다가 나중에야 소유권을 돌려받으려고 '바다 분쟁'을 일으키는
경우가 많았다. 고성리도 바다 경계를 적게 잡았다가 나중에 '싸움'
을 해서 소유권을 되찾은 마을 가운데 하나다.

"나 해녀훼장헐 때 오조리허곡 바당 싸움을 헤낫어. 지금부터 흔 스십 멧 년 뒈실 거라. 전날에 궤성 사름덜은 양반덜이랑 줌수 물질을 아녀젠. 오조리 사름덜은 해각이라부난 물질을 허곡. 바당에 영장 올르민 이녁 지경에 것 치운덴 허멍 바당을 족영 잡아불고 허난 그거 춫이켄 바당 싸움을 헤난 거라. 우리보단 웃어른덜은 징역 살멍 허난 우린 그 바당에서 밤 살멍 메역 직히멍 감태 즈물앙 그 비용 물곡 헤낫어. 그 싸움혜연에 오조·성산·궤성 3개 부락에서 줌수 멧 개썩 내놓앙 미역 즈물앙 앗앙 오멍 헤난디."

(나 해녀회장할 때 오조리하고 바다 싸움을 했었어. 지금부터 한 사십 몇 년 되었을 거야. 전날에 고성 사람들은 양반들이어서 잠녀 물질을 안 하려고. 오조리 사람들은 해변이어서 물질을 하고. 바다에 시신 오르면 이녁 지경에 것 치운다고 하면서 바다를 적게 잡아버리고 하니까 그거 찾겠다고 바다 싸움을 했던 거야. 우리보다 웃어른들은 징역 살면서 하니까 우린 그 바다에서 밤 살면서 미역 지키면서 감태 채취해서 그 비용 물고 했었어. 그 싸움해서 오조·성산·고성 3개 마을에서 잠녀 몇 명씩 내놓아서 미역 캐면 가져오면서 했었는데.)

대마도로 첫 출가 물질, 중국서만 7년 살아

정양길이 처음 출가 물질을 나간 곳은 일본 대마도다. 그녀는 스물인가 스물하나에 처음 '벨방(하도)'에서 대정환을 타고 출가 물질을 나갔다. 그녀를 포함해서 고성·신양·연평 등 고성 관내 잠녀 스무 명이 함께 물질을 떠났다. 집을 떠나보지 않았던 잠녀들이 거친 바다를 헤쳐 이국만리로 물질을 떠난 것은 가족을 책임져야 한다는 강한 책임감과 새로운 세계를 개척하겠다는 모험심이 있었기에 가능했다.

"대마도는 제주허고 꼭 다. 고동도 그렇고, 생복도 그렇고, 메역도 제주 메역 찌 경 세고 막 좋아. 대마도 갈 때는 서이믄 서이, 너이, 둘이썩 흔듸 어울렁 밥허영 먹곡, 물질도 치 헤낫어. 메역을 물아 오민 흔듸 밥헹 먹는 사름이 작지에서 장곽으로 이만큼 칭허게 바짝 물리믄 단 청 멧 단 허영 넹기곡."

(대마도는 제주하고 똑같아. 소라도 그렇고, 생복도 그렇고, 미역도 제주 미역같이 세고 매우 좋아. 대마도 갈 때는 셋이면 셋, 넷, 둘씩 함께 어우러져서 밥해서 먹고, 물질도 같이 했었어. 미역을 채취해 오면 함께 밥해서 먹는 사람이 자갈에서 장곽으로 이만큼 가지런하게 바짝 말리면 단 만들어서 몇 단 해서 넘기고.)

정양길은 대마도에서 미역이 끝나면 '도요'라는 지역에 가서 '헛무레' 들어 소라랑 전복을 잡아 통조림 공장에 가져가면 한꺼번에 계산해 주었다고 한다. 그렇게 해서 버는 돈은 고작해야 20~30원 수준이지만 어려운 가계에는 큰 보탬이 되었다. 대마도로 물질 나간 제주 잠녀들은 보통 팔월 추석을 전후해서 돌아오는데 그녀는 작은오빠가 돌아가셔서 먼저 귀향했다고 한다. 대마도에 가니까 '스기남(삼나무)[9]'이 그렇게 많은 줄 알았다는 정양길.〈네 젓는 소리〉

―――
9) '스기남'은 '숙대낭', 즉 삼나무를 일본어식으로 표현한 것이다.

에 나오는 "'대마도 산천에 올곧은 남이 없느냐.'는 의미를 대마도
에 가서야 알았다."는 정양길은 구성진 목소리로 〈네 젓는 소리〉를
힘껏 불러 주었다.

"이여도사나 어으 이여도 사나 허
우리 배는 춤매 새끼 가는 듯이
쳐 잘도 나간다 쳐

앞의 베가 뒤에나 들적
어느 누게 살아신디
쳐 쳐라 쳐 쳐 쳐라 쳐

요 벤드레 끊어지면
부산항구 아사히 공장이 없을쏘나
쳐 쳐라 쳐 쳐라 쳐

요 네 상척 부러지면
대마도 산천에 올곧은 남이 없을쏘나
쳐 쳐라 쳐 쳐 쳐라 쳐 이여싸 이여싸

둥둥 팔월 어중 칠월
언제나 올고 우리 고향 상봉이라
쳐 쳐라 쳐 쳐 쳐"

(이여도사나 이여도사나

우리 배는 참매 새끼 가는 듯이

쳐 잘도 나간다 쳐

앞의 배가 뒤에나 들 때

어느 누가 살았는지

쳐 쳐라 쳐 쳐 쳐라 쳐

요 '벤드레' 끊어지면

부산 항구 아사히 공장이 없겠는가

쳐 쳐라 쳐 쳐라 쳐

배 물질 예전 제주 잠녀들은 출가 물질을 떠나거나 먼바다로 물질 다닐 때는 배를 타고 나가서 물질하는데, 이런 물질을 '배 물질'이라고 한다. 이때 잠녀들은 '이여싸 이여싸' 〈네 젓는 소리〉를 부르면서 손수 노를 저으며 다녔다고 한다. 서재철 사진집 《제주해녀》에서 발췌.

요 노 상책 부러지면

대마도 산천에 올곧은 나무가 없을쏘냐

쳐 쳐라 쳐 쳐 쳐라 쳐 이여싸 이여싸

둥둥 팔월 어중 칠월

언제나 올까 우리 고향 상봉이야

쳐 쳐라 쳐 쳐 쳐)

— 2005. 8. 김순자 채록

〈네 젓는 소리〉는 보통 배를 타고 출가 물질을 나갈 때 노를 저으면서 불렀던 노래다. 그녀는 힘차게 노를 저으며 〈네 젓는 소리〉를 부르면 기운이 솟고 고향 떠난 설움도 온데간데없이 사라지더란다.

> "어떵헹 바당이나 쎄어가고 허민 하네 젓는 선주 남자도 경 소릴 허멍 노를 젓엇어. 소린 이녁냥으로 튿내는 거난 혼이 엇어."
>
> (어떡해서 바다가 세어가고 하면 하노 젓는 선주 남자도 그렇게 소리를 하면서 노를 저었어. 소리는 이녁대로 생각하는 것이니까 한이 없어.)

대마도를 다녀온 정양길은 이듬해에는 울산 '큰 강'으로, 또 다음 해는 원산으로 출가 물질을 나갔다. 울산에서는 우뭇가사리와 도박을 주로 했고, 원산에서는 미역과 우뭇가사리를 했다. 그런데 원산 미역은 제주 미역과 달리 너무 야려 그냥 널면 바삭바삭 부서져

우미 '우미'는 우뭇가사리의 제주어다. 한자어로 '천초'라고 한다. 정양길은 중국으로 출가물질을 가서는 미역과 우뭇가사리를 주로 채취했다고 한다. 김순자 촬영.

서 하루 정도 모래 속에 파묻어 뜸을 들여야 제대로 말릴 수 있었다고 한다.

그렇게 출가 물질을 다닌 그녀는 그 다음해에 중국으로 출가해 칠 년을 살았다. 처음 중국으로 물질 갈 때는 대흑산도에서 돼지를 잡아 고사를 지낸 후에 태평양을 건넜다. 모슬포 사계·고산·우도·종달·하도 등지에서 모여든 사람들은 모두 한집에 살면서 우뭇가사리와 미역을 채취하며 억척같이 돈을 모았다. 중국에서 채취한 미역은 제주에서 가져간 미역씨가 모태가 되어 번식된 것이라고 한다.

"메역은 제주에서 불휘 헤당 발전시켱 막 퍼져노난 그 메역을 주로 허엿주. 우리 모집허여간 사름이 문덕진이옌 헌 사름인디, 그 사름이 줌수허곡 메역씨 헤단 그디 강 뿌련 발전시켜 놧어. 한국 오란 그 작지에 메역 난 거 시꺼단 그디 강 들이쳥 메역을 살롼 막 퍼지난 작업을 헌 거라. 그디 강 메역 난 먹돌을 데끼민 갈라졋나 엎어졋나 우리들이 숨벙 다 그걸 잘 놓멍 헤낫어. 셍복도 시꺼강 그디 강 뿌려불민 그거 어떵흔 거 다 조사허곡."

(미역은 제주에서 뿌리 해다가 발선시켜서 막 퍼져놓으니까 그 미역을 주로 했지. 우리 모집해 간 사람이 문덕진이라고 한 사람인네, 그 사람이 잠수하고 미역씨 해다가 거기 뿌려서 발전시켜 놨어. 한국 와서 그 자갈에 미역 난 것 실어다가 거기 가서 집어넣어서 미역을 살려서 마구 퍼지니까 작업을 한 거야. 거기 가서 미역 난 먹돌을 던지면 뒤집어졌나 엎어졌나 우리들이 물속에 들어가서 다 그것을 잘 놓으면서 했었어. 전복도 실어가서 거기 가서 뿌려버리면 그거 어떡한 거 다 조사하고.)

그렇게 해서 씨를 뿌린 미역은 1~2년이 지나니까 어깨에 둘러멜 정도로 자랐다고 한다. 제주에서 갖고 간 미역이어서 중국 사람들은 손도 못 댔다. 반면에 우뭇가사리는 많아서 중국 사람들도 함께 채취했다. 중국 사람들은 물질을 할 때 테왁 위에 엎어졌다가 '눈(물안경)'도 쓰지 않고 속옷도 입지 않은 채 잠수해서 우뭇가사리를 채취했다. 제주 잠녀들이 캐낸 우뭇가사리는 중국 사람들이 물을 주면서 하얗게 바랜 후 말리면 전주가 한꺼번에 팔아서 월급으로 지불했다. 중국에서는 깊은 여가 많지 않아 배를 타고 먼바다로 물질을 다녔다.

정양길은 쉬는 날에는 절에도 가고 놀러도 다니면서 중국 생활을 재미있게 했다고 한다. 그녀는 한경면 신창리 사람들을 보고 '신창 발창' 하며 놀렸던 기억이 있다고 한다. 이랑을 성산에서는 '흔 파니 두 파니' 하는데, 고산 사람들은 '흔 고지 두 고지'라고 하더라며 중국에 가서야 제주에도 지역마다 말이 다른 것을 알았단다. 그녀는 뱃물질을 나갈 때는 동서로 나누어 노래를 부르면서 다녔는데, 그때 "너네 편이 잘헷저, 우리 편이 잘헷저.(너희 편이 잘했다, 우리 편이 잘했다.)" 하면서 재미있게 출가 물질을 다녔던 추억을 떠올렸다.

출가 물질이 재미만 있었던 것은 아니다. 함께 물질 갔던 잠녀가 물질하다 상어에 물려 죽기도 했고, 한 잠녀는 아기를 가슴에 묻어야 하는 슬픔을 겪기도 했다.

정양길은 중국에서 잠녀 생활을 하다가 주변의 성화에 못 이겨 우도 출신 신 아무개를 만나 스물여덟에 결혼해 아기를 낳고 행복하게 살면서 고향 올 날을 기다리며 억척같이 돈을 모았다. 남편이 다니는 회사에서 배급으로 주는 밀가루로 떡과 '즈베기(수제비)'를 해 먹으며 한 푼 두 푼 돈을 모았다. 행여 잃어버릴까 노심초사하면서 모은 돈도 해방이 되어 고향에 돌아올 때는 아무 쓸모가 없었다. 그는 인천행 배에 몸을 싣기 전 부두에서 중국에서 번 오백 원짜리, 천 원짜리를 모두 바다에 팔랑팔랑 던져두고 왔다. 인천에서 다시 목포를 거쳐 고향 제주 땅을 밟았다.

친정의 대소사 도맡아 해

7년 만에 고향 제주 땅을 밟은 정양길은 남편 고향인 우도에서 살다가 4·3사건을 겪었다. 그러나 중국에서 난 아들이 죽고, 남편마저 세상을 떠나자 딸 둘을 데리고 홀로 된 친정아버지 곁으로 돌아왔다. 친정에서 그녀는 물질도 하고, 농사도 짓고, 소도 키우면서 눈물겨운 생활을 하였다.

그녀는 여덟 형제 가운데 열일곱 살에 일본으로 떠난 오빠를 제외하고 나머지 가족은 모두 저세상으로 떠나버려, 어렸을 때부터 줄곧 딸 노릇, 아들 노릇을 하며 구십여 년을 살아왔다. 그래서 그녀는 부모 삼년상은 물론 제사와 명절, 벌초, 산담, 비석 등 친정의 대소사를 도맡아 해냈다. 지금은 큰딸과 사위, 손녀 등을 의지하면서 남은 생을 살고 있다. "죽으면 소분해 줄 후손이 없는 게 제일 칭원하다."는 그녀의 긴 한숨 속에서 어려운 집안 살림을 일으키기 위해 목숨 걸고 태평양을 건넜던 제주 여성들의 강단과 고단함이 묻어나왔다.

《교육제주》 2006년 여름 통권 130호

우린 머키낭 오름꺼장
공출 다 헤낫어

우린 머귀나무 열매까지 공출 다 했었어

애월읍 봉성리 강자숙 이야기

　　　　　　　　"사난 살앗주.^(사니까 살았지.)" 이 말은 일제강
점기와 '4·3'을 겪은 제주 사람들이 공통적으로 내뱉는 넋두리이
다. 일제강점기와 '4·3' 등 수난을 겪어온 사람들은 자신의 의지와
는 다른 삶을 살아야 했다. 일제강점기에는 '공출'과 '징용'으로,
'4·3' 광풍 속에서는 '죽음의 공포' 속에 숨죽이며 살아야 했다. 1946
년에 28만 2,942명이던 제주도 인구가 1949년 5월 1일 인구조사
결과 25만 400명으로 감소한 것[10]은 4·3 시기에 3만 명 이상이 무
고하게 죽었다는 사실을 알려준다. 이런 아픈 역사를 들추지 않더
라도 일제강점기와 '4·3'을 견딘 제주 사람들의 고통은 귀가 닳도
록 들어왔다.

---

10) 《조선중앙일보》(1949. 6. 28.) 참조. 제주4·3사건진상규명및희생자명예회복위
　　원회, 《제주4·3사건진상조사보고서》, 2003, 383쪽 재인용.

36년간의 일제의 식민지 생활과 '4·3'의 광풍 속에서 제주의 젊은 남성들은 징용으로 끌려가고, '폭도'의 누명을 쓰고 억울하게 죽어갔다. 남은 이들은 '공출'과 '부역'으로 힘든 삶을 꾸려야 했다. 여성과 어린 아이라고 예외는 아니었다.

애월읍 도노미(봉성리의 옛 지명)에서 평생을 살아온 강자숙의 삶 속에는 일제강점기와 '4·3'을 견뎌온 제주 여성들의 처절한 역사가 고스란히 녹아 있다.

나면서 배운 것이 공출

강자숙은 나면서부터 '공출'이라는 말을 배웠다. 뼈 빠지게 농사를 지어봐야 공출로 바치다 보면 남는 것은 허기짐뿐이었다. 공출

머귀낭 '머귀낭'은 머귀나무의 제주어다. 강자숙은 나면서 배운 것이 공출이라는 말이었다고 한다. "보리 조 고구마 등 먹을거리는 물론이요 놋그릇, 놋수저, 머귀나무 열매, 잔디 씨, 억새꽃 등 안 해본 것이 없었다."고 한다. 김순자 촬영.

은 일제강점기인 1939년부터 전쟁 물자를 대기 위해 강제로 농산물 등을 수탈한 정책이다.

"공출 안 헤난 것은 하나도 엇어. 보리, 조, 고구마 등 먹을 거는 물론이고, 놋그릇, 놋수제도 하나 엇이 다 가져가 불엇주. 먹는 거만 허민 좋은디 드르에 것도 아녀난 거 웃엇어. 물 양석이렌 허영 자골 비영 몰령 헷지. 테역씨, 어욱꼿도 헷어. 둥당멀리꿀[11]은 뭣사 허젠 허여신디. 청새 비영 그늘에서 몰리렌 허곡 하간 푸습새 다 허니 모르겟어. 허다못해 머귀낭 으름까지 헷어. 밧듸 갈 때 아버지가 머귀낭 가쟁이 거껑 놔뒹 가민 난 풋방울보다 젠젠헌 머귀 타당 보민 주냑이 뒈곡. 어머닌 밧듸 가멍 또 둑 올라갈 때 주냑 허렌 허난 놀 어이가 거의 웃엇어."

(공출 안 했던 것은 하나도 없어. 보리, 조, 고구마 등 먹을 것은 물론이고, 놋그릇, 놋수저도 하나 없이 다 가져가 버렸지. 먹는 것만 하면 좋은데 들에 것도 안 했던 거 없었어. 말 양식이라고 해서 차풀 베어서 말려서 했지. 잔디 씨 억새꽃도 했어. '둥당멀리' 줄은 무엇에 하려고 했었는지. 청새 베어서 그늘에서 말리라고 하고 이런저런 푸새 다 하니 모르겠어. 하다못해 머귀나무 열매까지 했어. 밭에 갈 때 아버지가 머귀나무 가지 꺾어 놔둬서 가면 나는 팥알보다 자잘한 머귀 타다 보면 저녁이 되고. 어머니는 밭에 가면서 또 닭 (둥우리에) 올라갈 때 저녁 하라고 하니까 놀 겨를이 거의 없었어.)

---

11) '둥당멀리꿀'은 '둥당멀리의 줄'이라는 의미다. '둥당멀리'는 머루의 일종인데, 머루 알이 굵다고 한다.

공출은 나이 든 어른들만의 몫이 아니었다. 우리의 할머니, 어머니들은 한창 놀아도 부족할 나이인 여덟아홉 살부터 밭에 일하러 간 부모를 대신해 머귀나무 열매를 다듬어야 했다. 공출할 머루를 따고, '테역 씨(잔디 씨)'를 뽑으러 들로 산으로 다니며 공출의 공포에서 헤어나지 못했다. 공출 조사를 오면 집 안에 숨겨 둔 물건이 들키지 않도록 감시하는 일도 소홀히 할 수 없었다.

"우리 두린 땐 멘네를 하영 갈앗어. 미녕옷 주로 입을 때니까 멘네를 하영 가는데 그거 공출로 매날 조사가 와. 미녕 못허게 허난 어머닌 밤의 미녕을 모르게 짜는 거라. 미녕 줄 땐 따각따각 소리가 나는데, 그 소리 나게 말젠 ㅂ되집 즐라메곡 밤의만 헌 거라. 미녕

물렛지둥

물렛살

물렛귀

물레세감

물렛즈룩

물레판데기

물레바탕

씨불르는물레 '씨불르는물레'는 면화 씨를 뺄 때 사용하는 물레다. 표준어 '씨아'에 대응하는 제주어인데, 이 물레는 강자숙이 시어머니가 쓰던 것을 물려받은 후 며느리한테 물려준 가보이다. 김순자 촬영.

흔 빌 허민 밤윈 베개 베엉 누고, 낮인 이불에 흐디 몽크런 놔두고
헷어. 나가 열 설이고 우리 남동생은 ㅇ덥 설, 우리 아시는 네 설 때
라. 서이가 무뚱에서 놀암신디 어떤 사름이 조사를 온 거라. 안방이
영 고팡이영 막 둘러보는 거라. 어머니네 매날 곱지는 거 봣던 난
'어떵허코? 어떵허코?' 허단 미녕을 구덕에 난 네 설 난 거 심어당
눅전 흥근 거라. 일어나젠 허민 막 꼬집엉 흔들곡. 경헌디 애기구덕
구멍으로 그 미녕이 헤뜩헤뜩 보여. 막 걱정허는디 그냥 통과돼더
라고. 그게 소문난 우리 씨아버지가 날 메느리로 헷덴 허메."

(우리 어릴 때는 면화를 많이 갈았어. 무명옷 주로 입을 때니까 면화
를 많이 가는데 그거 공출로 매날 조사가 와. 무명 못 하게 하니까 어
머닌 밤에 무명을 모르게 짜는 거야. 무명 짤 땐 따각따각 소리가 나
는데, 그 소리 나게 말려고 바디집 잘라매고 밤에만 한 거야. 무명 한
필 하면 밤에는 베개 베어서 눕고, 낮에는 이불에 함께 뭉쳐서 놔두
고 했어. 내가 열 살이고 우리 남동생은 여덟 살, 우리 아우는 네 살
때야. 셋이 문 앞에서 놀고 있는데 어떤 사람이 조사를 온 거야. 안방
이랑 고방이랑 마구 둘러보는 거야. 어머니네 매날 숨기는 것 봤던
나는 '어떡하지? 어떡하지?' 하다가 무명을 요람에 넣어서 네 살 된
것 잡아다가 눕혀서 흔든 거야. 일어나려고 하면 마구 꼬집어서 흔들
고. 그런데 요람 구멍으로 그 무명이 희뜩희뜩 보여. 매우 걱정하는
데 그냥 통과되더라고. 그게 소문나서 우리 시아버지가 날 며느리로
했다고 해.)

강자숙이 열 살 때의 일이다. '미녕(무명)' 조사 다녀갔다는 걸 안 강
자숙의 어머니는 집에 돌아와서 '미녕'을 압수했는지 여부부터 물

었다. '미녕'을 가져간 것은 참을 만했지만, 들켜서 매 맞고 과료 무는 것이 걱정이었다. 밀주 단속 때 들켰다고 소 하나를 팔아서 물었다는 증언이 나오는 걸 보면 과료가 얼마나 무서웠는지 짐작이 간다.

> "고구마도 허민 그 사름네 재산에 비례허영 얼마 공출허라, 조도 허민 공출허라, 보리도 공출허라, 활당을 하영 멕여불민 채우지 못해. 히여봣자 헛일이주게."
> (고구마도 하면 그 사람네 재산에 비례해서 얼마 공출하라, 조도 하면 공출하라, 보리도 공출하라, 할당을 많이 먹여버리면 채우지 못해. 해봤자 헛일이지.)

공출을 하다 보면 늘 할당량이 부족했다. 할당량을 채우지 못하면 끌려가 매를 맞아야 했고, 공출 대용으로 집안 물건을 빼앗기기 일쑤였다. 그러기 때문에 곡식을 하면 '먹을 걸'로 절대 생각을 하지 않았다. 할당량 채울 생각만 했고, 조금이라도 남으면 팔아서 세금 낼 돈을 마련했다.

그래서인가. 농사를 지어도 강 할머니네는 먹을거리가 늘 부족해 굶주림에 시달려야 했다. 때문에 겨울 주식은 고구마였다. 고구마저 부족해 소피를 사다가 소피에 무를 썰어 넣어 국을 끓여 먹었고, 전분찌꺼기를 말렸다가 죽을 쑤어 먹었다.

> "초등학교에 들어갈 고비인 예닐곱 설 때 닮아. 어머니가 허벅에 무 신거 져단에 국을 끌린 거라. 수제비 닮은 건디 시커멍허고 비삭비

삭헌 게 맛이 엇어. 나중에 알앙 보난 옹포 통조림 공장에 강 쉐피 사당 무 낭 국을 끓인 거라. 요즘은 벨미로 선짓국을 먹는디 그때 너무 질리게 먹어나난 이제도 건 못 먹어. 또 전분공장에 강 쉐구르마 거정강 가마니로 전분주시를 사다가 도고리에 낭 물컷당 짱 돌 우의 빈주롱이 널어. 물르민 쏠 두어 방울 낭 죽헐 때 뚝뚝 끊어 낭 허민 그 죽이 흐끔 풀풀허여. 경 허영 먹엇주기. 전분 주신 도새기 먹는 거라."

(초등학교에 들어갈 즈음인 예닐곱 살 때 같아. 어머니가 동이에 무엇 져다가 국을 끓인 거야. 수제비 같은 것인데 시커멓고 푸석푸석한 게 맛이 없어. 나중에 알아서 보니까 옹포 통조림 공장에 가서 소피 사다가 무 넣어서 국을 끓인 거야. 요즘은 별미로 선짓국을 먹는데 그때 너무 질리게 먹었었으니까 이제도 그것은 못 먹어. 또 전분공장에 가서 소달구지 가져가서 가마니로 전분 찌꺼기를 사다가 함지박에 넣어서 물 담갔다가 짜서 돌 위에 느런히 널어. 마르면 쌀 두어 알 넣어서 죽 할 때 뚝뚝 끊어 놓아서 하면 그 죽이 조금 풀풀해. 그렇게 해서 먹었지. 전분 찌꺼기는 돼지 먹는 거야.)

이뿐만이 아니다. 반별로 금악오름에 가서 물릇(무릇)을 캐오고, 바다에 나는 해초인 '페(패)'를 뜯어다가 항아리에 넣어서 'ㄱ시락(까끄레기)'으로 불을 때서 뭉근하게 익으면 미숫가루를 버무려서 먹었다. 그마저 자유롭게 먹을 수 없었다.

열다섯 살 이상 남자들은 노무자로 끌려갔다. 강 할머니의 아버지도 정드르 비행장 만드는 데 동원되었다. 먹을 게 변변치 않을 때여서 어머니는 노무자로 끌려간 아버지를 위해 '고지(숲)'에 가서

쉐도고리 일제강점기에 일본이 패망하기 전, 봉성리에는 일본 군인들이 밀려들었다. 일본이 패망하자 강자숙은 아버지랑 일본 군인이 주둔하던 굴에 쇠틀 주우러 다녔다. 이 '도고리'는 그때 주워 온 쇠를 녹여 만든 그릇인데 지금도 그녀는 감을 빻을 때 사용하고 있다. 김순자 촬영.

나무해다 팔아 쌀을 사서 떡을 해간 적이 있다. 떡 달라는 아이들의 말에 어머니는 "아방 오민 둘이서 낭혜당 폴앙 떡 해주마."(아버지 오면 둘이서 나무해다가 팔아서 떡 해주마.)며 자식들을 달래며 함께 울었던 적도 있었다고 했다.

일본이 패망하기 직전, 봉성리에 일본 군인들이 밀려들었다. 일본 군인들은 산에 굴을 파서 생활했고, 바다에는 일본 군인들을 잡기 위한 군함이 쫙 깔렸다고 한다. 해안마을 사람들은 군함이 바다에 깔리고, 일본 군인들을 잡기 위해 쏘는 기관총 소리가 '짜르르 짜르르' 끊이지 않자 중산간으로 소개했다. 그녀의 집에도 귀덕에서 소개한 사람들이 살았다고 한다.

일본 군인들이 밀려들면서 주민들의 피해도 컸다. 밭에 김매러 가도 비행기 소리가 나면 담 쪽으로 숨어야 했다. 흰 수건을 걸친

밀짚모자나 하얀 종이를 붙인 삿갓은 쓸 수 없었다.

일본이 패망하자 그녀는 아버지와 함께 일본 군인이 살았던 굴 안에 '쉐(쇠)'를 주으러 갔다. 그 '쉐'를 주어다 그릇 만드는 사람한테 가져가면 솥도 만들어주고, '도고리(함지박)'도 만들어 주었다. 그릇 만든 대가로는, 솥을 만들면 솥으로 좁쌀 하나, '도고리'를 만들면 '도고리'로 좁쌀 하나를 주었다. 그때 만든 솥과 '도고리'는 시집갈 때 갖고 갔다. 강자숙은 "그때 만든 '도고리'는 지금도 감 빻을 때 쓰고 있다."며 활짝 웃어 보였다.

4·3, 기억하기 싫은 역사

제주 사람이면 누구나 그렇듯이 강자숙에게 4·3은 기억하기 싫은 지긋지긋한 역사이다. 열여섯 나는 해에 중학교 다니는 동갑내기와 결혼한 강자숙은 4·3의 뼈아픈 현실을 직접 겪어야 했다.

1948년 음력 9월 27일 새벽의 일이다. 육지에서 온 군인 수십 명 이 '도노미' 마을에 들이닥쳤다. 군인들은 집집마다 돌며 분필로 표 시하면서 젊은이들을 끌어냈다. 강자숙네 집도 예외는 아니었다. 비 올 것 같은 우중충한 날씨였다. 시어머니는 '나록(벼)' 베러 가기 위 해 준비하고, 강자숙은 부엌에서 조반하고, 외아들인 남편은 방에 서 채 잠에서 깨기 전이었다. 군인들이 남편을 깨우게 하고는 남편 이 세수하자마자 잡아갔다. 시어머니는 그 길로 아들을 따라나섰 다. 그날 잡혀간 사람은 모두 일곱 명. 군인들은 그들을 '도노미'에 서 한참 거리인 속칭 '자리왓'에 있는 대장간으로 잡아가 일렬로 꿇

도노미오름 '도노미'는 봉성 마을의 옛 이름이다. '도노미'는 이후 '어도리'로 바뀌었다가 '봉성리'로 개명되어 오늘에 이르고 있다. '도노미오름'은 봉성 마을의 상징이다. 김순자 촬영.

어앉혀 총을 쏘았다. 그 총에 맞은 일곱 명 중에 다섯 명은 즉사하고, 다른 한 명은 시름시름 앓다 죽었다. 강자숙의 남편은 간신히 목숨을 건졌다.

"흔 발로 빵 헌 게 다섯 사람이 맞앗뎬. 우리 집의 아방은 사난 어린 비로 납읍을 거쳐 애월중학교로 몰앙 간 거라. 우리 씨어머니가 교장 선생에게 가서 '우리 아덜 잡혀왓뎬.' 말헷더니 교장 선생이 '느 무사 여기 와시니? 이디 와불렌.' 허연 그 길로 애월 교장 선생네 집의 간 산 거라. 우리 집의 아방은 그때 검은 우와기[12]를 입엇는디

———
12) '우와기(うわき)'는 윗옷의 일본어이다.

옷에 피가 잔뜩 얼럿더라고."

(한 발로 빵 한 것이 다섯 사람이 맞았다고. 우리 집의 남편은 사니까 어음리로 납읍을 거쳐서 애월중학교로 몰아서 간 거야. 우리 시어머니가 교장 선생에게 가서 '우리 아들 잡혀 왔다.'고 말했더니 교장 선생이 '너 왜 여기 왔느냐? 여기 와버려라.'고 해서 그 길로 애월 교장 선생네 집에 가서 산 거야. 우리 집의 남편은 그때 검은 웃옷을 입었는데 옷에 피가 잔뜩 얼었더라고.)

당시 군인들은 특공대라고 해서 '도노미'에도 군데군데 집을 빌려 살았다. 그들은 강자숙 집에 와서 조사하고, 남편 보던 책도 가져갔다. 시도 때도 없이 와서 못살게 구니 강자숙도 남편을 따라 애월리로 내려갔다. 애월리에 가서 살 때는 양민증을 만들어야 했다. 강자숙은 양민증을 교부할 때의 일도 잊지 못한다. 이름을 잘못 기재했다가 마음을 졸였던 일이 있다. 애월리 주민뿐 아니라 납읍리에서 소개해 간 사람들도 애월리에서 살아가기 위해서는 양민증을 만들어야 했다. 양민증을 교부해 삼 일이 지났는데도 그녀의 이름은 불리지 않았다. 그러자 교장 선생의 걱정이 이만저만 아니었다.

"나 일름이 나오지 안 허난 교장 선생님은 막 즈들안. '아이고, 우리 식구끄지 다 죽엇저. 4·3에 걸어진 사름 질라시니 죽을 수밖에 웃덴.' 스믓 말을 못허여. '못 타시냐, 못 타시냐, 어떵헐랴고 허느냐.' 허멍 막 탄복을 허여. 나을채 양민증 타레 가난 열 명 안으로 사람이 줄언. 확확 이름을 부르는디 어떵허연 일름이 강자숙인데 강관자로 써전게. 강관자 허난 나우덴 허연 주소 글으렌 흐연 주소 글으난 '지서에 강 일름 고쳐.' 허멍 양민증을 줘라게. 귀뚱베기도 맞고."
(내 이름이 나오지 안 하니까 교장 선생님이 매우 걱정해. '아이고, 우리 식구까지 다 죽었다. 4·3에 걸어진 사람 살렸으니 죽을 수밖에 없다.'고. 사뭇 말을 못해. '못 탔느냐, 못 탔느냐, 어떡하려고 하느냐.' 하면서 매우 탄복을 해. 나흘째 양민증 타러 가니까 열 명 안으로 사람이 줄었어. 확확 이름을 부르는데 어떡해서 이름이 강자숙인데 강관자로 써졌어. 강관자 하니까 나라고 해서 주소 말하라고 해서 수소 발하니까 '지서에 가서 이름 고쳐.' 하면서 양민증을 줬어. 뺨도 맞고.)

강자숙은 당시의 상황을 웃으면서 이야기했지만 그때 그녀가 처했던 상황을 그려보면 등골이 오싹해진다. 한 번은 이런 일도 있었다. 총소리가 '빵, 빵' 나니까 시아버지가 고구마 줄기 모아 둔 것 빼내고 그 속에 숨었는데, 그 밭으로 군인들이 넘어갔는데도 살아났다 한다. 그날 '도노미' 마을 사람 다섯 명이 고구마 줄기 모으러 갔다가, 콩 꺾으러 나갔다가 싸늘한 주검이 되어 돌아왔다.

"이유 셔시민 무사 억울허느냐."(이유 있었으면 왜 억울하겠느냐)는 강자숙. 길가다 무서워서 도망가려고 하면 총 쏘아 죽이고, "살려주렌(살려달라고)" 빌며 가는 것도 그냥 죽이는, 파리 목숨보다도 못한 게 '4·3'을 겪은 사람들의 목숨이었다.

시절이 하수상할 때니 남정네들은 날이 밝으면 밥 싸고 나가서 숨었다 들어왔다. 집 안에 있는 사람들은 집 뒤에 있는 '보리낭눌(보릿짚가리)'의 보릿대를 몇 개 빼두었다가 이상한 말소리가 들리면 그 속에 숨었다. 강자숙은 밤에 잘 때도 앞문은 잠가도, 뒷문은 항상 떼어 두었고, 베개를 제대로 베어서 잔 적이 없다.

"ᄒ루는 마당에 콩 널엉 놔둬신디 ᄌ냑 네 시쯤 뒈난 총소리가 빵, 빵 나는 거라. 게난 난 아방 곱으레 갈 때 보리낭 빠둔 눌 소곱에 강 곱곡, 씨어머닌 콩 들이곡 징낭 걸쳐뒁 문 중강 방안에 강 앚인 거라. 씨아버지영 우리 집의 아방은 어디 곱으레 가불곡. 군인들이 완에 문을 타랑타랑 차니까 씨어머닌 누게라 허영 나가난 '아덜 어디 갓냐?' 면서 팡팡 두드리는 소리가 나. 군인들이 씨어머니안티 '돌아 앉아.' 허연게 빵 허는 총소리가 난 거라. 난 눌 소곱에 곱아둠서 '씨어머닌 죽엇구나.' 헷어. 해질 바탕에 또 '빨리 나와, 빨리 나와.' 허는 소리가 나는 거라. 흑교 운동장에선 막 연설 소리가 나고, 거리는 개미 소리 하나 들리지 않을 정도로 고요허곡, 총소리도 바방허게 나곡. '동네 사름 다 죽엇구나.' 생각허멍 눌 소곱에 앚앙 시난 총소리도 안 나곡, 궁상궁상 말소리가 나. '꼬록 꼬록' 허멍 도새기 것 주는 소리도 나곡. ᄒ꼼 시난 씨어머니가 '가불엇저. 이레 나오라.'허는 거라."

(하루는 마당에 콩 널어서 놔뒀는데 저녁 네 시쯤 되니까 총소리가 빵, 빵 나는 거야. 그러니까 남편 숨으러 갈 때 보릿대 빼둔 가리 속에 가서 숨고, 시어머니는 콩 들이고 정낭[13] 걸쳐두고 문 잠가서 방 안에 가서 앉은 거야. 시아버지랑 우리 집의 남편은 어디 숨으러 가버리고. 군인들이 와선 문을 타랑타랑 차니까 시어머닌 누구야 해서 나

---

13) 거릿길에서 집으로 들어오는 길목에 정문인 대문(大門) 대신에 가로 걸쳐 놓는 길고 굵직한 나무. 지역에 따라서 '징, 징낭, 정, 정낭, 정술' 등으로 부른다.

'봉성 마을'을 알려주는 표지석 봉성리에서는 4·3사건 때 산사람들이 마을로 들어왔다는 이유로 성에 입초를 섰던 열두 명이 한꺼번에 총살당했다. 김순자 촬영.

가니까 '아들 어디 갔냐?'면서 팡팡 두들기는 소리가 나. 군인들이 시어머니한테 '돌아 앉아.' 하더니 빵 하는 총소리가 난 거야. 난 가리 속에 숨어 있으면서 '시어머닌 죽었구나.' 했어. 해질 무렵에 또 '빨리 나와, 빨리 나와.' 하는 소리가 나는 거야. 학교 운동장에서는 막 연설 소리가 나고, 거리는 개미 소리 하나 들리지 않을 정도로 고요하고, 총소리도 바방하게 나고. '동네 사람 다 죽었구나.' 생각하면서 가리 속에 앉아 있으니까 총소리도 안 나고. 궁상궁상 말소리가 나. '꼬록 꼬록' 하면서 돼지 먹이 주는 소리도 나고. 조금 있으니까 시어머니가 '가버렸어, 이리로 나와라.' 하는 거야.)

그날 '도노미'에서 열두 명이 죽었다. 죽은 이유인즉슨, 그 전날 산사람들이 성 안으로 들어왔는데 '폭도 들었다.'고 해서 성문에 입초 섰던 사람들이 다 죽은 것이다. 그날 죽은 사람 가운데는 입초 섰던 양자 아들 대신 아버지가 죽은 경우도 있었다.

중산간 마을 대부분이 소개된 것과 달리 강자숙의 고향은 소개하지 않아 소개에 따른 피해는 없었다. 마을 주민들이 '나가면 안 된다.'고 합심해서 눌러앉았다. 소개하지 않은 대신 마을에 성담을 둘렀다. 걸을 수 있는 사람은 다 동원되어 밭담이고, '산담'이고, 돌이라고 하는 돌은 다 져다 성을 둘렀다. 성 위에는 가시가 있는 구지뽕나무를 둘러 외부인 출입을 막았다. 소개에 따른 피해는 없었지만 '도노미' 마을에서도 4·3 광풍에 많은 사람들이 죽어야 했다. 더러는 '폭도'의 누명을 쓰고, 더러는 영문도 모른 채 죽은 것이다. 봉성리, 속칭 '구몰리(구몰동)'에서 더 많은 희생자를 냈다. '구몰리'에선 특히 산사람들에 의한 피해가 많았는데, 아기 밴 여성도 죽창에 찔려 죽었다고 한다.[14] '위도 무섭고 아래도 무서운' 4·3 세상은 사람의 힘으로 어쩔 수 없는 그야말로 무법천지였다.

강자숙은 대동청년단에 차출되어 훈련도 받았다. 그녀의 남편은 하도 시달리니까 '죽어도 나라를 위하다 죽겠다.'면서 지원해서 군대에 가버렸다고 한다.

이렇듯 강자숙에게 일제강점기와 4·3 시기는 지울 수 없는 고통

---

14) 제주4·3사건진상규명및희생자명예회복위원회의 《제주4·3사건진상조사보고서》(2003)에 의하면 2006년 6월 8일부터 2010년 1월 4일까지 신고한 희생자 가운데 애월읍 어도리(현 봉성리)에서만 132명이 희생된 것으로 나타난다.

의 시간이었다. 강자숙의 고통은 70대 중반 이후의 제주 사람들 대부분이 겪었던 공통된 고충이기도 하다. 재산을 갖고도 제대로 경제권을 행사할 수 없었으며, 귀한 생명을 하늘의 뜻에 맡기고 살았다. 그러다 보니 일제강점기와 4·3을 겪은 제주 사람들은 자신의 삶을 운명에 돌리기 일쑤다. "살암시난 살아지더라."(살고 있으니까 살아지더라)는 말은 그렇게 해서 생겨난 것이다.

그런 어려움 속에서도 강자숙은 묵묵히 자신의 삶을 꾸려갔다. 종손집 외아들과 결혼해 평생 시부모를 모시고 살았다. 일곱 명의 자식들을 남부끄럽지 않게 키워냈다. "열 식귀 살젠 허난 고생고생 허멍 살앗주마는 이젠 살 만허다."(열 식구 살려고 하니까 고생고생하면서 살았지만 이젠 살 만하다)는 강자숙. 노인학교와 노인대학원을 다니며 제2의 인생을 개척하고 있다. 예순네 살에 게이트볼을 배워 제주 대표로 국내외 대회에 나가 수상을 하는 등 노년을 아름답게 보내고 있다. 자신의 삶을 아름답게 개척해 나가는 강자숙의 인생 역정을 들으면서 오늘을 사는 후배 여성들은 더 나은 미래를 위한 '인생 지도'를 당당하게 그려내지 않을까 싶다.

《교육제주》 2006년 가을 통권 131호

숫굽곡 용시허곡
낭 풀멍 살안

숯 굽고 농사짓고 나무 팔면서 살았어

안덕면 서광리 고희출 이야기

　　　　　　　　　　　　'억척스럽다', '부지런하다', '강인하다',
'무뚝뚝하다'……. 이들 어휘는 제주 여성의 성격과 특징을 설명할
때 단골처럼 따라붙는 형용사다. 오늘을 사는 젊은 여성들에게는
거리가 먼 수식어인지 모르지만 적어도 멀게는 조선시대부터 가
까이는 일제강점기와 제주4·3의 격랑을 이겨낸 제주 여성들에게
는 썩 어울리는 말이다. 노동의 연속인 삶을 산 우리네 할머니와
어머니들은 험한 바다와 거친 땅을 일구기 위해서는 억척스럽고
바지런하게 살아야 했다. 모진 삶을 견디기 위해서는 강인하고 무
뚝뚝할 수밖에 없었다. 그런 억척스러움과 부지런함은 곧 '여다의
섬' 제주 여성들의 상징이 되었고, 오늘을 살아가는 사람들이 본받
아야 할 미덕으로 남아 있다.

　안덕면 서광리 고희출(1932년생). 제주의 선배 여성 대부분이 그렇
듯, 고희출도 참 부지런하게 살았다. 힘든 노동으로 손이 오그라들

지들커 '지들커'는 '땔감'의 제주어다. 고희출은 숯 굽고 나무 해다 팔며 생계를 유지했다고 한다. 제주 여성들이 들에서 나무를 해서 등에 지고 내려오는 모습이다. 《사진으로 보는 제주역사》에서 발췌.

고 허리가 휘었지만 4남매 모두 살 만큼 살고, 남편이 "ᄌ들루지 않아"(지부럭거리지 않아) 걱정 없이 살고 있단다. 살다 보니 '성공적인 삶'을 살 수 있었다는 고희출은 더 나은 삶을 꿈꾸며 제주를 떠났던 3년여의 육지 생활을 빼곤 고향 서광리에서 농사짓고, 소 키우고, 돼지 키우며 생활했다. 궁핍함에서 벗어나기 위하여 숯을 굽고, 한라산에 가서 나무를 해다 곡식과 바꿔 허기를 달랬다. 농사를 지으면서도 곡식 장사를 한 덕에 남들이 먹을거리가 없어 '감저주시(고구마 전분 찌꺼기)'와 무릇을 삶아 먹을 때도 고희출은 밥을 먹을 수 있었다.

숯 굽고 나무 해다 팔아 생계 유지

고희출에게 가장 힘들었던 시기는 공출이 심했던 일제강점기 말과 4·3 소개령이 내린 이후였다. 그때는 제주 사람이면 대부분 곤궁한 생활을 해야 했던 어려운 시기였다. 4·3 광풍으로 제주 사람들은 영문도 모른 채 가족을 가슴에 묻어야 했고, 중산간[15] 마을 사람들은 마을이 전소되어 보금자리를 잃는 아픔을 겪어야 했다. 고희출도 예외는 아니었다. 어느 날 지서에 잡혀간 작은오빠는 모슬봉 중허리에 집단 매장되었다고 하는데, 아직도 시체를 찾지 못하고 있다. 오빠가 잡혀간 날 저녁에 동광 마을과 서광 마을에서 모두 스물아홉 명이 죽었다고 한다.

"죄 엇어도 빨갱이엔 허멍 심어단 몬 죽여부럿다."(죄 없어도 빨갱이라고 하면서 잡아다 몽땅 죽여버렸다.)는 고희출은 "게난 이젠 다 엠헌 사름 죽엇젠 허멍 저 시에 집 짓언 그디 강 제허지 아념서."(그러니까 이제는 다 애매한 사람 죽었다고 하면서 저 제주시에 집(4·3평화공원) 지어서 거기 가서 제 지내지 않고 있어.)라며 지난 역사의 과오에 쓴소리도 잊지 않았다.

소개 후에 고향에 돌아온 고희출은 살길이 막막했다. 열일곱 되는 해 화순으로 소개했다가 열여덟 살에 폐허가 된 고향으로 돌아온 고희출은 당장 살 곳과 끼니를 걱정해야 했다.

---

15) 중산간 마을은 표고 200~600m 사이의 지역에 있는 마을이다. 보통 해안 지역과 한라산체와의 중간에 위치한 마을이다.

"ᄉ삼사건에 그 고생, 춤 사난 살앗주기. 쇼카이허멍 놔둔 건 ᄆᆞ딱 불 부쩌부난 올라오란 보난 재만 벌겅헷주. ᄆᆞ짝 카부난 소낭 끊으멍 함바집 짓는 체허멍 살단 이녁만썩 집허영 살렌 허난 저 ᄐᆞ래 강 옥갈이 해당 목시 빌엉 상ᄆᆞ르만 세왕 이녁만썩 구들 ᄒᆞᆫ 칸썩 흑질 허멍 매날 물 졍오곡, ᄉᆞ뭇 흑 ᄁᆞ왕 흑질 아녀는 날이 셔게. 담고망 막앙 살젠 허민. 옛날엔 초집 짓젠 허민 힘든 일이난 동네 사름덜이 물덜도 다 져다주곡 흑질도 ᄀᆞ치 헤나신디 그땐 ᄆᆞ딱 집 짓젠 허난 이녁만썩 허젠 허난 힘들엇쥐."

(사삼사건에 그 고생, 참 사니까 살았지. 소개하면서 놔둔 것은 몽땅 불붙여버리니까 올라와서 보니까 재만 벌겠지. 몽땅 타버리니까 소나무 잘라다 '함바' 짓는 체하면서 살다가 이녁만씩 집해서 살라고

4·3 마을 재건 4·3 때 소개되었던 마을이 복구되자 4·3 이주민들이 원래 거주지로 복귀한 것을 기념하는 모습이다. 《사진으로 보는 제주역사》에서 발췌.

66

하니까 저 숲에 가서 윗가지 해다다 목수 빌려서 용마루만 세워서 이
녁만씩 방 한 칸씩 흙질하면서 매날 물 저오고, 사뭇 흙 이겨서 흙질
않는 날이 있었나. 담구멍 막아서 살려고 하면. 옛날에는 초가 지으
려고 하면 힘든 일이니까 동네 사람들 물들도 다 져다주고 흙질도 같
이 했었는데 그때는 몽땅 집 지으려고 하니까 이녁만씩 하려고 하니
까 힘들었지.)

집 짓는 일도 여간 힘든 일이 아니었다. 4·3 이전에는 마을에 집
짓는 사람이 있으면 동네 사람들이 나서서 물도 길어다 주고, 벽체
에 흙도 함께 발라주고, 지붕도 함께 이어주는 공동체 삶을 누렸
다. 그러나 마을 주민 모두가 집을 짓고 지붕을 이어야 하는 상황
에서는 동네 사람들의 도움을 기대할 수 없었다. 그렇기 때문에 집
도 한꺼번에 짓지 못하고 방부터 한 칸씩 한 칸씩 지으면서 바람을
막고 살았다 한다.

집만이 문제가 아니었다. 마을이 전소되어 먹을거리도 부족해
생계유지가 걱정이었다. 따라서 중산간 사람들은 나무를 해다 팔
거나 숯을 구워 곡식과 바꿔 먹으면서 연명했다.

　

"쇼카이 후에는 허여 먹을 게 웃고 판칙허난 첫독 울민 일어낭 물
구루마 끗엉 저 할락산에 강 삭은낭 걷엉 구루마에 시꺼당 깨영 모
실포에 강 하영 풀앗주. 뜨시 산에 강 젠젠헌 낭 헤당 숯 구우멍 그
걸 풀멍 먹으멍 살앗주. 이젠 낭이 창창헤도 그땐 낭이 엇언 판짝이
지. 나 홀목 만헌 낭은 큰 낭, 그땐 낭을 크게 놔두지 아녀서."

(소개 후에는 해 먹을 게 없고 깨끗하니까 첫닭 울면 일어나서 마차

끌어 저 한라산에 가서 삭정이 걷어서 달구지에 실어다 깨어서 모슬
포에 가서 많이 팔았지. 또 산에 가서 자잘한 나무 해다가 숯을 구우
며 그것을 팔며 먹으면서 살았지. 이제는 나무 창창해도 그때는 나무
가 없어서 깨끗했지. 내 손목 만큼한 나무는 큰 나무, 그때는 나무를
크게 놔두지 않았어.)

　그때 구운 숯은 '눈숫'이다. '눈숫'은 땅을 둥글게 파서 그 안에 삭
정이를 자근자근 쌓아놓고 '어귓돌(이맛돌)'을 앉힌 다음에 흙을 덮고
이맛돌 안으로 불을 땐다. 숯이 구워졌다 싶으면 아궁이를 막아 한
이틀 정도 놔두었다가 구덩이를 파보면 숯이 구워졌다고 한다. 그
렇게 해서 구워진 숯은 주로 모슬포에 가서 팔았다. 당시 모슬포에
는 군인 가족들이 많이 살아서 그들이 숯을 사서 썼다고 한다. 숯
한 가마니를 팔아도 쌀 두 되를 사지 못했을 정도였단다. 그러니
당시 삶이 얼마나 궁핍했는지 짐작하고도 남는다.

　그때는 너도나도 나무를 해다 숯을 굽거나 팔아서인지 산에 나
무가 없었다 한다. 그렇기 때문에 고희출은 겨울철 방에 불을 때기
위해 소똥과 말똥을 주워다가 말려서 땔감으로 썼다. 먹을거리가
없어 '섯포리(물보리)'를 해다가 삶아서 말린 후 'ᄀ레(맷돌)'에 갈아서 죽
을 쒀서 연명하며 살다 보니 차차 살길이 트이고, 농사도 지으면서
살 수 있었다. 소개 이후에 시작한 숯 굽기는 이후 10년 정도 더 했
다고 한다.

김매며 배운 농사, '평생 농사꾼'

그렇게 고생하며 살던 고희출은 스물한 살에 같은 동네 사는 한 살 아래인 이운평에게 시집을 갔다. 시집을 가니 살림은 더욱 궁핍했다.

"말도 마. 시집완 보난 옛날 초집이 스뭇 검질 북세기 솟 앞정 불 와랑와랑 검질불 와닥닥와닥닥 경허멍 밥허멍 먹엉 살곡. 그땐 옛날 이난 조 갈고 산디 갈곡 허난 매날 검질매레 뎅기곡, 저슬엔 똥 줏어오고 놀 즈를이 셔게? 읏일 때 살젠 허난 늘낭 허영 우영에 강 숫 궝 내영 풀아당 쏠 바꽝 먹곡. 보리도 갈믄 흔 빧 헌 거 허여당 클로 홀탕 바람 나민 질레 끗어당 방에에 정은에 먹고. 섯포리 허영 돌에 복복복 그거 숢앙 널엇당은에 그것 뜨시 フ레에 거평 죽쒕 먹곡. 소카이 허영 오란 아무것도 엇이난 어떵 홀 말이라."

(말도 마라. 시집와서 보니까 옛날 초가에 사뭇 검불 북데기 솥 앉혀서 불 활활 검불불 와닥닥왁닥닥 그렇게 하면서 밥하면서 먹어서 살고. 그때는 옛날이니까 조 갈고 밭벼 갈고 하니까 매날 김매러 다니고, 겨울에는 똥 주워오고 놀 겨를이 있어? 없을 때 살려고 하니까 날 나무 해다 터알에 가서 숯 궈서 내어 팔아다가 쌀 바꿔 먹고. 보리도 갈면 한 알 한 것 해다가 틀로 훑어서 바람 불면 길에 끌어다가 방아에 찧어서 먹고. 풀보리 해서 돌에 박박박 그거 삶아서 널었다가 그거 또 맷돌에 거피해서 죽 쒀서 먹고. 소개 해서 와서 아무것도 없으니까 어떻게 할 말인가.)

엎친 데 덮친 격으로 그녀가 결혼해서 삼 년쯤 지나자 남편이 군대를 가버려 두 살 된 아들과 시부모를 모시고 살아야 했다. 당시는 흉년까지 겹쳐서 '감저주시(고구마 전분 찌꺼기)'를 사다가 먹을 때였다. 할머니네도 남의눈이 있어 '감저주시' 말린 가루를 반 포 갈라다 먹었으나 도무지 먹을 수 없어 남에게 줘버렸다고 한다. 식구가 없는 데다 남편이 군대를 간 상태라 가계를 책임진 고희출은 생계유지를 위해 메밀을 거피하여 파는 등 곡식 장사를 한 덕에 힘은 들었지만 배를 곯진 않았다.

고희출이 커올 때는 일만 일만 하며 살았다. 아기 보는 일에서부터 물 긷는 일은 물론이고, 여남은 살부터는 부모를 따라 밭일도 배웠다. "봄 나가민 고사리 거끄곡, 보리왓디 검질메곡 놀 트멍이 엇엇다."(봄 되어 가면 고사리 꺾고, 보리밭에 김매고 놀 틈이 없었다.)는 고희출은 어머니에게 김매며 농사짓는 법을 배웠다. 비료가 없고, 농약이 없고, 기계화가 안 됐던 시절이라 몸을 놀려야만 살아갈 수 있었다. "비가 작작 내리지 않은 날은 밭에서만 살았다."는 어느 할머니의 이야기를 빌리지 않더라도 그녀 역시 몸 하나로 버티어 온 인생이다.

"옛날이사 조 갈곡 산듸 갈곡 콩 갈곡 풋 갈곡 모멀 갈곡. 뭐 흐는 건 다 허주게. 모멀은 검질 안 맹 허영 먹어도 다른 거는 다 검질메여야 허매. 검질은 흔 마흔 날썩 메서. 조도 초불 스꽝 두불 스끄고, 콩밧듸도 초불 맹 낫당 두불 메곡. 놀 즈를 엇이 매날 밧듸 갓주."
(옛날에야 조 갈고 밭벼 갈고 콩 갈고 팥 갈고 메밀 갈고. 뭐 하는 것은 다 하지. 메밀은 김 안 매서 해서 먹어도 다른 것은 다 김매어야 해. 김은 한 마흔 날씩 맸어. 조도 애벌 솎은 후 두벌 솎고, 콩밭도 초

검질매기 '검질매기'는 '김매기'에 대응하는 제주어다. 예전 우리 어머니들은 '검질'을 맬 때면 이웃 사람들과 어우러져 '어긴여랑 사대야'라며 '사대소리'를 힘차게 부르면서 일을 했다. 김순자 촬영.

벌 매서 놔두었다가 두벌 매고. 놀 겨를 없이 매날 밭에 갔지.)

그래서인지 1950, 60년대까지만 해도 김맬 때쯤 되면 제주의 들녘에서는 사대소리가 넘쳐났다고 한다. '사대소리'는 김매면서 부르는 노동요다.

어긴여랑   사대야   (어긴여랑 사대야)
앞멍에랑   들어오라   (앞밭머리는 들어와라)
뒷멍에랑   무너나나라   (뒷밭머리는 물러나라)
어긴여랑   사대야   (어긴여랑 사대야)

앞멍에엔   근 아장 앗앙   (앞밭머리엔 고운 아저씨 앉아서)
…….   (…….)

당시는 비료가 없을 때여서 농사지으려면 여간 고생이 아니었다. 농사짓기 전에 '바령밧'이라고 해서, 밭에 소나 말떼를 하루 저녁 가두어서 똥을 싸게 되면 밭이 기름져 보리도 갈고, '산듸(밭벼)'도 갈고, 조도 갈았다. 보리는 싹이 난 후에 웃자라지 않도록 밟아 주지만, 조와 밭벼는 씨를 뿌린 후에 밭을 밟아줘야 했다. 그렇지 않으면 싹이 나지 않아 농사가 되지 않으니 고희출은 남정네들이 하는 밭 밟는 일까지 도맡아 해야 했다.

"이 동네에 물 테우리라고 밧볼리는 하르방이 잇어낫어. 밧듸 풀 막 짓으민 그 물 빌엉 둥그리곡. 그 물 갈처 놓민 판찍허주게. 밧 ᄒ나 볼리민 검질 ᄒ루 메여줘. 밧 볼릴 땐 물 스무남은 머리 담아낭 사뭇 와랑와랑 사름 서이 들엉 글로 막악 절로 막악 허멍 ᄌ근ᄌ근 볼려사주. 물 서너 개 헐 땐 둘리만 이껑 졸졸졸 허곡. 그치룩허영 엿날은 용시정 살앗주. 요새사 차로 강 달달달 좃아불민 그만이주만. 바령밧은 나 ᄒ신 스십나도록 헷어."

(이 동네에 말 목동이라고 밭 밟는 할아버지가 있었어. 밭에 풀 막 깃으면 그 말 빌려서 굴리고. 그 말 가둬놓으면 깨끗하지. 밭 하나 밟으면 김 하루 매어줘. 밭 밟을 때 말 스무남은 마리 담아놓아서 사뭇 활활 사람 셋 들어서 그리로 막고 저리로 막고 하면서 차근차근 밟아야지. 말 서너 개 할 땐 둘만 이끌어서 졸졸졸 하고. 그렇게 하면서 옛날은 농사지어서 살았지. 요새야 차로 가서 달달달 쪼아버리면 그만이

지만. 바령밧[16]은 내가 한 사십이 되도록 했어.)

그뿐만이 아니다. 보리를 갈려고 하면 씨를 '돗걸름(돼지거름)'에 섞어서 밭에 뿌려 농사를 지었으니 그 공력이 이만저만한 게 아니었다. 기계화한 요즘 농사와 비교해 보면 거름에 보리씨 섞어서 보리갈던 시절은 옛이야기가 되어버렸다.

"보리 갈 땐 통시에 강 돗걸름 내영 마당에 흔 굴체썩 들러당 씨 서껑 쉐로 드러 불려근에 걸름착[17]에 담앙 쉐로 밧디 메틀 시꺼 날랏주. 쉐 양착에 질메지왕 밧디 날라당 밧듸레 골로루 털어치왕 보리 갈앗쥐. 옛날은 짐을 시꺼도 쉐 등땡이로만 헷어. 중간에야 구루마도 나곡, 하간 거 낫주."

(보리 갈 때는 돼지우리에 가서 돼지거름 내어서 마당에 한 삼태기씩 들어다가 씨 섞어서 소로 마구 밟아서 거름 담는 망태기에 담아서 소로 밭에 며칠 실어서 날랐지. 소 양쪽에 길마 지워서 밭에 날라다가 밭에 골고루 떨어뜨려서 보리 갈았지. 옛날은 짐을 실어도 소 등때기로만 했어. 중간에야 달구지 나오고 온갖 것 나왔지.)

보리 가는 것 못지않게 타작도 여간 힘에 부치는 일이 아니었다. 옛 사람들은 보리 해다가 그네로 훑어내고 도리깨로 알곡을 떼어낸 다음에 연자방아에 가서 쌀을 만들어다 먹었다. 그 후에는 탈곡

---

16) '바령밧'은 보리나 조 농사를 끝낸 밭을 기름지게 하기 위해서 밤에 소나 말을 가두어 똥과 오줌을 싸도록 해서 놀리는 밭을 말한다.
17) '걸름착'은 거름을 담아 나를 때 사용하는 먹서리다.

돗걸름에 보리씨 섞기 예전에 거친 밭에서 보리농사를 지을 때는 보리씨를 '돗걸름(돼지거름)'에 섞어서 밭에 뿌렸다. 소를 이용하여 거름에 보리씨를 섞는 장면이다. 《만농 홍정표 선생 사진집-제주 사람들의 삶》에서 발췌.

기로 보리를 장만했다. 요즘은 보리 베는 것에서부터 탈곡과 말리기까지 모두 기계가 해주니 손볼 일이 거의 없다. 그래서 고희출은 "요즘 일이야 일이냐."며 웃는다.

요즘도 그녀는 보리 농사에 콩 농사에 감귤 농사를 짓고 있다.

곡식 장사해서 밥 굶지 않아

남편이 군대 간 사이 생계유지를 위해 곡식 장사를 했던 고희출은 이후에도 잡곡 장사를 하면서 살림을 불려나갔다. 남편이 군대

다녀온 후에는 농사짓고 소 장사를 하면서 살림을 불려나갔다는 그녀는 '더 나은' 삶을 위해 남편과 함께 고향을 떠나 제주시에서 1년쯤 살았고, 밭을 팔아서 육지행을 감행했다. 그녀 나이 서른네 살 때의 일이다. 그녀는 또 대구로 이사 가서 사과밭을 사서 2년쯤 사과 장사를 하였다. 그러나 대구에서 돈을 떼이고 살림살이가 나아지지 않자 다시 서울로 이사해 집 짓고 살며 잡화점을 운영하였다. 서울살이도 만만치 않았다. 그녀의 말을 빌리면 5년 만에 '왕창' 망해 빈털터리로 고향에 들어왔다. 타향살이하면서 날린 돈을 벌충하기 위해서 남편은 오일장마다 돌아다니며 김 장사와 옷 장사 등을 하며 돈을 열심히 모았다. 곡식 장사를 하여 보릿고개에도 밥을 굶지 않았던 그녀도 따로 잡곡 장사를 하였다.

"나도 장시를 하영 허연. 육지 간오란에 잡곡 받안 장스헷주게. 풋, 콩, 메밀. 마흔 설부터 그 잡곡 장신 헷어. 저 동광 강 집집마다 돌아뎅기멍 폽센 허멍 받앙 낫당 쉐구르마 ᄀ정강 시꺼왕 이디 오란 마다리 탁탁 봉허연 버스에 시꺼ᄀ정 서귀포장에 강 소매허엿주게. 도매로도 넘기고. 그땐 버스에도 곡석 열 섬씩 시꺼줘고. 큰아덜 그디 강 고등학교 ᄆ칠 때까지 그 장시헷어. 콩 장시 못 견드게 헤도 아덜 고등학교 시기난 말앗주. 아마도 흔 삼년 든든히 헷쥐."

(나도 장사를 많이 했어. 육지 다녀와서 잡곡 받아서 장사했지. 팥, 콩, 메밀. 마흔 살부터 그 잡곡 장사는 했어. 저 동광 가서 집집마다 돌아다니면서 팔라고 하면서 받아다 두었다가 소달구지 갖고 가서 실어와서 여기 와서 마대 탁탁 봉해서 버스에 실어 가지고 서귀포장에 가서 소매했지. 도매로도 넘기고. 그땐 버스에도 곡식 열 섬씩 실

어줬어. 큰아들 거기 가서 고등학교 마칠 때까지 그 장사했어. 콩 장사 못 견디게 해도 아들 고등학교 시키니까 말았지. 아마도 한 삼년 단단히 했지.)

그녀는 또 육지 가기 전에는 고사리철에는 동광리에 가서 마른 고사리 받아다가 마루 가득 쌓아뒀다가 도매상 불러서 한 칭씩, 쉰 근씩 마대에 담으면서 팔았단다. 감자 수확할 때는 육지 상인과 함께 감자밭을 샀다가 팔아서 이익금을 나눠 가질 정노로 장사 수완이 좋았다.

"하도 오몽헤부난 손이 다 몽글아지고 허리가 굽어도 어떵 어떵 허는 게 막 성공허연 집도 사고, 밧도 사고, 낭밧도 하영 허고, 아으덜 다 집 사주곡 허영 지금은 막 펜안허게 살암서."
(하도 움직여버리니까 손이 다 몽글고 허리가 굽어도 어떻게 어떻게 하는 것이 매우 성공해서 집도 사고, 밭도 사고, 귤밭도 많이 하고, 아이들 다 집 사주고 해서 지금은 매우 편안하게 살고 있어.)

"그렇게 일을 해도 일이 무섭지 않고, 곡식을 한 섬씩 져 날라도 힘들지 않더라."는 고희출. 그녀는 "사십에 성공허켄 헷다가 판칙 망헨 들어온 하르방이 오십에 성공허켄 헨게마는 성공헷다."(사십에 성공하겠다고 했다가 깨끗이 망하고 들어온 할아버지가 오십에 성공하겠다고 하더니만 성공했다.)며 소박하게 웃는다. 그녀의 웃는 얼굴에 소박하게 살아온 우리 할머니와 어머니들의 영상이 겹쳐진다. 이렇듯 우리 할머니, 어머니들은 평생을 '바지런' 하나로 살아왔다. 일제의 공출과 4·3의 회오리 속에서 굶주림과 모진 고통을 겪었지만, 그 고통을 거뜬히 이겨낼 수 있었던 것은 강인함과 바지런함, 그러면서도 인내할 수 있는 힘이 있었기에 가능했다. 우리 할머니, 어머니들의 이런 옹골찬 삶이야말로 쉽게 포기하고 나약함에 빠져드는 우리들, 넘쳐도 부족하게만 느껴지는 요즘 사람들이 본받아야 할 생생한 가르침이 아닐까. 그녀를 만나는 동안 필자는 작은 것에 기뻐하고, 작은 것에 만족하는, 자족하는 삶을 살아야겠다고 다짐하였다.

《교육제주》2006년 겨울 통권 132호

제2장

제주 사람들의
음식과 언어

섯포리 숢앙 물령 구레에 골앙 죽 쒕 먹곡
물보리 삶아서 말려서 맷돌에 갈아서 죽 쒀서 먹고
　밥 이야기

뒌장이영 자리젓 하영 먹엇주
된장이랑 자리젓 많이 먹었지
　국과 반찬 이야기

침떡은 하늘과 흙, 인절미는 땅과 나무
시루떡은 하늘과 흙, 인절미는 땅과 나무
　떡 이야기

감기엔 삥이마농 놩 죽 쒕 먹으민 좋아
감기엔 쪽파 넣어서 죽 쒀서 먹으면 좋아
　민간요법 이야기

꿩마농 소금물에 절영 놔두민 새금새금 맛 좋아
달래 소금물에 절여서 놔두면 새콤새콤 맛 좋아
　발효음식 이야기

섯포리 숨앙 물령
그레에 골앙 죽쒕 먹곡

물보리 삶아서 말려서 맷돌에 갈아서 죽 쒕서 먹고

밥 이야기

제주 사람들의 생활 문화 가운데는 먹을 거리와 관련된 이야기가 풍부하다. 배고픔에 얽힌 아픈 기억이 대부분이지만, 그런 이야기 속에는 고달픈 삶을 견디어 온 제주 사람들의 강인한 정신과 삶의 무게가 느껴진다. 옛날이야기를 들려주듯이, 우리네 어머니, 할머니들이 풀어내는 먹을거리와 관련한 이야기 속에는 제주 사람들의 고단한 역사와 삶의 문화가 오롯이 들어있다.

혹자는, 제주 문화를 이야기하면서 "웬 밥 이야기냐?"고 할지 모르겠다. 그러나 밥은 공기와 물과 함께 우리네 인간이 살아가기 위해서 반드시 필요한 요소이다. 밥은 '쌀과 보리, 조, 팥 등에 물을 넣고 익힌 음식'이라는 단순한 뜻 이외에도 '음식'을 총칭하는 용어이기도 하다. 일하는 것을 '밥벌이 한다.'라고 하듯이 '밥'은 단순한 음식 이름이 아니라 삶을 이어가는 방편인 셈이다.

일제강점기와 4·3을 겪은 60대 이상의 사람들은 거개가 배고픈 경험을 갖고 있다. 그래서인지 그들이 살아온 내력 속에는 '밥' 이야기가 빠지지 않고 등장한다. 보릿고개를 겪은 그들에겐 밥이 곧 신앙(?)이었던 시절이 있었다.

제주 사람들의 생명줄 '보리밥'

제주도는 예로부터 쌀이 귀한 곳이다. 논이 거의 없는 데다 땅이 푸석푸석해 쌀 생산보다는 보리·조·콩·메밀·팥·피 등의 잡곡류가 발달해 있다.

"벽랑국 공주가 망아지와 송아지와 오곡을 갖고 왔다."는 〈삼성 신화〉와 《세종실록지리지》의 〈제주목〉에 "그 땅의 기후가 따뜻하며 풍속이 미욱하고 검소하다. 간전(墾田)이 3,977결이요, 논이 31결이다. 토의(土宜)가 밭벼 기장 피 콩 메밀 보리 밀이다."라는 기록을 보더라도 제주에서 경작되는 농산물은 밭벼, 조, 콩, 메밀, 보리, 피 등의 잡곡류가 대부분이었다.

때문에 제주도에는 밥도 쌀을 재료로 하는 것이 아니라 보리와 조와 팥 등의 잡곡을 위주로 했다. 그마저 넉넉하지 않아 보릿고개나 흉년이 들면 굶기가 일쑤였다.

보릿고개에는 설익은 보리를 베어다가 삶아 '섯포리밥'을 해 먹었는가 하면 바다에 나는 넓패나 파래와 톳 등을 뜯어다 보리나 보릿가루 등에 섞어 밥을 지어 먹었다. 그런가 하면 쌀이나 좁쌀에 고구마를 섞어 '감자밥'을 지어 먹거나, 밥 대신에 감자나 고구마

식사 중 1950~60년대 제주 사람들의 식사 모습이다. 마룻바닥에 음식을 차려놓고 온 가족이 둘러 앉아 맛있게 밥을 먹고 있다. '낭푼밥'을 가운데 놓고 가족들이 '숭키(푸성귀)'에 쌈을 해서 먹고 있다. 《만농 홍정표 선생 사진집-제주 사람들의 삶》에서 발췌.

를 삶아서 먹으면서 끼니를 때우기도 했다. 그마저 먹을거리가 없 었을 때는 전분찌꺼기인 '감저주시'를 말린 가루에 산에서 뜯어온 나물 등을 넣고 끓인 나물죽과 무릇과 넓패에 보릿가루를 섞어 만 든 죽이나 범벅을 만들어 먹으며 연명한 적도 있었다.

《제주도의 음식》자료에 기술된 잡곡밥의 종류—반지기밥, 조밥, 보리밥, 고구마밥, 메밀밥, 감자밥, 피쌀밥, 섯보리밥, 감태밥, 지름 밥, 풋밥, 곤밥, 파래밥, 톨밥, 곤포밥, 무밥, 본속밥, 쑥밥, 너패밥, 전분주시밥, 무개기밥, 체밥—를 보면, 제주 사람들이 춘궁기를 견 디기 위해 얼마나 부단한 노력을 해 왔는지 짐작할 수 있다. 밥을 대신할 죽과 범벅류 등 구황음식이 발달해 있는 것도 이런 이유에서다.

> "6·25 이듬해가 가장 힘들어난 거 닮아. 가뭄 때문에 숭년이 들어서 밧듸 곡석이 다 타부난 먹을 것이 엇엇지. 어머닌 여름 용시도 안 뒈난 산에 강 물릇 헤오고, 바당에 강 넙패 헤당 솖앙 보릿그루나 감저삣데기그를이나 전분 주시 몰령 만든 그 그를 낭 범벅을 헹 줘낫어. 물릇은 목이 아플 정도로 쓰니까 여러 날 물에 담강 놔둬야 먹을 수 잇지. 우리 어머닌 양을 늘리기 위헤서 좁쑬을 거피지도 아년 채로 그레에 굴앙 그 그를로 범벅을 해줘낫어. 다 익지 아년 섯 포리 비여당 솖앙 몰령 그레에 굴앙 죽 쒕 먹곡."
>
> (6·25 이듬해가 가장 힘들었던 것 같아. 가뭄 때문에 흉년이 들어서 밭에 곡식이 다 타버리니까 먹을 것이 없었지. 어머닌 여름 농사도 안 되니까 산에 가서 무릇 해오고, 바다에 가서 넓패 해다가 삶아서 보릿가루나 절간고구마가루나 전분 찌꺼기 말려서 만든 그 가루 넣어서 범벅을 해서 줬어. 무릇은 목이 아플 정도로 쓰니까 여러 날 물에 담가 놔둬야 먹을 수 있지. 우리 어머니는 양을 늘이기 위해서 좁쌀을 거피하지도 않은 채 맷돌에 갈아서 그 가루로 범벅을 해줬었어. 다 익지 않은 풀보리 베어다가 삶아서 말려서 맷돌에 갈아서 죽 쒀서 먹고.)
>
> ─ 한경면 조수2리 이옥춘 구술

보리밥만 너무 많이 먹다 보니 아이들의 배가 볼록하거나, '톳 밥' 때문에 변비로 여러 날 고생을 하다 피똥을 싸는 수난을 겪기도 하였다. 오성찬의 소설《보제기들은 밤에 떠난다》에 보면, 톳밥을 먹고 소화를 못 해 힘들었던 경험이 잘 묘사되어 있다.

"나도 해방이 되던 이듬해 흉년에 우리 식구들과 함께 톳밥만을 무려 열이틀이나 먹은 적이 있었는데, 그러고 나서 변을 볼 수가 없어 '똥구멍이 째지는' 고통을 참아내야 한 적이 있었다. 돼지를 기르는 재래식 변소인 돗통에 앉아서 디딜팡 아래서 도새기는 꿱꿱거리지, 똥은 안 나오지, 이런 때의 괴로움은 당해보지 않은 사람은 모를 것이다."

— 오성찬(2001:176)의《보제기들은 밤에 떠난다》중에서

쌀이 귀한 제주에서는 살림이 펼 때도 대부분 보리밥을 먹거나 보리에 팥이나 조 등을 섞은 잡곡밥을 먹었다. 잘사는 집이라야 보리쌀에 쌀을 섞은 '반지기밥'을 먹었다. '반지기밥'도 웃어른한테 떠주면 그만이어서 나머지 사람들은 보리밥을 먹어야 했다. 때문에 제주 사람들은 쌀밥을 제사 때나 생일이나 잔치 때 구경할 수 있었다. 지금은 마음만 먹으면 하얀 쌀밥을 먹을 수 있지만, 1970년대 이전까지만 해도 하얀 입쌀로 지은 쌀밥은 귀한 밥이었다. 제주 사람들은 '누런 보리밥'과 대비해서 하얀 쌀밥을 '곤밥'이라고 한다. '곤밥'은 '밥이 하얗게 곱다.'는 데서 유래한 밥 이름이다. '곤밥'에 얽힌 제주 사람들의 추억은 유별나다.

'곤밥'에 얽힌 유년 시절의 추억

　'곤밥'은 아무 때나 먹을 수 있는 밥이 아니었다. '곤밥'이 생기면 부모들은 아이들에게 조금이라도 '곤밥'을 얻어주려고 애쓴다. '곤밥'을 지은 집안에서도 그 '곤밥'을 자기네만 먹는 것이 아니라 동네 어른들이나 이웃과 나눠 먹는 미풍양속이 있었다.

> "옛날에는 제사 때 꼭 곤밥을 싸줫어. 제사 끗나믄 늙신네덜 나시 게영국 들르곡 밥 거령 아져가민 그 밤의 그 밥을 꼭 먹넨 허주게. 먹을 게 엇인 때라부난."
>
> (옛날에는 제사 때 꼭 흰밥을 싸줬어. 제사 끝나면 늙으신네들 몫 갱국 들고 밥 떠서 가져가면 그 밤에 그 밥을 꼭 먹는다고 하지. 먹을 게 없을 때니까.)
>
> ― 구좌읍 송당리 허순화 구술

곤밥과 보리밥 예전 제주 사람들에게 '곤밥'은 제사나 잔치 등 특별한 날에나 맛볼 수 있었던 귀한 음식이었다. 그래서 제사 때면 우리 어머니들은 '과제'를 기다렸다가 아이들에게 '곤밥'을 먹였다. 평소에는 보리밥(오른쪽)이나 조밥을 주로 먹었다. 김순자 촬영.

그래서인가. '먹을 일'이 있을 때 어른들은 아이들을 꼭 데리고 다녔다. '맛난 음식'이 있을 때 아이들이 곁에 있어야 먹을 것을 조금이라도 얻어서 나눠 줄 수 있어서이다.

제사는 보통 자정이 넘어서야 끝난다. 제사를 지내는 동안 아이들은 눈을 비비며 잠을 쫓아보지만, 잠들기가 일쑤다. 그래도 제사를 끝내고 음복을 할 때면 아이들은 어느새 깨어 있다. 부모들이 아이들에게 '곤밥'을 먹이기 위해서 잠을 깨우기 때문이다. 졸음에 겨운 아이들이 그 밥맛을 알았으랴마는 그때는 그랬다. 지금도 어른들은 유년 시절에 제삿날 먹었던 '곤밥' 기억을 떠올리면 입안이 달다고 한다.

잔칫날 먹었던 '곤밥'에 얽힌 기억은 각별하다. 궁핍한 시대에 저장된 아픈 기억이지만, 지금은 웃으면서 말할 수 있는 '옛이야기'가 된 것이다.

"새각시밥이엔 허영 산듸밥 허영 놋사발에 스뭇 잔뜩 거려 주주. 새각시상은 둑새기 세 개 숢앙 올리곡, 돼야지궤기허곡게. 먹기 전에 하인이 우로 허영 개지에 밥 흔 수까락 뜨고, 계란 하나 놓곡 허영 상 아래 놋당 건 ㄱ져가. 잔칫날은 동네 아이덜이 새각시밥 얻어먹젠 무뚱에 오랑 손 받아근에 과짝 샂주게. 게믄 새각시밥을 서너 수까락 먹엉 내불민 대반이 아으덜 손더레 흔 수까락썩 끊어낭 주민 그것도 경 맛 좋앙. 소님상이엔 해봐야 돼야지궤기에 보리밥벳긔 더 허여게."

(새색시 밥이라고 해서 밭벼쌀밥 해서 놋사발에 사뭇 잔뜩 떠서 주지. 신부상은 계란 세 개 삶아서 올리고, 돼지고기하고. 먹기 전에 하

인이 위로 해서 주발 뚜껑에 밥 한 숟갈 뜨고, 계란 하나 놓고 해서 상 아래 놔두었다가 그것은 가져가. 잔칫날은 동네 아이들이 신부 밥 얻어먹으려고 문 앞에 와서 손 받아서 곧게 서지. 그러면 신부 밥을 서너 숟갈 먹어서 내버리면 대반이 아이들 손에 한 숟갈씩 끊어놓아서 주면 그것도 그렇게 맛 좋아서. 손님상이라고 해봐야 돼지고기에 보리밥밖에 더 해.)

— 안덕면 서광리 고희출 구술

"우리 시집간 때는 동네 아이덜이 새각시밥 얻어먹젠 다 문에 둘아졍. 게민 대반 앚인 사름이 흔 수까락썩 그 아이덜 손더레 거려주민 먹어낫어. 집안에 웃어른덜 나신 또 가짓겡이에 민 거리멍 궤기 흔 점썩 놘 올려야 뒈곡. 골로로 테우지 아녀민 막 숭이 나곡. 아이고, 그거 춤 너무 신기허여."

(우리 시집간 때는 동네 아이들이 신부 밥 얻어먹으려고 다 문에 매달려서. 그러면 대반 앉은 사람이 한 숟갈씩 그 아이들 손에 떠주면 먹었었어. 집안에 웃어른 몫은 또 주발 뚜껑에 몽땅 뜨면서 고기 한 점씩 넣어서 올려야 되고. 골고루 나누지 않으면 매우 흉이 나고. 아이고, 그거 참 너무 신기해.)

— 구좌읍 송당리 허순화 구술

이처럼 밥은 생명을 이어주고 추억을 만들어 준다. 밥을 먹으면서 가족 간에 깊은 사랑을 확인하고, 밥을 먹으면서 우정을 쌓아가고, 밥을 함께 먹으면서 일터에서 일의 능률을 높인다. 밥은 사람끼리 신뢰를 쌓아가고 인간의 유대를 강화해 주는 '끈' 역할을 해주는 매개체이다.

제주의 인사말 가운데 "밥 먹읍데가?", "밥 먹어시냐?"라는 말이 있다. 밥은 이처럼 사람들끼리 끈을 이어주는 다리 역할을 한다. 밥을 먹기 싫어하는 사람들에게 "밥이 일한다."며 밥 먹기를 종용하기도 한다. '밥' 이야기를 쓰면서, 갈수록 붕괴되는 '밥상공동체'가 회복될 수 있길 기대해 본다.

《교육제주》 2007년 봄 통권 133호

뒌장이영 자리젓
하영 먹엇주

된장이랑 자리젓 많이 먹었지

국과 반찬 이야기

먹을거리에 얽힌 제주 사람들의 추억담을 들을 때 된장 이야기는 빠지지 않는다. 밥 이야기를 할 때, 쌀밥 대신 보리밥과 조밥 이야기를 듣는 것처럼 반찬이나 국을 거론할 때는 된장이 먼저 등장한다. 된장은 제주 사람들에게 큰 반찬인 동시에 조미료였기 때문이다.

냉수에 날된장을 풀면 '냉국'이 되었고, 배추나 무를 넣어 끓이면 구수한 된장국이 되었다. 콩잎과 어린 양핫잎을 뜯어다 된장에 찍어 먹으면 좋은 반찬이었다. 이처럼 제주 사람들에게 된장은 각별한 조미료이자 부식이었다. 여기에 '멜첫(멸치젓)'이나 자리젓, '짐치(김치)'나 '마농지(마늘장아찌)'가 더해지면 금상첨화였다.

음식을 보관할 냉장고가 없을 때 제주의 찬거리는 오래 저장할 수 있는 젓갈류나 김치류가 주종을 이루었다. 소금에 절인 '자리젓'과 '멜첫', 간장에 담가 만든 '지(지히, 지이, 지시)'가 대표적인 반찬이었다.

이런 음식 속에는 제주의 자연과 환경에 순응하면서 살았던 제주 사람들의 삶의 지혜가 그득 녹아 있다.

'승키'에 '뒌장'만 있어도 성찬

제주 사람들에게 찬거리의 기본은 '승키(푸성귀)'와 된장이었다. 된장만 있으면 밥 먹는 데 걱정이 없었다. 철 따라 나오는 채소를 데쳐 무쳐 먹거나 날로 해서 된장에 찍어 먹었고, 된장국을 끓여 먹기도 했다. 된장 자체가 반찬이 돼주기도 하였다.

구좌읍 송당리 허순화(1932년생)는 된장을 특별히 좋아했다.

"뒌장을 부디 승키 먹을 때만 먹는 게 아니고, 그냥 끊어다 낭 손에 잡앙 먹어낫어. 마농지시도 집마다 못 먹엇어. 콩잎철 나민 콩잎 튼앙 멜첫에 밥 쌍 먹고, 봄 나민 양웨이파리 튼앙 밥 쌍 먹어낫어. 놉 빌엉 일허젠 허민 양웨이파리 구덕으로 ᄒ나 튼앙 밧듸 가정 강 그걸 막 먹어낫어. 그걸 반찬으로. 뒌장에 줴피엔 헌 거나 놓곡 허영."
(된장을 부디 푸성귀 먹을 때만 먹는 게 아니고, 그냥 잘라다 놓아서 손에 잡아서 먹었었어. 마늘장아찌도 집집마다 못 먹었어. 콩잎 철 되면 콩잎 뜯어서 멸치젓에 밥 싸서 먹고, 봄이 되면 양핫잎 뜯어서 밥 싸서 먹었었어. 놉 빌려서 일하려고 하면 양핫잎 바구니로 하나 뜯어다가 밭에 가져가서 그것을 마구 먹었었어. 그것을 반찬으로. 된장에 조피라고 한 거나 넣고 해서.)

멜순 '멜순'은 '밀나물'에 대응하는 제주어다. 예전에 애월읍 봉성리에서는 밭에 갈 때 된장만 갖고 가서 점심때가 되면 사람들이 들에 나 있는 '멜순'을 걷어가다 된장에 찍어 먹었다고 한다. 김순자 촬영.

애월읍 봉성리 강자숙(1931년생)과 애월읍 수산리 홍진규(1915년생)도 비슷한 구술을 해주었다. 된장은 음식 맛을 내는 조미료가 아니라 반찬으로서 큰 역할을 했다는 것이다.

"우리집 아덜이 뒌장을 좋아헷주. 보리밥 먹엉 뒌장 항에 들아정 뒌 장 먹은 다음 물을 괄락괄락 들이싸믄 밥 먹는 거 끗낫주. 우리 커 올 땐 뒌장에 멜순 하영 찍어 먹엇주. 멜순 나올 땐 어느 사름을 막 론허곡 점심 먹을 시간이 돼 가믄 멜순허레 믄딱 나사. 멜순이 너무 세여가민 쉬 일고 벌거지가 먹어불어. 연허영 구질구질 올라올 때 혜여당 놓민 끗뎅이에 쉬가 잇건 말건 흔 줌 홀텅 뒌장에 먹고. ᄋ

름채 썹채 그자 박 홀텅 먹곡. 나가 그 멜순을 잘 먹어낫어. 나가 하
도 멜순을 좋아허난 우리집의아방[1]이 산에 갓당 멜순 헤와선게 '나
가 염송애기냐?' 허멍 막 웃어낫주."

(우리 아들이 된장을 좋아했지. 보리밥 먹어서 된장 항아리에 매달
려서 된장 먹은 다음 물을 꿀꺽꿀꺽 들이켜면 밥 먹는 거 끝났지. 우
리 커올 땐 된장에 밀나물 많이 찍어 먹었지. 밀나물 나올 땐 어느 사
람을 막론하고 점심 먹을 시간이 되어 가면 밀나물 하러 몽땅 나서.
밀나물이 쇠어 가면 진딧물 일고 벌레가 먹어버려. 연해서 구질구질
올라올 때 해다가 놓으면 끄트머리에 진딧물이 있든 말든 한 줌 훑어
서 된장에 먹고. 열매째 잎째 그저 박 훑어서 먹고. 내가 그 밀나물을
잘 먹었어. 내가 하도 밀나물을 좋아하니까 우리 남편이 산에 갔다
가 밀나물 해왔던데 '내가 염소냐?' 하면서 마구 웃었었지.)

— 애월읍 봉성리 강자숙 구술

"검질메레 눕덜 빌엉 가민 징심 먹젠 허민 우선 그 멜순 강 흔 아늠
허영 오라사 그 징심을 먹엇어. 멜순을 뒌장에 적시멍 거 징심 반찬
으로 먹곡."

(김매러 눕들 빌려서 가면 점심 먹으려고 하면 우선 그 밀나물 가서
한 아름 해서 와야 그 점심을 먹었어. 밀나물을 된장에 적시며 그것
점심 반찬으로 먹고.)

— 애월읍 수산리 홍진규 구술

---

1) 여기에서 '우리집의아방'은 남편을 가리키는 말이다.

‘멜순’은 날로 된장에 찍어 먹거나 데쳐서 된장에 찍어 먹기도 하였다. 먹을거리가 풍족하지 않았던 시절, 들나물인 ‘멜순’은 새순이 돋는 봄철에 ‘양핫잎’과 함께 제주 사람들에게 대우를 받았던 ‘승키’였다.

어른들은 또 반찬으로 ‘마농지^(마늘장아찌)’도 많이 먹었다. 더운 여름날 냉수를 만 보리밥 위에 ‘마농지’를 얹어서 먹으면 잃었던 입맛도 찾을 수 있었다. ‘뭄^(모자반)’을 사다 간장에 담갔다 특별식으로 냈던 ‘뭄 치^(모자반장아찌)’, ‘유 고고리^(들깨 이삭)’를 간장에 담가 만든 ‘유지히^(들깨장아찌)’, 보리 수확 때 담그는 ‘꿩마농지이^(달래장아찌)’도 우리 어른들이 많이 해 먹었던 밥반찬이었다.

‘우영^(터왓)’에 ‘승키’가 떨어지면 ‘드르^(들)’에 나가 ‘난젱이^(냉이)’도 캐다 먹었고, ‘드릇ᄂᆞ 물^(들나물)’, ‘ᄀᆞ세ᄂᆞ 물’²⁾, ‘가자리^(개자리)’도 캐다 국을 끓여 먹거나 데쳐서 된장에 찍어 먹었다.

> “양력 ᄉᆞ월경 보리왓디 강 꿩마농 캐당 꿩마농지 하영 담앙 먹엇지. 보리왓디 대우리 멜 때도 할망덜은 허리에 들렝이 창 뎅기멍 꿩마농 캐낫어. 꿩마농 캐당 ᄏᆞ클 씻엉 주지 채우멍 소금에 절영 놔두민 누렇게 익으민 맛이 좋아.”
>
> (양력 사월경 보리밭에 가서 달래 캐다가 달래장아찌 많이 담가서 먹었지. 보리밭에 귀리 맬 때도 할머니들은 허리에 작은 바구니 차서

_____

2) ‘ᄀᆞ세ᄂᆞ 물’은 들나물의 일종이다.

난젱이 '난젱이'는 표준어 '냉이'에 대응하는 제주어다. 지역에 따라서 '난생이', '난시', '난지' 등으로 부른다. 예전에는 밭에 '난젱이'가 많아서 캐다가 데쳐서 나물로 먹었다고 한다. 김순자 촬영.

다니면서 달래 캤었어. 달래 캐다가 깨끗이 씻어서 고리 지으면서 소금에 절여서 놔두면 누렇게 익으면 맛이 좋아.)

— 한경면 조수2리 이옥춘 구술

간장에 담근 '뭄 치(모자반장아찌)'는 특별 반찬이었다. '놉 빌엉 반찬 출령(놉 빌려서 반찬 차려서)' 갈 때 먹거나 아이들의 도시락 반찬으로 싸주는 특별식이었다. 안덕면 서광리 고희출(1932년생)은 "어떵헹산디 집 일 때는 뭄 사당 콩 보끄고 허영 뭄차반 헹 동네 사름덜 대접헤낫다."(어떡해서인지 집 일 때는 모자반 사다가 콩 볶고 해서 '모자반자반'을 해서 동네 사람들 대접했었다.)고 일러준다.

김치도 요즘같이 양념을 듬뿍 넣은 김치가 아니었다. 배추를 소금에 절였다가 고춧가루와 마늘을 넣어 대충 버무리거나 '멜첫(멸치젓)'을 넣어 숙성시킨 김치가 전부였다.

바닷가 마을에서는 배추나 들나물 대신 '톳'이나 '몸', '메역(미역)', '메역새(미역쇠)', '프레(파래)' 등을 해다 된장에 찍어 먹거나 무쳐 먹었다. '톳무침', '메역무침', '몸차반' 등이 그것이다. 이들 바다 식물은 국거리 '나물'로도 제격이었다. 된장을 풀어 끓인 '메역새국(미역쇠국)'은 별미 가운데 별미였다.

"자리젓은 구미 트는 밥반찬"

자리젓도 많이 담가서 먹었다. 자리젓은 보리가 익을 무렵에 '통개(항아리의 한 종류)'나 '춘이(준)'에 가득 담갔다가 일 년 내내 먹었다. 자리젓 대신 '멜첫(멸치젓)'도 많이 담가 먹었다. '멜첫'이나 자리젓에 콩잎을 싸 먹으면 잃었던 입맛도 되찾을 수 있다. 서귀포시 안덕면 사계리 김영하(1926년생)는 젊었을 때 많이 먹었던 반찬으로 자리젓을 꼽는다.

> "잘허는 사름이라사 자리젓 통개로 하나썩 담앗당 먹엇주. 궤기는 안길 때 먹곡, 못 안기면 못 먹고, 주 반찬이 자리젓이엇지. 느물 데왕 먹곡 그냥 그런 거주게. 짐치 헤봣자 그냥 소금에 절영은에, 뭐 짐치 출리곡 뭐. 주로 반찬이렌 헌 게 자리젓이주."
> (잘하는 사람이라야 자리젓 '통개'로 하나씩 담갔다가 먹었지. 고기 안길 때 먹고, 못 안기면 못 먹고, 주 반찬이 자리젓이었지. 나물 데

자리젓 자리젓은 입맛을 돋워주는 제주 사람들의 밥반찬이었다. 유월에 알을 밸 때 담근 자리젓이 맛있다고 한다. 김순자 촬영.

쳐서 먹고 그냥 그런 거지. 김치 해봤자 그냥 소금에 절여서, 뭐 김치

차리고 뭐. 주로 반찬이라고 하는 것이 자리젓이지.)

— 안덕면 사계리 김영하 구술

애월읍 수산리 홍진규^(1915년생)와 한경면 조수2리 이옥춘^(1932년생)도
자리젓을 많이 먹었다고 한다.

"우리 씨어머님은 초물자리³⁾가 맛 좋넨 허멍 자리젓을 허여. 하도
맛 좋게 허민 손지덜은 문딱 가져당 들러먹어불곡 헤낫어. 자리젓

―――――
3) '초물자리'는 그 해에 처음 나오는 자리돔을 말한다.

은 너미 짜도 과짝헤불엉 못 먹곡, 싱거우민 고려불곡. 간이 맞아사 맛 좋은 거. 우리 씨어머님은 어떵허여근에 간 맞청 잘 허여. 난 잘 못헤낫어.”

(우리 시어머님은 초물자리돔이 맛 좋다고 하면서 자리젓을 해. 하도 맛 좋게 하면 손자들은 몽땅 가져다가 들이먹어버리고 했었어. 자리젓은 너무 짜도 뻣뻣해버려서 못 먹고, 싱거우면 곯아버리고. 간이 맞아야 맛 좋은 거. 우리 시어머님은 어떡해서 간 맞춰서 잘 해. 난 잘 못했어.)

— 애월읍 수산리 홍진규 구술

“삼십년 전까지만 헤도 눕 빌엉 일 허젠 허민 자리젓을 닷 말씩 담아낫어. 익기 전에 궤기가 먹고 싶으면 젓 담아 둔 자리 멧 개썩 꺼내다가 전복 껍데기인 거펑에 넣고 잉경불에 구워서 먹어낫지. 전복 구멍을 솜으로 막고 잉경불에 거펑에 자리 두세 개 낭 구우민 자리 형태는 없고 출레4)가 생겨. 옛날 사름들은 그걸 반찬으로덜 하영 먹엇지.”

(삼십 년 전까지만 해도 눕 빌려서 일 하려고 하면 자리젓을 닷 말씩 담갔었어. 익기 전에 고기가 먹고 싶으면 젓갈 담가 둔 자리돔 몇 개씩 꺼내다가 전복 껍데기인 ‘거펑’에 넣어서 잉걸불에 구워서 먹었었지. 전복 구멍을 솜으로 막고 잉걸에 ‘거펑’에 자리돔 두세 개 넣어서 구우면 자리 형태는 없고 ‘출레’가 생겨. 옛날 사람들은 그것을 반찬

---

4) ‘출레’는 자리젓이나 멸치젓 따위의 짠 반찬을 일컫는 말이다.

으로들 많이 먹었지.)

— 한경면 조수2리 이옥춘 구술

강자숙도 자리젓에 찍어 먹던 '드릇ᄂᆞ믈(들나물)' 맛을 잊지 못했다.

"굴갱이로 들베치 파당 불휘채 씻엉 자리젓에 찍엉 먹으민 기가 막히게 맛 좋아. 자리젓도 잘헌 사름이라야 허영 먹지 아무나 못 먹어. 옛날은 보리 쥐근에 자리 바꽝 먹어신디 보리 흔 말 주민 자리 흔 말 줘. 자리젓이 벌겅케 익을 때엔 드릇ᄂᆞ믈 찍엉 먹으민 춤 맛 좋지. 입맛 엇인 사름도 먹으민 구미가 튼덴 허주."
(호미로 들배추 파다가 뿌리째 씻어서 자리젓에 찍어서 먹으면 기가 막히게 맛 좋아. 자리젓도 잘하는 사람이어야 해서 먹지 아무나 못 먹어. 옛날은 보리 줘서 자리돔 바꿔서 먹었는데 보리 한 말 주면 자리돔 한 말 줘. 자리젓이 벌겋게 익을 때는 들나물 찍어서 먹으면 참 맛 좋지. 입맛 없는 사람도 먹으며 구미가 돋는다고 하지.)

"뒌장국 먹으난 살앗주"

제주 사람들은 된장국을 많이 먹었다. 육지 지역과 달리 물에 날 된장을 풀어 만든 '늘뒌장쿡(날된장국)'은 변변한 찬거리가 없을 때 한 끼 식사에 좋은 먹을거리였다. 배추를 삶아서 된장 푼 냉수에 섞으면 '배추냉국'이 되었고, 톳을 넣어 만들면 '톳냉국', '물웨(물외)'를 썰어 넣어 만들면 '물웨냉국'이 되었다. 된장을 풀어 넣은 물에 '메역'

을 넣어 끓이면 '메역국'이 되었고, '놈삐(무)'를 넣어 끓인 국은 '놈뻿
국(뭇국)'이었다. 단백질이 풍부한 콩은 'ᄆᆞ른밧듸 쉐궤기(마른 밭의 쇠고기)'
라고 할 정도로 중요한 영양 공급원이었다.

콩으로는 장을 담그기도 했지만, 가루로 갈아 '콩국'이나 '콩죽'
을 쑤어서 먹었다. 무나 배추를 곁들인 콩국은 겨울철 별미였는데,
요즘도 많이 끓여 먹는다.

제주에서는 육지 지역과 달리 냉국이든 끓인 국이든 주로 된장
으로 간을 한다. 해초를 무칠 때도 간장이나 소금 대신 날된장을
이용했고, 쌈을 싸먹을 양념장도 날된장으로 만들어 먹는 등 제주
사람들은 된장을 즐겨 먹었다.

> "뒌장이 상당히 영양가가 한 거주. 먹을 거 엇일 때도 뒌장쿡을 먹
> 으난 살앗주. 사름이 콩을 안 먹고는 살지 못허여."
> (된장이 상당히 영양가가 많은 것이지. 먹을 것 없을 때도 된장국을
> 먹으니까 살았지. 사람이 콩을 안 먹고는 살지 못해.)
> — 안덕면 사계리 김영하 구술

잔치 때나 상이 났을 때는 돼지고기 삶은 물에 'ᄆᆞᆷ(모자반)'을 넣어
'ᄆᆞᆷ국(모자반국)'을 끓이거나 고사리를 넣어 '고사리국'을 끓였다. 돼지
고기 삶은 물에 끓인 'ᄆᆞᆷ국'이나 '고사리국'은 '먹을일'이 있을 때 손
님 대접용으로 끓이는 '특별한' 음식이었다. 옥돔이나 우럭 등 '바
릇궤기(바닷고기)'와 '메역(미역)'을 넣어 끓인 생선국은 제사나 명절, 생
일에나 맛볼 수 있었던 귀한 음식이었다.

영양사의 말을 빌리지 않더라도, 자연에서 얻은 재료로 자연식

몸국 '몸국'은 큰일 때 돼지고기를 삶았던 육수에 '몸(모자반)'을 넣어서 끓인 국이다. '몸'을 지역
에 따라서는 'ᄆ옴', '몰망'이라 하고, '몸국'을 '돗국물'이라고도 하였다. 김순자 촬영.

으로 조리해 먹었던 제주의 반찬과 국은 재료가 신선하고 조리법
이 간단해 '건강'이 화두인 요즈음 '웰빙 음식'으로 새롭게 각광받
고 있다. '자리물훼', '우럭조림', '옥돔미역국', '몸국', '고사리국' 등
은 제주 사람들이 평소에 먹었던 음식이 아니라 특별한 날에만 먹
었던 별식이다. 요즘 들어 새롭게 조명을 받는 이들 음식이 제주
음식의 대표 상품으로 자리매김하길 기대해 본다. 온 가족을 불러
모아, 옛 사람들이 즐겨 먹던 상차림으로 '잊지 못할 밥상 추억'을
만들어보는 것은 어떨까.

《교육제주》 2007년 여름 통권 134호

침떡은 하늘과 흙,
인절미는 땅과 나무

시루떡은 하늘과 흙, 인절미는 땅과 나무

떡 이야기

　　　　　　떡은 제사나 의례에 없어서는 안 될 우리 나라의 고유한 민족음식이다. 장례와 제사·명절 등의 제례와 신에게 치성을 드릴 때 떡을 해 올렸다. 그런가 하면 돌이나 환갑 등 잔치 때에도 떡을 만들어 나누어 먹었다. 떡은 제물인 동시에 고마운 마음을 담은 정표로 나눠주는 특별 음식이다.

　육지 지방에는 쌀과 찹쌀로 만드는 떡이 주종을 이룬다면, 제주의 전래 떡은 조와 메밀 등 잡곡을 이용해 만든 떡이 많다. 제주의 떡은 마을과 가문에 따라 떡 이름과 모양, 재료, 만드는 법 등에서 조금씩 차이를 보인다.

　지역의 경계가 허물어지면서 제주의 떡과 육지의 떡, 지역과 가문에 따라 조금씩 차이를 보였던 떡 이름과 모양과 재료도 대동소이해졌다. 제사를 지낼 때도 떡 대신 '빵'을 올리는 경우도 있다. 제의나 의례 때만 맛볼 수 있었던 떡도 마음만 먹으면 사다 먹을 수 있게 되었다. 이처럼 시대의 큰 변화 속에 제주 고유의 떡과 떡에 얽힌 이야기들도 점차 사라지고 있다.

절벤·솔벤·세미떡·돌레떡……, 이름도 다양

제주의 떡 이름은 주로 떡의 모양이나 재료, 만드는 방법에 '-떡', '-벤', '-변', '-편', '-펜' 등을 붙여서 지었다. 제주만의 독특한 이름을 가진 떡이 있는가 하면 육지의 떡 이름을 빌려서 비슷하게 지은 떡 이름도 있다. 세미떡을 '세미', '돌레떡'을 '돌레'와 같이 '-떡'을 생략해 부르기도 한다.

재료에 따른 떡 이름으로 '모멀떡^(메밀떡)', '기쥐떡^(기주떡)', '밀떡', '속떡^(쑥떡)', '보리기쥐떡', '조침떡' '보리떡', '고장떡' 등이 있고, 모양에 따른 떡 이름은 '골미떡^(골무떡)', '반달떡', '둘반착떡', '벙것떡', '젯가락떡', '세미떡' 등이 있다.

만드는 방법이나 용기에 따른 이름은 '침떡^(시루떡)', '시리떡', '지름떡' 등이 있다. 제 지낼 때 쓰는 떡이라고 해서 '제펜'이라는 이름이 붙었고, 정월 대보름날 떡 점을 보기 위해서 찌는 떡이란 이유로 '보름떡, 모둠떡'이란 이름도 생겼다. '절변^(절편)'이나 '솔벤^(솔편)' 등 쌀로 만든 떡이 '하얗게 곱다.'는 의미에서 '곤떡', '백돌레', '백시리', '곤침떡'이라 부른다. 이러한 떡 이름은 쌀로 만든 떡이 메밀이나 조로 만든 떡에 비해서 곱다는 의미에서 붙여진 것이다. 맨 마지막에 만든 떡에는 '막떡'이란 이름을 붙였고, 상례 때 친족들이 부조로 해가는 떡은 '고적떡', 제물로 올리는 떡은 '제물떡', '장례라는

제주의 떡 사진 위 왼쪽으로부터 시계 방향으로 조개솔벤, 송편, 상웨떡, 솔벤과 절벤이다. '조개솔벤'은 떡 모양이 조개 모양이어서 붙은 이름으로, 예전 정의 지역에서 주로 했던 떡이다. '솔벤'과 '절벤'은 '떡본(떡살)'을 이용하여 만든다. 김순자 촬영.

역사⁽役事⁾를 마친'⁽畢役⁾ 상두꾼들에게 대접하는 '피력떡'도 있다. '오메기술'과 '고소리술'의 재료가 되는 '오메기떡'이 있고, 밀기울이나 보릿겨를 손으로 꾹꾹 쥐어 만든 '쒜기떡'도 있다.

육지의 떡 이름과 같은 '인절미'⁽또는 '은절미'⁾도 있다. 제주의 '인절미'는 메밀가루나 쌀가루를 이용하여 정사각형으로 네모나게 만드는데 반해 육지 지역은 찹쌀가루를 쪄 낸 다음 떡메로 쳐서 만든 후

고물을 묻혀낸다는 점에서 다르다. 육지의 인절미가 '찐 떡'이라면 제주의 인절미는 '삶은 떡'에 해당한다. 찹쌀로 만든 인절미를 별도로 제주에서는 '츠인절미'라고 부른다.

한편 '떡 이름에 붙은 '-떡, -벤, -변, -펜'은 모두 '떡'이라는 뜻이다. '-벤, -변, -펜'은 '편'을 제주식으로 발음하면서 음이 변화한 것이다. '편'은 한자음 '餠'에서 유래한 말로, 《표준국어대사전》에 "떡을 점잖게 이르는 말"이라고 되어 있어 '-떡'이나 '-편'은 같은 의미로 쓰였음을 알 수 있다.

"성복 때 올리지 않은 떡 식게나 멩질 때 못 올려"

제주에서 장례와 제사, 명절 등에서 이용하는 떡은 집안이나 지역에 따라 약간의 차이가 있다. 제주에서는 "'성복제'에 올리지 않은 제물은 식게(제사)나 멩질(명절) 때 올리지 못 한다."는 말이 있을 정도로 장례 떡을 중요하게 여겼다.

제례용 떡은 보통, 오편-'제펜, 인절미, 세미떡(또는 조개송편), 절벤, 솔벤'-을 기준으로 해서 만든다고 한다. 여기에 지역과 집안에 따라 떡의 종류가 더해지기도 하고, 떡이 달라지기도 한다. 그러나 지금은 제사나 명절에 올리는 제물떡을, 오편을 기준해서 올리는 집안이 거의 없는 실정이다. '제펜(시루떡)' 대신 카스텔라, '절벤'이나 '솔변'을 대신해서 '빵'이 제상에 오르기도 한다.

애월읍 봉성리 강자숙(1931년생)은 제사나 명절 때 '달떡, 모멀떡 네 귀난 거, 반달떡, 벨떡, 제펜'을 사용했다고 한다. 여기에서 '달떡'은 절편, '모멀떡 네 귀난 거'는 '인절미', '반달떡'은 솔편, '벨떡'은 웃기 떡, '제펜'은 쌀로 만든 시루떡을 말한다.

애월읍 수산리 홍진규(1915년생)는 '설귀(제펜), 은절미, 세미, 솔벤, 절 벤, 기름떡' 순으로, 한경면 조수리 김성화(1932년생)는 '제펜, 인절미, 세미, 솔벤, 절벤, 기름떡' 순으로 괴어 상에 올렸다고 한다.

구좌읍 송당리 허순화(1932년생)는 '제펜, 세미, 솔벤, 절벤, 지름떡, 계란전' 순으로, 서귀포시 호근리 김석규(1930년생)는 '제펜, 인절미, 절변, 솔변, 우찍, 얍궤, 중궤' 순으로, 안덕면 서광리 고희출(1932년생) 은 '곤침떡, 중게, 약게, 솔벤, 절벤, 우찍' 순으로 괴었다고 한다.

이상의 구술을 통해서 알 수 있듯이 제물떡은 종류나 이름이 집 안이나 지역에 따라 약간씩 차이를 보이고 있다.

'얍궤, 중궤' 등은 약과의 일종으로, '약궤'는 쌀가루나 좁쌀가루 를 반죽해서 얇게 민 다음에 정사각형으로 잘라서 네 귀에 구멍을 내서 기름에 지져낸 떡이다. 지역에 따라서 '얍궤, 얍게, 약게' 등으 로 발음하는데 유밀과의 일종의 '약과'의 제주어식 발음이 아닌가 한다. '중게, 중궤'는 쌀가루를 반죽해서 얇게 밀어서 직사각형 모 양으로 만들어 삶아서 기름을 바르거나 기름에 지져낸 떡으로, 표 준어 중계(中棨), 즉 '중배끼'에서 유래한 떡이다.

'우찍'은 웃기떡을 총칭하는데, '기름떡'의 다른 이름으로 굳어진 경우도 있다. 웃기떡으로는 '고장', 즉 꽃의 물을 들여 만든 '고장떡' 이나 찹쌀가루로 떡을 만들어 지져낸 후 엿을 바른 떡, '별' 모양의 '기름떡', '계란전'으로 장식하기도 한다.

굿을 할 때는 '돌레떡'과 '시루떡'으로 대중을 삼는다. '돌레떡'은 '도래떡'의 제주어 이름이다. '돌레떡'은 메밀가루나 좁쌀, 쌀가루를 반죽하여 둥글넓적하게 만든 떡인데, 장례식 때 장지에서 수고한 사람들에게 나눠주는 '피력떡'이나 당에 갈 때 신 앞에 올리는 떡으로 많이 만들어 간다. '돌레떡'은 손으로 '돌레'를 지어가면서 만들었기 때문에 붙여진 이름으로 짐작된다. '도래'는 '둘레'의 고어이다. 지역에 따라서는 당에 가지고 가는 떡을 '돌레떡'이라는 이름 대신 '다대' 또는 '다대떡'이라고 한다.

'피력떡' 통해 미풍양속 확인

제주에서는 장례는 물론 대소상, 제사, 명절 등 제의에 제물용으로 떡을 준비했지만, '큰일'이 났을 때 마을 사람들에게 고마운 뜻을 전하기 위해서도 떡을 많이 만들었다.

1960년대까지만 해도 제주에서는 먹을거리가 풍족하지 않아 동네에 제사나 장례가 났을 때는 '맛난 음식'을 맛볼 수 있는 기회가 되었다.

제사를 한 번 하려고 하면 두어 말치의 시루떡을 쪄내야 했고, 두어 포씩의 밀가루를 부풀려 '상웨떡'을 만들었다. 이렇게 만들어진 떡은 제삿날 오후나 제사 다음날 아침 '떡 차롱'에 담겨 이웃에 배달됐다. 이런 풍경은 30대 중반 이상에서는 어렵지 않게 떠올릴 수 있는 정겨운 모습이다.

특히 제주에선 영장 때 '큰일'을 거두어주는 상두꾼과 장지에 참석한 사람들에게 대접하기 위해서 떡을 많이 했다. 지금은 '돈'으로 부조를 하지만, 먹을거리가 넉넉지 않았을 때는 '방상'이나 이

영장밧 제주에서는 장례를 치르는 장지를 '영장밧'이라고 한다. 사진은 봉분 쌓을 흙을 따비로 파고 있는 상두꾼들의 모습이다. 《만농 홍정표 선생 사진집-제주 사람들의 삶》에서 발췌.

웃 친족들이 부조로 떡을 만들어와 장지에서 나눠 먹었다. 이렇게 나눠 주는 떡을 '피력 멕임'이라고 한다. '피력'은 또 '피력떡'이라고 한다. '장례라는 역사(役事)를 마친[畢役]' 상두꾼들에게 대접하는 떡이어서 떡 이름도 '피력떡'으로 굳어진 것이다.

먹을거리가 풍족하지 않은 때여서 장지나 제사 때는 온 가족을 대동해 가기도 했다. '반(반기)'을 받기 위해서였다. 그래서 장지는 죽은 자를 떠나보내는 슬픔의 장소이기도 했지만, 어른들을 따라 나선 아이들의 놀이터이기도 했다.

애월읍 봉성리에서는 '고적'으로 '돌레떡'을 주로 해 가는데, 가까운 친족은 한 말어치의 '모멀돌레'를 해 간다고 한다. 메밀 한 말이면 '돌레떡' 마흔 개가 나온다. 이를 '흔 말에치(한 말어치)'라고 한다.

한경면 조수2리에서는 장이 나면 동네 사람들과 상두꾼들에게 대접하기 위해 '조침떡'을 많이 했다. '방상'에서 '고적떡'으로 '침떡'이나 '돌레떡'을 부조하면 장지에서 그 떡을 상두꾼들에게 나눠 주었다. 보통 '고적떡'은 한 합이나 두 합 정도 하는데, 조수2리에서는 메밀을 많이 갈지 않아 '모멀돌레'보다는 '조돌레'를 많이 했다고 한다.

성산읍 고성리에서는 메밀로 만든 '돌레떡'이나 좁쌀 등으로 만든 '침떡'을 피력떡으로 주었다. 한 사람에게 나눠 주는 떡의 양을 '흔놈의'라고 하는데 돌레떡 2개가 '흔놈의'다. 부조로는 '백놈의'를 하거나 '쉰놈의'를 했다고 한다.

구좌읍 송당리에서는 피력떡으로 '물떡'을 주로 했다. '피력떡 멕이는 것을 순'이라고 하는데 한 사람에게 주는 떡을 '흔놈에'라고 하고, 보통 '물떡' 세 개씩을 주었다. 메밀 한 말이면 '물떡' '스무놈에'를 만든다. '물떡' 이후에는 '침떡'으로 대신하다가 지금은 세제

돌레떡과 만뒤 '돌레떡'과 '만뒤'는 장지에 간 사람들에게 감사의 뜻으로 나눠주던 떡이다. '돌레떡'은 메밀가루 등으로 둥글 납작하게 만든 떡이고, '만뒤'는 안에 팥소를 넣어서 반달 모양으로 만든 후 팥고물을 묻힌 떡이다. '한 놈에치'라고 하여 한 사람에게 두 개 또는 세 개씩 나눠 주었다. 김순자 촬영.

나 우산, 커피 등으로 대체했다고 한다.

안덕면 서광리는 피력으로 메밀로 만든 '돌레떡'을 준다. '고적'은 먼 친족은 '돌레떡' 두 개씩 붙여서 스무 개, 가까운 친족은 두 개씩 마흔 개를 해 간다. 두 개 붙인 것인 '흔놈의치'로 한 사람에게 '반으로 태워^(반기로 나눠) 주었다. 가까운 친족은 '등절비'를 해 가기도 했다.

"'모둠떡' 치면서 한 해 운수 점쳐"

떡은 '큰일' 때만 하는 것이 아니다. 한 해의 운수를 점쳐보기 위해 정월 대보름이나 '새철 드는 날^(입춘)' 이웃이 함께 쌀을 모아 떡을 만들어 나눠 먹었다. 정월 대보름에 동아리를 지어 했던 '보름떡', 입춘 날 해 먹었던 '방시리떡'이 그것이다.

> "정월 보름날 떡 징 두 새에 식귀 일름을 써낭 떡 청 보민 그 일름이 ㄱ만이 곱게 신 사름은 그 해에 좋곡, 떡도 잘 익고. 늦일 사름은 글이 녹아불곡 떡도 고르게 익지 아녀. 우리 정월 보름날 메도 처봐서. 식귀 쉬정에 사발에 멜 처 보민 좋을 사름은 메가 보실보실 사발 우틔레 둥둥 허영 잘 돼곡. 그 해에 좋지 아녈 사름은 메가 잘 안 돼여근에 늘내 나고. 잘 안돼난 그 해에 돌아가불어고게."
>
> (정월 보름날 떡 켜 두 사이에 식구 이름을 써놓아서 떡 쪄서 보면 그 이름이 가만히 곱게 있는 사람은 그 해에 좋고, 떡도 잘 익고. 나쁠 사람은 글이 녹아버리고 떡도 고르게 익지 않아. 우리 정월 보름날 메

도 쪄봤어. 식구 수에 사발에 메를 쪄 보면 좋을 사람은 메가 보실보실 사발 위로 둥둥 해서 잘 되고. 그 해에 좋지 않을 사람은 메가 잘 안 되어서 날내 나고. 잘 안 되니까 그 해에 돌아가버리더라고.)

— 애월읍 수산리 홍진규 구술

"샛절드는날이 방시리떡 쳐 먹는 거. 그날 쏠덜 흔 뒈씩 메왕 방에에 뺏앙 떡 칠 때에 일름을 써 붙이는 거라이. 떡을 쪙 보면은 떡이 이따금 서는 디가 잇어이. 실면은 그 사름은 재수가 읏다, 잘 익은 사름은 재수가 좋다 경 굴아낫어. 샛절드는날엔 놈안틔 욕을 들어야 좋다고 헤서 놈의 징낭 들러단 불숭앙 쳐나기도 헷어. 먹을 땐 다 쳐진 방시리떡을 남박세기에 비와 낭 다섯이 허민 수까락 다섯에 ᄌᆞ봄도 다섯 낭 물 거려놓고 허영 소원 빌멍 문전디레 절 허여뒹 떡덜 ᄂᆞᆼ 먹어낫어."

(입춘날 방시루떡 쪄 먹는 거. 그날 쌀들 한 되씩 모아서 방아에 빻아서 떡 찔 때에 이름을 써 붙이는 거야. 떡을 쪄서 보면 떡이 이따금 서는 데가 있어. 설면 그 사람은 재수가 없다, 잘 익은 사람은 재수가 좋다 그렇게 말했었어. 입춘날에는 남한테 욕을 들어야 좋다고 해서 남의 정낭 들어다가 불때서 찌기도 했어. 먹을 때는 다 쪄진 '방시루떡'을 함지박에 부어 놓아서 다섯이 하면 숟가락 다섯에 젓가락도 다섯 놓아서 물 떠놓고 해서 소원 빌면서 문전으로 절 해두고 떡들 나눠 먹었어.)

— 애월읍 봉성리 강자숙 구술

한편 제주에서는 "시집간 메느리가 떡을 못 달루거나 그르치민

큰 낭폐 본다."(시집간 며느리가 떡을 못 다루거나 실패하면 큰 낭패 본다.)거나 "시리 앞
정 짐 오르기 전에 딴 사름이 들어사민 떡이 선다."(시루 안쳐서 김 오르기 전
에 다른 사람 들어서면 떡이 선다.), "식겟날 먹당 남은 음식은 조상들이 믄딱 받
앙 지게에 져 간다."(제삿날 먹다가 남은 음식은 조상들이 몽땅 받아서 지게에 져서 간다.)는
등의 떡 만드는 일과 관련한 속설도 전해져 생활의 경계로 삼기도
하였다.

떡은 자연과 우주관 상징

> "식겟날 조상들이 먹당 남은 거는 믄딱 오랑 받앙 정 간덴. 모세접
> 시에 놓은 시 가달 돋은 고사린 지게허고, 동고랑곤떡 절벤은 도로
> 기허곡, 은절미엔 헌 건 등테허곡 허영."
> (제삿날 조상들이 먹다가 남은 것은 몽땅 와서 받아서 져 간다고. 모
> 사접시에 넣은 세 가닥 돋은 고사리는 지게하고, 동근흰떡 절편은 바
> 퀴하고, 인절미라고 한 것은 등태하고 해서.)
> — 애월읍 수산리 홍진규 구술

위 구술 내용은, 조상을 산 사람처럼 인식하는 제주인의 관념을
알 수 있는 내용이다. '별 뜻 없이' 조상들의 제사를 모셨던 사람들
이라면 한번쯤 되새겨 볼 만한 경구가 아닌가 한다.

떡은 자연과 우주관을 상징하기도 한다. '침떡'은 땅을, '세미떡'
은 하늘을, '인절미'는 땅을, '곤떡'은 해를, '솔변'은 반달을, '절변'은
달을, '기름떡'은 별을, '전 지진 것'은 구름을 본뜬 것이라 한다. 그

런가 하면, '침떡'은 흙, '인절미'는 나무의 대, '솔변'은 이파리, '절변'은 꽃, '우찍'은 나비를 상징하기도 한다.

떡에는 이처럼 자연과 우주관이 담겨 있다. 그런가 하면 제주 사람들의 생활관과 민속 등이 담겨 있는 소중한 생활유산이다. 한편으로는 '떡 이야기'가 시대에 뒤떨어진 이야기일 수도 있다. 그러나 어려운 살림에도 이웃을 도우면서 살았던 상부상조의 미덕을 떡에 얽힌 이야기를 통해 반추해 보는 계기가 되었으면 좋겠다.

《교육제주》 2007년 가을 통권 135호

감기엔 삥이마농냥
죽 쒕 먹으민 좋아

감기엔 쪽파 넣어서 죽 쒀서 먹으면 좋아

민간요법 이야기

건강한 삶은 우리네 인간의 '신앙'이다. 건강하게, 오래오래 살기를 염원하지만 그 염원이 염원으로 그칠 때도 많다. 아무리 현대의학이 발달하여도 인간의 힘으로 풀 수 없는 '생로병사'의 숙제가 있는 것이다. 오늘을 살아가는 사람들이 그럴진대, 의술의 혜택을 제대로 받지 못한 우리 선배들은 어떻게 생로병사의 문제를 풀어냈을까.

나의 부모 세대인 70~80대 어른들의 이야기를 들어보면, 자라면서 현대의학의 도움을 자유롭게 받지 못했다. 아프면 조상들에게 굽어 살펴달라고 기원했고, '당(堂)'이나 절이나 교회 등을 찾아 가서 빌고 또 빌었다. 그러면서 조상 대대로 내려오는 각종 민간요법에 의지하여 건강 문제를 풀어왔다. 그마저 해결이 안 될 때는 '하늘의 뜻'으로 여겼다.

어른들이 들려주는 민간요법은 때로는 납득할 수 없는 허황한 이야기도 있지만, 삶의 철학과 경험에서 우러나온 이야기들이 많아 고개가 절로 숙여지기도 한다.

"납평날 해 먹는 엿은 약이 된다"

어른들은 흔히 '밥이 보약'이라는 말을 많이 한다. 이는 밥만 잘먹어도 건강한 삶을 유지할 수 있다는 말이다. 그러나 먹을거리가풍족하지 않았던 시절에는 '끼니' 거르는 경우가 많았고, 굶주림에허덕이는 삶이 일상이었던 적도 있었다. 그러기 때문에 '자식들에게 밥이라도 실컷 먹일 수 있었으면 좋겠다.'는 바람으로 산 때도있었다. 그러나 힘든 노동과 변변치 않은 먹을거리로 인해 때로는'밥'의 힘만으로는 체력을 유지할 수가 없었다. '독 잡아 먹는 날', '엿 고아 먹는 날' 등과 같은 세시 풍속을 만들어 부족한 기운을 보충하는 지혜를 발휘했다.

제주에서는 음력으로 유월 스무날을 '독 잡아먹는 날'이라고 한다. 먹을거리가 풍족하지 않은 시절엔, 집집마다 이날에는 닭을 잡아 원기를 회복하는 날로 여겼다. 넉넉한 집안이든, 넉넉지 않은 집안이든 이날만은 집안에서 키우던 닭을 잡아먹어도 허물이 되지않았다. "유월 스무날은 독(닭) 잡아 먹는 날. 그날 독 잡앙 먹으민 보신 뒌덴.(된다고)" 하는 믿음 때문이다.

음력 유월 스무날은 봄과 여름 농사가 얼추 끝날 즈음이다. 노동으로 힘들었던 고단한 몸의 기운을 북돋우는 데는 단백질이 풍부한 닭고기 만한 게 없었다. 이날만큼은 우리네 부모들도 자식들에게 너그러웠다. 자식들에게 "흔저 먹으라.(어서 먹어라.)", "흔저 먹으라." 하면서 먹기를 종용하기도 했다. 필자 역시도 어렸을 때 팔팔 끓인 물을 끼얹고 넓은 대야에서 '득터럭(닭털)'을 뽑던 아버지의 모습과, 가족이 옹기종기 모여 앉아 삶은 닭고기를 맛나게 뜯고 고소한 닭죽을 먹었던 아름다운 추억을 갖고 있다.

보리 수확이 끝난 후 찾아오는 장마 때 해 먹었던 '개역(미숫가루)'도 좋은 보신거리였다. 아이들에게는 간식거리였지만 힘든 노동에 지친 어른들에게는 피로해진 몸을 회복시켜주는 특별한 음식이었다. 보리 추수가 끝나면 자식들은 나이든 어른들을 위해 미숫가루를 손수 만들어다 드렸다.

"ᄀ슬 다 허면은 보리 보깡은에 개역이라고. 요샌 미숫ᄀ르엔 허주마는. 술우리 바드드허게 솟디서 보깡은에 껍데기가 거의 타불민 정ᄀ레에 굴앙 ᄀ는체로 청은에 개역 헹은에 씨부모신디도 앗아가곡 그걸로 부모신디도 아져가곡 헤나신디."

(가을 다 하면 보리 볶아서 개역이라고. 요새는 미숫가루라고 하지만. 쌀보리 바드드하게 솥에서 볶아서 껍데기가 거의 타버리면 맷돌에 갈아서 가는체로 쳐서 미숫가루 해서 시부모한테도 가져가고 그것으로 부모한테도 가져가고 했었는데.)

— 표선면 가시리 정서홍 구술

납평날 해 먹던 엿도 보양식으로 최고였다. 제주에서는 보양을 위해 겨울에 엿을 고았다. 대한 전 마지막 염소날을 납평날이라고 하는데, 이날 해 먹는 엿은 '약'이 된다고 했다. 그래서 우리의 어머

꿩엿 '꿩엿'은 찹쌀이나 좁쌀로 지은 밥을 엿기름에 삭힌 후 그 물을 짠 것에 꿩을 넣어서 곤 음식이다. 제주 사람들은 예전에 보기로 꿩, 돼지고기, 닭고기, 마늘 등을 넣어서 엿을 고아 먹었다. 납평날에 곤 엿은 약으로도 썼다. 김순자 촬영.

니, 할머니들은 가족들의 건강을 위해 납평날 밤을 새워 엿을 고았다. 마늘을 넣어 만든 '마늘엿', 꿩고기를 넣어 만든 '꿩엿', 닭고기를 넣은 '닭엿', 돼지고기를 듬성듬성 썰어 넣어 만든 '돼지고기엿'이 그것이다. 바다에 가서 '깅이/긍이/겡이(게)'를 잡아다가 함께 고면 '깅이엿'이 되었고, '대죽(수수)'으로 엿을 고면 '대죽엿'이 되었다. 이처럼 우리네 어머니, 할머니들은 가족들의 기호와 몸 상태를 봐가면서 정성스럽게 엿을 고았다.

"감기엔 달래 넣어서 메밀죽 해서 먹으면 좋아"

예나 지금이나 감기처럼 흔한 병은 없는 것 같다. "감기엔 약이 없다."라는 말이 있듯이 감기는 가볍게 지나치는 경우도 있지만, 잘 낫지 않아 귀찮게 하는 존재이기도 하다. 감기는 현대의학이 발달한 요즘도 쉽사리 해결하지 못하는 '친구처럼' 왔다 갔다 하는 질병이다.

이처럼 흔히 찾아오는 감기를 우리 조상들은 '고뿔'이라 하여 고뿔 치유에 무던히도 애썼음을 확인할 수 있다. 감기에 좋은 민간 처방을 보자.

- "감기엔 폐마농 썰엉 모멀쌀 낭 모멀죽 쒕 먹으민 좋아."
  (감기에는 파 썰어서 메밀쌀 넣어서 메밀죽 쒀서 먹으면 좋아.)
  ― 성산읍 고성리 정양길

- "감기엔 뻥이마농 낭 죽 쒕 먹으민 좋아."
  (감기에는 파 넣어서 죽 쒀서 먹으면 좋아.)
  ― 한경면 조수2리 이옥춘

- "요즘은 댕유지에 배 낭 딸령 먹으민 좋넨 허주만 옛날엔 꿩마농 낭 쑨 모멀죽 먹으민 좋넨 헷어."
  (요즘은 당유자에 배 넣어서 달여 먹으면 좋다고 하지만 예전에는 달래 넣어서 쑨 메밀죽 먹으면 좋다고 했어.)
  ― 표선면 가시리 오국현

뼁이마농 감기가 들면 제주 사람들은 쌀이나 메밀쌀에 '뼁이마농'이나 '찡마농(달래)'을 넣어 죽을 쒀서 먹었다. '뼁이마농'은 한경면 쪽에서 쪽파를 가리키는 제주어다. 지역에 따라서 '뼁이마농' 을 '패마농'이라고도 한다. 김순자 촬영.

• "감기헐 때는 족대순 빠 놓곡, 콩ᄂᆞ물 놓곡, 하늘레기 씨, ᄉᆞ가웨 씨 그렇게 낭 딸령 먹곡. 속에서만 열나는 감기는 씰거리낭이나 쿳낭에 사는 ᄌᆞ를 먹으민 좋아."

(감기할 때는 이대순 뽑아다 넣고, 콩나물 넣고, 하늘타리 씨, 수세 미 씨 그렇게 넣어서 달여서 먹고. 속에서만 열나는 감기는 실거리 나무나 구지뽕나무에 사는 나무굼벵이를 먹으면 좋아.)

— 애월읍 봉성리 강자숙

이처럼 우리 조상들은 의학의 도움 없이도 주변에 있는 먹을거 리를 통해 감기를 다스려왔다. 누대로 이어온 민간요법을 통해 감기가 낫는 것은 파와 달래, 메밀, 하늘타리, 콩나물, 당유자 등의 식품 성분에 의한 영양 덕분일 수도 있겠지만, 감기를 다스리기 위한 우리네 어머니들의 정성이 감기를 낫게 하지 않았나 싶다.

"아이들 키우면서 가장 힘들었던 일은 '마누라'"

70~80대 이상 어른들에게 있어서 자식을 키울 때 가장 힘들었던 일은 아이들이 '홍역'을 앓을 때였다. 지금은 예방접종을 통해 홍역이 지나간 줄 모르게 치르는 병이 되었지만, 70대 이상 어른들은 홍역을 '손님' 치레하듯 조심스럽고 정성스럽게 치유해 나갔다.

"마누라 헐 땐게 무신 거엔도 근지도 못허주게. 그거 아기신디레 뭐렌 근지도 못허여. 도렌 헌 건 다 줘야 허곡. 그거 헐 땐이 얼굴에 몸에 짓벌겅케 수뭇 두드레기치록 막 나. 그거 헐 땐 보끔질도 안허고 궤기도 안 굽곡. 옛날에는 그거 젯금 탄덴 허멍. 경허여불민 아기가 잘 안돼여. 안돼영 아기가 손으로 양지 긁어불민 곰보지는 거라."
(홍역 할 때는 무슨 것이라고도 말하지도 못하지. 그거 아기한테로 뭐라고 말하지도 못해. 달라고 하는 것은 다 줘야 하고. 그거 할 때는 얼굴에 몸에 짓벌겋게 사뭇 두드러기처럼 막 나. 그거 할 때는 볶기도 안 하고 고기도 안 굽고. 옛날에는 그거 '젯금' 탄다고 하면서. 그렇게 해 버리면 아기가 잘 안되어. 안되어서 아기가 손으로 얼굴 긁어버리면 곰보되는 거야.)
— 애월읍 봉성리 강자숙 구술

이처럼 홍역을 할 때는 여간 공을 들이지 않았다. 아이들이 홍역을 앓을 때는 아이에게 뭐라 궂은 말을 해서도 안 되었고, 집안에서 음식을 굽거나 볶거나 지지지도 않았다. 심지어는 홍역을 어른으로 모셔서, 홍역을 앓은 사람이 있으면 그 앞에서는 상을 차려서 식사도 하지 않았다. 홍역을 앓는 사람은 병자가 아니라, 사람의 운명을 좌지우지하는 '어른'으로 여겨 지극정성을 다했다. 이름도 '한집'이라고 불렀다. 홍역을 앓는 아이가 있는 집안에서는 심방을 모셔다가 집 입구에서부터 집 안까지 들어오면서 낫게 해달라고 걸음마다 절을 하면서 빌었고, 끝나서도 '손낸다'고 해서 좋은 데로 마누라를 보내는 의식을 치렀다.

구좌읍 송당리 허순화의 구술은 홍역에 대한 제주 도민들의 내면세계를 잘 들여다보게 한다.

> "마누라 헐 때 나도 돗제를 일곱 번이나 헷어. 마누라 헐 때 큰아덜 흑곡 큰똘은 막 힘들긴 허여도 저 함덕 정성 잘허는 사람을 다 빌어단에 돗제도 허고. 옛날은 저 올레로부터 느래미 페완 글로부터 절을 헤왕 그 정성을 헤낫어. 그 마누라 헐 때는 숭 봉은에 죽는 확률이 상당이 많이 잇어낫어. 마누라 허는 애기덜은 그때 무슨 귀신이 부튼다 허여. 놈의 집의 뭐 잇는 것도 알고, 어디 강 무신 거 헤오렌 허여. 거 춤 묘헌 일이랏주. 조끄만헌 뱀을 봥 그냥 죽기도 허곡. 우리 어린 때 대바지 정 물 질레 가보민 흐룻밤 넘으민 애기 무덤이 멧 개 나와낫어. 애기 봉분허영 아기구덕 어프멍 그런 거 많이 잇어낫주. 게난 마누라로 아기가 반작을 안뒌덴 허여낫어."

(홍역 할 때 나도 '돌제'를 일곱 번이나 했어. 홍역 할 때 큰아들 하고 큰딸은 매우 힘들기는 해도 저 함덕 정성 잘하는 사람을 다 빌려다가 '돌제'도 하고. 옛날은 저 골목으로부터 이엉 펴서 그리로부터 설을 해와서 그 정성을 했었어. 그 마누라 할 때는 흉 봐서 죽는 확률이 상당히 많이 있었어. 홍역을 하는 아기들은 그때 무슨 귀신이 붙는다 해. 남의 집에 뭐 있는 것도 알고, 어디 가서 무엇 해오라고 해. 거 참 묘한 일이었지. 조그마한 뱀을 봐서 그냥 죽기도 하고. 우리 어릴 때 물동이 져서 물 길러 가보면 하룻밤 지나면 아기 무덤이 몇 개 나왔었어. 아기 봉분해서 요람 엎으면서 그런 것 많이 있었었지. 그러니까 홍역으로 아기가 반 안 산다고 했었어.)

— 구좌읍 송당리 허순화

"두드러기엔 소금 묻힌 부추가 명약"

꼴밭에 꼴 베러 갔다가 온몸에 두드러기가 피어 고생을 하기도 했고, 옴이 오르거나 머리에 기계총이 올라 고생을 하기도 했다. 눈에 다래끼가 나는 등 눈병으로도 많은 고생을 했다.

온몸에 '두드레기(두드러기)'가 났을 때는 소금을 뿌린 부추를 손에 감고 그것으로 두드러기 난 부위를 박박 밀면 나았고, '비리(옴)'가 올랐을 때는 '가스새(파리풀)'라는 약초를 캐다가 그것을 삶아 그 물에 목욕하면 나았다. '기계충', '이발충', '딥(두부백선)'이라고도 불리는 기계총은 '너삼'이라는 약초를 캐다가 그 뿌리를 으깨서 바르거나 뿌리 삶은 물로 머리를 몇 번 감으면 사라졌다. '가스새'와 '너삼뿌리'

는 가려운 데에도 사용했다.

신경통에는 '물 ᄆ 작쿨(쇠무릎)'을 달여 먹거나 그 물에 엿을 고아 먹으면 좋고, '독(무릎)'이 아플 때는 바다에 가서 '깅이(게)'를 잡아다가 빻아서 죽을 쒀 먹거나 그 물을 넣어 엿을 고아 먹었다.

이처럼 어른들은 감기가 들거나 피부병이 생기면 주변에 널려 있는 약초나 먹을거리를 이용해 각종 병에 응용하는 지혜를 발휘했다.

"둘럿에는 '돗통담' 뒤집어 놓으면 좋아"

그뿐인가. 우리 조상들은 먹거나 바르는 직접 치유법 대신에 돼지우리의 돌멩이를 뒤집어 놓거나, '보릿방울(보리알)'을 눈 위에 꼭꼭 찌르는 등의 '비방'을 사용했다. 현대의학에서는 말도 안 되는 터무니없는 비방이지만, 이런 비방들이 나온 것은 아픈 것을 고치기 위한 우리네 어른들의 정성이 얼마나 컸는지를 시사해 주는 이야기가 아닐까. 무슨 수를 써서라도 병을 낫게 하고, 건강을 되찾게 할 수만 있다면 어떠한 방법도 마다하지 않겠다는 조상들의 신념의 발로여서 이런 '비법'들을 결코 웃어넘길 수만은 없다.

아랫눈시울에 난 다래끼는 '개씹'이라고 하고, 윗눈시울에 난 다래끼는 '둘럿'이라고 하는데, 지역에 따라서 '둘럿'은 '개좃'이라고도 부른다. 이들 눈 위에 난 다래끼를 처치하는 방법도 다르다. 비방이지만, 다래끼 치료법에 대한 표선면 가시리 정서홍의 구술도 재미있다.

하늘레기 '하늘레기'는 표준어 하늘타리에 대응하는 제주어다. '하늘레기'는 민간에서 감기 등의 약재로 활용하였다. '하늘레기'는 또 집안에 잡귀가 들어오는 것을 막아준다고 하여 현관 등에 매달아두기도 한다. 지역에 따라서 '두레기'라고도 한다. 김순자 촬영.

"눈에 나는 다래낀, 우착은 둘럿 알착은 개씹. 둘럿은 눈 위에 민짝 붓엉은에 벌겅허고 눈 탁 부트는 거. 개씹은 눈 아래 허멀 나는 건디 개 오줌 볼르민 좋넨 허고, 둘럿은 눈 잔뜩 곰앙 강 돗통담 둘러 놓넨 헤낫어. 개씹은 보릿방울로도 콕콕허게 일곱 번 질렁은에 물러레 커불민 존넨 흐는 거고. 개씹날 땐 바당에 거 먹으민 물때마다 개씹 나난 바당에 거 먹지 말렌 헤나곡."

(눈에 나는 다래낀, 위쪽은 '둘럿' 아래쪽은 '개씹'. '둘럿'은 눈 위에 모두 부어서 벌겋고 눈 딱 붙는 거. '개씹'은 눈 아래 헌데 나는 것인데 개 오줌 바르면 좋다고 하고, '둘럿'은 눈 잔뜩 감아서 가서 돼지

우리담 뒤집어 놓으라고 했었어. '개씹'은 보리알로도 콕콕하게 일
곱 번 찔러서 물에 담가버리면 좋다고 하는 것이고. '개씹' 날 때는
바다에 거 먹으면 물때마다 '개씹' 나니까 바다에 것 먹지 말라고 했
었고.)

— 애월읍 수산리 홍진규

우리 어른들은 학질로도 많은 고생을 했다. 한여름에 솜이불을
뒤집어써도 덜덜 추위를 느낄 만큼 오한이 나는 학실은 '풋 터는
병', '털러귀', '터러귀', '날굴리' 등으로 불리는데, '풋 터는 병, 털러
귀, 터러귀'는 몸을 턴다는 데서, '날굴리'는 하루 걸러 하루 아프다
는 뜻에서 붙여진 이름이다. 변변한 치료법을 찾지 못한 우리 선조
들은 '날굴리'를 할 때도 버드나무 아래 가서 눕거나 제삿집 문전
상 제물이나 굿판의 추물상 음식을 얻어다 먹이는 비방을 썼다.

"날굴린 흐를 걸렁 아프곡 낮 후제는 막 얼멍 스뭇 온몸의 꽝이 막
아팡 허는 건디 그거 학질벵엔도 허곡 날굴리엔도 허곡. 날굴리 헐
땐 어디 산 앞의도 강 누민 털어진덴 허곡, 버드낭 아래 강 누민 털
어진덴도 헤낫어. 경허곡 어디 식게칩의 강은에 문체상이나 굿밧
디 강 출물상에 거 믄딱 허여당 멕이믄 좋곡."
(날거리는 하루 걸러서 아프고 낮 후에는 매우 추우면서 사뭇 온몸의
뼈가 매우 아파서 하는 것인데 그것은 학질병이라고도 하고 날거리
라고도 하고. 날거리 할 때는 어디 묘 앞에도 가서 누우면 떨어진다
고 하고, 버드나무 아래 가서 누우면 떨어진다고도 했었어. 그렇게
하고 어디 제삿집에 가서 문전상이나 굿판에 가서 추물상에 것 몽땅

해다가 먹이면 좋고.)

— 애월읍 수산리 홍진규 구술

이와 같이 우리 조상들이 써온 각종 비방과 치유법인 민간요법은 의학적으로 증명된 이야기는 아니다. 그러나 누대로 전승해온 민간요법 이야기를 들려주는 것은 민간요법 이야기를 통해 선조들의 경험에서 우러난 생활의 지혜와 함께 그 노고를 통하여 건강을 지키기 위한 정성스런 마음을 들여다보기 위함이다. 병을 고치기 위해서는 아무렇게나 행동하면 안 되고 먹을거리나 행동거지 하나에도 조심해야 하는 경계의 철학도 담겨 있기 때문이다.

우리네 인간의 '신앙'이 되고 있는 건강문제. 이번 기회에 어른들의 건강을 꼼꼼히 챙겨보면 어떨까? 나아가 인간과 자연이 모두 건강해졌으면 좋겠다.

《교육제주》 2007년 겨울 통권 136호

꿩마농 소금물에 절영 놔두민
새금새금 맛 좋아

달래 소금물에 절여서 놔두면 새콤새콤 맛 좋아

발효음식 이야기

제주의 발효음식을 생각하다

건강이 삶의 화두가 되면서 먹을거리에 대한 관심도 높아지고 있다. 먹을거리는 집과 옷과 함께 인간 생활의 세 가지 기본 요소 가운데 하나다. 그런 먹을거리가 배를 부르게 하는 음식에서 한 단계 나아가 몸을 살리는 요소로 바뀌고 있다. 발효식품도 그런 음식 가운데 하나다.

발효는 효모나 세균 등의 미생물이 에너지를 얻기 위하여 유기화합물을 분해하여 알코올류·유기산류·이산화탄소 등을 만들어 가는 과정을 말한다. 발효음식은 곧 발효의 과정을 거쳐 만들어진 음식이다. 우리 전통 음식의 대명사격인 김치와 된장, 젓갈 등은 모두 발효음식이다. 대소사에 빼놓을 수 없는 '오메기술'과 전통음료인 '쉰다리'도 발효음식이다. 그런데 이런 발효음식이 생활 환경 등의 변화로 말미암아 식탁에서 자취를 감추고 있다.

발효음식은 음식의 보존 기간을 늘리고, 소화하기 쉬운 형태로 바꾸며, 영양분을 훨씬 더 풍부하게 만들어 준다. 그러기 때문에 즉석에서 만들 수 있는 음식이 아니다. 시간과 정성을 쏟아야만 맛이 나는 먹거리다. 제주의 전통 밥상을 굳건히 지키고 있는 '마농지이(마늘장아찌)'와 자리젓, 된장 등은 모두 숙성 과정을 거쳐야 만들어지는 발효음식이다.

된장과 간장 이야기

제주 음식의 양념으로 없어서는 안 될 부식물인 된장과 '장물'은 제주의 대표적인 발효음식이다. 된장은 '메주로 간장을 담근 뒤에 장물을 떠내고 남은 건더기'를 말하고, '장물'은 간장의 제주어다. 된장과 간장을 통틀어서 장이라고 부른다.

장은 우리의 식생활을 이야기할 때 빼놓을 수 없는 식품이다. 그래서인가. 장을 담글 때는 여간한 공을 들이지 않았다. 메주의 원료인 콩도 좋은 날을 골라 삶았고, 메주를 띄울 때도, 장을 담글 때도 좋은 날을 골라 정성을 다했다.

콩을 삶거나 장을 담글 때는 가족의 본명일를 빼고 주로 'ᄆ 날(말날)'이나 '토끼날', '개날'이 좋다고 한다. 콩은 음력 시월에 삶아서 메주를 만든다. 메주를 띄워서 잘 말린 다음 섣달그믐에 깨끗하게 씻었다가 장을 담근다. 섣달그믐에 담근 장이 맛있다고 해서 주로 섣달그믐에 담갔다.

'장'을 담글 때는 콩 한 말어치의 메주에는 물 두 허벅, 소금 석 되가 들어간다. 이런 분량으로 장을 담가 두 달이 지나면 간장 따로 메주 따로 분리하고, 따로 분리한 메주를 잘 찧으면 된장이 되는 것이다. 이런 계량법은 우리네 어머니들만의 경험과 삶의 지혜에서 우러나온 것이다. 간을 맞출 때는 계란을 활용하기도 하였다. 메주를 담글 소금물에 계란이 가라앉으면 장이 싱겁고, 계란이 둥둥 뜨면 장이 짜다고 한다. 장의 간은 계란이 물 위에 동동 뜰 때 동전만큼 보이게 뜨면 맞았다고 한다.

　된장이 많지 않을 때는 보리밥을 해서 좀 쉬듯하게 놔두었다가 된장을 찧을 때 함께 넣어 찧으면 익었을 때 맛도 좋고 된장도 많이 먹을 수 있었다고 한다.

> "콩 흔 말 슴으믄 물 두 허벅, 따시 소금은 뒈싱 싀 개 놓곡. 경허영 콩 닷 말 슴으믄 물 열 허벅 큰항아리에 담앙근에 허믄 두 둘 돌아오믄 그땐 장물 뜨주게. 메주 건정 막 쩡 항아리에 뒌장 뜨로 간장 뜨로 놔두곡 경허영근에 먹는 거라. 경허난 그 뒌장도 다 이녁 손메로 가는 거주게. 장물 똑ㄱ찌 허여도 맛 좋는 디 잇고 고려부는 디도 잇고. 우린 뒌장 막 불게 허영 먹젠 보리밥을 허영은에 흐꼼 쉰듯허게 허영 담앙 낫당 뒌장 찔 때 그거 낭근에 쩡 허영 놔두믄 벌겅케 쿠싱허영 경 맛 좋아"

(콩 한 말 삶으면 물 두 동이, 다시 소금은 석 되 넣고. 그렇게 해서 콩 다섯 말 삶으면 물 열 동이 큰 항아리에 담아서 하면 두 달 돌아오면 그때는 간장 뜨지. 메주 건져서 막 찧어서 항아리에 된장 따로 간장 따로 놔두고 그렇게 해서 먹는 거야. 그렇게 하니까 그 된장도 다 이

메주 제주 사람들은 예로부터 된장을 즐겨 먹었다. 국을 끓이거나 나물을 무칠 때도 된장을 이용하였다. 메주를 잘 띄워야 된장 맛이 좋다고 하여 우리 어머니들은 메주 띄우는 일에 공을 많이 들였다. 한경면 조수2리에서 김순자 촬영.

녁 손매로 가는 것이지. 간장 똑같이 해도 맛 좋은 데 있고 고려버리는 데 있고. 우리는 된장 막 붙게 해서 먹으려고 보리밥을 해서 조금 쉰듯하게 해서 담가서 놔두었다가 된장 찧을 때 그거 넣어서 찧어서 해서 놔두면 벌겋게 구수해서 그렇게 맛 좋아.)

— 제주시 이호동 고순여 구술

메주도 요즘처럼 새끼에 매달아 띄우지 않고 '멩텡이^(망태기)'에 메주 한 줄, '콩꼬질^(콩짚)' 한 줄을 넣어두면 잘 떴다고 한다. 그렇게 해서 띄워두면 저절로 곰팡이가 피어 발효되고 마르면 꺼내 깨끗하게 씻어서 된장을 담근 것이다. 메주를 잘 띄워야 된장 맛도 구수하다.

장을 고리지 않게 잘 담그는 것이 한 해의 부식거리 걱정을 더는 일이었다. 그래서 우리의 어머니, 할머니들은 장을 담그는 데 여간 정성을 쏟은 게 아니다. 장항은 날이 좋으면 뚜껑을 열어야 하고, 비가 오면 덮어주어야 한다. 그래서 밭에 갔다가도 빗방울이 떨어질 것 같으면 한달음에 달려와 장항 뚜껑부터 덮었다.

이렇게 만들어진 된장은 음식의 맛을 내는 양념인 동시에 반찬 그 자체였다. 된장만 있으면 국의 맛도 내고, 나물의 맛을 맛깔나게 헤주었다. 반찬이 없을 때는 된장을 잘라다가 손에 잡고 밥을 먹었다. 조사 가면 "뒌장은 부디 숭키 먹을 때만 먹는 게 아니고, 그냥 끊어다 낭 손에 잡앙 먹어낫어."(된장은 부디 푸성귀 먹을 때만 먹는 게 아니고, 그냥 잘라다 놓아서 손에 잡아서 먹었어.) 5), "우리 집 아덜은 보리밥 먹엉 뒌장 항에 들아정 뒌장 먹은 다음 물을 괄락괄락 들이싸믄 밥 먹는 거 끗낫주."(우리 집 아들은 보리밥 먹어서 된장 항아리에 매달려서 된장 먹은 다음에 물을 벌컥벌컥 들이켜면 밥 먹는 것 끝났지.) 6)와 같은 구술을 들을 수 있다.

이 구술들은 곧 먹을거리가 부족했던 시절에 된장의 가치가 어느 정도였는지를 짐작하게 한다. 된장의 원료인 콩은 'ᄆᆞ른밧듸 쉐궤기'라고 할 정도로 우리 몸에 유익한 식품이다. 여기에서 'ᄆᆞ른밧'은 '마른밭'이란 의미로 바다밭과 대조되는 의미다. '쉐궤기'는 콩을 소고기에 비유하여 말한 것으로, 콩이 중요한 단백질 공급원이었음을 말해주는 것이다.

'콩'을 적당히 발효시키면 청국장이 만들어진다. 된장을 먹을 때

5) 구좌읍 송당리 허순화 구술(2005년 여름 조사).
6) 애월읍 봉성리 강자숙 구술(2010년 여름 조사).

도 육지 지역에서는 갖은 양념을 넣어서 보글보글 끓여서 먹지만 제주에서는 날된장 그대로 양념을 해서 쌈을 싸 먹거나 냉수에 훌훌 풀어 냉국을 만들어 먹었다. 날된장에는 몸에 유익한 미생물이 살아 있어 우리의 몸을 더욱 건강하게 해준다. 제주향토음식인 '자리물회'와 '톳냉국'도 날된장으로 간을 한 것이다. 된장을 넣어 끓인 구수한 'ᄂᆞ물국(배춧국)'이나 '놈삐국(뭇국)'은 아무리 먹어도 질리지 않는다.

'짐치'와 '지이'

'짐치(김치)'와 '지이(장아찌)'도 대표적인 발효음식이다. '짐치'는 지역에 따라서 '징꿰, 짐끼'라고 불리는데, 표준어 '김치'에 대응하는 제주어다. 배추나 무 따위를 소금에 절인 후 고춧가루, 마늘, 젓갈 등을 넣어 만든 '짐치'는 한국을 대표하는 몸에 좋은 부식이다.

제주는 육지부와 달리 '짐치'가 발달되지 않았다. 요즘은 먹을거리가 전국화되었지만 예전에는 지역에서 생산하는 재료를 가지고 음식을 만들었기 때문에 음식 종류는 물론 만드는 법도 달랐다. 김치 또한 마찬가지였다.

제주의 김치는 철 따라 나는 채소를 이용하여 담가 먹었다. 'ᄎᆞ마기짐치, 새우리짐치, 놈삐짐치, 퍼데기베치짐치, 뼁이마농짐치, 동지짐치' 등이 제주 사람들이 해 먹던 김치다. 김치를 담글 때도 소금에 절여 씻은 후 고춧가루와 마늘 등을 넣어 만든 양념에 쓱쓱 버무려내면 그만이었다. 'ᄎᆞ마기짐치, 새우리짐치, 뼁이마농짐치'

등은 발효음식 '멜젓(멸치젓)'을 넣어야 제맛이 난다. '퍼데기베치짐치'는 소금을 아끼기 위해 바닷물을 이용하여 배추를 절여서 담가 먹기도 하였다. '퍼데기짐치'는 '늠삐짐치(무김치)'와 함께 겨울철 별미 가운데 별미였다. 김치도 요즘처럼 오만가지 양념을 듬뿍 넣어서 만들지 않고 소금에 절였다가 고춧가루와 마늘을 넣어 대충 버무리거나 '멜젓'이나 '조기젓' 등을 넣어 숙성시키면 입에 척척 달라붙는 맛이 제법이었다.

겨울철 따뜻한 아랫목에서 친구들과 놀다가 '눌(가리)' 속에 저상해 두었던 '감저(고구마)'를 꺼내다가 쪄서 신김치와 먹던 그 맛은 필자가 어렸을 때만 해도 흔히 맛 보았던 고향의 맛이자 추억의 맛이다. 요즘은 발효가 잘 된 '신김치'를 '묵은지'라고 해서 많은 음식에 활용하고 있다.

'지이'는 자리젓이나 '멜젓'과 함께 제주 사람들의 대표적인 반찬이었다. '지이'는 표준어 '장아찌'에 대응하는 제주어다. '유(깻잎)'를 간장에 담가두면 '유지이'가 되었고, '마농(마늘)'을 간장에 발효시키면 '마농지이'가 되었다. 봄철에는 '꿩마농(달래)'을 캐다가 '꿩마농지이'를 담가 먹었다. '믐(모자반)'을 간장에 담가서 발효시킨 '믐치'는 놉 빌려서 밭에 갈 때 먹거나 아이들의 도시락 반찬으로나 싸주던 특별한 음식이었다. 가을 초입에는 양하의 꽃대인 '양엣간'으로 '양엣간지이'를 담가 먹었다. 독특한 풍미가 일품인 '양엣간지이'를 얹어 먹던 밥맛은 나이가 들면서 더욱 그리워지는 맛이다.

간장도 귀한 때라 '지이'는 간장 대신 소금물에 절였다가 발효되어 익으면 꺼내 먹었다. 소금장아찌의 대표격은 '꿩마농지이'다. 이렇게 만들어진 발효식품은 소화를 돕고 유익한 미생물을 공급해 우리의 몸을 건강하게 지켜 왔다.

> "양력 수월 경 보리왓듸 강 꿩마농 캐당 꿩마농지 하영 담앙 먹엇 저. 보리왓듸 대우리 맬 때도 할망덜은 허리에 둘렝이 창 뎅기멍 꿩 마농 캐낫어. 꿩마농 캐당 ㅋ클 씻엉 주지 채우멍 소곰에 절엉 놔두 민 누렇게 익으민 맛이 좋아."
>
> (양력 사월경 보리밭에 가서 달래 캐다가 달래장아찌 많이 담가 먹었 지. 보리밭에 귀리 맬 때도 할머니들은 허리에 작은 바구니 차서 다 니면서 달래 캤었어. 달래 캐다가 깨끗이 씻어서 고리 만들면서 소금 에 절여서 놔두면 누렇게 익으면 맛이 좋아.)
>
> ― 한경면 조수2리 이옥춘 구술

'지이'는 생각만으로도 입안 가득 침이 고인다. 발효음식인 '지이' 는 입맛이 없을 때 입맛을 살려주는 '요술 음식'이었다. 입맛이 없 는 여름철에 보리밥을 맹물에 말아서 '마농지이'를 얹어서 먹으면 없던 입맛도 살아났다. 즉 '지이'는 입맛을 돌게 하는 치유의 음식 이었다. 요즘도 그런 추억의 맛을 잊지 못해서, 발효음식이 몸에 이 롭다고 해서, 철 따라 장아찌를 담가 먹는 사람들이 많다. 우리의 밥상에 철 따라 '지이'를 올려보는 것은 어떨까 싶다. '지이'를 지역 에 따라서는 '지히, 지시'라고도 한다. 문헌 속의 '디히'가 구개음화 되어 제주어에 남아 있다.

자리젓과 '멜젓'

제주 사람들의 먹을거리 가운데 자리젓과 '멜젓(멸치젓)'은 반찬 중의 반찬이었다. '자리젓'과 '멜젓'은 콩 발효식품인 된장과 함께 단백질과 칼슘의 주요 공급원이었다.

자리젓은 자리돔을 소금에 절여 발효시킨 음식이고, '멜젓'은 멸치를 소금에 절여 발효시킨 음식이다. 잘 숙성된 자리젓에 고춧가루, 마늘 따위의 양념을 해 놓으면 밥도둑이 따로 없다. 소금을 많이 넣어 꼬들꼬들한 자리돔을 그릇에 넣어서 밥솥에 쪄내면 그 유명한 제주의 찬거리 '출레'가 된다. 자리젓을 넣어서 끓인 국물에 나물이나 미역 따위를 넣어서 끓인 '자리젓국'도 제주의 전통 음식 가운데 하나였다.

'자리'는 보리가 누릿누릿 익는 6월에 가장 맛이 좋다. 이맘때면 제주에서는 집집마다 자리젓을 담갔다. 항아리의 일종인 '통개'나 '춘이'로 하나씩 자리젓을 담갔다가 일 년 내내 먹었다. 식구가 많은 집에서는 자리젓을 서너 말씩 담가도 모자랐다고 한다.

> "자리젓은 유월젓이 젤 맛 좋넨 허주게. 유월엔 기냥 자리덜이 다 알 베여. 다 알 베영 막 보골보골허영 막 술지곡, 칠월 넘어가믄 알 싸가믄 거멍허영 가시게 쎄영. 경허난 자리젓은 유월에 담아야 복삭복삭혜영 자리젓이 맛이 잇어. 그것도 철이 잇어."
>
> (자리젓은 유월젓갈이 제일 맛 좋다고 하지. 유월에는 그냥 자리돔들이 다 알 배. 다 알 배서 막 보골보골해서 막 살지고, 칠월 넘어가면 알 싸가면 꺼메서 가시가 세어. 그러니까 자리젓은 유월에 담가야 복

멜첫 '멜첫'은 멸치젓을 가리키는 제주어다. '망데기'라 불리는 중간 크기의 항아리에 멸치와 소금을 섞어 '멜첫'을 담갔다. '멜첫'은 콩잎에 밥을 싸서 먹을 때 반찬으로 함께 먹으면 맛있다. 지역에 따라서 '멜젓'이라고도 한다. 비양도에서 김순자 촬영.

삭복삭해서 자리젓이 맛이 있어. 그것도 철이 있어.)

— 제주시 이호동 고순여 구술

자리젓과 함께 '멜첫'도 많이 담가 먹었다. '멜첫'은 아무 때나 담
갔지만 구시월 가을에 담가야 재우 녹지 않아서 좋다고 한다. '멜
첫'은 또 종류에 따라서 맛도 다르다. '춤멜^(멸치)'은 젓갈을 담가두면
살이 물러서 물이 되어버리기 십상이다. 그러기 때문에 김치를 담
글 때 많이 사용한다. 등어리에 줄이 그어진 '곤멜^(샛줄멸)'은 젓갈을
담가도 살이 잘 무르지 않아서 젓갈로 많이 먹는다. 깊은 맛은 '춤
멜젓'보다 덜하지만 젓갈 자체로 먹을 때는 '곤멜젓'이 좋다.

'멜첫'을 그릇에 넣어 밥 속에서 쪄서 그 국물을 찬으로 먹었다. '멜첫'은 콩잎 등 쌈을 해서 먹을 때 좋은 양념이었다. "콩잎엔 멜첫이 최고"라는 말은 그냥 나온 말이 아니다.

자리젓이나 '멜첫'을 맛있게 담그는 법은 간을 잘 하는 일이다. 만드는 법도 간단하다. '자리'나 '멜' 10kg에 소금 1.8kg을 잘 섞어서 항아리에 담가서 잘 숙성시키면 먹을 수 있다.

'오메기술'과 '쉰다리'

제주의 전통 발효식품으로 꼽을 수 있는 기호식품으로는 '오메기술'과 '쉰다리'가 있다. '오메기술'은 '흐린좁쌀フ르(차좁쌀가루)'를 반죽하여 둥그렇게 만든 '오메기떡'을 삶아내어 식으면 누룩과 섞어 반죽한 후 물을 넣어서 발효시킨 제주 전통 민속주다. '오메기술'은 집에서 손쉽게 만들어 먹을 수 있어서 예전 우리 할머니들은 큰일 때면 많이 만들었다. '오메기술'이 발효되어 가라앉으면 위에는 노란 기름이 둥둥 뜨는 청주가 만들어진다. 청주 만드는 과정을 제주에서는 '청주 앗지다'라고 한다. 청주를 따르고 난 후의 술은 '탁주, 막걸리, 탁베기'라고 부른다.

'오메기술'을 '고소리(소줏고리)'에서 증류시키면 '고소리술'이 만들어진다. '고소리술'은 솥 안에 적당히 발효된 '오메기술'을 넣고 그 위에 '고소리'를 얹어 증류해서 만든 제주 전통 소주다. 제사나 명절, 잔치 등 큰일 때 많이 빚어서 제주(祭酒)로 사용하였다. 밑술의 재료인 '오메기떡' 대신 '모힌좁쌀(메좁쌀)'로 고두밥을 지어서 넣거나,

누룩 '누룩'은 술을 빚을 때 사용하는 발효제다. '오메기술'이나 '고소리술'을 맛있게 빚으려면 누룩이 좋아야 한다. 띄울 때 노란곰팡이와 푸른곰팡이가 핀 것이 좋은 누룩이라고 한다. 김순자 촬영.

'감저(고구마)', '감저 뻿데기(절간고구마)', '지슬(감자)' 등을 사용하기도 하였다. 술을 고는 것을 제주에서는 '술 다끄다'라고 표현한다.

'오메기술'을 맛있게 만들기 위해서는 무엇보다 누룩이 좋아야 한다. 누룩은 으깬 '밀쏠(밀쌀)'이나 '보리쏠(보리쌀)'을 보릿가루 등과 섞어서 반죽을 한 후 둥그렇게 만든 후 솔잎이나 '콩꼬질(콩짚)' 속에 넣어서 띄운다. 누룩 띄울 때는 노란곰팡이나 붉은곰팡이가 나면서 뜬다. 이 곰팡이가 아밀라아제, 말타아제 따위의 효소를 가지고 있어 녹말을 포도당으로 변화시키는 구실을 하므로 양조에 널리 쓰는 것이다. 누룩에 피는 검은곰팡이는 좋지 않은 균이어서 누룩 만들 때 많은 신경을 썼다. 다 만들어진 누룩은 바싹 마르면 적당한 크기로 잘라 잘게 부순 후 술 만들 때 발효제로 썼다.

> "누룩은 틀 때부터 누룩 냄새가 나. 메주도 경 틔와사 장맛이 좋고.
> 누룩도 잘 틔어가민 냄새가 들허고 구수헌 냄새가 나. 누룩 틀 때
> 노랑곰펭이, 붉은곰펭이 핀 건 좋고 검은곰펭이 핀 건 좋지 아녀.
> 누룩 터 가멍 자기들끼리 열로 다 물라. 그 누룩으로 술을 허민 뒷
> 날부터 그 술에서 들헌 냄새가 나지."
>
> (누룩 은 뜰 때부터 누룩 냄새가 나. 메주도 그렇게 띄워야 장맛이 좋
> 고. 누룩도 잘 띄워가면 냄새가 달고 구수한 냄새가 나. 누룩 뜰 때 노
> 랑곰팡이, 붉은곰팡이 핀 것은 좋고 검은곰팡이 핀 것은 좋지 않아.
> 누룩 떠 가면서 자기들끼리 열로 다 말라. 그 누룩으로 술을 하면 뒷
> 날부터 그 술에서 단 냄새가 나지.)
>
> — 표선면 성읍리 김을정 구술

'쉰다리'(순다리)'는 '쉰밥'에 누룩을 넣어 발효시켜서 만든 제주 전통
음료로, 요즘의 요구르트에 비견되는 발효음료다. 냉장고가 없던
시절을 산 우리 조상들은 밥이 쉬면 버리지 않고 '쉰다리'를 만들
어 먹는 지혜를 발휘했다. '쉰다리'는 소화를 돕기 때문에 여름철
음료로 많이 만들어 먹었다. '쉰다리'에 밀가루나 보릿가루 등을 넣
어 반죽해서 부풀어 오르면 빵도 만들어 먹었는데, '보리상웨'(보리상
화)'가 대표적인 떡이다. '쉰다리' 대신 큰일이 있을 때는 누룩을 발
효시켜서 '기주'를 만들어 떡을 했는데, 기주를 넣어서 만든 떡을
'기주떡'이라고 하였다.

새로운 발효식품을 꿈꾸다

　발효는 인류가 아주 오래전부터 이용해 온 기술이다. 인류는 자연에서 발효음식을 창조해 냈다. 그렇게 만들어낸 발효음식이 술로, 반찬으로, 음료로, 음식으로 인류의 역사와 함께하고 있다. 발효과정을 거친 음식들은 소화하기도 쉽고 영양분의 질도 높다고 한다. 또한 몸에 해로운 유기체들을 막아주어 면역력을 높여준다고 한다. 우리의 전통 발효식품인 된장과 김치, 젓갈 외에도 각종 재료를 활용해서 만든 장아찌류, 식초류, 발효빵, 발아쌀, 발효 효소, 흑마늘 등 발효식품이 속속 개발되어 건강식으로 널리 보급되고 있다. 우리의 몸을 건강하게 지키기 위해서 우리의 밥상을 인스턴트 식품이 아니라 자연에서 얻은 재료를 활용한 발효식품으로 꾸며보는 것은 어떨까. 제주 선조들이 오래도록 먹어왔던 발효식품을 응용한 다양한 발효식품을 우리 식단에 적극 활용하는 것도 한 방법이다.

《제주문화예술》 2011년 통권 24호

제3장

제주 사람들의
통과의례와 언어

애기 날 땐 보리찍이영 산듸찍 꼴앙 낫저
아기 낳을 땐 보릿짚이랑 밭볏짚 깔아서 낳았지

  출산 이야기

예장허곡 미녕허곡 홍세함에 놔근에 아졍가
예장하고 무명하고 혼서함에 넣어서 가져가

  결혼 이야기

좀친 호상 입으민 손지 대에 좀친다
좀먹은 수의 입으면 손자 대에 좀먹는다

  장례 이야기

제수는 잘허고 못허는 것 이녁 심에 메꼉 허는 거주
제사는 잘하고 못하는 것 이녁 힘에 맡겨서 하는 거지

  제사 이야기

애기 날 땐 보리찍이영
산듸찍 꼴앙 낫저

아기 낳을 땐 보릿짚이랑 밭볏짚 깔아서 낳았지

출산 이야기

우리 인간도 유기체라 낳고 자라고 소멸의 과정을 거치게 마련이다. 낳을 때는 고통과 기쁨이 뒤따르고, 자라면서는 웃음과 고뇌를 함께 한다. 죽어 없어지는 소멸 과정에서는 눈물을 자아낼 수밖에 없다. 죽어서도 인간은 후세에 의해 추억된다.

이 세상을 사는 생명체 가운데 어느 하나 고귀하지 않은 것이 없다. 풀 한 포기, 나무 한 그루, 새 한 마리, 생명체의 탄생은 경이로움 그 자체이다. 그 가운데서도 가장 존귀하고 경이로운 것이 인간의 탄생이 아닐까.

그러나 우리의 많은 어머니, 할머니들은 출산의 기쁨은 누릴 새도 없이 자리를 털고 일어나 밥을 하고, 물을 긷고, 일터로 향해야 했다. 요즘은 처음 세상에 태어날 아이를 위하여 미리 이런저런 용품들을 구하고, 아이의 미래를 위하여 설계도 하지만, 우리네 어머니, 할머니는 당장의 어려움을 해결해야 해서 아기와 자신을 위해 휴식할 여유가 없었다.

"애기 낳을 땐 보리찍이영 산듸찍 낄앙 낫저"

우리네 어머니, 할머니들은 어떤 환경 속에서 출산했을까? 요즘은 병원에서 가족과 이웃들의 축복 속에 출산을 하지만, 예전의 우리 할머니, 어머니들은 대부분 집안에서 출산했다. 산파나 시어머니의 도움을 받기도 하지만, 대개는 친정어머니의 손길 속에 새 생명을 출산했다. 아기를 낳기 위해 미리 준비하는 것이 아니라 밭일이나 물질을 하다가 "아이고, 베여.^(아이고, 배야.)" 해서 집 안에 들어오

금줄 제주에서는 어머니가 아기를 낳으면 '올래'에 금줄을 매서 외부인의 출입을 금했다. 여자아이를 낳으면 숯을 매달고, 남자아이를 낳으면 숯과 고추를 함께 매달았다. 금줄을 제주에서는 '줏'이라 하며, 윈새끼로 만든다. 《만농 홍정표 선생 사진집-제주 사람들의 삶》에서 발췌.

면 아기를 낳았을 정도로 팍팍하게 살아왔다.

70대 이상의 많은 어른들은 '보리찝⁽보릿대⁾'이나 '산디찝⁽밭볏짚⁾'을 깔아서, 그 위에서 아기를 낳았다고 한다. 보릿대나 밭볏짚을 깔아 아기를 낳은 것은, 당시 깔개가 부족했던 어려웠던 상황을 웅변하는 일이기도 하지만 보릿대나 밭볏짚이 아기에게 나쁜 기운이 번치는 것을 방지해준다는 믿음 때문이기도 했다. 이를 두고 제주에서는 '방법, 방쉬, 방세, 방비' 등으로 부른다. 표준어로 바꾸면 '비방' 정도에 해당될 것이다.

"아기 나오젠 허믄 베 막 아프주게. 막 베가 꼬주왕 그냥 곧 목심이 곧 털어져. 아파 가믄 이 알로 이실 내리곡 경 헤 가믄 알아져. 경 허영 나는 거. 아이고, 따신 날 생각이 엇주마는 경 헤도 살당 보믄 그건 잊어불곡, 기냥 또 베영덜 나곡, 나곡. 이젠 뭐 흐끔 아파 가믄 기자 병원더레 가지 아넘서. 난 우리 어머님 손으로 다 내완. 보리낭 낄앙. 그건이 방법이라. 옛날엔이 그자 아깃베 맞춰 가믄 어멍은 눌굽에 강 보리낭 박박 들렁 탁탁 털어뒹 구들에 북삭허게 숨뿍 낄주게. 그 우의서 경 허영 나믄 기자 무신 우의 우왕이나 하나 영 낄앙 그디서 내왕근에 애기봇을 멩텡이에 그거 아정강근에 술아부나 묻얼 부나 경 허메."

(아기 나오려고 하면 배 매우 아프지. 막 배가 쑤셔서 그냥 곧 목숨이 곧 떨어져. 아파 가면 이 아래로 이슬 내리고 그렇게 해 가면 알아져. 그렇게 해서 나는 거. 아이고, 다시는 날 생각이 없지만 그렇게 해도 살다 보면 그것은 잊어버리고, 그냥 또 배어서 나고, 나고. 이젠 뭐 조금 아파 가면 그저 병원으로 가지 않고 있어. 난 우리 어머님 손으로

다 낳게 했어. 보릿대 깔아서. 그것은 방법이야. 옛날에는 그저 진통해 가면 어머니는 가리 밑에 가서 보릿대 박박 들어서 탁탁 떨어두고 방에 북삭하게 가득 깔지. 그 위에서 그렇게 해서 나면 그저 무슨 위에 웃옷이나 하나 이렇게 깔아서 거기서 낳게 해서 태를 망태기에 그거 가져가서 살라버리나 묻얼 버리나 그렇게 해.)

— 제주시 이호동 고순여 구술

보릿대 대신 밭볏짚을 이용하기도 하였다.

"애기 날 때이 나도 애기 두 개뿐 찜 안 끌앙 나서. 산듸찝 탁탁 털어 뒹은에 무꺼 낫당 그거 애기 나게 뒈영 애깃베 맞추왕 허민 초석 앙 그랑헌 거 걷어뒹 끌아. 바닥에 그냥 산듸찍 끌앙 애기 나. 검질 우티레 애기 떨어지민게 피 다끄는 둥 마는 둥 허영 낫당 사을 뒈민 이제 그 찜도 다 걷곡, 그 애기봇을 그냥 강 스는 거라. 경 허민 그때사 다 찍 치우곡 허영 속 솖앙은에 속물 허여당 그 속으로 박박 뭉기멍 목욕시기는 거라."

(아기 날 때도 나도 아기 두 개만 짚 안 깔아서 낳았어. 밭볏짚 탁탁 떨어두고 묶어 놔두었다가 그거 아기 나게 되어서 진통해서 하면 초석 앙상한 것 걷어두고 깔아. 바닥에 그냥 밭볏짚 깔아서 아기 낳아. 검불 위로 아기 떨어지면 피 닦는 둥 마는 둥 해서 놔두었다가 사흘 되면 이제 그 짚도 다 걷고, 그 태를 그냥 가서 사르는 거야. 그렇게 하면 그때야 다 짚 치우고 해서 쑥 삶아서 쑥물 해다가 그 쑥으로 박박 문지르며 목욕시키는 거야.)

— 구좌읍 송당리 허순화 구술

145

"애기 곤 나믄 모멀크르 칸 거 먹나"

아기를 낳아서 사흘 지나야 목욕도 하고, 정식으로 미역국도 끓여주었다고 한다. 아기를 낳은 산모를 위해서는 메밀가루를 묽게 해서 부드럽게 만든 음식부터 먹게 했다.

> "애기 나젠 허민 모멀크를가 피 삭넨 허멍 모멀크를 역불로 헹 나둬. 물이 뜻뜻하게 삭삭 꿰거들랑 모멀크를 카민 몰랑몰랑허주. 애기 난 사름 그것만 흔 멧 번 카주주게. 그거 먹어사 피 삭넨 허연 그거 우선 허여줘. 메역 치져 낭 주는 사름도 신디, 칼로도 안 썰고 손으로 다 치져 낭."
>
> (아기 나려고 하면 메밀가루가 피 삭는다고 하면서 메밀가루 부러 해서 놔둬. 물이 따뜻하게 펄펄 끓으면 메밀가루를 타면 말랑말랑하지. 아기 난 사람 그것만 한 몇 번 타주지. 그거 먹어야 피 삭는다고 해서 그거 우선 해줘. 미역 찢어 넣어서 주는 사람도 있는데, 칼로도 안 썰고 손으로 다 찢어 넣어.)
>
> ─ 성산읍 고성리 정양길 구술

> "애기 낭 흔 삼일 동안은 기자 모멀크르 기자 그거 먹어야. 애기 난 사름 땍땍헌 거 먹어나믄 늬 상헌덴 무랑허게. 그르후엔 메역 낭 그자 풀풀허게 허영 주곡. 우리 어머님 일뤠끄진 잘헤 줘낫어. 따시 막걸리, 청주 그튼 거 먹어야 가심에 젯이 잘 난데 경 허영 그거 구헤당 어머니 줜 나 거 먹어낫어."
>
> (아기 나서 한 삼 일 동안은 그저 메밀가루 그저 그거 먹어야. 아기 난

사람 딱딱한 것 먹어나면 이 상한다고 무르게. 그 이후에는 미역 넣어서 그저 풀풀하게 해서 주고. 우리 어머니 이레까진 잘해 줬었어. 다시 막걸리, 청주 같은 거 먹어야 가슴에 젖이 잘 나온다고 그렇게 해서 그거 구해다가 어머니가 줘서 나 그것 먹었었어.)

— 제주시 이호동 고순여 구술

아기를 낳아 사흘이 가장 중요하다. 아기를 출산한 어머니를 위해 메밀가루로 묽게 만든 음식을 만들어 준다. '모멀 칸 것(메밀 탄 것)'에 미역을 넣어서 주기도 한다. 아기를 위해 젖먹이를 둔 이웃의 어머니를 찾아서 젖먹이를 청하면 군소리 없이 젖을 물렸다고 한다. 삼 일 전에는 젖이 잘 나오지 않는 것을 알기 때문이다. 젖을 잘 나오게 노란 좁쌀 기름이 둥둥 뜬 청주를 마시기도 했다. 사흘이 되면 아기와 어머니가 목욕을 하고, 정성스럽게 준비한 미역국을 먹음으로써 출산에 대한 최대 보상을 받았다.

"애긴 낭 사을 뒈야 몸곰지고 어멍 몸곰아"

"애기 목욕은 삼일 뒈어사. 쑥 허여당 숢아근에게 아기 숙물로 허곡. 아기어멍도 쑥 허영 끌아 앚곡게. 애기 나믄 금방 모욕시키지 안 허여고. 이젠 금방 시키는디. 그자 내불엇단에 어멍 머리 몸곰을 때 아기부터 곰져뒹 말째에 어멍 몸곰곡. 어멍은 쑥 숢망은에 쑥 끌앙 앚이렝 허멍 숙물로 둧둧허게 울리곡."

(아기 목욕은 삼 일 되어야. 쑥 해다가 삶아서 아기 쑥물로 하고. 아

기어머니도 쑥 해서 깔아 앉고. 아기 나면 금방 목욕시키지 않아. 이
제는 금방 시키는데. 그저 내버렸다가 어머니 머리 목욕할 때 아기부
터 감기고 말째 어머니 목욕하고. 어머니는 쑥 삶아서 쑥 깔아서 앉
으라고 하며 쑥물로 따뜻하게 찜질하고.)

— 안덕면 서광리 고희출 구술

아기를 낳아서 삼 일이 되면 쑥물에 아기와 어머니가 목욕을 했
다. 쑥도 단오에 뜯은 쑥이 효과가 있다고 한다. '쑥'은 제주에서 '속,
숙, 쑥' 등으로 부르는데, 쑥의 따뜻한 기운이 아이와 산모에게 좋
다고 한다. 목욕을 끝낸 아기를 위해서는 '마페', '춤베' 등으로 부르
는 삼베로 만든 배내옷을 입히고, 산모를 위해서는 특별히 팥을 섞
어 지은 흰밥에 생선을 넣어서 끓인 미역국을 준비한다.

애기 나민 사흘메 헌다

"아기 낭 삼일 뒈믄 모욕시겨. 만딱 애기 시치곡 어멍도 숙 허여당
숨앙 그 물에 머리 곰곡 모욕허곡. 경 허영근에 애기 사흘밥을 헤
놓메. 애기 안네 눅지곡 저 헤영헌 어멍 치메 끌앙 사을메 허영근에
할망상 허영, 메 거려 낭근에 허곡. 또 일뤠 뒈믄 일뤳밥 허영근에
거려 낭 허곡. 삼일 뒈믄 허는 것 그라 사흘밥이엔 허주기. 우리 메
느리덜은 애기 나난 나가, '사흘밥 허키여.' 허난, '아이고, 신식이난
그런 거 허지 아념니다.' 허난 안 헷주. 사흘밥은 어머니가 다 헤줘.
보시에 메 거리곡, 따시 냉수 그거 놓고, 메역 뿔앙 그자 젭시에 ㅎ

삼신할망상 제주에서는 예전에 아기를 낳으면 아기가 무탈하게 클 수 있도록 '삼신할망'을 위해 상을 차렸다. '삼신할망상'은 보통 메 세 보시기, 미역채 세 보시기, 실과 돈, 과일 등을 상이나 채롱에 담아 방구석이나 벽장 위에 올려둔다. 제주도민속자연사박물관 전시 자료.

꼼 톡허게 놓곡. 궤기 ᄀ뜬 거 안 궹은에."

(아기 낳아서 삼 일 되면 목욕시켜. 몽땅 아기 씻기고 어머니도 쑥 해다가 삶아서 그 물에 머리 감고 목욕하고. 그렇게 해서 아기 사흘밥을 해 놓아. 아기 안에 눕히고 저 하얀 어머니 치마 깔아서 사흘메 해서 '할망상' 해서 메 떠 놓아서 하고. 또 이레 되면 이레밥 해서 떠 놓아서 하고. 삼 일 되면 하는 것보고 사흘밥이라고 하지. 우리 며느리들은 아기 나니까 내가 '사흘밥 하겠다.' 하니까, '아이고, 신식이니까 그런 것 하지 않습니다.' 하니까 안 했지. 사흘밥은 어머니가 다 해줘. 보시기에 메 뜨고, 다시 냉수 그거 놓고, 미역 빨아서 그저 접시에 조금 톡하게 놓고. 고기 같은 것은 안 궈서.)

— 제주시 이호동 고순여 구술

아기를 낳아서 삼 일째 하는 밥을 '사흘메'라고 한다. '사흘메'는 아기를 점지해준 삼신할머니를 위하여 올리는 밥이다. 집안에 따라서는 아기를 낳아 일주일째 다시 삼신할머니를 위하여 '이레메'를 올리기도 한다. 사흘째 하는 밥을 '사흘밥', '아기밥'이라고도 한다. '아기밥'은 동네 이웃과 나눠 먹기도 하였다.

"처음에 아기 나면 미역국 끓여주주게. 할망엔 허영은에 밥 헤다 주민 아기밥엔 허멍 폿 놓곡 곤쌀 하나썩 놓곡 보리쌀 낭 밥허곡, 바당에 나는 늘궤기 사다 낭 미역국 끌리고 혜당 주민 그거 먹잇주. 옛날은 불솜앙 밥헐 때는 폿 서끄곡 곤쌀엔 낭 말치로 흐나 허영 아기밥이렌 허영 즈깃듸 사름, 속은 사름도 주곡 이녁 쉭귀 다 먹곡게. 우리 큰아덜 헐 땐 경 허여고. 삼 일 뒈민 모욕헤 나민 이녁대로 물 질레 가곡 밥헤 먹곡 이녁대로 밧듸 가곡."

(처음에 아기 나면 미역국 끓여주지. 할머니라고 해서 밥 해다 주면 아기밥이라고 하면서 팥 넣고 흰쌀 하나씩 넣고 보리쌀 넣어서 밥하고, 바다에 나는 날고기 사다 넣어서 미역국 끓이고 해다가 주면 그것 먹었지. 옛날은 불을 때서 밥할 때는 팥 섞고 흰쌀이라고 넣어서 '말치'로 하나 해서 아기밥이라고 해서 곁에 사람, 수고한 사람도 주고 이녁 식구 다 먹고. 우리 큰아들 할 때는 그렇게 하던데. 삼 일 되면 목욕해 나면 이녁대로 물 길러 가고 밥해 먹고 이녁대로 밭에 가고.)

— 안덕면 서광리 고희출 구술

"몸 ᄀ렵지 말렌 '봇듸창옷' 입져"

목욕을 끝낸 아기에게 처음 입히는 옷인 배내옷을 제주에서는 '봇데창옷', '봇듸창옷', '벳넷저고리'라 부른다. 삼베로 해서 소매를 길게 하고, 실 고름을 달아 만든 이 옷은 아기들이 자라서 등 가렵지 말라고 해서 입히는데 주로 아기 할머니가 해준다. 옷고름으로는 아이의 수명이 실처럼 길라고 해서 '씰곰(실고름)'을 달았다.

> "봇듸창옷엔 헌 거. 저 마페 석 자 허여근에 그걸로 소미 질게 허영 옷 허영 입지메. 것도 아기 할망이 허여줘. 요새 미녕베도 아니고, 옛날 춤배 신 때에 거 베 석 자이민 뒌덴. 그거 허영 아니 입지믄 아기가 옥으민 등 ᄀ렵넨. 그거 ᄂ슨 베로 허영 입져나민 등 ᄀ릅지 아년덴. 저 맹 질렌 씰곰 둘곡 허영 입져. 흔 사을 입져 나민 아기 저고리나 적삼이나 헹 입지주기게."

봇듸창옷 '봇듸창옷'은 아기를 낳아 삼일 되는 날 입히는 베로 만든 옷이다. 베로 만든 '봇듸창옷'을 입히면 아기가 등이 가렵지 않는다고 한다. 아기가 무탈하게 오래 살라고 옷고름은 무명실을 꼬아서 만들었다. 안덕면 화순리 양춘자 소장. 김순자 촬영.

(배냇저고리라고 한 거. 저 마포 석 자 해서 그것으로 소매 길게 해서 옷 해서 입혀. 그것도 아기 할머니가 해줘. 요새 무명베도 아니고, 옛날에 참베 있을 때에 거 베 석 자면 된다고. 그것 해서 아니 입히면 아기가 자라면 등 가렵다고. 그거 거친 베로 해서 입혀나면 등 가렵지 않는다고. 저 명 길라고 '실고름' 달고 해서 입혀. 한 사흘 입혀 나면 아기 저고리나 적삼이나 해서 입히지.)

— 애월읍 수산리 홍진규 구술

천이 그렇게 넉넉지 않은 시절이라 '봇듸창옷'을 만들면, 하나로 자식들 모두 입혔다고 한다. 여유가 없는 집에서는 이웃집에 가서 빌려서라도 꼭 입혔다. 상주가 입었던 상복을 뜯어서 만든 배내옷을 입으면 재수가 좋고, 큰아들이 입었던 배냇저고리의 '깃바대'를 송사할 때나 대학 시험을 칠 때 몸에 지니고 가면 좋다는 속설도 전한다. 자식이 귀한 집에서는 남의 속옷으로 아기옷을 만들어 입히기도 하였다.

"상주옷 뜯엉 아기 베넷저고리 허는 거라. 엇이믄 베 사당 그냥 허곡. 상복으로 허민 재수가 좋넨 허여. 남자아기는 소미를 온체 허곡, 지집아이는 딱 쫄란 반착으로 허여. 똘은 춤베 온체로 허면은 말이 뛰어나곡 춤말 헌다, 아덜은 춤말 허여도 좋다, 그런 의미에서 여자는 반베로, 남자는 춤베로. 상복도 업을복이라고 등따리에 붙인 거 과짝 곧은 거 그걸로 허영 허는 거라. 요즘에는 뭐 여자 국훼의원도, 여자 대통령도 나곡. 이젠 여자 호도 메고. 이젠 여자가 권리가 신디 옛날은 여자는 죽은 목숨. 상뒷집의 가와나도 그 비바리

는 못 쓴덴 허곡. 촛아덜 나난 베넷저고리 짓바대는 사름 혼이 그디
들어가 잇다는 거라. 송사 재판헐 때나 대학에 들어갈 때 그 짓바대
몸에 지녕 가민 좋덴 허여."

(상주옷 뜯어서 아기 배냇저고리 하는 거야. 없으면 베 사다가 그냥
하고. 상복으로 하면 재수가 좋다고 해. 남자아기는 소매를 통째 하
고, 계집아이는 딱 잘라서 반쪽으로 해. 딸은 참베 통째로 하면 말이
뛰어나고 참말 한다, 아들은 참말 해도 좋다, 그런 의미에서 여자는
반 베로, 남자는 참베로. 상복도 '업을복(부판)'이라고 등어리에 붙인
거 곧게 곧은 거 그것으로 해서 하는 거야. 요즘에는 뭐 여자도 국회
의원도, 여자 대통령도 나고. 이젠 여자 호도 메고. 이젠 여자가 권리
가 있는데 옛날은 여자는 죽은 목숨. 상둣집에 가왔어도 그 비바리는
못 쓴다고 하고. 첫아들 낳았던 배냇저고리 짓바대는 사람 혼이 거기
들어가 있다는 거야. 송사 재판할 때나 대학에 들어갈 때 그 짓바대
몸에 지녀서 가면 좋다고 해.)

— 애월읍 봉성리 강자숙 구술

"옛날엔 애기 못 질루는 사름은 놈의 속곳으로 옷 멘들앙 입지메.
우리 알동네도 애기 막 귀현 집의난 아덜을 나난 '삼춘 입는 속곳
허영근에 우리 애기 마고잘 하나 멘들아 줍서.' 경 허연 우리 어머
님 미녕으로 속곳 헹 입을 때난 당신 입단 거 박기 틀엉 마고제 멘
들앙 입지난 막 곱게 컨 막 부제 뒈엇어. 그건 방법으로. 애기 키우
지 못허는 사름 나믄 죽어부럭 나믄 죽어부럭 허믄 놈의 속곳으로
옷 만들앙 입지믄 좋넨 경허여."

(옛날에 아기 못 키우는 사람은 남의 속옷으로 옷 만들어서 입혀. 우

153

리 아랫동네도 아기 매우 귀한 집이니까 아들을 나니까 '삼촌 입는 속옷 해서 우리 아기 마고자를 하나 만들어 주십시오.' 그렇게 해서 우리 어머님 무명으로 속옷 해서 입을 때니까 당신 입던 것 박기 뜯어서 마고자 만들어서 입히니까 매우 곱게 커서 아주 큰 부자 되었어. 그것은 방법으로. 아기 키우지 못하는 사람 나면 죽어버리고 나면 죽어버리고 하면 남의 속옷으로 옷 만들어서 입히면 좋다고 그래.)

— 제주시 이호동 고순여 구술

"물아기신디 곱다 궂다 안 헌다"

갓난아기를 축복하러 갈 때도 조심히 다녔다. 장사난 데 등 부정탄 곳에 다녀온 사람은 스스로 삼가서 가지 않았고, 아기 보러 갈 때도 마늘이나 성냥 등을 가져가 나쁜 액이 묻어가지 않게 조심했다. 아기한테도 "아기, 젯 잘 먹어?"(아기, 젖 잘 먹니?), "물아기신디 곱다 궂다 안 헌다."(갓난아기한테 곱다 궂다 안 한다.)고 한다. "철 엇인 말 굴으민 아기가 귀탄덴."(철없는 말 하면 아기가 부정탄다.) 해서 가서 볼 때도 눈으로 보기만 해서 온다는 것이다.

이렇듯 공들여 키운 자식들이 현재를 살아가는 우리가 아닌가. 우리 어머니들의 출산 이야기가 사라진 옛 풍속일지 모르지만, 그 속에 담긴 삶의 지혜와 정성이야말로 오늘을 살아가는 우리들이 한번쯤 상기할 만한 삶의 문화가 아닌가 싶다.

《교육제주》 2008년 봄 통권 137호

예장허곡 미녕허곡
홍세함에 놔근에 아졍가

예장하고 무명하고 혼서함에 넣어서 가져가

결혼 이야기

　　　　　　　　　결혼이란 남녀가 정식으로 부부 관계를 맺는 것을 말한다. 결혼은 서로 다른 환경에서 자란 성인 남녀가 만나서 혼연일체가 되어 새로운 가정을 이루는 성스러운 일이다.

　제주에서는 여자가 결혼하는 것을 '씨집가다(시집가다)', 남자가 결혼하는 것을 '장게가다(장가가다)'라 한다. 부모의 입장에서 딸을 시집보낼 때는 '딸 폴다(시집보내다)', 아들을 장가보낼 때는 '아덜 폴다(장가보내다)'라 한다. 새색시는 '새각시', 새신랑은 '새스방, 새시방, 새서방' 등으로 불린다.

　성인이 된 남녀가 결혼하는 날은 잔치 또는 잔칫날이라 부른다. 잔치는 경사스러운 일이 있을 때에 음식을 차리고 손님을 청하여 즐기는 일을 말하지만, 보통은 결혼식의 다른 이름이다. 이렇게 결혼하는 일을 제주에서는 '혼스(혼사)'라 해서 집안의 큰 경사로 여겼다. 때문에 있는 집이든 없는 집이든 혼례가 있으면 정성을 다해 혼수를 준비하고 음식을 장만해 이웃과 친지들에게 잔치를 베풀었다.

중진

우리 어머니 아버지들의 혼인은 대부분 중매로 맺어졌다. 부모
들 간에 자식들의 혼약을 언약하기도 하고, 친척이나 동네 사람의
중매로 부부의 연을 맺기도 한다. 중매를 제주에서는 '중진'이라고
하고, '중진'하는 사람을 '중진애비(중신아비)'라 한다. 어렸을 때부터
어울려서 놀다가 부부 관계를 맺는 경우도 있었다. 한 동네에 살아
도 결혼하기 전까지 얼굴을 모르는 경우도 허다했다.

1940년대 결혼 모습 제주시 삼양동 송옥수의 전통혼례 사진이다. 신랑은 사모관대에 관복을 입었
고, 신부는 원삼에 족두리 차림이다. 《사진으로 보는 제주역사》에서 발췌.

"우리 웨가칩과 우리 주인네 고모네 칩이 앞집이난 어릴 때부터 매날 장난치멍 싸우멍 허단 결혼허젠 허난 아이고 부끄러왕. 우리 웨삼춘이 중매를 허엿는디 우리 집도 울르는 집이엔 옛날은 뼈대를 방 중매를 해 헷어."

(우리 외갓집과 우리 남편네 고모네 집이 앞집이니까 어릴 때부터 매일 장난치면서 싸우면서 하다 결혼하려고 하니까 아이고 부끄러워서. 우리 외삼촌이 중매를 했는데 우리 집도 우르는 집이라고 옛날은 뼈대를 봐서 중매를 많이 했어.)

— 애월읍 봉성리 강자숙 구술

"옛날은 새각시 얼굴이 튼라진지 새서방 얼굴이 튼라진지 거 몰라. 뒷날은 친정으로 가고, 또 뒷날은 시집이 올 거지. 난 올래 몰란 저 벵듸가름광 동카름이 어디사 붙어신디. 앞의 하르방 사고 그 조름엘 오라시민 뒈주마는 날 돌앙 오젠 아녀고게. 분시짝 모르게 와랑와랑 오라부난. '아이고, 어떵 촞으리.' 막 근심허멍 헤도 제우 촞아 오라서게."

(옛날은 새색시 얼굴이 비뚤어졌는지 새신랑 얼굴이 비뚤어졌는지 거 몰라. 뒷날은 친정으로 가고, 또 뒷날은 시집에 올 거지. 난 골목 몰라서 저 '벵듸가름'과 동동네가 어데야 붙었는지. 앞에 할아버지 서고 그 꽁무니에 왔으면 되지만 날 데려서 오려고 않더군. 분수 모르게 활활 와버리니까. '아이고, 어떻게 찾을까.' 매우 근심하면서 해도 겨우 찾아왔어.)

— 애월읍 수산리 홍진규 구술

중매는 보통 집안끼리 부모의 성정 등을 보고 이루어진다. 중매가 이루어지면 날짜를 잡고 혼례 준비를 한다. 신부 집이 가난하면 신랑 집에서 혼례에 쓸 물품을 보내오는데, 이를 '이버지(이바지)'라고 한다.

이바지

'이버지'는 보통 남자 집에서 여자 집으로 결혼식을 준비하라고 보내는 물품이다. 주로 돼지고기와 쌀과 술과 달걀 등을 이바지로 보낸다. 남자 집이 가난하거나 여자 집이 넉넉한 경우에는 이바지를 생략하기도 하였다.

> "나 결혼헐 땐 신랑칩의서 술 흔 춘이허곡 계란 백 개허곡 이버지 엔 허연 오란. 이제 잔치허믄 신랑칩의서 돈으로 오지 아녀게. 아마도 이버지가 그건 셍이라게. 옛날엔 술 흔 춘이에 둑새기 벡 개 허는 사름, 이벡 개 허는 사름 경허영 아져오주게."
> (나 결혼할 때는 신랑 집에서 술 한 준하고 계란 백 개하고 이바지라고 해서 왔어. 이제 잔치하면 신랑 집에서 돈으로 오지 않는가. 아마도 이바지가 그것 모양이야. 옛날에 술 한 준에 달걀 백 개 하는 사람, 이백 개 하는 사람 그렇게 해서 가져오지.)
> — 제주시 이호동 고순여 구술

'이버지'가 끝나면 결혼식을 한다. 결혼식이라야 별 게 아니다. 신랑 집에서 택일을 해서 날이 정해지면 '막핀지^(막편지)'를 써서 잔칫날을 알린다. 잔칫날은 '홍세함^(혼서함)'에 '미녕^(무명)' 두 필을 예장 등과 함께 담고 가져가서 신부를 데려오면 그만이다.

'막핀지'와 홍세함

'막핀지'는 혼인할 때에 신랑 집에서 예단과 함께 신부 집에 보내는 편지를 말한다. '막편지, 예장, 혼서'라고도 부른다. '홍세함'은 '예장'과 '예단'을 넣은 함으로, 결혼식이 있는 아침에 신랑 쪽에서 보자기에 싸서 신부 집으로 보낸다. '혼서를 넣은 함'이란 뜻이다. '홍세함'은 보통 붉은 보자기로 싸지만 서귀포시 표선면 성읍리에서는 치자 물을 들인 노란 보자기를 이용하기도 하였다.

> "옛날은게 부체칩인 그냥 아무 것도 아녕 간. 잔치 전의 막핀지, 잔치 어느 날 헌 거 허여 가곡. 또로 돌아가는 날은 함에 새서방 새각시 일름 쓰곡 저 새서방 아바지가 훈장을 허민 훈장이엔 허나 벨감이믄 벨감엔 허나. 함에 미녕 두 빌 놓곡 허영 붉은 포로 딱 싸근에 오랑 문전에 상 ᄒᆞ나 낭 딱 바찌민 글 안 사름덜 영 까봐근에 받주기게."
>
> (옛날은 부잣집에는 그냥 아무것도 안 해서 갔어. 잔치 전에 혼서, 잔치 어느 날 하는 것 해서 가고. 또 데려가는 날은 함에 새신랑 새색시 이름 쓰고 저 새신랑 아버지가 훈장을 하면 훈장이라고 하나 별감이면 별감이라고 하나. 함에 무명 두 필 넣고 해서 붉은 보자기로 딱 싸

서 와서 문전에 상 하나 놓아서 딱 바치면 글 안 사람들 이렇게 까봐서 받지.)

— 애월읍 수산리 홍진규 구술

"홍세 건 새스방칩의서 잔칫날 예장허곡 미녕허곡 홍세함에 놔근에 아정가는 거. 것도 잘 사는 사름은 미녕 네 필 놓곡 못 사는 사름은 두 필 놓곡. 예장 그 소곱에 놓곡 허영 치즈 색깔 노랑 포로 싸주. 미녕으로 허영 새가시가 새스방 옷도 헤주곡 새스방 아방 옷도 해주곡."

(혼서 그것은 새신랑 집에서 잔칫날 예장하고 무명하고 함에 넣어서 가져가는 거. 그것도 잘사는 사람은 무명 네 필 넣고 못사는 사람은 두 필 넣고. 예장 그 속에 넣고 해서 치자 색깔 노란 보자기로 싸지. 무명으로 해서 새색시가 새신랑 옷도 해주고 새신랑 아버지 옷도 해주고.)

— 표선면 성읍리 이동백 구술

'홍세함'에 넣은 '미녕'으로는 신랑이나 시아버지 옷을 해준다. 요즘은 기저귀감으로 주로 쓰지만, 예전에는 신부가 결혼해서 처음 남편 옷을 지어주는 옷감으로 사용하였다.

신부 모셔 가기

신부를 데리러 갈 때 신랑은 자동차를 이용하기도 했지만 대부분은 사모관대를 갖추고 말을 타서 간다. 신부 집에 도착하면 '중

신랑과 우시 새신랑이 우시(위요)들과 함께 신부를 맞으러 신부 집 앞에 당도했다. 여자 우시의 손에 들린 신부에게 건넬 꽃다발이 유난히 눈길을 끈다. 한경면 조수2리 김성욱이 1950년대 장가 갈 때의 모습. 김성욱 소장.

방'이 나와서 신랑을 맞는다. 신랑과 중방은 기세 싸움을 하느라고 승강이를 벌이기도 한다. 그러나 신랑을 맞을 때는 정성을 다했다. 말에서 내리는 신랑의 편의를 위해 말이 멈추는 곳에 'ᄀ렛도고리 (매함지)'를 엎어 두었다. 마당에서 문 앞까지는 'ᄂ람지(이엉)'를 깔아서 신랑이 가는 길을 치장했다.

"새스방 오민은 마당에서 무뚱ᄭ지 ᄂ람지 페와. 물 탕 온 신랑을 물 아래 ᄂ리와 놓젠 허민 ᄀ렛도고리 어펑 그레 쏠히 ᄂ려오민 그 ᄂ람지 페운 딜로 제게도 아니 가곡 중방이 영 영 영 허멍 부뚱ᄭ장 모사가. 신랑은 입 베우지 말젠 영허영 푼체 입에 톡 대주기게. 안네 가도록은 말 못허게, 입 못 베리게. 중방이 새서방 모사가젠 허민 새서방신디 절허곡 악수 안 허민 새서방이 푼체로 버릇엇덴 중방 손 딱 뜨려."

(새신랑 오면 마당에서 문 앞까지 이엉 펴. 말 타서 온 신랑을 말 아래 내려 놓으려고 하면 매함지 엎어서 그리로 살짝 내려오면 그 이엉 편 데로 재우도 아니 가고 중방이 이렇게 이렇게 이렇게 하면서 문 앞까지 모셔가. 신랑은 입 보이지 않으려고 이렇게 해서 부채 입에 톡 대지. 안에 가도록 말 못하게, 입 못 보게. 중방이 새신랑 모셔 가려고 하면 새신랑한테 절하고 악수 아니 하면 새신랑이 부채로 버릇 없다고 중방 손 딱 때려.)

— 애월읍 수산리 홍진규 구술

신부를 신랑 집으로 데려갈 때는 독교나 가마를 이용했다. 가까운 데는 사람 손으로, 먼 곳은 말로 이동했다. 신부를 데리고 갈 때 가마를 든 장정들이 동네 사람이면 신부의 긴장된 마음을 풀어주기 위해 '동산이여', '알고 있어' 따위의 농담을 건네기도 하였다.

"시집오젠 허난 독개로 허엿주게. 물로 안 허영 독개로 들렁 오더라고. 앞에서 '동산이여' 허민 뒤에 것은 '알고 잇어', '고비여' 허민 '알고 잇어' 경허멍 들렁 가더라고. 이제도 기억이 생생허여."

(시집오려고 하니까 독교로 했지. 말로 안 해서 독교로 들어서 오더라고. 앞에서 '동산이야' 하면 뒤에 것은 '알고 있어', '모서리야' 하면 '알고 있어' 그렇게 하면서 들어서 가더라고. 이제도 기억이 생생해.)

— 애월읍 봉성리 강자숙 구술

예단과 혼수

　요즘은 예단 문제가 사회 문제로 비화되는 경우가 종종 있지만 예전 우리 어머니, 할머니들은 예단 때문에 마음고생을 하지는 않았다. 있으면 있는 대로, 없으면 없는 대로 분수에 맞게 결혼식을 치렀다.

　신부 집에서는 시집가는 딸을 위해 명주저고리와 명주치마를 해주었다. 잘사는 집안에서는 장옷을 해주고 족두리로 단장해서 시집을 보냈다. 여유가 없는 집안에서는 마을에서 옷을 빌려 입었다. 예단이라고 해야 이부자리와 방석, 궤, 요강 등이다. 살림 형편에 따라서 혼수품도 달랐다.

> "나 씨집갈 때 이불 싯, 요 싯 그때 하영 헹 간 때라. 경대허곡 얼레기허곡 쳉빗허곡. 또 이불허영근에 이불 웊이 치는 거. 보선 가져강 씨어멍이영 씨누이영 안네곡. 요강단지허곡 세숫대 하나. 어떤 방법산디 요강단지에 쏠 흔 뒈 낭 포따리 쌍 가."
>
> (나 시집갈 때 이불 셋, 요 셋 그때 많이 해서 갈 때야. 경대하고 얼레빗하고 참빗하고. 또 이불해서 이불 옆에 치는 거. 버선 가져가서 시어머니랑 시누이랑 드리고. 요강단지하고 세숫대야 하나. 어떤 방법인지 요강단지에 쌀 한 되 넣어서 보자기로 싸서 가.)
>
> ─ 애월읍 하귀2리 김정순 구술

　시어머니는 신부 옷으로 보통 뉴똥치마와 호박단저고리를 해주었다. 뉴똥이나 호박단은 명주의 일종으로, 신부 어머니가 해주는

호박단저고리(위), 뉴똥치마(아래 왼쪽), 장옷 예전에 시집갈 때는 명주저고리와 명주치마를 해주었다
고 한다. 시대가 지나면서 호박단저고리와 뉴똥치마가 유행했다. 사진 오른쪽 아래는 전통 혼례
때 여성들이 입고 갔던 '장옷'이다.

호박단저고리와 뉴똥치마 하도리 홍수선 소장. 사진 김보향, **장옷** 의귀리 오양수 소장.

'신부 옷' 옷감으로 많이 쓰였다.

> "우리 씨집갈 때 폐물이랑말앙 아무 것도 읏어. 하도 어려운 때난
> 집의서 어멍이 멩지치메저고릴 허영 입지곡 시집의서는 유동치메
> 호박단저고리 그거 흔 불 해줘. 시집의 가믄 멩지옷 이녁 입어간 거
> 벳겨뒁 밥상 받아나민 그디 옷 유동치메에 호박단저고리 입져줘."
> (우리 시집갈 때 패물은커녕 아무것도 없어. 하도 어려운 때니까 집
> 에서 어머니가 명주치마저고리 해서 입히고 시집에서는 뉴똥치마
> 호박단저고리 그거 한 벌 해줘. 시집에 가면 명주옷 이녁 입어간 것
> 벗겨두고 밥상 받아나면 거기 옷 뉴똥치마에 호박단저고리 입혀줘.)
> — 안덕면 서광리 고희출 구술

잔치 음식

잔칫날은 특별한 음식을 맛볼 수 있는 기회였다. 재수 좋으면 신
랑 신부가 먹다 남은 '곤밥(흰밥)'과 신부상에 올라왔던 특별 음식 '둑
새기(계란)'도 맛볼 수 있었다. 오죽하면 아이들을 데리고 잔칫집에
가면서 "새각시 잔치허는 디 둑새기 언어먹으레 가게."(새색시 잔치하는
데 계란 얻어먹으러 가자.)라 하였겠는가.

> "신부상에 나오는 거는 계란 세 개 헹은에 둑다릴 걸청 나와. 뒈지
> 고기 허영은에 점으로 썬 거 놓곡, 갈비도 지금 갈비처럼 헌 게 아
> 니고 갈비오림엔 허영 갈비 숨은 거 썰엉 또로 정반에 놓곡."

165

(신부상에 나오는 것은 계란 세 개 해서 닭다릴 걸쳐서 나와. 돼지고
기 해서 점으로 썬 것 놓고, 갈비도 지금 갈비처럼 한 게 아니고 '갈비
오림'이라고 해서 갈비 삶은 거 썰어서 따로 쟁반에 놓고.)
— 구좌읍 송당리 허순화 구술

또 신랑상에는 신부상에 특별히 올라오는 '득다리'(닭다리) 대신 영
양가가 많고 힘이 잘 나게 하는 '미지'가 올라왔다. '미지'는 닭 꽁무
니의 기름기가 많은 부위를 가리키는 말이다.

"신랑상은 보통으로 잇는 거 다 출려 놓지마는 그디 특별히 올라가
는 것이 득 미지라고. 저 즈름에 영헌 거, 그것이 젤 여냥이 잇는 디
라고 해서. 득 흔 머리 올리는 디도 잇고 그냥 미지만 득 준등으로
두터레 그것만 주는 디도 잇고. 그것이 특별헌 거주. 그것이 심이
잘 나는 거라고 여자신딘 안 올르고 신랑상에. 꼬리 돋은 디 미지,
득 중엔 거기가 힘이 잇는 거라. 젤 지름도 하고 맛도 좋아."
(신랑상은 보통으로 있는 거 다 차려 놓지만 거기 특별히 올라가는
것이 닭 '미지'고. 저 꽁무니에 이런 것, 그것이 제일 영양이 있는 데
라고 해서. 닭 한 마리 올리는 데도 있고 그냥 '미지'만 닭 잔등으로
뒤로 그것만 주는 데도 있고. 그것이 특별한 거지. 그것이 힘이 잘 나
는 것이라고 여자한테는 안 오르고 신랑상에. 꼬리 돋은 데 '미지', 닭
중엔 거기가 힘이 있는 거야. 젤 기름도 많고 맛도 좋아.)
— 제주시 이호동 이보연 구술

신부상에 올라온 음식은 신부 몫이 아니었다. 음식 먹기 전에 밥

서너 숟갈과 계란 하나를 먼저 떠서 상 아래로 놨다가 하인이 가져간다. 그렇게 떠놓은 음식을 '제반'이라고 한다. 이 제반은 신랑의 수명을 좌지우지하는 신을 대접하기 위함이다.

"새각시상에 올라온 상 들러온 하인이 그 밥을 뚜껑더레 시 번 거려 낭 상 알러레 놔뒹 먹으렌 허여. 건 뭐냐, 옛날에 새각시 돌앙갈 적에 어떤 대사가 들어완에 '이 집의는 새각시 들아올 때에 잘 안 허면은 그저 질레 둥그는 거 부터 왕 신랑이 죽나.' 허난, '어떵헙니까?' 허난 '새각시 들아온 때에 미리 상 알더레 거려 놔뒹 먹으라.' 허난 그게 법으로 경 헤난 거. 겨난 어디를 가나 새각시 밥을 거령 상 아래 개지에 놔난디 이젠 엇어불언."

(신부상에 올라온 상 들어온 하인이 그 밥을 뚜껑에 세 번 떠 놓아서 상 아래로 놔두고 먹으라고 해. 그것은 뭐냐, 옛날에 새색시 데려갈 적에 어떤 대사가 들어와서 '이 집에는 새색시 데려올 때에 잘 안 하면 그저 길에 굴러다니는 것 붙어 와서 신랑이 죽는다.' 하니까 '어떡합니까?' 하니까 '새색시 데려온 때에 미리 상 아래로 떠 놓아두고 먹어라.' 하니까 그게 법으로 그렇게 했던 거. 그러니까 어디를 가나 새색시 밥을 떠서 상 아래 주발 뚜껑에 놨었는데 이제 없어버렸어.)
— 애월읍 봉성리 강자숙 구술

"새각시상 들러 오민 제반이라고 새각시상에 거 밥 흔 수까락 개짓갱이에 거려놓곡 갈비 호나 놓곡 독다리 호나 놓곡 허여근에 상 아래 영 놔두메게. 제반 걷은 건 새각시 즈껏디 앚앗던 하님이 오정가 불메. 이젠 하님도 읏곡 제반도 안 걷어."

(신부상 들어서 오면 제반이라고 신부상에 것 밥 한 숟갈 바리뚜껑에 떠 넣고 갈비 하나 넣고 닭다리 하나 넣고 해서 상 아래 이렇게 놔둬. 제반 걷은 것은 새색시 곁에 앉았던 하님이 가져 가버려. 이젠 하님 도 없고 제반도 안 걷어.)

— 애월읍 수산리 홍진규 구술

잔칫날 일반 사람들은 '곤밥(흰밥)'이 아니라 보리쌀에 팥을 섞은 '풋밥(팥밥)'을 먹었다. 그리고 '둠비(두부)', 'ᄂᆞ물전지(메밀전)', '뒈야지궤기(돼지고기)' 반기 등 특별한 음식을 맛볼 수 있었다. 어른들은 접시를 이용해 별도의 상을 차려주었고, 아이들에겐 밥그릇에 '조코고리(조이삭)' 줄기나 댓가지에 돼지고기 서너 점을 꿰어서 얹어주었다. 이런 잔치 음식도 지역과 환경에 따라 조금씩 차이가 난다. 가령 제주시 서쪽 마을은 잔치 음식으로 콩을 갈아 두부를 꼭 했지만 표선면 성읍리처럼 콩 농사를 거의 하지 않은 곳은 두부 대신 '둑전(계란전)'이나 '메밀로 부친 전'을 특별 음식으로 준비했다.

특히 잔칫날은 아이들에게 잊지 못한 추억거리를 제공한다. 신부상에 올라왔던 '곤밥'과 '뒈야지궤기', 달걀 등을 얻어먹었던 일은 제보자들이 한결같이 잊지 못하는 추억이다.

"옛날은이, 곤밥이 시냐? 새각시 오믄 아이고, 우리 애기 업엉 그 좁은 딜로 들어강 손 내물앙근에 허믄 그 하인이 밥 흔 수까락썩 끊엉 손드레 탁탁 부쳐주믄 흐믓 그거 할라먹젠덜. 우리 흔 열예실곱에 그자 잔치집이엔 허믄 그자 그 애기 또꼬망 비작헌 거 업곡 그냥 강 그거 얻어먹젠덜. 창무뚱에 흐뭇 대가리가 빈주룽케 막 박아지주게. 아이고, 그때 삶가?"

(옛날은, 흰밥이 있니? 새색시 오면 아이고, 우리 아기 업어서 그 좁은 데로 들어가서 손 내밀어서 하면 그 하인이 밥 한 숟갈씩 끊어서 손에 탁탁 붙여주면 사뭇 그거 핥아먹으려고들. 우리 한 열예닐곱에 그저 잔칫집이라고 하면 그저 그 아기 꽁무니 똥 묻은 거 업고 그냥 가서 그거 얻어먹으려고들. 창문 앞에 사뭇 대가리가 느런히 막 매달리지. 아이고, 그때 삶이니?)

— 애월읍 하귀2리 김정순 구술

뒤풀이

잔치가 끝나면 신랑 신부와 친구들이 밤새도록 장구와 허벅장단에 맞춰 노래하고 춤을 추며 놀았다. 일종의 뒤풀이인 셈이다. 신부에게 노래를 시켰는데 신부가 노래하지 않으면 벌칙으로 신랑을 천장에 매달아 발을 두들겨 신부를 곤혹스럽게 했다. 허나, 장구치고 허벅장단 치면서 모은 돈은 신부 신랑에게 살림 밑천으로 보태주는 미덕도 발휘했다. 이렇듯 결혼은 중매로 시작해서 다양한 일을 치러야 하는 통과의례였다.

그러나 이러한 풍습도 사라진 옛 풍습이 되고 있다. 집에서 하던 잔치는 호텔이나 식당에서 하고, 전통 혼례 대신 서양식 혼례로 대체되어서 우리의 옛 문화는 기억 속에 잠들어 있다. 생활이 다르고 풍습이 다른 지금, 새 출발하는 신랑 신부에게 옛 문화를 답습하라고는 할 수 없다. 그러나 새 출발하는 아름다운 신랑 신부들이 우리의 어머니 아버지, 할머니 할아버지 세대가 치렀던 전통 혼례와 오늘날 결혼 풍습을 비교해 보는 시간을 가져보도록 하면 어떨까.

《교육제주》 2008년 여름 통권 138호

좀친 호상 입으민
손지 대에 좀친다

좀먹은 수의 입으면 손자 대에 좀먹는다

장례 이야기

사람은 나고 또 죽는다. 기쁨으로 맞은 생명이지만 죽음에 맞닿아서는 슬픔으로 보내야 하는 것이다. 사람은 나고 죽을 때까지 호사를 세 번 부린다고 한다. 태어나서 한 번, 성장하여 혼례 치르면서 한 번, 이승과 하직해 저승 가면서 한 번, 그렇게 세 번 호사를 누린다는 것이다. 죽은 자를 위해 새로운 집인 산소를 꾸며 해마다 성묘를 하고, 제사를 지내면서 영혼과의 만남을 이어간다.

의례는 지역과 가문에 따라 약간씩 그 모습을 달리하지만 정성을 다하기는 한가지였다. 시대의 흐름과 생활 습속의 변화로 옛 풍속이 많이 사라지고 있는 장례 풍속과 관련된 제보자들의 기억 속에 남아 있는 장례 이야기를 들어보자.

장례 절차

사람이 죽으면 친족과 이웃에 부고를 한 후 택일을 해서 관을 짜고, 상복을 만들고, 음식을 준비하고, 출상은 언제 하는지 등의 장례 준비에 들어간다.

종명(終命)이 확인되면 가족들은 먼저 광목이나 베 따위로 망인의 시신이 삐뚤어지는 것을 막기 위해 몸을 바르게 한 후 임시로 서너 군데 묶어 둔다. 이를 제주에서는 '초수렴, 초소렴(소렴)'이라고 한다. 소렴이 끝나면 염습을 잘하는 동네 어른이 와서 '초수렴' 했던 광목 따위를 끌러내고 정성껏 준비해 둔 '호상옷(수의)'을 입히고 이불과 베로 잘 싼 후에 세 가닥으로 찢어낸 마포로 일곱 마디 혹은 열두 마디로 묶는다. 이런 절차를 '대수렴(대렴)'이라 한다.

"목숨 웃이민 광목 수건이나 끄나팔 허영 박박 ㅂ리멍 서너 밧듸 이녁대로 오그라지지 안허게 무껑 놔둬. 경허영 이제사 장의수 오랑 다 허여도 옛날은 부락 사름이 허는 사름이 싯주게. 경허민 임시 무껑 놔둔 거 클러뒁 베 ㅂ리멍 사름 지러기로 무끌 만썩 ㄱ르 질렁 박박 ㅂ리멍 일곱 ㅁ작을 무꺼."

(목숨 없으면 광목 수건이나 끄나풀 해서 박박 찢으면서 서너 군데 이녁대로 오그라지지 안 하게 묶어서 놔둬. 그렇게 해서 이제야 장의사 와서 다 해도 옛날은 마을 사람이 하는 사람 있지. 그렇게 하면 임시 묶어서 놔둔 거 끌러두고 베 찢으면서 사람 길이로 묶을 만큼씩 가로 질러서 박박 찢으며 일곱 매듭을 묶어.)

　― 안덕면 서광리 고희출 구술

"대소렴은 베 허영 이 알로 사름 지러기에 꿀아낭 뜬 베 시 너비로 브려낭 무세질허듯 똑똑 열두 매에 무꺼 낭 관드레 들여놓민 웃상 제로부터 츳츳츳츳 성심으로 못 전디게 말아 흔 매썩 클러내. 관드레 들여놀 때 열두 매 무끈 걸 상제 츠례츠례 나 츠례로 우의 상제 흔나 클르민 또 버금 상제 흐나 클르곡, 또 버금 상제 클르곡, 또 손 지덜토 클르곡, 믄딱 열두 맬 풀어낭 클른 매 윺디레 곱게 허여 놔근 에 관판 딱 더껑 닥닥허게 중가불주."

(대소렴은 베 해서 이 아래로 사람 길이로 깔아놓아서 딴 베 세 넓이 로 찢어놓아서 묶음질하듯이 딱딱 열두 매듭으로 묶어 놓아서 관으 로 들여놓으면 맏상제로부터 차차차차 성심으로 못 견디게 말고 한 매듭씩 끌러내. 관으로 들여놓을 때 열두 매듭 묶은 것을 상제 차례 차례 나이 차례로 위의 상제 하나 끄르면 또 버금 상제 하나 끄르고, 또 버금 상제 끄르고, 또 손자들도 끄르고, 몽땅 열두 매듭을 풀어놓 고 끄른 매듭 옆으로 곱게 해 놓아서 관판 딱 덮어서 딱딱하게 잠가 버리지.)

— 애월읍 수산리 홍진규 구술

"열두 매에 무껏단 거 관 안네 들여놓믄 상제덜이 강 믄딱 흔 메작 흔 메작 클렁 열두 무작을 다 클러부는 거라. 게난 사름이 춤말 못 허영근에 열두 매에 무꺼야 춤말 허는 것 아이가? 사름이 그리칠 말을 다 굴앙 못 산다 허는 거라. 사름이 잘 살아졈젠 큰소리치지 말렌 허는 것이 그거대로 나온 말이여."

(열두 매듭에 묶었던 거 관 안으로 들여놓으면 상제들이 가서 몽땅 한 매듭 한 매듭 끌러서 열두 매듭을 다 끌러버리는 거야. 그러니까

사람이 참말 못해서 열두 매듭에 묶어야 참말 하는 것 아니니? 사람이 가르칠 말을 다 말해서 못 산다 하는 거야. 사람이 잘 살아진다고 큰소리치지 말라고 하는 것이 그것대로 나온 말이야.)

— 애월읍 하귀2리 김정순 구술

대렴을 할 때는 지역에 따라서 시신을 베로 싼 후 일곱 군데 혹은 열두 군데로 묶는다. 필자가 조사한 바에 따르면, 한경 조수, 대정 사계, 안덕 서광 등지에서는 대렴할 때 시신을 일곱 군데를 묶고, 애월 수산과 하귀, 제주시 이호, 구좌 송당, 남원 태흥 등지에서는 열두 매로 묶는다. 죽어서 열두 매에 묶어야 '춘말(참말)'을 하는 법이니, 살아생전에는 하고 싶은 말이 있더라도 함부로 입을 놀리지 말고 근신해야 한다는 가르침을 주는 대목이다.

이에 앞서 '관 짜는 날'에는 특별히 '풋죽(팥죽)'을 대접한다. '풋죽'은 대개 사돈집에서 쑤어오는데 예전에는 허벅(동이)으로 두 개, 즉 '흔 바리'를 쒀서 소로 실어왔다고 한다. 형제가 많은 경우에는 사돈이 많아 죽이 많이 들어온다. 그러면 '풋죽'을 데우면서 '중석(곁두리)'으로 주기도 하고, 마을 어른한테 가져가기도 하였다. 그러다 죽이 남으면 남은 죽으로 막걸리를 담가 이웃들에게 대접도 했다.

장사가 날 때 팥죽을 먹으면 '부정'을 가시게 한다는 속설이 있어서 지금도 대부분의 상가에서는 팥죽을 쑤어서 대접한다. 팥죽을 쑤지 않을 경우에는 '팥죽 대신'이라면서 라면 따위의 물품을 돌리는 경우도 있다.

"관 차는 날은 사돈덜 죽도 허영 오랑 멕이곡. 그 사돈칩의 옛날 두

허벅도 씽 가곡, 어디 먼 딘 쉐로 시껑 오주마는. 즈껏된게 영게 물
구덕에 허벅 놔근에게 허벅에 질어근에. 경 허여근에 사돈칩의서
나 허영 오랑. 건 부정 가시렌 쑤는 거옌. 영장나민 부정 탄 거난 그
풋죽 먹는 건 부정을 가시는 거옌. 경허난 사돈덜 허여 오질 아녀도
집의서라도 흔 솟 씽 건 먹는 방식. 요즘도 허여."
(관 짜는 날은 사돈들 죽도 해 와서 먹이고. 그 사돈집에 옛날 두 동
이도 쒀서 가고, 어디 먼 데는 소로 실어서 오지만. 곁에는 이렇게 물
바구니에 동이 넣어서 동이에 길어서. 그렇게 해서 사돈집에서나 해
서 와서. 그것은 부정 가시라고 쑤는 것이라고. 영장나면 부정 탄 것
이니까 그 팥죽 먹는 것은 부정을 가시는 것이라고. 그러니까 사돈들
해 오질 않아도 집에서라도 한 솥 쒀서 그것은 먹는 방식. 요즘도 해.)

— 애월읍 수산리 홍진규 구술

대소렴이 끝나면 입관을 하고, '수복친(가까운 친족)'이 망인의 적삼
을 들고 집 앞쪽으로 해서 지붕에 올라가 적삼을 흔들면서 망인
의 이름을 부르면서 "○○○ 보오~옥, ○○○ 보오~옥, ○○○ 보
오~옥"을 세 번 외친 후에 집 뒤로 내려와 적삼을 상 앞에 놓는다.
"○○○ 보오~옥"은 "○○○ 복(復)"으로, "○○○ 돌아오십시오."
하는 뜻이다. 그래도 돌아오지 않으면 그때야 비로소 운명을 인
정하는 것이다. '혼부를(복 부를)' 때 사용했던 적삼은 '혼적삼'이라고
한다. 입관하고 '혼부름'이 끝나면 상제들은 상복을 갖춰 입고(성복
해서), 제물을 준비해 처음으로 망인에게 제사를 지내는데 이를 성
복제라고 한다. 입관하기 전에는 상제들도 완성되지 않은 두건을
쓰고, 상복도 한 쪽 팔을 끼우지 않고, 절도 하지 않는다. 이는 그

만큼 망인을 잃은 상제들의 슬픔이 컸음을 표현한 대목이 아닌가 한다.

성복에는 친족들에게 두건이나 수건도 나누어 준다. 복을 함께 입는 친족을 '복친'이라고 하는데, 보통은 8촌까지 두건이나 수건을 나눠 준다. 두건은 남자, 수건은 여자 몫이다. 지금은 아버지 친구나 친목 등에게도 두건을 나눠준다.

제주에서는 대개 출상 전날은 일폿날이라 해서 이날을 택하여 조문을 한다. 출상을 할 때는 명정을 앞세워서 만사가 늘어시고, 상제, 상여, 동네 사람들의 행렬이 이어진다. 상여 위를 덮는 제구를 '화단'이라 하여 정성을 다해 치레를 했다. 상여를 메고 가는 사람을 '행상꾼', '담상꾼', '상뒤꾼'이라 부른다. 행상을 하고 봉분을 쌓고 달구질을 한 사람들에게는 그 공을 3년 동안 갚는다고 하는데, 이를 '공정'이라 한다.

장지를 제주에서는 '영장밧^{장지}'이라고 한다. 장지에 가서 시신을 묻기 위해서도 여러 번의 제를 지낸다. 시신을 묻기 위해서 땅을 파고 관을 들여놓을 때는 '하관제'를 지내고, 달구를 찧어서 봉분을 완성한 후에는 '몸제'를 지낸다. '몸제'는 '초우제'라고도 한다. 장례가 끝나서 집에 돌아오면 망인의 저승 가는 길을 바루어주고 상제들을 위로하는 '귀양풀이'를 한다. 하귀2리 김정순은 귀양풀이는 "사름 죽으민 원고향 신풀이하는 것"이라고 말한다.

영장 이튿날에는 집에서 재우제 또는 우제를, 또 다음날에는 삼우제를 지낸다. 백일 후에는 졸곡을 지내고, 1년 후에 소상, 2년 후에 대상을 지낸다. 대상 후 백일 후에는 담제를 지내고, 기일이 돌아오면 첫제사를 지낸다. 장례 후 일 년간은 매달 초하루와 보름에 제물을 갖춰 삭망을 하고, 돌아가시고 일 년 동안은 날마다 하루 세끼 상식을 올렸다.

호상옷과 상복

'호상' 또는 '호상옷'은 사람이 죽어서 저승에 갈 때 입고 가는 옷의 총칭으로, 표준어 '수의'를 말한다. '호상'은 주로 명주나 베, 양단 등으로 만든다. '호상옷'을 윤달에 만들면 좀도 치지 않고 무병장수한다는 속설이 있어 생전에 자식들이 윤달에 '호상옷'을 만들어 부모에게 선물하거나 본인이 손수 만들어 두기도 한다. 또 '좀친 호상 입으민 손지 대에 좀친다.'는 이야기도 있어 준비해 둔 수의가

초우제 초우제는 봉분을 만들고 난 후에 처음 지내는 제사다. 장례 후에는 초우제, 재우제, 삼우제까지 우제를 세 번 치른다. 남자 상제들이 짚은 '방장대(상장)'가 머귀나무인 것으로 보아 어머니 상임을 알 수 있다. 제주시 이호동 고순여 제공.

조금이라도 좀이 슬었으면 과감하게 버리고 새로 만들어 입힌다.

"사름 죽으민 호상옷 입지주. 멩지로 허영 호상옷 허는 사름 잇곡, 양단으로 허영 입지는 사름 경 두 가지로 허영 만들주게. 미릇 허영 만들앙은에 죽건 입지주기 허영 놔두믄 좀을 쳐불어. 좀 친 옷은 입으믄 손지에 대헹근에 좀쳐분데 입지지도 아녀. 경허난 이젠 미릇 만들앙 놔두지 아녀. 보통 윤둘에 만들주게. 윤둘에 만들젠 허난 만들지 말렌, 좀 쳐분덴. 우리 수춘 동세도 깝자기 죽언 입지젠 허난 오꼿 좀쳔. 그냥 내불어둰 시에 강 사단 입져서. 좀 쳥 혼 밧디라도 고망 뚤라진 거 입으믄 이녁 손지 대에 좀 쳐불엉 안 뒌덴 경허영 입지지 안 허영."

(사람 죽으면 수의 입히지. 명주로 해서 수의 하는 사람 있고, 양단으로 해서 입히는 사람 그렇게 두 가지로 해서 만들지. 미리 해서 만들어서 죽으면 입히지 해서 놔두면 좀을 먹어버려. 좀 먹은 옷은 입으면 손자에 대해서 좀먹어 버린다고 입히지도 않아. 그렇게 하니까 이제는 미리 만들어서 놔두지 않아. 보통 윤달에 만들지. 윤달에 만들려고 하니까 만들지 말라고, 좀먹어버린다고. 우리 사촌 동서도 갑자기 죽어서 입히려고 하니까 그만 좀먹어서. 그냥 내버려서 시에 가서 사다가 입혔어. 좀먹어서 한 군데라도 구멍 뚫어진 것 입으면 이녁 손자 대에 좀먹어버려서 안 된다고 그렇게 해서 입히지 않았어.)

— 제주시 이호동 고순여 구술

수의는 그 종류도 많다. 제주시 무형문화유산 제3호 '수의와 부속품 제작' 기능인 김경생은 수의 종류가 속곳, 속적삼, 겉적삼, 속중의, 과두, 바지, 저고리, 속치마, 겉치마, 장옷, 엄두, 보선, 왁수(장갑), 주머니(손톱, 발톱 싸는 것), 베개, 천금(이불), 지금(요), 대림포, 검은호상, 신발, 동심줄 등 28가지나 된다고 한다. 여자는 혼인할 때 입는 옷과 같고, 남자는 사모관대 대신 이승에서 가장 큰 옷인 도포를 입혔다. '검은호상'의 안감을 붉은색으로 하는 것은 자식들의 눈을 밝게 해준다는 속설에 기인한 것이다.

상복은 상중인 상제가 입는 옷이다. 보통 성긴 베로 만드는데, 남자는 창옷에 바지, 여자는 치마저고리를 주로 입었다. 상복만 보더라도 주상이 누구인지 확인할 수 있게끔 상복의 모양도 달랐다. 아들인 경우 상복 뒤에 별도의 천을 단 '늘개(부판)'를 달고, 소매를 좁게 하는 데 반해 사위는 '늘개'도 없고 소매 폭도 넓게 해서 만들었다. 아들 상제가 입는 옷을 '수미옷(심의)', 사위나 조카가 입는 옷을 '지도

검은호상 '검은호상'은 시신에게 입히는 수의의 한 가지로, 옷을 다 입힌 후에 머리를 감싸는 물건이다. 안감은 붉은색 명주, 겉감은 검은색 명주로 만든다.
김경생 제작. 김순자 촬영.

옷'이라고 한다. 건대도 아들 상제는 있지만 사위는 건대 없는 두건을 쓴다. 여자 상제인 경우는, 딸이나 며느리가 같게 만들었다. 여자 상제들은 건대 이전에 머리에 수건이나 너울을 쓰고, 머리에 광목으로 만든 '흰머리창'을 들여 상중임을 알렸다.

상복은 보통 손바느질로 해서 만드는데 아버지가 돌아가실 때는 두건이나 밑단을 접지 않고 감쳐서 만들고 어머니가 돌아가시면 두건의 위도 접고 상복의 밑단도 접어서 만들었다.

상제들은 부모가 돌아가시면 3년 동안 복을 벗지 않았다. 이웃에 볼일이 있거나 조문 등을 갈 때도 상복 차림으로 다녔다. 반면 사위나 친족들은 1년이 지나 소상 때는 상복과 두건을 벗었다. 아들 상제는 3년상이 끝나는 대상에 새로운 상복으로 갈아입은 후 대상제를 지내고, 제가 끝나면 '방장대^(상장)', '짚동' 따위의 상복을 불에 태운다. 여자 상제인 경우 대상이 끝나면 '흰머리창'을 태워버린 후 대신 '실머리창'을 들였다가 담제 후에 태워버린다. 상복은 태우는 경우도 있었지만 끝만 조금 태워 재활용하기도 하였다.

'방장대'와 '짚동'

상(喪)중에 영정을 모신 상 곁을 지키는 일은 보통 남자 상제의 몫이었다. 여자 상제들은 손님치레와 제물 준비 등으로 분주하게 움직이고, 제를 지낼 때만 상 앞을 지키는 것이 보통이다. 그래서 영정이 모셔진 상 앞을 지키는 상제들을 위해 특별히 준비하는 도구가 '방장대[喪杖]'와 '짚동'이다.

상복과 방장대와 짚동 상복은 주로 삼베로 만들었다. '방장대'는 상제들이 짚은 지팡이로, '상장(喪杖)'에 대응하는 제주어다. 아버지가 돌아가시면 '왕대 방장대', 어머니가 돌아가시면 '머귀낭 방장대'를 짚는다. 상제 앞에 놓인 '짚동'은 상제들이 상중에 잠을 잘 때 베고 누울 수 있게 만든 물건이다. 제주도민속자연사박물관 전시 자료.

'방장대'는 상제가 상례 때 짚는 지팡이로, 아버지가 돌아가실 때는 왕대막대기를, 어머니가 돌아가시면 오동나무나 머귀나무 막대기를 짚는다. 부모상을 당한 상제들은 그 슬픔이 커 지팡이에 의지하지 않고는 장례를 치를 수 없었다. 낮은 '방장대'를 짚는 것은 부모가 돌아가신 자식들은 죄인의 몸이어서 허리를 곧게 펼 수 없다는 것을 상징적으로 보여주는 것이다. 따라서 조문객들은 상제들이 짚는 지팡이만 보더라도 아버지 상인지 어머니 상인지 쉽게 구분할 수 있었다. 지역에 따라서는 사위들도 '방장대'를 짚는데, '수리대' 혹은 '족대'라 불리는 이대 '방장대'를 짚는다. 한경면 조수, 안덕면 사계와 덕수에서는 "사위가 방장대 짚는 법이 없다."고 한다. '왕대 방장대'인 경우는 '육절 칠통'이라고 해서 일곱 마디의 왕대를 갖고 만들었다.

아버지가 돌아가실 때 왕대막대기를 짚는 이유는, 왕대의 마디처럼 아버지는 '마디마디' 생각나고, 어머니는 머귀나무에 촘촘히 박힌 가시처럼 많이, 또는 속이 빈 머귀나무처럼 한시도 잊지 않기 때문에 머귀나무 '방장대'를 짚는다고 한다.

"아방은 죽으믄 댓ᄆᆞ작, 어멍은 죽으민 머귀낭 방장대를 지퍼. 어떵 허난 댓ᄆᆞ작 헤신곤 허난 아덜이 어디 간완에 아방신디 '어떵 나 셍각 납디겐?' 허난, '무디무디 셍각나라.' 허고, 어멍은 '흔 시도 잊어분 시가 엇어라.' 게난 아방은 '무디무디 셍각나라.' 허난 댓ᄆᆞ작으로 지퍼내고 어멍은 '흔 시도 잊어분 시가 엇어라.' 허난 머귀낭. 그 머귀낭이 고망이 툭 터진 거라이. 경허난 머귀낭 방장대를 쓰는 거라."
(아버지는 죽으면 왕대, 어머니는 죽으면 머귀나무 상장을 짚어. 어떡하니까 왕대 했는가 하니까 아들이 어디 다녀와서 아버지한테 '어떻게 나 생각납디까?'고 하니까, '마디마디 생각나더라.' 하고, 어머니는 '한시도 잊어버린 시간이 없더라.' 하니까 머귀나무. 그 머귀나무가 구멍이 툭 터진 거야. 그렇게 하니까 머귀나무 상장을 쓰는 거야.)
— 애월읍 하귀2리 김정순 구술

"아버지인 경우는 왕대, 어머니인 경우는 머귀낭. 그거는 아방은 그 냥 즈식 셍각이 그자 무디무디 난다고 헤가지고 그렇게 헌 거고 저 어멍은 새끼를 흥상 셍각하거든. 머귀낭에 그 가시 잇자녜게. 가시 수정으로 즈식을 셍각한다 헤서 머귀낭으로 멘든 거거든. 요즘은 뭐 엇이니까 장의사덜 가져오민 지펌지마는 옛날에는 머귀낭. 왕 대도 저 육절 칠통 아니라게. 겐디 무디가 싀 개 헌 거 늬 개 헌 거 가져오라서고."

(아버지의 경우는 왕대, 어머니의 경우는 머귀나무. 그것은 아버지 는 그냥 자식 생각이 그저 마디마디 난다고 해가지고 그렇게 한 거고 저 어머니는 새끼를 항상 생각하거든. 머귀나무에 그 가시 있잖아. 가시 숫자로 자식을 생각한다 해서 머귀나무로 만든 것이거든. 요즘 은 뭐 없으니까 장의사들 가져오면 짚고 있지만 옛날에는 머귀나무. 왕대도 저 육절 칠통 아닌가. 그런데 마디가 세 개 한 것 네 개 한 것 가져왔더라고.)

— 안덕면 사계리 김영하 구술

'짚동'은 상 앞을 지키는 상제들이 쉬거나 누울 때 기대거나 벨 수 있는 용도로 볏짚이나 밭볏짚으로 만들었다. 어른 줌으로 한 줌 보다 조금 넓은 두께로 짚을 둥글게 말아서 만들었는데, '방장대' 길이만큼 해서 일곱 마디로 묶어서 만들었다. '짚동'을 지역에 따 라서는 '찝동[찝똥], [한경 조수]', '찍동'[한경 조수], '찝덩'[애월 하귀], '찍통'[안덕 사계]), '북시미'[표선 가시, 남원 태흥], '찝뎅이'[서귀 호근, 구좌 동복] 등으로 부르는데, 상 심이 큰 상제들에게 의지하라고 만든 것이다.

제물과 고적과 피력

　제주에서는 상이 나면 상가에서는 떡과 고기, 술 등을 마련하여 조문객을 대접했다. 조문객들은 또 떡이나 곡물, 돈 등으로 부조를 해 일처리를 도왔다. 상제들은 망인을 염습하고 입관하면 성복을 하고 첫제사를 올리는데 이를 성복제라고 한다. '성복제에 올리지 않은 제물은 제사 때에도 올리지 못한다.'고 하여 정성을 다하여 제물을 올렸다. 성복제 제물은 떡과 과일, 제찬, 술 등을 올리는데 이 제물은 제사나 명절 때도 거의 비슷하다.

　제수 가운데서도 떡 제물을 가장 중요하게 생각했다. 그래서 떡만을 가리켜서 '제물' 또는 '지물'이라 부르기도 한다. 가가례라고 하지만 떡은 '오편'을 기준으로 해서 '제펜'(백설기), 인절미, '절벤'(절편), '솔벤'(솔편), '우찍'(웃기떡, 기름떡) 순으로 괸다. "축을 고하는 제사인 경우에는 반드시 '중궤'(중계)와 '약궤'(약과)를 올려야 한다."고 한다.

　　　"게난에 떡도 축 익을 때 떡허고 축 안 익을 때 떡허고 또나. 웨 그러냐 허면 그 중궤 약궤라고 잇거든. 중궤라고 헌 것은 영 질딱허게 멘든 거. 무멀떡이라고. 약궤라고 헌 것은 고망 네 개 뚤른 거. 축을 고허젠 허민 이 두 개를 멘들아야 돼. 축을 안 고헐 때는 제사 때나 멩절 때에는 그 떡을 아니 허여도 돼."

　　　(그러니까 떡도 축 읽을 때 떡하고 축 안 읽을 때 떡하고 달라. 왜 그러냐 하면 그 중계 약과라고 있거든. 중계라고 한 것은 이렇게 길게 만든 거. 메밀떡이라고. 약과라고 한 것은 구멍 네 개 뚫은 거. 축을 고하려고 하면 이 두 개를 만들어야 해. 축을 안 고할 때는 제사 때나

명절 때에는 그 떡을 아니 해도 돼.)

— 안덕면 사계리 김영하 구술

'고적'은 친족들이 해가는 떡이나 쌀 등의 부조를 말한다. 친척집에 상이 나면 지금은 돈으로 부조를 하지만 예전에는 주로 떡으로 부조를 했다. 제주에서는 이를 '고적'이라고 한다. '고적'은 보통 가까운 친척은 한 말어치, 먼 친척집에는 쌀 두 되어치의 떡을 해 간다. '고적'으로는 지역에 따라 주로 '돌레떡(도래떡)'이나 '물떡', '등절비' 등을 해 간다. 이렇게 해 간 부조떡은 한 군데 모았다가 장지에 간 사람들에게 골고루 나누어준다. 이를 '피력' 또는 '순'(구좌 송당)이라고 하는데, 먹을거리가 풍족하지 않았을 때는 '떡반(떡 반기)'을 받기 위하여 아이들도 다 데리고 다녔다. 지금은 떡 대신에 세제나 라면, 우산 따위로 대신한다고 한다. 남원읍 태흥리에서는 장지에 가서 떡이랑 고기 등을 댓가지에 꿰어 나눠주는 것을 '바엣고지' 또는 '바육고지'라고 불렀다.

이상에서 살폈듯이, 제주의 전통 장례는 절차가 복잡하고 번잡한 게 사실이다. 때문에 시대의 흐름과 세태의 변화에 따라 점차 옛 풍속은 사라지고 갈수록 간편하게 장례를 치르고 있다. 장례도 예전에는 사람이 죽으면 으레 봉분을 만들고 산담을 둘러 망인들은 죽어서도 '집'을 가질 수 있었지만 지금은 화장을 해서 수목장을 하거나 납골당에 모셔 산소를 만들지 않는 경우도 많다. 부모가 돌아가면 삼년상을 했던 풍속도 바뀌어 1년 탈상, 백일 탈상, 49일 탈상 또는 장례 뒷날 탈상을 하는 경우도 있다. 때문에 삼년상에 따른 옛 풍속은 기록만으로 전해지게 되었다.

시대의 변화에 따라 옛 풍습이 달라지는 것은 당연한 일인지 모른다. 그러나 옛 풍습을 고답적인 풍습이라고 폄하하기에 앞서 우리 조상들이 웃어른을 공경하고 정성을 다하여 장례를 치렀던 그 마음만큼은 본받아야 하지 않을까.

《교육제주》 2008년 가을 통권 139호

제수는 잘허고 못허는 것
이녁 심에 메껭 허는거주

제사는 잘하고 못하는 것 이녁 힘에 맡겨서 하는 거지

제사 이야기

　　　　　　제사는 ①죽은 사람의 령전이나 신주, 위폐 또는 무덤 앞에서 음식을 차려놓고 격식에 따라 절을 하면서 정성을 나타내는 일 또는 그런 의식.《조선말대사전》 ②신령이나 죽은 사람의 넋에게 음식을 바치어 정성을 나타냄. 또는 그런 의식.《표준국어대사전》을 말한다. 두 사전을 보면, ①은 기제사(忌祭祀)를 말하고, ②는 기제사를 포함한 모든 제사를 함축해 풀어놓은 뜻이다.

　이 글에서의 제사는 기제사를 말한다. 제주에서는 제사를 '식게'라고 하고, 상례를 마쳐 처음 치르는 제사를 '쳇식게(첫제사)'라 해서 특별히 신경을 썼다. 제사 지내는 날은 '식겟날(제삿날)'이라고 하여 몸과 마음을 삼가고 정성을 다해 제수를 준비해 제사를 지냈다. '식게'는 보통 준비하는 사람을 기준으로 증조까지 모신다. 1년에 한 번 돌아가시기 전날 밤에 정성껏 제물을 마련하여 상을 차리고 의례를 갖춘다. 가가례(家家禮)여서 제사 지내는 법이 집안과 지역에 따라 약간씩 달라 옳고 그름을 따진다는 것은 무의미하다.

　제사를 뜻하는 '식게'는 《경국대전》 '卷1, 吏典, 給暇'에 식가(式暇)라는 단어가 보이는 것으로 보아서 '식가'에서 유래된 어휘가 아닌가 한다. ("時享式暇服制身病則不啓"/시제[時享]나 규정에 따르는 휴가[式假]나 친척의 상사로 받는 휴가[服制]와 본인의 신병인 경우는 보고하지 않는다.) '식가'는 원래 '관원에게 주던 정기 휴가.'(《표준국어대사전》)나 '조선 때 벼슬아치가 집안의 기제사에 받던 휴가.'(《우리말사전》)를 말한다. 즉 기제사 등 집안에 '큰일'이 있을 때 관원이 받던 정기 휴가인 셈이다. 이 '식가'가 제주에서는 제사를 뜻하는 '식게'로 그 의미가 전이된 것으로 보인다.

제삿날은 '묵 쑤어 먹는 날'

　우리 어머니, 아버지들은 '식게'가 돌아오면 제수를 정성스럽게 마련하여 제삿날 별식을 만들어 상을 차렸다. 집에서 직접 떡도 만들고, 고기도 굽고, 전도 부치고, 나물도 무치고, 과일과 술도 마련하여 정성껏 제사를 지냈다. 떡을 못 하는 형편이라면 묵이나 고사리와 콩나물을 기본으로 해서 제사를 지냈다. 그래서 '식게'를 '묵 쒕 먹을 일(묵 쒀서 먹을 일)', '고사리 숨아 먹을 일(고사리 삶아 먹을 일)' 등에 비유해서 설명하였다.

　시대가 변하고 삶의 모습이 달라져 제사를 지내는 방법이나 절차가 많이 간소해졌지만 예나 지금이나 제삿날은 집안에서 치르는 큰 행사 중의 하나다. 지금은 먹을거리가 풍족해서 제사 음식이 아이들의 관심에서 멀어졌지만 20여 년 전까지만 해도 제삿날은 맛난 음식을 맛볼 수 있는 '특별한 날'이었다.

'식겟날'은 준비하는 처지에서 보면 번다한 날이겠지만, 아이들에게는 더없이 즐거운 '손꼽아 기다리는 날'이었다. '식겟날'은 보리 잡곡만 먹고 늘 배를 곯던 아이들이 그 귀하디귀한 '곤밥(흰밥)'을 맛볼 수 있었고, 돼지고기와 떡 등의 맛난 음식을 맛볼 수 있었으니 얼마나 신나는 날이었을까. '식게칩 아이 몹씬다.(제삿집 아이 포악하다.)' 라는 속담까지 나올 정도니 '식겟날'이 아이들에게 주는 의미는 굉장했던 것으로 짐작된다.

구좌읍 송당리 허순화에 의하면, '식겟날'은 "묵 쒂 먹을 일 잇어부난 일 못허켜.(묵 쒂 먹을 일 잇어버리니까 일 못하겠다.)", "고사리 숢아 먹을 일 잇어부난 일 못허켜.(고사리 삶아 먹을 일 잇어버리니까 일 못하겠다.)"라며 일을 재촉하는 동네 사람들에게 제삿날임을 간접적으로 상기시킨다. 그러면 그 말을 들은 동네 사람들은 은근히 이웃의 제사 음식을 기다리기도 하였다.

필자가 어렸을 때만 해도 제삿날에는 마을을 돌며 집집마다 떡을 돌렸던 기억이 있다. 제사가 끝나면 또 '식게테물'[1]이라 하여 이웃과 나눠 먹었다. 제삿날에나 맛볼 수 있는 떡과 고기를 혼자 몰래 먹는 것이 아니라 이날만큼은 넉넉지 않은 음식이나마 이웃들에게 인심을 나누며 공동체를 확인했다. 그러나 이런 미풍양속도 지금은 옛 풍속도가 된 지 오래다. 그렇게 대접받던 제사 음식도 요즘은 거들떠보지 않는다.

---

1) '식게 테물'은 제사 때 제사상에 올렸던 제사 음식을 말한다.

"제사 음식 무시거게. 요새 허는 떡이라. 요새 ᄀ찌 헴주마는. 요샌
안 먹으나 헴빵올썩 그거 허고. 옛날엔 하영 허여. 시리라고, 떡도
세 시리, 네 시리. 그거 허젠 허민 방상이 다 모다오고. 그치룩 쳐
근에 다 아시날 이런 거 두 빗썩 놓멍 다른 준떡 놓으멍 동네 다 ᄂ
놔. ᄂ놔 나뒹 큰 상지로 하나 헹 놔두민 제 지내민 또 끗데 다 갈
라먹어."

(제사 음식 무엇. 요새 하는 떡이야. 요즘같이 하고 있지만. 요샌 안
먹으니까 조금씩 그것 하고. 옛날에는 많이 해. 시루라고, 떡도 세 시
루, 네 시루. 그거 하려고 하면 친척이 다 모여오고. 그처럼 쪄서 다
전날 이런 거 두 켜씩 놓으면서 다른 자잘한 떡 놓으면서 동네 다 나
눠. 나눠서 놔두고 큰 상자로 하나 해서 놔두면 제 지내면 또 끝에 다
나눠먹어.)

— 성산읍 고성리 정양길 구술

제삿집에 가면 처음 주는 '탕쉬'도 잊혀지지 않는 제사 음식이다.
'탕쉬'는 '메물, 메밀, 츠무새, 채소' 등으로 부르는데 제사에 쓰기
위하여 삶은 고사리나 콩나물 따위에 기름, 깨 등을 쳐서 만든 음
식이다. 요즘은 제삿집에 가면 한 상 가득 차려 '대접'을 받지만 예
전에는 파제(罷祭) 전에는 제사 음식에 손댈 수가 없었다. 그래서 입
가심으로 먹던 음식이 콩나물이나 호박 따위를 삶아서 무친 '탕쉬'
였다. 요즘은 반찬으로밖에 나오지 않지만 예전에는 제삿집에 가
면 가장 먼저 맛보는 것이 한 보시기의 '탕쉬'였다. 그래서 제삿날
에는 콩나물이나 호박 등을 한 솥씩 삶아서 '탕쉬'를 만들었는데,
그 맛이 정말 별미였다.

"탕쉬는 지금 7치 콩ㄴ믈은 사지 아녀. 집의서 제사가 돌아와 가민 우선 시리에 놓거든. 그거 ᄒ루 세 번 씻곡. 시리에 놓민 믈 주는 거 주게. 제사 때 가민 그거 다 파네영은에 씻으민 흔 솟썩 숢고. 고사 리허곡. 따시 놉삐에 7르 낳 허는 짓메밀[2]이라고 무수 썰엉 숢아. 호박 신 때 호박헤 놓고 영만 헷주게. 요새 사람들은 흔이 엇어. 채 소도 시금치도 허곡, 유채ㄴ믈도 허곡."

('탕쉬'는 지금같이 콩나물은 사지 않아. 집에서 제사가 돌아와 가면 우선 시루에 넣거든. 그거 하루 세 번 씻고. 시루에 넣으면 물 주는 것 이지. 제사 때 가면 그거 다 꺼내서 씻으면 한 솥씩 삶고. 고사리하고. 또 무에 가루 넣어서 하는 '짓메밀'이라고 무 썰어서 삶아. 호박 있을 때는 호박해 넣고 이렇게만 했지. 요새 사람들은 한이 없어. 채소도 시금치도 하고 유채나물도 하고.)

— 성산읍 고성리 정양길 구술

'식겟날' 가장 맛깔이 나는 음식을 맛보는 시간은 파제 이후다. 제사 음식을 조금씩 골고루 나눠 사람마다 '반(반기)'을 도르고, 그 '반'과 제삿밥을 먹는 것이 큰 기쁨이었다. 우리네 어머니들은 제 삿밥인 '곤밥'과 떡과 고기를 먹이기 위하여 잠에 빠져 있는 아이 를 깨웠고, 잠에서 깬 아이들은 '졸음 반, 먹음 반' 하면서 제사 음 식을 맛봤다. 필자의 기억 속에도 이런 풍경은 아름다운 삽화로 남 아 있다.

---

2) '짓메밀(짓메물)'은 무 따위의 채소를 삶거나 찔 때 가루(짓)를 조금 섞어서 익힌 음식이다.

"젯상에는 복숭아 올령 안뒙주"

제사상은 집안에 따라서 상차림이 달라지는 경우가 있다. 영령을 위한 제사상 외에도 문전신을 위한 '문전상', 집안의 복을 가져다주는 '안네'를 위한 음식을 차리는 경우도 있다. '안네'는 '안칠성'이라고 부르기도 하는데 '안칠성'과 함께 '밧칠성'을 위한 제물을 준비하기도 한다. 집안에 따라서는 문전상이나 '안네(안칠성)', '밧칠성'을 위해 별도의 메를 준비하지 않거나 이 중 한 가시만 차리는 집안도 있다.

'안네'는 집안의 조상신을 말하는데, 제사를 모시는 방 한쪽에 '젯자리(제석)'만 펴고 그 위에 음식을 진설하여 제를 지낸다. 죽은 자를 기억하면서 차린 음식은 동네 사람들이 함께 나눠 먹지만, '안네'를 위해 차린 음식은 다른 사람에게 주지 않고 집안사람만 먹었다.

제수는 정성을 다하여 만들었다. 집안에 제사가 있으면 조문을 삼가는 등 부정 타는 일을 하지 않았다. 여성인 경우에는 몸엣것이 와도 '몸이 비렸다(몸이 부정 탔다)'고 해서 제수 마련에 참여하지 않았다. 제수도 종류나 가짓수, 크기 등 집안마다 다른데 성복제에 올렸던 음식을 올린다고 한다. '성복제'에 올리지 않은 음식은 제사 때도 올리지 못한다는 속설이 있어 성복제 때는 성심성의껏 제수를 마련했다.

떡은 5편을 기준으로 해서 '제펜', '설기떡' 등으로 부르는 백설기와 인절미, 절편, 솔편, '세미떡', '지름떡(우찍'-웃기떡)' 순으로 괴어서 올리고, 산적과 채소, 메와 갱, 과일, 술 등도 예법에 맞게 올린다. 과일은 형편에 따라서 3종, 5종, 7종을 올리는데 대부분의 가정에서는 사과, 배, '유지(유자)' 등 3종을 올렸다.

제수는 고인이 평소에 즐겨했던 음식들로 차리지만, 과일 가운데도 귀신을 쫓는다는 복숭아는 올리지 않았다. 또 갈치처럼 '치'자가 들어간 생선, 고등어와 같이 비늘 없는 생선, 비린내가 심한 매퉁이 같은 생선은 제상에 올리지 않는 등 정성을 다해 제사 음식을 준비했다.

"젯상에는 복숭아 올령 안 뒵주. 또 궤기도 갈치라든가 치쩨 부튼 것덜, 고등에 이런 거 올리지 아녕 오테미나 우럭 비늘 신 거. 난 어

'세미떡'과 '세미떡' 만들기 '세미떡'은 쌀가루나 메밀가루를 반죽하여 둥글게 뜬 다음에 안에 '풋쉬(팥소)'를 담아 세모나게 만든 후에 물에 찌거나 삶아서 만든다. 김순자 촬영.

려운 시대난에 오테미 사기가 어려우민 바당에 강 우럭ㄱ튼 거, 어
렝이ㄱ튼 거 나까당 헷수다. 아여린 비늘 잇어도 안 씁니다. 이젠
그것이 멸종 뒈볏수다. 늘내가 막 독허고. 거 어떵허연 안 쓰냐고
허면 경덜 굴웁니다. 저 사름이 바당에 강은에양 어떻게 헤서 죽으
면 썩어가민 젤 믄저 담아드는 게 아여리라 헤마씨. 이거 맛은 좋고
헌 고기라도 젯상엔 올리지 못헌다 경.”

(제상에는 복숭아 올려서 안 되죠. 또 고기도 갈치라든가 치자 붙은
것들, 고등어 이런 거 올리지 않고 옥돔이나 우럭 비늘 있는 거. 난 어
려운 시대니까 옥돔 사기가 어려우면 바다에 가서 우럭 같은 거, 어
렝놀래기 같은 거 낚아다가 했습니다. 매퉁이는 비늘 있어도 안 씁니
다. 이젠 그것이 멸종되어버렸습니다. 비린내가 매우 독하고. 거 어

적갈과 두부적 ‘적갈’은 기제사 등에 올리는 산적이다. 보통 돼지고기와 소고기 따위를 길고 네모
나게 썰어 양념한 후 적꼬치에 꿰어서 구워 만든다. 두부적은 두부를 납작하게 썰어 지져서 만들
었다. 구좌읍 동복리 고태원 댁 시제 때 김순자 촬영.

떡해서 안 쓰냐고 하면 그렇게들 말합디다. 저 사람이 바다에 가서 어떡해서 죽으면 썩어 가면 가장 먼저 달려드는 것이 매룽이라 해요. 이거 맛은 좋고 한 고기여도 제상에는 올리지 못한다 그렇게.)

— 서귀포시 호근동 김석규 구술

　예전에는 제사 음식도 거의 집에서 준비했다. 떡을 찌거나 전을 부치는 일은 여자들이 맡았고, '적꼬지(적꼬치)'를 만들고 여기에 '적갈(산적)'을 꿰어 화롯불에 굽는 일은 남자들의 몫이었다. 산적을 굽는 주변에는 고기 부스러기를 얻어먹을 양으로 조무래기들이 몰려들기도 하였다.

　"적갈은 남자가 허여. 남자가 다 허주마는 이젠 남자덜 손대젠도 아녀. 여자가 더 맛잇게 더 잘허여. 할머니 할아버지 제사 돌아오믄 똑 아버지가 적갈을 허영은에. 우리 할머님 제삿날 나가 생일이주게. 시월 십날 허난. 젝갈 허믄 닥살이 잇주게. '순여야, 이리 오라.' 가믄, '이거 주워 먹으라. 늬 오늘 생일 아니가? 흔저 먹으라.' 나 처녀인 적 특별히 경허영. 식게 돌아오믄, '아이고, 나 아버지 잘 헤줘 먹어난다.' 경 굴으멍 헤낫주게. 아이고, 저 식게 먹으레 강은에 그 돗궤기 흔 점 먹젠, 그 곤밥 흔 수꾸락 먹젠. 꾹꾹 졸멍. 사름마다 접시에 돗궤길 질 기루왕, '나 반엔 돗궤기도 안 놧다게. 안 놧다.' 하도 섭섭허연. 그때사 오죽 돗궤길 기루왕, 돗궤기 기루왕."
　(적은 남자가 해. 남자가 다 하지만 이젠 남자들 손대려고도 않아. 여자가 더 맛있게 더 잘해. 할머니 할아버지 제사 돌아오면 똑 아버지가 적을 해서. 우리 할머님 제삿날 내가 생일이지. 시월 십일 하니까.

195

적을 하면 부스러기가 있지. '순여야, 이리 와라.' 가면 '이거 주워 먹어라. 너 오늘 생일 아니니? 어서 먹어라.' 나 처녀인 적 특별히 그렇게 해서. 제사 돌아오면, '아이고, 나 아버지 잘 해줘서 먹었었는데.' 그렇게 말하면서 했었지. 아이고, 저 제사 먹으러 가서 그 돼지고기 한 점 먹으려고, 그 흰밥 한 숟갈 먹으려고. 꾹꾹 졸면서. 사람마다 접시에 돼지고기 먹고 싶어서. 돼지고기 먹고 싶어서.)

— 제주시 이호동 고순여 구술

달라지는 제사 풍속도

언필칭, 시대의 변화와 흐름에 따라 제사 문화도 달라지고 있다. 제사 음식 준비는 모두 여자들의 차지가 되어 버렸고, 상차림에도 변화가 와 전 종류가 다양해졌다. 묵 대신 두부, 나물 대신 잡채가 올라가는 경우도 있다. 떡 대신 빵이 오른다. '5편'이라 부르는 전래 떡을 갖춰서 제사를 지내는 집안은 거의 찾아보기 힘들다. 제사 음식을 전문으로 해서 파는 곳도 있어서 상차림에 대한 부담도 덜어졌다.

제사는 보통 돌아가신 전날 자시(子時)에 지냈다. 제삿날이 잉일(寅日)이면 자시(子時) 중간 이후에 제사를 지내고, 제사 뒷날이 인일이면 해시(亥時)로 당겨서 제사를 지냈다. 그러나 요즘은 그런 절차도 무시한 채 자시에 치르던 제사는 밤 아홉 시로 당겨서 치르는가 하면 따로따로 지내던 부부 제사를 어느 한쪽으로 모아서 합제(合祭)하는 경우도 있다.

제사상 제사상도 시대가 변함에 따라 많이 달라졌다. 떡도 간소해졌고, 과일도 사과 배 귤 외에도 포도와 멜론 등이 제상에 올라 있다. 음료도 감주나 소주 대신에 음료수도 올리고 있다. 사진 왼쪽은 문전상이다. 제주시 연동 김충우 댁 제사 때 김순자 촬영.

"제스는 잘허고 못허는 것 이녁 심에 메꼉 허는 거주. 그 마음이 제사라. 게난 나도 메느리덜신디레 경 굴아져. '잘 출럿젠 제사 아니여. 제사 때는 항상 조심헹 헤살 것 생각허고 그런 거 즐겁게 헤야만 헌다. 산 사름이나 죽은 사름이나 마찬가지여. 아이고, 이거 허젠 허난 방방허연 안 좋다 영허지 말앙.'"

(제사는 잘하고 못하는 것 이녁 힘에 맡겨서 하는 거지. 그 마음이 제사야. 그러니까 나도 며느리들한테 그렇게 말해. '잘 차렸다고 제사 아니다. 제사 때는 항상 조심해서 해야 할 것 생각하고 그런 것 즐겁게 해야만 한다. 산 사람이나 죽은 사람이나 마찬가지다. 아이고, 이거 하려고 하니까 방방해서 안 좋다 이렇게 하지 말고.')

― 구좌읍 송당리 허순화 구술

제사는 준비하는 사람이나 참례하는 사람이나 정성을 다해야 한다. 옛 예법대로 치를 수는 없지만 제사를 지내는 마음만큼은 정성을 다해야 한다. 제사 지내는 일을 신경 쓰이는 절차로만 여길 것이 아니라 '온고지신'하는 마음으로 제사를 모시면 좋겠다. 제사가 시대에 뒤처진 유물이 아니라 조상들의 음덕을 기리고, 조상들의 삶을 반추하는 기념일로 삼으면 어떨까. 가족과 친지가 함께 모여, 정성껏 준비한 제사 음식을 나눠 먹으며 옛 풍습과 오늘의 풍습을 비교해 보는 그런 문화 체험의 날로 삼아도 좋겠다.

《교육제주》 2008년 겨울 통권 140호

제4장

제주 사람들의
그릇과 언어

씨어멍이 메느리안티 ᄀ대구덕광제물상지 ᄒᆞᆫ 불 헤준다

시어머니가 며느리한테 가는대바구니와

제물상자 한 벌 해준다

　대그릇

그 좋은 두지영 도고리영 4·3 때 다 불타불엇주

그 좋은 뒤주랑 함지박이랑 4·3 때 다 불타버렸지

　나무그릇

그릇을 잘 멘들젠 허믄 헉이 좋아사 헤

그릇을 잘 만들려고 하면 흙이 좋아야 해

　질그릇과 돌그릇

멩텡이 뚜러메영 씨 줴멍 짝짝 삐어낫주

망태기 둘러매서 씨 쥐면서 짝짝 뿌렸었지

　짚그릇과 쇠그릇

씨어멍이 메느리안티
곤대구덕광 제물상지 흔 불 헤준다

시어머니가 며느리한테 가는대바구니와 제물상자 한 벌 해준다

대그릇

우리네 사람이 살아가면서 필요한 것 가운데 하나가 그릇이다. 《표준국어대사전》에 보면, 그릇은 "음식이나 물건 따위를 담는 기구를 통틀어 이르는 말"이다. 달리 용기(容器)라고도 한다. 사전의 정의를 빌리지 않더라도, 그릇은 음식을 담거나 저장할 때 필요하다. 뿐만 아니라 곡식을 저장하고, 장만하는 데도 소용된다. 그런가 하면 그릇은 각종 물건을 넣어두는 용기로서 그 쓰임새가 다양하다. 그릇도 사기그릇, 놋그릇, 쇠그릇, 나무그릇, 비닐그릇, 유리그릇, 돌그릇 등 다양한 재료를 가지고 만들어 썼다. 그러나 시대의 흐름과 환경 변화에 따라 그릇의 재료와 용도도 많이 달라졌다.

예전 우리 조상들은 주변에서 얻기 쉬운 나무와 새, 짚, 돌, 질흙 등 자연 소재를 이용해서 그릇을 만들어 썼다. 그러나 요즘은 어떤가. 우리들이 쓰는 그릇과 우리 어머니 아버지 세대인 70·80대 어

른들이 썼던 그릇을 비교해 보면 그릇이 얼마나 달라졌는지 짐작할 수 있다. 돌을 파서 만든 '도고리', 질흙으로 만든 '허벅', 대나무로 만든 '구덕'과 '차롱', 나무를 파서 만든 '남도고리' 등 생활 용품으로 쓰였던 그릇 대부분은 박물관에 가서야 찾아볼 수 있는, 사라져 가는 유물이 되고 있다.

제주의 대표적인 대그릇 '구덕'과 '차롱'

제주는 예로부터 대나무를 생활에 이용해 왔다. 대나무는 주생활은 물론 의생활, 식생활 등에서 필수적인 존재였다. 제주 전통 가

구는대구덕 예전 제주 여성들은 당에 가거나 이웃에 부조할 일이 있을 때면 '구는대구덕'을 들고 다녔다. '구는대구덕'은 가는 대오리로 결은 바구니로, 여성들이 귀하게 다루었던 물건이다. 조천읍 와흘리 와흘당굿 때 신앙민들이 제물을 담고 왔던 '구는대구덕'이 당 나무 밑에 놓여 있다. 김순자 촬영.

옥 울타리 한쪽에는 대나무를 심어서 생활할 정도였다. 대오리로 결은 '구덕'과 '차롱'은 생활 전반에서 쓰이는 생필품이었다. 또 대를 이용해 다양한 생활 용품을 만들어 썼다. '체', '얼멩이(어레미)' 등 생활 도구는 물론 삿갓과 패랭이 등 모자, 상장(喪杖)인 '방장대', 산적을 꿰는 '적꼬치', 담뱃대, 굿을 할 때 신을 안내하는 '신대' 역할도 한다. 뿐인가. 마당을 쓰는 빗자루도 대나무로 만들어 썼고, 지팡이, 낚싯대, 작살 등을 만들 때도 대나무를 사용하는 등 우리 선조들은 내나무를 활용하는 지혜가 뛰어났다.

제주의 대그릇의 대명사 격인 '구덕'과 '차롱'. '구덕'은 '족대' 또는 '수리대' 등으로 불리는 이대를 쪼갠 대오리로 네모나게 엮어 만든 대그릇이다. 더러는 '구덕' 대신 '바구리'라는 이름을 사용하기도 한다. 표준어 바구니에 해당한다. '차롱'은 표준어 '채롱'에 대응하는 그릇으로 상자처럼 네모나면서 납작하게 엮은 뚜껑 달린 그릇이다.

이런 '구덕'과 '차롱'도 지역과 환경에 따라 모양이나 크기, 용도를 달리해 만들었다. 가령 해안마을 사람들은 바닷가를 드나들며 쓰는 바구니를 많이 만들었고, 중산간 사람들은 그들의 생활환경에 맞는 대그릇을 만들어 썼다. 피농사를 지었던 구좌읍 송당리인 경우에는 '고리'라는 넓적하면서도 커다란 대그릇을 만들어 쓴 반면 제주시 도련이나 서귀포시 호근동에서는 고리를 만들어 쓴 적이 없다고 한다.

또 '구덕'과 '차롱'은 지역에 따라, 모양과 쓰임새에 따라 저마다의 이름을 갖고 있다. 구덕 이름을 보자. 물을 긷는 '허벅'을 넣고 다니는 바구니여서 '물구덕', 나물 따위를 캐거나 씻을 때 사용하는 바구니여서 '숭키구덕'이라는 이름이 붙었다. '숭키구덕'은 지역에 따라서 '숭키바구리'라 말하기도 한다. 또 아이들이 주로 쓰는 '조 레기', 줌녀들이 물질할 때 태왁을 넣어서 지고 다니는 바구니여서 '줌녀구덕'·'해녀구덕' 등으로 불렀고, 대소기 때 제물이나 부조를 넣고 다니는 구덕이라서 '제물구덕'이라는 별칭을 붙이기도 했다. 또 아기를 재울 때 사용하는 '아기구덕', 바늘쌈지와 실 등 바느질 도구를 넣는 '바농상지(반짇고리)', 떡을 넣고 다니는 '떡구덕' 등 용도 에 따라 이름을 달리 지어 불렀다. 빨랫감을 넣는 바구니여서 '세 답구덕'·'서답구덕'·'빨랫바구리', 소포를 넣고 다니는 구덕이라 해 서 '소포구덕', 양태나 탕건을 겯을 때 사용하는 바구니여서 '양태 구덕' 또는 '탕건구덕', 동이를 넣고 다니는 바구니라고 해서 '동이 구덕'이라는 이름을 가진 바구니도 있다. 사돈집에 큰일이 났을 때 갖고 다니는 바구니는 '사돈구덕'이라는 이름도 붙여 사용하였다.

크기에 따라서도 이름이 달랐다. 바구니의 크기가 작은 것은 '조 레기' 또는 '돌랑지'·'돌렝이'·'조막구덕'이라 불렀다. '조레기'는 '졸 다'에서 연유한 이름으로, 아이들이 주로 들나물을 캐러 가거나 바 닷가에 고둥을 잡으러 갈 때 사용했던 바구니이며, '돌렝이'·'돌랑 지'도 작다는 의미가 내포된 이름이다. 아주 작은 밭을 뜻하는 '드르갱이'·'돌뢩이'와 작은 바구니를 뜻하는 '돌렝이'·'돌랑지'는 연관이 깊은 이름으로 판단된다. 한자어 대(大)·중(中)·소(小)를 붙여서 '구덕'의 이름을 짓는 경우도 있다.

그런가 하면 가느다란 대오리로 엮었다 해서 'ᄀᆞ는대구덕'·'근대 구덕'·'서대구덕'이라고 불렀다. 'ᄀᆞ는대구덕' 가운데도 작은 것은 'ᄀᆞ는대돌랑지', 지고 다니는 것은 'ᄀᆞ는대질구덕'이라고 하였다.

동고량 '동고량'은 대오리로 겯은 도시락으로, 1~2인용이다. '동고량'에 끈을 매달아 둘러매고 다니거나 '약돌기'라 부르는 그물주머니에 넣어서 지고 다닌다. 지역에 따라서 '동고령', '밥당석'이라고도 한다. 구좌읍 한동리 홍영애 소장, 사진 김보향.

바구니에 헝겊이나 종이 따위를 발라서 재활용하는 바구니를 'ᄇᆞ른구덕'·'ᄇᆞ른바구리' 또는 '풀ᄇᆞ른구덕'이라 불렀다. 이뿐인가. 지고 다니는 바구니여서 '질구덕', 들고 다니는 바구니여서 '들름구덕', 허리에 차서 사용하는 '출구덕', 어깨에 메고 다녀서 '멜구덕' 또는 '멜추럭(럭)'이라는 이름도 있어 '구덕'의 이름을 헤아려보는 재미도 쏠쏠하다.

'차롱'도 쓰임과 크기에 따라서 지역에서 부르는 이름이 각양각색이다. '차롱'은 가는 대오리 따위의 채를 갖고 만든 농(籠)이라고 해서 붙여진 표준어 '채롱'의 변이음으로, 뚜껑이 달려 있는 그릇을 말한다. '차롱'은 주로 밥이나 떡, 산적 따위를 넣어서 사용하는 그릇이다. 모양이 상자처럼 생겼다고 해서 '상지'라는 이름이 붙는 경우도 있고, 밥을 넣고 다니는 그릇이어서 '차반지'라는 이름도 있다. 또 '고령' 또는 '고량'이라는 이름도 갖고 있는데, 표선면과 남원읍 지역에서 주로 들을 수 있는 말이다.

용도에 따라서도 이름이 다양하게 나타난다. 1~2인용 도시락 이름으로 '동고령' 또는 '밥당석'이라는 이름을 지어 사용했고, 제물을 넣는 '제물차롱', 떡을 넣는 '떡차롱', 밥을 넣는 데 쓰는 '밥차롱', '밥차반지', 산적 따위의 적을 넣는 '적차롱'도 있다. '적차롱'은 또 고기 산적을 주로 넣기 때문에 '고기차롱'이라 부르기도 한다. 일가에 장사가 나서 떡을 해갈 때 사용하는 차롱이라서 '고적차롱'이라는 이

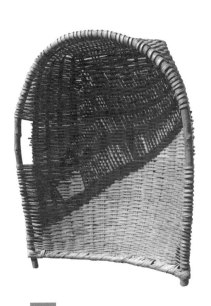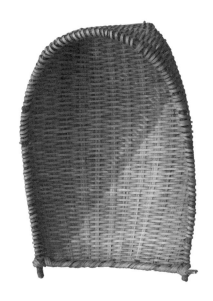

대굴체와 대소쿠리 '대굴체'는 대나무로 만든 삼태기로, 물건을 담아 옮길 때 사용하는 도구다. '소쿠리'는 푸성귀 따위를 캐러 다닐 때나 씻어서 물기를 빼야 하는 채소 따위를 담는 그릇이다. 손잡이가 달려 있는 것은 '대굴체', 손잡이가 없는 것은 소쿠리다. 김순자 촬영.

름도 붙었다. 고적은 일가에 장사 날 때 친척들이 만들어 가는 떡이나 쌀을 말한다. 마소에게 먹일 꼴을 베러 갈 때 밥을 넣고 다니는 '차롱'이라고 해서 이름을 '테우리차반지'라 하였고, 사돈집에 일이 있어서 떡 따위를 넣어서 소나 말을 이용해서 나르는 '차롱'이라고 해서 '바리차롱'이라는 이름도 붙었다. '바리'는 마소의 등에 잔뜩 실은 짐 또는 마소의 등에 잔뜩 실은 짐을 세는 단위로서, '바리 차롱' 두 개가 한 바리였다. 여러 가지 제물을 한데 넣고 다닌다고 해서 '힙상지'라는 이름도 있다. '상지'는 상자의 제주어다.

이 밖에도 대오리를 이용해 흙이나 거름 따위를 담아 나를 때 사용하는 용기인 '글체(삼태기)'와 수저나 젓가락 따위를 넣는 '젯통', 된장을 담기 위한 그릇인 '장통', 나물 등을 씻어서 넣는 '소쿠리' 등도 긴요하게 쓰였던 제주의 대그릇이다. 닭의 보금자리인 둥우리도 대오리로 '구덕'처럼 걸어서 사용하는데, 이를 '둑통, 둑통에, 둑텅에'라 불렀다.

대그릇 재료는 '족대'와 '수리대'로 불리는 이대

대그릇은 육지 지역에서 왕대를 사용하는 것과는 달리 제주에서는 '족대'와 '수리대'라 일컬어지는 이대를 사용해서 만드는 것이 특징이다. 대그릇을 걸 대나무를 준비할 때도 아무 때나 하지 않았다. 대그릇에 쓰는 대나무는 보통 입추 지나서 조금 물때를 봐서 베었다고 한다. 조금에 대를 베야 좀먹지 않고 대가 단단해 '구덕'

을 걸어도 오래 사용할 수 있다는 것이다.

서귀포시 호근동에서 50년 넘게 '구덕쟁이'로 살아온 김희창(1941년생)의 말이다.

"대는 아무 때 비는 것이 아니고 입추 넘엉 조금을 둥긴다고. 웨 조금을 둥기냐 허면은이 대도 조금에는, 물이 싼 때는 물이 좀 말르고 물찌는 대도 물을 먹는 거라. 게난 옛날 하르방덜이 그래서 조금에 비여야 대가 단단허고 좀도 안 먹곡 헤가지고 조금날로 가급적 빈다 경 글아."

(대는 아무 때나 베는 것이 아니고 입추 넘어서 조금을 당긴다고. 왜 조금을 당기냐 하면 대도 조금에는, 물이 썰 때는 물이 좀 마르고 물

수리대 '수리'는 이대를 가리키는 제주어나. 지역에 따라서는 '족대'라고도 부르는데, 대그릇인 '구덕(바구니)'과 '차롱(채롱)'을 걸 때 사용하는 재료이다. 예전에 제주에서는 대그릇을 널리 사용했기 때문에 집집마다 울안에 대나무를 심었다. 김순자 촬영.

때에는 대도 물을 먹는 거야. 그러니까 옛날 할아버지들이 그래서 조금에 베어야 대가 단단하고 좀도 안 먹고 해가지고 조금날로 가급적 벤다 그렇게 말해.)

— 서귀포시 호근동 김희창 구술

'구덕'과 '차롱'을 겯는 대는 3~4년생 된 대나무가 가장 좋다고 한다. 무른대는 힘이 없고, 너무 오래된 굳은대는 잘 깨지기 때문이다. '구덕쟁이'들은 굵기가 일정한 3~4년생 '매운대(굳은대)'를 베어다가 잘 말린 후 쪼개고, 깎고, 두드리는 과정을 거쳐 대오리를 만든후에 '구덕'과 '차롱' 등 대그릇을 겯어서 썼다. '구덕'과 '차롱'의 바닥은 '구덕창' 또는 '차롱창'이라고 하는데, 바닥을 겯은 후에 '꼬릿대'·'줄을대'라 불리는 대로 겯어 나간 후 '바웃대'·'바윗대'라 부르는 대나무로 가장자리를 도르면 완성된다. '구덕'과 '차롱'의 가장자리를 도르는 대는 '죽심대'라 부르는 1년생 무른대를 얇게 깎아서 사용했다. 가장자리를 도를 때는 대나무를 쪼개서 심을 넣기도 했지만 '본짓줄(노박덩굴)', '드렛줄(다래나무)', '똥꼬리낭(찔레나무)' 따위의 나무줄기를 사용하였다.

특히 송당과 교래 지역은 대나무가 많이 생산되었는데 대나무의 질이 좋아서 '구덕쟁이'들이 선호했다. '구덕'과 '차롱'으로 생계를 이어간 서귀포시 호근동과 제주시 도련2동의 구덕쟁이들은 이웃에서 생산되는 대도 있었지만 구좌읍 송당리와 조천읍 교래리까지 가서 대를 구입해다가 구덕을 겯었을 정도다.

"춤 베를 무신 안동페 안동페 허듯 제주도에서 대도 교래 대와 손
당 대나, 이 웃드리 대도 다 틀립니다. 뭣이 틀느냐 뜬땅[1]에 거는
대가 물러마씸. 오래어서도 물르곡. 뒌땅[2]에 서는 대가 또 쎄곡. 물
적진 거는 교래 대는 떨어지지만 그걸 썻수다. 뜬땅이 뒈서. 도련
우의 명도암도 대가 싯주만 대가 쎄마씸."

(참 베를 무슨 안동포 안동포 하듯이 제주도에서 대도 교래 대와 송
당 대나 이 '웃드리' 대도 다 다릅니다. 뭣이 다르냐 '뜬땅'에 것은 대
가 물러요. 오래어도 무르고. '뒌땅'에 것은 대가 또 세고. 물 적신 거
는 교래 대 떨어지지만 그것을 썼습니다. '뜬땅'이 되어서. 도련 위에
명도암도 대가 있지만 대가 세요.)

— 제주시 도련2동 고성수 구술

즉, 대는 땅이 푸석한 곳에서 생산된 대나무는 성질이 무르고, 진
흙땅에서 자란 대는 성질이 세서 잘 쪼개지기 때문에 대그릇을 만
들기에는 적합하지 않다는 것이다.

'구덕'과 '차롱'은 가정에서 요긴한 생활용품

예전 제주에서는 마을마다 '구덕'과 '차롱'을 결을 수 있는 사람

---

1) '뜬땅'은 차지거나 끈끈한 성질이 조금도 없는 부석부석한 흙으로 이루어진 땅을
   말한다.
2) '뒌땅'은 차지거나 끈끈한 성질의 흙으로 이루어진 땅이다.

이 한두 명씩은 있었다고 한다. 집집마다 울타리 한쪽에 대나무를 심어서 바람을 막았고, 대를 잘라 생활용품을 만드는 재료로 활용해 왔다. 소소한 대그릇은 직접 만들거나 이웃에 부탁해 만들어 썼다. 그 가운데서도 제주시 도련2동, 서귀포시 신흥2리와 호근동이 대그릇 생산지로 유명하다. 이 마을에서는 상당수의 남자들이 '구덕'과 '차롱'을 겯는 일을 부업으로 삼아 생계를 유지했다.

'구덕'과 '차롱'의 쓰임새는 이름만큼이나 많았다. 집안에 큰일이 있을 때 '차롱'은 제물 따위를 넣는 용기이자 떡 부조를 할 때 없어서는 안 되는 긴요한 물건이었다. 또 밭일 갈 때는 '차롱'에 밥을 담아 '구덕'에 넣어서 지고 다녔고, 나물을 캐러 다니거나 잠녀들이 해산물을 운반할 때도 '구덕'을 이용했다. 빨래를 하러 다닐 때도 '구덕'을 지고 다녔고, '구덕'을 반짇고리로도 활용했다. 또 시장을 다닐 때도 제주 여성들은 '구덕'을 가방처럼 활용했다.

> "아덜이 장게강 메느리를 보게 뒈면 씨어머니가 똑 이거를 흔 불 사준다고. 제물상지허곡 근대구덕[3] 하나 허곡 흔 불로 헤영. 이거 영 헤야 일가에 제사 먹으레 다니라고. 보통 대소기 때는 일가믄 이거 헤가지고 떡 가져가곡 술 흔 병 헤영 가가지고. 결혼식 때는 여기에 쌀을, 가까운 친척은 흔 말, 먼 친척은 두 뒈 경허영 들렁 가지."
> (아들이 장가가서 며느리를 보게 되면 시어머니가 꼭 이것을 한 벌 사준다고. 제물상자하고 가는대오리바구니 하나 하고 한 벌로 해서.

---

3) '근대구덕'은 가는 대오리로 만든 바구니다.

이거 이렇게 해야 일가에 제사 먹으러 다니라고. 보통 대소기 때는 일가면 이거 해가지고 떡 가져가고 술 한 병 해서 가가지고. 결혼식 때는 여기에 쌀을, 가까운 친척은 한 말, 먼 친척은 두 되 그렇게 해서 들어서 가지.)

— 서귀포시 호근동 김희창 구술

'구덕'과 '차롱'을 결어 밭도 사고 가족들의 생계도 꾸렸다는 김희창은 열네 살 때부터 지금까지 '구덕' 겯는 일을 손에서 놓아본 적이 없다. "1960년대 중반부터 1970년대까지가 '구덕' 사용의 절정기였다."는 김희창은 호근리에서 구덕을 결어서 밭을 산 사람은 그밖에 없다고 한다. 그가 처음 구덕을 겯을 때인 1950년대 중반께 서귀포 호근리에서 구덕 겯는 집은 40~50호 정도였다. 1980년대 중반 이후에는 판로가 거의 막혀 그는 주문이 들어올 때만 대그릇을 겯고 있다.

'구덕'은 돈을 주고 사 가는 사람도 있었지만 쌀이나 고구마 등과 바꿔다 먹었다. '츨구덕' 하나 결어주면 그 바구니로 고구마를 하나 주었다고 한다. 구덕 대가를 지불할 여건이 안되는 사람들은 '구덕쟁이' 집에 가서 일을 대신해 주었다. 가장 공이 많이 드는 '근대구덕'의 경우, 그 값이 1960년대 초에 보리쌀 한 되 정도였다고 한다. 보리쌀 한 되 값을 지불하기 위해서는 남의 밭의 김을 일주일 정도는 매야 했다. 당시 남의 밭에 보리를 하루 베어주면 잘하는 사람은 보리로 한 말 정도 삯으로 받고, 못 받는 경우는 두 되 정도 받았다고 하니 '근대구덕'의 가치가 어느 정도인지 짐작해 볼 수 있다.

이렇게 쓰임새가 컸던 '구덕'과 '차롱'도 플라스틱 그릇에 밀려 수효가 떨어지자 사양길을 걸었고, 지금은 가정에서조차 사용하지 않는다. 간혹 당굿을 할 때 나이든 어른들이 제물을 넣고 다니는 것을 볼 수 있을 뿐이다. 더욱이 '구덕'과 '차롱'을 썼던 사람들도 한 명 두 명 세상을 떠나면서 '구덕'과 '차롱'을 구경하는 것조차 힘들어졌다. 게다가 대그릇에 얽힌 생활 문화도 점차 잊혀가고 있다.

제주 사람들의 생활필수품이었던 '구덕'과 '차롱'. 지역 환경에 따라 그릇의 모양은 물론, 크기, 이름 등이 달라진다. 따라서 제주의 대그릇 문화에 대한 올바른 정리를 위해서도 마을별로 그 쓰임과 용도, 이름, 만드는 법 등과 관련한 체계적인 조사를 통해 제주의 '구덕'과 '차롱'의 역사를 기록으로나마 남겼으면 좋겠다. 제주의 대그릇은 제주 선인들의 생활문화가 찬연히 녹아있는 문화유산이기 때문이다.

《교육제주》 2009년 봄 통권 141호

그 좋은 두지영 도고리영
4·3 때 다 불타불엇주

그 좋은 뒤주랑 함지박이랑 4·3 때 다 불타버렸지

나무그릇

　　　　　　　　요즘처럼 그릇이 발달하지 않았을 때 우리 어머니와 그 어머니들은 나무로 만든 세간들을 많이 사용하였다. 부엌에서 흔히 볼 수 있는 나무그릇은 물론 곡식 따위를 푸거나 담을 때도 나무그릇을 이용했다. 또 곡식을 저장하거나 옷 따위의 귀중품을 보관하는 용기도 나무로 만들어 썼다. 나무로 만든 이러한 우리의 옛 그릇들이 시대의 흐름과 환경의 변화, 4·3 역사의 소용돌이 속에서 없어졌거나 사라질 위기 속에 놓여 박물관이나 골동품 가게, 또는 자료 속에서만 찾을 수 있는 '귀한 물건'이 되어버렸다.

"우리 옥을 때 남박에 다 먹엇지"

　나무그릇은 말 그대로 나무로 만든 그릇이다. 필자가 어렸을 때만 해도 나무로 만든 그릇을 심심치 않게 봐왔다. 할머니 집에 가면 '정지'라 불리는 부엌 한쪽에 '살레'가 놓여 있었다. '살레'는 나무판으로 삼단으로 짜서 만든 부엌 가구로, 그릇을 보관하는 장소였다. '살레'는 여닫이문이 달려있는 경우도 있었고, 그렇지 않으면 문 없이 만들어 쓰기도 하였다. '살레' 안에는 반짝거리는 하얀 사기그릇과 종지 등이 정갈하게 놓여 있었다.

"살레 찬장이주. 요새 사름덜 찬장으로 멘드는디 사발만 놓게꾸리 헤가지고 그 우티레 상도 어프고. 살레엔 헌 거 처음에는 문 웃인 거 하낫저. 그냥 수방 울허고 뒤만 막앙 앞으로 터놓은양 그 안티레 그릇덜 놓고 헷주. 그 쪼꼼 신 사름은 문헤영 둘곡, 부엌에 놓젠 든든허게 탁 앚정은에. 살레가 하간 거 무거운 거 들어가는 거난 든든 허여사주."

(살강 찬장이지. 요새 사람들 찬장으로 만드는데 사발만 놓게끔 해가지고 그 위로 상도 엎고. 살강이라고 한 것 처음에는 문 없는 것 많았었지. 그냥 사방 옆하고 뒤만 막아서 앞으로 터놓은 대로 그 안으로 그릇들 놓고 했지. 그 조금 있는 사람은 문을 해서 달고, 부엌에 놓으려고 단단하게 탁 앉혀서. 살강이 온갖 거 무거운 것 들어가는 것이니까 든든해야지.)
― 한경면 조수2리 김성욱 구술

"살레 헉바닥에 놔낫어. 앞으로 문 울앙, 엿날 대문 만든 것치룩 문 둘앙 바닥에 영 세와낭 든든헌 나무로 만들앙 칸칸 대나무로 얽어낭 그레 톡톡 그릇덜 어퍼낫저게. 그릇 어프는 딘 칸칸 세 칸 헤영

살레 '살레'는 '정지'라 불리는 부엌 한켠에 두어 그릇이나 음식 따위를 보관하는 찬장이었다. 문을 달지 않고 나무로 짜서 그릇 따위를 엎어 놓게 만들었으나 점차 문을 달고 음식도 보관하였다.
구좌읍 김녕리 김복만 씨 어머니 댁 옛 정지 모습, 사진 김보향.

아래 왕대 허영 여껑도 허곡 족대도 허고."

(살강 흙바닥에 놨었어. 앞으로 문 열어서, 옛날 대문 만든 것처럼 문
달아서 바닥에 이렇게 세워놓아서 단단한 나무로 만들어서 칸칸 대
나무로 얽어놓아서 그리 톡톡 그릇들 엎었었지. 그릇 엎는 데는 칸칸
세 칸 해서 아래 왕대 해서 엮어서도 하고 이대도 하고.)

— 한경면 조수2리 이옥춘 구술

'성지' 한 구석에는 또 커다란 나무그릇이 세워져 있었다. 큰 대
야 정도의 그 그릇을 할머니는 '도고리(함지박)'라 불렀다. '도고리'에
선 제사 때 떡가루를 반죽하거나 쪄낸 시루떡을 켜켜이 자를 때 밑
그릇으로 사용했다. 후일 그 그릇이 '도고리', '낭도고리' 또는 '남도
고리'라 불리는 것을 알았다. 나무를 파서 만든 커다란 그릇인 '도
고리'는 용도에 따라서 크기가 작은 것에서부터 큰 것이 있었다.
'도고리'에서는 풋감을 빻고, 옷에 감물을 들이는 그릇으로도 썼다.
마땅한 큰 그릇이 없을 때는 빨래할 때도 사용했다. '도고리'는 커
다란 나무를 파서 만들기도 했지만 나무를 두 개 붙여서 만들기도
했다.

"이만은헌 도고리 하나로 파는 것도 싯곡 부쩡 파는 것도 싯곡. 술
진 거 허민 절반 헤낭 족으민 냅작헌 거 부쳥 놓곡. 도고린 이만이
허게 멘들앙은에 그것에서 흣믓 빨레도 허곡 묵 ㄱ튼 거 쒕 거려도
놓곡 두부도 다 빠 놓고. 그런 것 ㄱ라 도고리. 이만헌 둘레 허영 허
는 건 큰 도고리주기. 그거에 ㄱ레 앗정 ㄱ레 굴곡 다 헌다. ㄱ레 앗
정 떡ㄱ레 허젠 허민."

(이만큼한 함지박 하나로 파는 것도 있고 붙여서 파는 것도 있고. 살진 것 하면 절반 해놓아서 작으면 납작한 것 붙여서 놓고. 함지박은 이만큼하게 만들어서 그것에서 사뭇 빨래도 하고 묵 같은 것도 쒀서 떠도 넣고 두부도 다 뽑아 놓고. 그런 것보고 '도고리'. 이만한 둘레를 해서 하는 것은 큰 함지박이지. 그것에 맷돌 앉혀서 가루 갈고 다 한다. 맷돌 앉혀서 떡가루 하려고 하면.)

— 한경면 조수2리 김성욱 구술

"감물 옷에 들이젠 허믄 큰 도고리서. 덩드렁마께로 허영 감 뺏앗어. 떡헐 땐 그런 도고리에 체로 떡ᄀ르 치곡. 떡ᄀ르 감저 흔디 서껑 시리에 영 담을 때도 도고리에서. 도고리가 다라 그거 역할허는 거."

(감물 옷에 들이려고 하면 큰 함지박에서. '덩드렁마께'로 해서 감 빻았어. 떡할 때는 그런 함지박에 체로 떡가루 치고. 떡가루 고구마 함께 섞어서 시루에 이렇게 담을 때도 함지박에서. 함지박이 대야 그거 역할을 하는 거.)

— 한경면 조수2리 이옥춘 구술

'도고리'가 큰 대야 역할을 했다면, 밥이나 범벅 등 먹을거리를 담는 그릇은 '박세기'가 담당했다. '함박' 또는 '남박', '남박세기' 등으로 불리는 '박세기'는 나무를 파서 만든 그릇으로, 표준어 바가지에 해당한다. 놋그릇과 함께 밥이나 죽 등을 떠서 먹을 때 사용했던 대중적인 그릇이다.

도고리 '도고리'는 나무를 파서 둥그렇게 만든 그릇이다. 용도에 따라 크기를 달리하여 만들었다.
'오메기술' 기능보유자 김을정이 오메기술을 만들기 위해 '도고리'에 누룩을 넣어서 '덩드렁마께'
로 빻다 둔 모습이다. 김순자 촬영.

"낭그릇은게 박세기주게. 박세기. 낭으로 문 다 가깡 멘들앙 요새
낭푼이 쓰는 식으로 허영은에 아이덜신디 죽 거려주고 다 헷주. 거
남박. 우리 옥을 때 남박에 다 먹엇지. 남박, 도고리사 이제 늙은 할
망덜 다 써시네. 남박도 큰 거 족은 거 싯저게."
(나무그릇은 바가지지. 바가지. 나무로 몽땅 다 깎아서 만들어서 요
새 양푼 쓰는 식으로 해서 아이들한테 죽 떠주고 다 했지. 거 나무바
가지. 우리 자랄 때 나무바가지에 다 먹었지. 나무바가지, 함지박이
야 이제 늙은 할머니들 다 썼어. 나무바가지도 큰 것 작은 것 있어.)
— 한경면 조수2리 김성욱 구술

밥을 뜰 때 쓰는 '밥자(밥주적)', 국을 뜰 때 쓰는 '남자(나무로 만든 국자)', '오메기떡' 등을 삶아서 건질 때 사용하는 '곰박', 죽이나 밥 등 음식을 저을 때 쓰는 '배수기' 등 부엌세간도 나무로 만들어 썼다. '밥자'는 밥주걱으로 '우금'·'울금'·'밥오곰'·'밥우금' 등으로 불렸다. '수까락(수저)'과 '저봄(젓가락)', '돔베(도마)', 제기 등도 다 나무로 만든 그릇이다. 그러나 이런 그릇들은 알루미늄그릇이나 스테인리스그릇, 플라스틱그릇, 사기그릇 등이 나오면서 부엌에서 자취를 감추고 이제는 희미한 기억으로밖에 남아 있지 않다.

'쌀항(쌀독)'에서 쌀을 퍼낼 때도 나무그릇을 사용했다. 지역에 따라서 '뒈약세기', '짐제기', '밥뒈'라고 불리는 식되가 그것이다. 지역에 따라서는 '밥뒈'보다 조금 작은 그릇을 '옥제기'라고 부르기도 했다. 나무를 파서 만든 부엌세간을 크기별로 나열해 보면, '옥제

곰박과 낭국자 '곰박'은 '구멍 있는 바가지'로, 떡을 삶아서 건질 때 사용하는 국자 비슷한 그릇이고, '낭국자(아래쪽)'는 국이나 죽 따위를 뜰 때 사용하는 나무로 만든 국자다. 김순자 촬영.

기>뒈약세기>박세기>도고리' 순인데 '박세기'와 '도고리'는 용도에
따라서 크기를 적게도 만들고, 크게도 만들어 썼다.

> "뒈약세기, 정의 사름은 거ᄀ라 짐제기엔 굴아. 그 뒈약세기, 그 뒈
> 멘드는 것이 결과적으로 흔 너 홉 그 정도 들 거주기. '밥뒈'지. 쌀 뜨
> 는 거."
>
> ('뒈약세기', 정의 사람은 그것보고 '짐제기'라고 말해. 그 밥되, 그
> 되 만드는 것이 결과적으로 한 너 홉 그 정도 들 거지. 식되지. 쌀 뜨
> 는 거.)
>
> — 한경면 조수2리 김성욱 구술

"'굴무기궤'는 낭절도 좋고 색깔도 고와"

안방을 지키는 궤와 경대 등도 나무로 만든 중요한 세간의 하나
였다. 요즘은 집안 곳곳에 장식장이 놓여 있지만 70·80대 우리 어
머니와 할머니들이 혼인할 즈음만 해도 방안을 장식하는 가구는
궤와 경대, '앚은배기책상(앉은뱅이책상)' 정도가 아니었을까.

벽장 위에 올려진 궤 안에는 철 지난 옷가지들이 담겨 있었고, 궤
위에는 가지런히 개켜진 이불이 놓여있었다. 각종 문서 등을 담아
보관하는 연갑을 궤 위에 올려 놓아 쓰는 집도 있었다.

궤는 소나무나 멀구슬나무, '굴무기'라 불리는 느티나무 등으로
만들어 썼다. 보통 궤는 혼수품으로 장만해 결혼할 때 갖고 가는
데, 어려운 살림으로 장만하지 못하면 결혼 후에라도 꼭 장만해야

하는 생활필수품이었다. 궤는 '굴무기'로 만든 것을 최고로 쳤다. '굴무기'는 나무가 가벼운 데다 재질이 단단하고, 무늬와 색깔이 고와 고급재료에 속했다.

"궤도 우리 집의 신 거치룩 헌 건디 족게도 뒈곡 크게도 뒈고. 요만이 허영 멘든 것ㄱ란 연갑. 하간 이녁 서류 ㄱ튼 거 집안 문세 강직허는 조그만헌 거. 궤 우에 올려낭 신 건 연갑이엔 헷어. 궤도 좋은 거는 굴무기궤. 낭절이 좋주기. 보기 좋아. 경 무겁도 아녀곡. 굴무기는 늘을 잘 받주게. 색깔이 좋앙 뭐 멘들아 놓민 미러와. 미끈허게. 겨난에 굴무기 좋덴 허는 거주기."

(궤도 우리 집에 있는 것처럼 한 것인데 작게도 되고 크게도 되고. 요

<u>궤</u> '궤'는 예전 우리 할머니, 어머니들이 옷이나 귀한 물건 등을 간수하기 위하여 사용했던 장이다. 궤의 곳곳을 장식한 쇳조각이 여느 궤와는 다르다. 궤를 장식한 쇠붙이를 제주에서는 '장석(장식)'이라고 한다. 사진 김보향.

만큼 해서 만든 것보고 연갑. 온갖 것 이녁 서류 같은 거 집안 문서 간직하는 조그마한 것. 궤 위에 올려놓아 있는 것은 연갑이라고 했어. 궤도 좋은 것은 느티나무궤. 나뭇결이 좋지. 보기 좋아. 그렇게 무겁지도 않고. 느티나무는 날을 잘 받지. 색깔이 좋아서 뭐 만들어 놓으면 미끈해. 미끈하게. 그러니까 느티나무 좋다고 하는 거지.)

— 한경면 조수2리 김성욱 구술

"씨집가던 헤에 그 봄의 이제 메역을 주무난 춤 메역 흔 칭 바위가 혜져선게. 경 허난 이제 우리 씨어멍이, '아이고, 애야. 이제 궤 엇인 걸 이제 궤나 하나 사 놓라.' 이제 저디 잇주. 궤, 그 궬 이제 함덕 간 앞의는 이제 굴무기로 허고 뒤에는 물쿠실낭으로 헌 걸로 허연에 우리 씨어머니 간 맞추완에, 이제 씨어멍 메느리가 함덕 간 전 완 이제 궤 논 것이 저거.

(시집가던 해에 그 봄에 이제 미역을 캐니까 참 미역 한 칭 반인가 해졌던데. 그렇게 하니까 우리 시어머니가, '아이고, 애야. 이제 궤 없는 것을 이제 궤나 하나 사 놓아라.' 이제 저기 있지. 궤, 그 궤를 이제 함덕 가서 앞에는 이제 느티나무로 하고 뒤에는 멀구슬나무로 한 것으로 해서 우리 시어머니 가서 맞춰서, 이제 시어머니 며느리가 함덕 가서 져 와서 이제 궤 놓은 것이 저것.)

— 구좌읍 동복리 신춘도 구술

이뿐인가. 널마루가 깔린 마루에는 곡식을 넣어두는 '두지(뒤주)'가 있었다. '두지'는 "쌀 따위의 곡식을 담아 두는 세간의 하나. 나무로 궤짝같이 만드는데, 네 기둥과 짧은 발이 있으며 뚜껑의 절반 앞쪽이 문이 된다."《표준국어대사전》 '두지'도 집안 형편이 나은 집이라야 갖출 수 있는 세간이었다.

"두지 그거 짜는 거 상당히 공들게 멘든다. 또 이 지둥허영 세와낭은에 전부 구멍 뚫르곡 장식허고 딱 맞촤낭 낭으로 ᄉ방에 다 맞추믄, 경 허영 곡식 하영 담아도 영 멜라지지 아녀게 다 뚜꺼운 낭 허영 허고. 저거 짜는 식으로 짜주, 뭐. 저거 식으로 짜는데 우엔 가믄 영 ᄉ 귀 나게 지둥 우에 거세기 허영, 마주허영 박으민 데가리에 뿔 잇어. 우에 더ᄁᆞ믄. 그건 부자칩이라사. 중이 안 쎄물게 곡석 강직허는 거. 그런 거 요새도 소개 아녀시민 하실 건디 소개헨덜 믄 데껴부난 하영 엇어졋주. 젼 뎅기지 못헤놓난. 또 그루후젠 좋은 쒜그릇덜 나시녜게."

(뒤주 그거 짜는 거 상당히 공들게 만든다. 또 이 기둥해서 세워놓아서 전부 구멍 뚫고 장식하고 딱 맞춰놓아서 나무로 사방에 다 맞추면, 그렇게 해서 곡식 많이 담아도 전혀 찌그러지지 않게 다 두꺼운 나무 해서 하고. 저거 짜는 식으로 짜지, 뭐. 저거 식으로 짜는데 위에는 가면 이렇게 네 귀 나게 기둥 위에 거시기 해서, 마주해서 박으면 대가리에 뿔 있어. 위에 덮으며. 그것은 부잣집이어야. 쥐 안 쏘게 곡식 간직하는 거. 그런 것 요새도 소개(疎開) 안 했으면 많았을 것인데 소개해서들 몽땅 던져버리니까 많이 없어졌지. 져서 다니지 못해놓으니까. 또 그 이후에 좋은 쇠그릇들 났잖니.)

— 한경면 조수2리 김성욱 구술

나무그릇으로 빼놓을 수 없는 것이 '좀팍'이다. '좀팍'은 '곡식이나 가루 따위의 분량을 되거나 또는 곡식을 담거나 풀 때 쓰는 나무그릇'으로 지역에 따라서 '좀팍세기'·'솔박'·'솔박세기'·'손박' 등으로 불렸다. '좀팍'은 '극쉐(호비칼)'란 도구로 나무 가운데를 타원형으로 깎아내서 만든 그릇으로, 곡식을 푸거나 담을 때, 또는 곡식 낱알을 갈무리하기 위해서 바람에 불릴 때 많이 썼다. '불림질'이 사라진 지금은 나무로 만든 '좀팍'을 구경하는 것도 힘들어졌다.

지금으로부터 30년 전까지만 해도 농사를 짓고, 말리고, 갈무리하는 것은 거의 다 사람의 손에 의해 이루어졌다. 지금과 같이 건조기가 없었을 때는 탈곡한 곡식을 햇볕에 말리고, 곡식의 티끌을 제거하기 위해서 '불림질'을 반드시 해야 했다. 때문에 농촌 마을에서는 수확기가 되면 곡식을 말리거나 '불림질'하는 진풍경이 벌어졌다. '불림질'은 보통 여성들의 일이었다. 우리네 할머니, 어머니들은 바람이 잘 통하는 나무 아래를 찾아서 '불림질'을 했다. '불림질'은 바람이 한 방향으로 살살 부는 날을 택해 한다. 바람 방향이 바뀌면 '불림질'할 곡식과 멍석을 바람 방향에 따라 옮겨야 했다. 우리 어머니들이 '불림질'할 때 사용했던 용기가 바로 '좀팍'이었다.

"뒈약세기로 두 개 반이믄 흔 뒈"

나무그릇은 분량을 잴 때도 사용했다. 분량을 잴 때 기준이 되는 나무그릇은 '뒈약세기'다. '뒈약세기'는 '좀팍'처럼 나무를 타원형으로 파서 만든 그릇으로, '좀팍'보다는 작다. '뒈약세기'는 쌀독에서 쌀 등을 꺼낼 때 주로 사용하는 나무그릇으로, '뒈약세기'로 두 개 반이면 한 되 분량이다. 한 되를 두고 제주에서는 '두 뒈 가옷'이라고 한다. 되를 제주에서는 '관뒈'·'뒷박'·'뒈' 등으로 불렀는데, 미터법이 일반화하지 않을 때는 되를 이용해 곡식의 분량을 샜다. 오일장에서 곡식을 파는 할머니들을 보면 아직도 네모난 되를 이용하는 것을 볼 수 있는데, 되 이전에는 '뒈약세기'를 이용하여 분량을 쟀다고 한다.

"밥뒈로, 그거로 두 개 허고 반 놓민 한 뒈가 뒈는 거라. 한 뒈ㄱ라 '두뒈가옷'엔 굴아. '두뒈가옷' 네 개ㄱ라 흔 말, 네모난 거 소두 흔 말이엔 허고, '두뒈가옷'들이 열 개가 대두 흔 말. 게난 옛날은 뒈도 엇어낫저. 두 뒈 반 놓믄 뒈약세기로 열 개믄 소두 흔 말. 뒈약세기로 열 개민 소두 흔 말엔 굴앗주게. 뒈가 제국시대 나온 거. 큰 것도 싯고 족은 거 흔 뒈들이도 싯곡."

뒈약세기와 좀팍 '뒈약세기(위)'는 항아리 따위에서 쌀을 뜰 때 사용하는 식되이고, '좀팍'은 보리 따위의 곡식을 담거나 티끌을 떨어내기 위하여 불림질을 할 때 사용했던 나무그릇이다. 지역에 따라서 '손박'·'솔박' 등으로 부른다. 사진 김보향.

(식되로, 그것으로 두 개 하고 반 넣으면 한 되가 되는 거야. 한 되보고 '두돼가웃'이라고 말해. '두돼가웃' 네 개 보고 한 말. 네모난 거 소두 한 말이라고 하고, '두돼가웃'들이 열 개가 대두 한 말. 그러니까 옛날은 되도 없었었지. 두 되 반 넣으면 식되로 열 개면 소두 한 말. 식되로 열 개면 소두 한 말이라고 말했지. 되가 일제강점기에 나온 거. 큰 것도 있고 작은 거 한 되들이도 있고.)

— 한경면 조수2리 이옥춘 구술

"옛날 돼, 말 다 낭으로 멘들앗어. 예를 들민게 홍송 좋은 거 헤연 멘들앗주게. 경 헤근에 법에서 다 검사허고 도장 찍엉 허가 받아서 장에 내놓앙. 뒛박이고 말이고 다 쓸 수 잇고. 뒛박은 짜야 돼. 이런 건 짐제기로 쓸 거려낭 밥 허영 먹는 거. 국쉐 허영은에 목수들 앚앙 파는 거. 파는 목수가 잇주게. 솔박이고 돼약세기고 그거 다 손으로 낭 파는 거. 밥 먹는 그릇, 박세기도 파곡. 여기서 또 멘들앙 쓰는 건 늬모나게 헤서 너 돼 들게 멘드는 거 그건 소두 흔 말이엔 허여. 너 돼가 그거 흔 말 헤지는 거. 소두 열다섯 말이면 흔 섬 헤여. 돼약세기로 두 개 반이믄 흔 뒛박이고. 열 홉 드는 거 뒛박이주. 통말은 낭으로 멘든 거. 둥그렇게 짠 거. 두 말 가웃 드는 거 열 돼. 소두 두 말 가웃 대두 흔 말이엔 굳주기. 말은 둥그렁허게 물통처록 높이 얼마, 넓이 얼마 헹근에 낭 까깡 동글락허게 멘들아. 돼는 늬 귀 반뜻허게 멘들고. 두 말 가웃들이 통말엔도 굳주게. 거 대두엔 허주."

(옛날 되, 말 다 나무로 만들었어. 예를 들면 홍송(紅松) 좋은 것 해서 만들었지. 그렇게 해서 법에서 다 검사하고 도장 찍어서 허가 받아서 장에 내놓아. 되고 말이고 다 쓸 수 있고. 되는 짜야 돼. 이런 것은 식

관뒈 '관뒈'는 관가에서 곡식을 되는 데 쓰던 기구다. 관가에서 사용했던 '관되'가 제주어로 굳어진 경우다. 지역에 따라서 '관뒈, 뒷빅, 뒈'라고 불린다. 한 되는 보통 2리터 분량이다. 제주에서는 '관되'로 4개면 '소두 한 말'이라고 한다.

되로 쌀 떠놓아서 밥 해서 먹는 거. 호비칼 해서 목수들 앉아서 파는 거. 파는 목수가 있지. '좀팍'이고 '뒈약세기'고 그거 다 손으로 나무 파는 거. 밥 먹는 그릇, 바가지도 파고. 여기서 또 만들어서 쓰는 것은 네모나게 해서 너 되 들게 만드는 거 그것은 소두 한 말이라고 해. 너 되가 그거 한 말 해지는 것. 소두 열다섯 말이면 한 섬 해. 식되로 두 개 반이면 한 되고. 열 홉 드는 거 되지. 통말은 나무로 만든 거. 둥그렇게 짠 거. 두 말 가웃 드는 거 열 되. 소두 두 말 가웃 대두 한 말이라고 말하지. 말은 둥그렇게 물통처럼 높이 얼마, 넓이 얼마 해서 나무 깎아서 둥그렇게 만들어. 되는 네모 반듯하게 만들고. 두 말 가웃들이 통말이라고도 말하지. 거 대두라고 하지.)

— 한경면 조수2리 김성욱 구술

위 구술 내용을 토대로 정리하면, 곡식을 잴 때는 '뒈약세기' 즉 식되를 기준으로 했음을 알 수 있다. '뒈약세기' 두 개 반이면 '한 되', 되로 네 개 분량은 '소두 한 말', 네모난 되로 열 되면 '대두 한 말'이라고 한다. '소두 열다섯 말'이면 한 섬이 된다.

'대두 한 말' 드는 나무그릇은 '말' 또는 '통말'이라고 하는데, 나무를 둥그렇게 통처럼 깊이 파서 만든 그릇이다. 나무로 만든 말이 자취를 감춘 후에는 쇠로 만든 용기가 생산되어 쓰였다. 네모난 되는 일제강점기부터 일반화했는데 관에서 허가를 받은 그릇만 사용할 수 있었다고 한다. 즉 '되'는 분량을 재는 공인된 그릇으로, 지금도 오일장에서는 네모나게 만든 나무그릇을 만날 수 있다. 한 홉 분량의 네모난 그릇부터 두 홉, 반 되들이 그릇도 쓰인다. 그러나 지금은 나무그릇 대신 미터법이 일반화되어 분량을 잴 때 g, kg 단위를 많이 사용한다. 계량법이 미터법으로 바뀐 것은 1963년 5월 이후다.

곡식을 찧을 때 사용했던 '남방에'(남방아)'도 나무로 만든 그릇의 일종으로, 나무로 만든 제주도 특유의 문화유산이다. 《표준국어대사전》에 보면, '남방에'는 "제주도에서 볼 수 있는 나무 방아 통. 네모지고 나지막한 받침 위에 지름 70~150cm의 함지박 모양의 나무통을 붙이고 여기에 지름 20cm, 깊이 20cm가량의 돌절구를 끼워 넣은 뒤 나무 공이로 곡식을 찧는다."고 되어 있다. '남방에'는 방앗간이 생기면서 쓸모가 없어지자 소 먹이 그릇으로 전락하기도 했고, 더러는 골동품 가게에서 손질을 거친 후에 '장식용'으로 팔려나가 호사가들의 거실을 꾸미는 용도로 그 쓰임이 바뀌었다. '남도고리'와 '두지', 또 안방의 벽장을 장식했던 '궤'와 '연갑' 등도 골동품가게에서나 볼 수 있는 '귀한 유물'이 되어버린 지 오래다. 놋그릇에 알루미늄그릇, 사기그릇에 밀려 자취를 감추기도 했지만 중산간 마을이 불태워졌던 4·3의 소용돌이 속에 우리의 옛 나무그릇들이 역사의 뒤안길로 사라져 우리의 생활 문화도 타 버린 것이다.

"낭그릇덜 스삼 때 하영 없어졌주. 정 뎅기지도 못허고. 또 좋은 그릇 나가난 집의 낭 거세기도 못허고 허멍 엇어진 거. 이만헌 낭도고리영 남방엔 쉐 질루는 사름은 쉐것 도고리 허고, 다 걸로. 이제도 쓰는 사름 실 거여. 도고리로 쉐것 멕이는 사름, 경 헨 썻주기. 쉐, 송아지 들어상 불라도 터지지 않는 거. 도고리가 경 두껍게 허난 안 까지주기. 두지영 궤영은 스삼 때 하영 불타불고."

(나무그릇들 사삼 때 많이 없어졌지. 져서 다니지도 못하고. 또 좋은 그릇 나가니까 집에 놓아서 거시기도 못하고 하면서 없어진 것. 이만큼한 나무 함지박이랑 남방아라고 소 기르는 사람은 소여물 함지박하고, 다 그것으로. 이제도 쓰는 사람 있을 거야. 함지박으로 소여물 먹이는 사람, 그렇게 해서 썼지. 소, 송아지 들어서서 밟아도 터지지 않는 거. 함지박이 그렇게 두껍게 하니까 안 터지지. 뒤주랑 궤랑은 사삼 때 많이 불타버리고.)

— 한경면 조수2리 김성욱 구술

지금은 옛 그릇이 되어 버린 제주의 나무그릇들. 여러 환경에 의해 사라질 위기에 처해 있지만, 우리 어머니, 어머니의 어머니들이 썼던 우리의 옛 나무그릇과 그 그릇에 담겼던 우리의 생활 문화만큼은 잊혀서는 안 된다.

《교육제주》 2009년 여름 통권 142호

그릇을 잘 멘들젠 허믄
헉이 좋아사 혜

그릇을 잘 만들려고 하면 흙이 좋아야 해

질그릇과 돌그릇

화산섬 제주는 돌의 고장이다. 돌은 인류가 형성되면서부터 우리네 인간들과 함께 해온 삶의 수단이자 방패였다. 우리네 인간은 돌을 이용해 먹을거리를 채취하고, 사냥을 하고, 불을 만들어 사용했다. 인류 문명이 발달하면서 돌을 다루는 인간의 능력도 한층 발달해 갔다. 선사와 역사 시대를 살아온 우리네 선인들이 남긴 숱한 돌 문화는 선인들의 삶의 지혜가 오롯이 담겨 있는 문화유산이다.

돌은 단순한 생활도구가 아니다. 제주의 돌은 땅을 일구는 농기구로, 생활에 필요한 그릇으로, 아이들의 놀이기구로, 구역을 나누는 경계선으로 그 쓰임이 다양했다. 인간과 영혼의 집을 만들고, 돌하르방과 동자석, 미륵 등 신앙의 대상이기도 했다. 이처럼 우리네 인간과 함께 해온 돌은 인간의 손을 거치면서 생명력을 이어왔다.

제주의 대표적인 돌그릇은 '물 구레'와 '돌방에'

제주의 돌그릇 가운데 쓰임이 많은 것은 곡식을 찧거나 쓿을 때 쓰는 도정 도구다. 방앗간이 없었던 시절에 곡식을 찧기 위해서는 '물 구레, 물그랑, 물방이, 물벵이' 등으로 부르는 연자매가 필요했다. '연자매'는 둥글고 넓적한 돌판 위에 그보다 작고 둥근 돌을 세로로 세워서 만든다.

연자매를 돌릴 때는 여러 사람이 힘을 합쳐 돌리기도 하지만 소나 말의 힘을 빌렸다. '물(말)'이나 '쉐(쇼)'의 힘을 빌려 연자매를 돌리기 때문에 '물 구레, 물방에' 등의 이름이 붙었다. 연자매는 보통 마을 주민들이 '접(계)'을 꾸려 세웠다. 한 마을에 4~5개 정도는 있었다.

물구레 '물 구레'는 말을 이용해서 곡식을 찧을 때 사용하는 도구다. 표준어 '연자매'에 대응하는 제주어로, 조나 보리 등의 껍질을 벗겨 낼 때 사용하였다. 말 대신에 소나 사람의 힘을 이용하여 곡식을 찧기도 하였다. 《만농 홍정표 선생 사진집-제주 사람들의 삶》에서 발췌.

덕수리에는 무려 10여 군데나 있었다고 한다. 연자매 동아리를 '물 ᄀ렛제, 물방잇제'라고 부르고, 계원들은 순번을 정해서 돌아가면서 곡식을 찧었다. 계원이 아닌 사람들은 삯을 주고 빌려서 썼다. 연자매가 있는 곳을 '물 ᄀ레왕, 물방에칩, 물방이왕, 물벵이왕'이라 부른다.

1950년대까지만 해도 제주의 마을마다에는 연자매가 있었다. 정미소가 들어서면서 하나둘 사라지기 시작해 지금은 몇몇 군데만 보존용으로 남아 있다. 연자매를 만들었던 '방앗돌'은 4-H를 알리는 표지판이나 호사가들의 정원석, 울타리의 밑을 받치는 돌로 둔갑한 지 오래다.

연자매를 하나 세우는 것은 보통 일이 아니었다. 냇가에 가서 돌을 구해서 둥글게 방앗돌을 만든 후 마을 사람들이 힘을 합쳐 굴려왔다. 그때 방앗돌을 굴리면서 마을 주민이 함께 불렀던 노동요가 '방앗돌 굴리는 소리'다. 제주민의 공동체 문화가 담긴 '방앗돌 굴리는 노래' 예능보유자 강원호가 생전에 들려준 내용이다.

"물방에는 내창이나 엉장에 가서 알벵이돌과 웃멧돌을 만들고 굴려왔다는디 ᄒ번도 본 적은 엇어. 광평 위 돌어름팟이라는 곳에 좋은 돌이 하낫다고 허지. 눈이 좀진 돌은 정 ᄀ레로 좋앗다고 헤. 물방에는 다섯 명에서 열 명씩 계를 들어서 운영헷지. 계원이 아닌 사름들은 쿰을 주엉 물방에를 이용헷주."

(연자매는 냇가나 낭떠러지 밑에 가서 아랫돌과 윗돌을 만들고 굴려왔다는데 한 번도 본 적은 없어. 광평 위 '돌어름밭'이라는 곳에 좋은 돌이 많았다고 하지. 눈이 자잘한 돌은 맷돌로 좋았다고 해. 연자매

물통 '물ᄀ레'가 있는 곳이면 그 앞에 돌로 둥그렇게 판 '물통'이 놓여 있다. '물ᄀ레'에서 곡식을 찧을 때 마른 상태에서 찧으면 알곡이 깨지기 때문에 물을 축여주며 찧어야 한다. 그때 사용하는 물을 담아두는 그릇이 사진의 '물통'이다. 표선면 성읍리에서 김순자 촬영.

는 다섯 명에서 열 명씩 계를 들어서 운영했지. 계원이 아닌 사람들은 삯을 주어서 연자매를 이용했지.)

    — 안덕면 덕수리 강원호 구술

연자매가 있는 곳이면 돌로 된 '물통'이 놓여 있다. 연자매에서 곡식을 찧을 때는 알곡이 깨지지 않도록 하기 위해 물로 축여주어야 하는데, 그때 물을 담아두는 돌로 된 둥그스름한 그릇이 '물통'이다.

돌로 된 도정 도구로는 '돌방에(돌절구)'가 있다. '돌방에'는 곡식을 찧는 확만 돌로 만든 '남방에'와 대비되는 방아다. '남방에'가 방아

둘레를 통나무를 파서 만들었다면 '돌방에'는 곡식을 찧을 때 사용하는 확만이 아니라 찧을 곡식을 담아두는 방아 둘레도 돌로 만든 제주도 특유의 돌그릇이다. '남방에' 가운데 자리한 돌그릇을 제주에서는 '돌혹, 방엣혹'이라고 한다. '방엣혹(방아확)'은 절구처럼 사용하기도 한다. 돌을 우묵하게 판 '절귀통(절구통)'도 있었다. '절귀통'은 '방엣귀(방앗공이)'를 이용하여 마늘이나 깨, 곡식 등을 으깰 때 사용하는 돌그릇으로 '도고방에'라고 이름한다.

방아 찧는 노역의 고통, 노래로 승화

곡식을 가루로 쓿을 때는 '정구레', '구레'라 부르는 '맷돌'을 사용했고, 물기가 있는 곡물을 빻을 때는 '풀구레(풀매)'를 이용했다. 곡식을 찧거나 쓿는 일은 여간한 노역이 아니다. 그래서 제주 사람들은 방앗돌을 굴려오거나, 방아를 찧을 때, 맷돌에서 곡식을 빻을 때의 고통을 노래로 승화해 내는 지혜를 발휘했다.

이여 이여 이여도 ᄒᆞ라	(이여 이여 이여도 하라)
이여 이여 이여도 ᄒᆞ라	(이여 이여 이여도 하라)
가시오름 강당장 칩의 큰뚤아기	(가시오름 강당장 집의 큰딸아기)
상수ᄆᆞ를 부저리집의	(상수마루 부저리집에)
상아덜에 메느리 드난	(큰아들에 며느리 드니)
은방엣귀 아홉이더라	(은방앗공이가 아홉이더라)

은방엣귀 날 아니 준덜   (은방앗귀 나를 아니 준들)

방엣비사 날 아니 주랴   (방아 빗자루야 날 아니 주랴)

가지 전답 날 아니 준덜   (가지 전답 날 아니 준들)

유기 제물 날 아니 주랴   (유기 제기 날 아니 주랴)

이여 이여 이여도ᄒ라   (이여 이여 이여도하라)

방엣혹이 돌게나 지라   (방아확이 돌게 찧어라)

방엣혹이 돌게나 진덜   (방아확이 돌게 찧은들)

나 먹을 밥 ᄒ 술이 시랴   (내 먹을 밥 한 술이 있으랴)

큰 ᄃ레로 ᄒ 끼를 떼젠   (큰 다래로 한 끼를 때우려고)

큰산만산 지픈 곳에 들어를가난   (큰산만산 깊은 곳에 들어가니)

정당멀리 쉐멀리 줄에   ('정당머루' 쇠머루 줄기에)

발을 걸련 유울엄서라   (발을 걸려서 이울고 있더라)

부르는 건 어머니여   (부르는 것은 어머니야)

춫는 건 냉수로고나   (찾는 것은 냉수로구나)

큰시누이 안방에 앚고   (큰시누이 안방에 앉고)

큰서방님 대청에 앚앙   (큰서방님 대청에 앉아서)

웃음소리 나는고나   (웃음소리 나는구나)

친정어멍 허시는 말씀   (친정어머니 하시는 말씀)

설운아기 저승 땅에 들어나 가건   (설운아가 저승 땅에 들어나 가건)

불여위로 도환생허영   (불여우로 환생해서)

맺힌 한을 풀어나 보라.   (맺힌 한을 풀어나 봐라.)

—애월읍 봉성리 강자숙 구송, 김순자 채록

235

소나 돼지의 먹이 그릇도 돌로 만들어 썼다. 소의 여물을 주는 그릇을 제주에서는 '돌구시'라 한다. '돌구시'는 '돌+구시' 구성으로, '구시'는 표준어 구유에 대응하는 제주어다. '돌구시'는 돌을 파서 만든 구유다. 돼지 먹이는 '돗도고리'에 준다. '돗도고리'는 '돗+도고리'로 구성됐는데, '돗'은 표준어 돼지, '도고리'는 표준어 함지박에 해당하는 어휘로, '돼지에게 먹이를 주는, 돌로 만든 그릇'이란 의미를 지닌다. 나무를 파서 만든 그릇은 '남도고리' 또는 '도고리'라고 부른다. '남도고리'는 크기에 따라 용도를 달리해 썼다. '남도고리'가 맷돌을 갈 때, 가루를 반죽할 때, 밥이나 음식을 담을 때 사용하는 생활 용기였다면 '돗도고리'는 돼지 전용 그릇이었다.

네모나게 파서 만든 '돌화리'^(돌화로)도 요긴하게 썼던 돌그릇이다. '돌화리'는 추위를 녹여주는 난방 기구이기도 했지만 제수로 사용할 '적갈^(적)'을 굽는 화기^(火器)였다. 이처럼 제주 사람들은 제주의 자연 환경을 삶에 응용하는 생활의 지혜를 발휘했다.

> "옛날엔 식게 때 돌화리에 숯불 피왕 화리에 적쉐 걸청 궤기 적갈
> 굽곡 헤나시네. 옛날 하르방덜은 또 신 삼을 때나 멕 짤 때도 옆의
> 돌화리에 불 피왕 담베도 먹고 헤시네."
> (옛날에는 제사 때 돌화로에 숯불 피워서 화로에 석쇠 걸쳐서 고기
> 산적 굽고 했어. 옛날 할아버지들은 또 신 삼을 때나 멱서리 짤 때
> 도 옆의 돌화로에 불 피워서 담배도 피우고 했어.)
> ― 한경면 조수2리 김성욱 구술

제주의 '항'과 '허벅' 쓰임새 다양

돌그릇이 곡식을 찧거나 빻을 때, 동물의 먹이를 담는 그릇 등으로 쓰였다면 질흙으로 만든 제주의 질그릇은 음식이나 곡식을 담아두는 저장 용기로 많이 썼다. 보통 '옹기'라 불리는 제주의 질그릇은, 유약을 바르지 않고 구워낸 '숨 쉬는 그릇'이다.

제주의 질그릇은 '노랑굴'과 '검은굴' 두 군데서 구워냈다. '굴'은 가마를 뜻하는 제주어로, '노랑굴'에서 구운 그릇은 붉은 기운이 돌고, '검은굴'에서 구운 질그릇은 '잿빛'이다. '검은굴'에서 구운 그릇을 달리 '지세그릇'이라고도 한다. '지세항', '지세시리', '지세화리', '지세허벅' 등이 그것이다.

장항두에 '장항두에'는 제주에서 장독대를 가리키는 말이다. 지역에 따라서 '장팡뒤, 안뛰' 등으로 부른다. '장항두에'는 간장이나 된장, 젓갈 등을 담가서 두는 크고 작은 항아리가 놓이게 된다. 항아리를 덮는 뚜껑은 '장태' 또는 '장탱이'라고 한다. 제주민속촌박물관에서 김순자 촬영.

질흙으로 만든 질그릇은 생활용구로서 그 쓰임이 다양했다. 19
60~1970년대까지만 해도 질흙으로 만든 옹기는 집집마다 없어서
는 안 될 생활필수품이었다.

수도가 없었을 때 '정지, 정제' 등으로 불리는 부엌에는 '물항(물독)'
이 있었고, 쌀을 저장하는 고방에는 '쌀항'이 줄줄이 놓여 있었다.
부엌 한 구석에는 술을 빚어 보관하는 술항도 있었다. '장팡뒤, 장
황두에'라 불리는 장독대에는 된장과 간장, 젓갈 따위를 담은 크고
직은 항아리가 옹기종기 모여 살았다. 겨울철 심상을 보관할 때도,
곡식을 저장할 때도, 거름으로 사용할 오줌을 받을 때도 '항'을 사
용했다. 물이 귀했던 제주에서 물을 받기 위해서 동백나무 등에
'춤'을 만들어 물을 받을 때도 '항'을 이용했는데, 이 항아리를 '춤
항'이라고 한다. '춤'은 물을 받기 위해서 '새(띠)' 따위로 머리를 땋듯
이 엮어서 나무에 거꾸로 매달아둔 장치로 '춤'을 따라서 물을 항

물구덕과 물허벅 제주 여성들에게
물 긷기는 여간 힘든 일이 아니었
다. '물구덕'은 물을 길러 다닐 때
물동이인 '물허벅'을 넣고 사용하
는 바구니다.
구좌읍 세화리 홍영애가 사용하
던 '물구덕'과 '물허벅'이다. '물허
벅' 옆에 물을 뜰 때 사용하던 바
가지도 놓여 있다.
사진 김보향.

아리에 받을 수 있다. '항'은 '황'이라고 부르는데 표준어 '항아리'에 대응하는 제주어다.

필자가 어렸을 때만 해도 질그릇을 많이 사용했다. 부엌에는 '물항'이 놓여 있었고, 부엌 앞 '팡돌'에는 '물허벅'이 놓여 있었다. 허벅은 물이 귀한 제주에서 물을 길어 나를 때 쓰는 운반 도구다. 어른들이 사용하는 물동이는 '허벅'이라고 부르고, 아이들이 사용하는 크기가 작은 허벅은 '대배기, 대바지'라는 또 다른 이름을 붙여 주었다.

제삿날이면 친척들이 모여 무쇠솥에 시루를 안쳐서 떡가루를 넣어 떡을 찌는 모습을 보았었다. '장탱이(장태)'는 뚜껑 외에도 김치를 버무리거나 음식을 만들 때 쓰는 용기로, 그 쓰임새가 퍽이나 다양

허벅 만들기 허벅장 故 신창현이 탐라문화제 때 '허벅'을 만드는 시연을 하고 있다. '허벅'은 물을 길러 다닐 때도 쓰지만 곡식을 저장할 때, 술이나 간장 따위를 저장할 때도 사용하는 '숨 쉬는' 질그릇이다. 김순자 촬영.

했다. 난방이 여의치 않은 겨울철에는 흙으로 만든 화로에 불을 담아 난로 대신 썼던 기억도 있다.

이 밖에도 술을 담을 때 쓰기 위해 부리를 좁게 해서 만든 '술허벅', 오줌을 밭에 져 나르기 위해 사용하는 '오줌허벅'도 있었다. '오줌허벅'은 짚이나 보릿짚으로 허벅 부리를 막아서 사용했다. 허벅을 지고 다니는 모습을 촬영한 옛 사진을 보고 물을 길어 나르는 모습인지 오줌을 지고 나르는 허벅인지를 판가름하는 기준이 바로 '보릿짚 마개'이다.

혼인헐 때 신랑 집에서 신부 집에 술 흔 춘이 보내

제주에서는 혼례나 장례 등 큰일이 있을 때는 친척들이 술을 동이로 하나씩 부조하는 풍습이 있었다. 혼례 때 신랑 집에서 가난한 신부 집에 이바지를 보내기도 했는데 이때 술을 담아가는 그릇이 '춘이'와 '술허벅'이었다.

> "옛날은 이 둘 쑤무날 결혼식 날이믄 신랑 칩의서 전날 돗 흔 머리, 술 흔 춘이. 계란 많이 허는 디 백 개. 경 아녀는 디 오십 개, 팔십 개 가져가. 그걸 이버지라고 헤. 옛날 동네 하인덜이 잇어서 하인덜 시겨서 지어 간. 우린 조그마헌 허벅으로 하나 허고. 계란 많이 못 헷어. 우리는 육십 개 정도 가져가지 아녀신가?"
>
> (옛날은 이 달 스무날 결혼식 날이면 신랑 집에서 전날 돼지 한 마리, 술 한 동이. 계란 많이 하는 데 백 개. 그렇게 안 하는 데 오십 개, 팔

십 개 가져가. 그것을 이바지라고 해. 옛날 동네 하인들이 있어서 하인들 시켜서 져갔어. 우리는 조그마한 동이로 하나 하고. 계란 많이 못 했어. 우리는 육십 개 정도 가져가지 않았을까?)

— 제주시 이호동 이보연 구술

이뿐인가. 제주의 질그릇은 지역에 따라서 부르는 이름도 다양했다. '물항, 춤항, 장항, 오줌항, 허벅, 술허벅, 오줌허벅, 능생이, 두뱅들이, 능생이허벅, 망데기, 춘이, 독사발, 단지, 장탱이, 너럭지, 화리, 지세항, 지세허벅, 시리, 지세시리, 지세화리, 망데기, 고소리, 춘두미, 샛제비, 주전지, 오줌항, 조막단지' 등등. 제주의 질그릇은 그 종류만도 100여 종을 헤아린다고 한다.

제주도무형문화재 제14호 허벅장 신창현 대장의 이야기를 들어보자.

"큰항인 춘두미는 곡석을 저장헐 때 씨고 샛제비는 세면기로 사용헷어. 망데기는 장물 담고 젓갈 담는데 씨고 허벅은 물을 정 날를 때 이용허고. 항에 곡석을 담아두민 누기가 차지 아니허영 좋아."

(큰항아리인 '춘두미'는 곡식을 저장할 때 쓰고 '샛제비'는 세면기로 사용했어. '망데기'는 간장 담고 젓갈 담는 데 쓰고 '허벅'은 물을 져서 나를 때 이용하고. 항아리에 곡식 담아두면 습기가 차지 않아서 좋아.)

— 대정읍 구억리 신창현 구술

이런 질그릇은 여간한 공으로는 만들지 못한다. 흙을 파오는 일

에서부터 반죽하는 일, 그릇 만드는 일, 질그릇을 구워 낼 '질을커
^(땔감)'까지 모두 사람의 손으로 해야 하는 100% 수공품이기 때문
이다.

질 좋은 질그릇을 생산하기 위해서는 무엇보다 흙이 좋아야 한
다. 제주의 질그릇은 '질흙^(질흙)'을 재료로 사용한다. '질흙'은 붉은색
을 띠는 황토 3분의 1과 회색을 띠는 '고넹이흙'이 3분의 2 정도 섞
어진 점토층 흙을 말한다. 이런 흙도 아무 데나 있는 것이 아니었
다. 그래서 도공들은 흙 구하는 일이 보통 일이 아니었다고 한다.
제주의 질그릇으로 유명한 구억리. 80% 이상의 가구에서 부업으
로 질그릇을 만들었지만 동네에 '질흙' 나는 곳이 없어서 인근 마
을 신평리에서 흙을 사다가 그릇을 만들어 팔았다고 한다. 땔감 구
하는 일과 가마에 불을 때는 일도 만만치 않았다. 그래서 흙일을
하는 '전밧'에는 흙을 파오고 땔감을 해오는 사람들이 별도로 있었
다고 한다.

"그릇을 잘 멘들젠 허믄 흑이 좋아사 헤. 흑이 좋지 아녀믄 그릇이
멜싹 주저앉아부러. 흔 굴치의 그릇을 굽젠 허믄 장작만 열두 뭇 필
요허고 소낭과 가시낭은 엄청 필요허지. 굴에 불을 질 때는 똠이
비 지듯 허여. 그때 흘린 똠이 장태로 ᄒ나쯤은 될 거라. 여름엔 옷
의 얼러뎅기지도 못헐 정도였주. 경 허난 불일허는 사름덜은 오래
살지 못허는 거 닮아."

(그릇을 잘 만들려고 하면 흙이 좋아야 해. 흙이 좋지 않으면 그릇이
털썩 주저앉아버려. 한 가마어치의 그릇을 구우려고 하면 장작만 열
두 뭇 필요하고 소나무와 가시나무는 엄청 필요하지. 가마에 불을 땔

때는 땀이 비 오듯 해. 그때 흘린 땀이 장태로 하나쯤은 될 거야. 여름에는 옆에 얼씬거리지 못할 정도였지. 그렇게 하니까 불일하는 사람들은 오래 살지 못하는 것 같아.)

— 대정읍 구억리 신창현 구술

　이처럼 제주 사람들은 제주 환경에서 생산되는 현무암과 질흙을 이용해서 그릇을 만들어 내는 지혜를 발휘했다. 이들 그릇들이 어떻게 생겼고, 그 용도가 무엇이었는지를 다 설명할 수는 없지만 저마다의 쓰임새를 가진 채 우리 선조들과 함께 제주의 독특한 생활문화를 일궈왔다. 지금은 돌그릇과 질그릇에 얽힌 이야기가 옛 이야기가 되어버렸지만, 어렸을 때 질그릇과 돌그릇에 얽힌 추억만큼은 우리들의 마음을 살찌우는 자양분이 되고 있다.

　돌그릇과 질그릇은 제주 사람들의 땀과 혼이 배어 있는 제주만의 독특한 생활문화유산이다. 조상들과 애환을 함께 해온 제주의 돌그릇과 질그릇. 지금은 박물관 전시물로 그 운명이 바뀌었지만 그 그릇 속에 담긴 투박한 멋과 조상들의 삶의 지혜와 정신은 우리들 가슴 속에 오래 남아 누대로 이어졌으면 좋겠다.

《교육제주》 2009년 가을 통권 143호

멩텡이 뚜러메영 씨 줴멍
짝짝 비어낫주

망태기 둘러매서 씨 쥐면서 짝짝 뿌렸었지

짚그릇과 쇠그릇

　　　　　　인간이 풀과 나무와 새와 다른 점이 있다면 그것은 바로 자연을 활용할 수 있는 지혜를 갖고 있다는 것이다. 그러한 지혜는 예부터 오늘날까지 대대로 전해지며 많은 문화를 양산해 냈다. 우리 조상들이 짚을 이용해 만들어낸 수많은 짚그릇도 그 가운데 하나다. 제주에서도 불과 30여 년 전까지만 해도 짚으로 만든 생활도구를 심심찮게 볼 수 있었다. '멕', '망텡이', '멍석' 등은 모두 짚으로 엮어서 만든 생활용구로, 우리 조상들의 삶 속에서 요긴하게 썼던 짚그릇이다. 그러나 이들 용기는 그 이름조차 낯설게 다가오는, 사라지는 유물이 되고 있다.

"멕은 곡석 담는 거"

　제주의 대표적인 짚그릇으로 '멕'을 꼽을 수 있다. '멕'은 표준어

멕 '멕'은 짚으로 만들어서 곡식 따위를 보관할 때 사용하는 짚그릇이다. 수확한 '조코고리(조이삭)'를 담아 놓은 '멕' 사진이다. '멕'은 표준어 '멱'에 대응하는 제주어다.
제주도민속자연사박물관 자료 사진.

'멱'에 대응하는 제주어로, '짚으로 날을 촘촘히 결어서 만든 그릇의 하나'로, 주로 곡식을 담는 데 쓴다. 멱은 달리 '멱서리'라고도 한다. '멕'은 열 말들이, 한 섬들이, 두 섬들이 등이 있다. 쓰는 사람에 따라 크게도, 작게도 만들어 쓴다. '멕'은 곡식을 담아 2~3층 쌓아 놓기 때문에 두 가마 정도 들어가는 것을 가장 선호했다고 한다. 한 군데 앉혀서 움직이지 않는 '큰 멕'을 '창멕'이라고 부른다.

> "멕은 곡석 담는 거. 큰 멕, 족은 멕 곡석 담앙 앚지는 거난 집안 살림에 뜨랑 멘들앙 사용허주. 주거낭 쓰는 따문에 두 가멩이짜리가 젤 간단헐 거여."

(멱은 곡식 담는 거. 큰 멱, 작은 멱 곡식 담아서 앉히는 것이니까 집안 살림에 따라서 만들어서 사용하지. 포개어서 쓰기 때문에 두 가마니짜리가 젤 간단할 거야.)

— 한경면 조수2리 김성욱 구술

멱의 많고 적음에 따라 그 집안이 넉넉한지 그렇지 않은지 가늠할 수 있다. 넉넉한 집안은 마당 가운데 곡식을 담은 '멱'을 층층이 쌓아서 '노직눌(노적가리)'을 만들었다고 한다.

"노적눌은 멩텡이 징징이 놓믄 주짝허영근에. 경 허영 노적눌 느람지 여깡 뱅뱅 감앙 노프게 허영 새로 주젱이 허영 놔두주게. 나 주젱이 잘 여까지메. 그런 거 저런 거 나 혼자 헤나난 느람지도 여까지고 주젱이도 여까지고."

(노적가리는 망태기 층층이 놓으면 뾰족해서. 그렇게 해서 노적가리 이엉 엮어서 뱅뱅 감아서 높게 해서 띠로 주저리 해서 놔두지. 나 주저리 잘 엮어져. 그런 거 저런 거 나 혼자 했었으니까 이엉도 엮어지고 주저리도 엮어지고.)

— 제주시 이호동 고순여 구술

'멱'이 저장 용구라면 '착부지'는 농사에 없어서는 안 될 중요한 용기다. 비료가 없는 시절 우리네 부모님 또 그 부모님 세대는 거름을 뿌려야 농사를 지을 수 있었다. '착부지'는 거름을 담아서 옮길 때 사용하는, 짚으로 만든 용기다. 지역에 따라서 '돗걸름착·돗거름착·돗가레착'이라고 한다. '돗'은 '돼지'의 제주어로, '돗걸름착·

돗거름착·돗가레착'은 돼지거름을 주로 담아서 밭으로 옮길 때 사용하는 용기라는 뜻이다.

"착부지엔 헌 건 돗걸름 담앙 쉐에 시끌 때 쓰는 거. 등짐으로 정 뎅기기도 허곡. 크기가 흔 일곱 말, 으덥 말, 닷 말 드는 게 잇주. 착부진 엿날 보리 갈 때 쉐걸름 통지 안에 담아낭 쎅영 그 걸름에 보리씨 낭 쩡 불령 밧디 갈 때 정 가는 거여. 요샌 씨 뿌령 비료 작작 쥉 허는디 엿날은 돗걸름에 씨 서껑 보리 갈앗지."

('착부지'라고 한 것은 돼지거름 담아서 소에 실을 때 쓰는 거. 등짐으로 져서 다니기도 하고. 크기가 한 일곱 말, 여덟 말, 닷 말 드는 것이 있지. '착부지'는 옛날 보리 갈 때 소 거름을 돼지우리 안에 담아 놓아서 썩혀서 그 거름에 보리씨 놓아서 찧어 밟아서 밭에 갈 때 져서 가는 거야. 요새는 씨 뿌려서 비료 작작 줘서 하는데 옛날은 돼지거름에 씨 섞어서 보리 갈 았지.)

— 한경면 조수2리 김성욱 구술

멜망텡이 '멜망텡이'는 볏짚이나 밭벗짚으로 겯은 짚그릇이다. 씨앗을 뿌릴 때나, 소똥 따위를 주우러 다닐 때 많이 사용하였다. 어깨에 메고 다닐 수 있게 만들어서 '멜망텡이'라고 한다. '망텡이'는 표준어 '망태기'에 해당하는 제주어다. 김순자 촬영.

밭에 씨를 뿌릴 때도, 농사짓는 호미와 낫 등을 담고 다닐 때도 짚그릇을 만들어 썼다. 짚으로 둥글고 울이 깊게 걸어 만들고 양 옆으로 끈을 달아 어깨에 메고 다니는 '멩텡이'가 그것이다. '멩텡이'는 지역에 따라서는 '망텡이'라고 부르는데, 표준어 '망태기'에 해당하는 짚그릇을 말한다. 어깨에 메고 다닌다고 해서 '밀망텡이·멜망텡이'라고도 불렀다. '밀망텡이·멜망텡이'는 난방 시설이 좋지 않을 때 '굴묵'을 땔 땔감인 '물 똥^(말똥)'이나 '쇠똥'을 주우러 다닐 때도 이용했고, 좁씨와 보리씨 등 곡식의 씨앗을 밭에 뿌릴 때도 이용했던 짚그릇이다.

"멩텡이도 족은 멩텡이 큰 멩텡이 허곡. 씨 허영근에 담앙근에 뚜러 메영 삐는 거. 씨멩텡이. 씨멩텡이로 여까근에 찝으로 만들앙 띠 영 두러메게. 톡 멩텡이 두러메영 씨 줴멍 밧듸 짝짝 삐는 거. 조멩텡이. 씨멩텡이. 씨도 이런 것에 담앙 공장에 톡 둘아메곡. 존 조코고 리로, 좋은 걸로 바짝 그릇에 담앙 톡 둘아매곡 경 허메."
(망태기도 작은 망태기 큰 망태기 하고. 씨 해서 담아서 둘러메서 뿌리는 거. 씨망태기. 씨망태기로 엮어서 짚으로 만들어서 띠 이렇게 둘러메게. 톡 망태기 둘러메서 씨 쥐면서 밭에 짝짝 뿌리는 거. 조망태기. 씨망태기. 씨도 이런 것에 담아서 벽에 톡 달아매고. 조는 조이 삭으로, 좋은 것으로 바짝 그릇에 담아서 톡 달아매고 그렇게 해.)
— 제주시 이호동 고순여 구술

씨는 또 짚으로 작은 '허벅' 모양으로 걸어서 그 안에 보관하기도 했다. 작은 '허벅' 모양으로 만든 씨 보관 그릇은 '부게' 또는 '부게기'라고 하는데, 짚으로 날을 촘촘하게 엮은 뒤 아가리를 주먹이 드나들 정도로 좁게 하여 목이 있게 만든, 아주 작은 망태기다. '부게'는 지역에 따라서 '씨부게기, 씨부게'라고도 하는데, 주로 좁씨를 보관하는 데 이용했다.

'굴체'는 '산테'라고도 불러

짚으로 '굴체(삼태기)'도 만들어 썼다. 짚으로 만든 '굴체'는 물을 먹으면 빨리 썩고 무겁기 때문에 잘 만들지는 않았다. 그러나 공사판에서 흙 따위를 담아 운반할 때는 '찍굴체'가 필요했다. '굴체'는 '산테'라고도 부른다. '산테'는 '삼태기'의 옛말로, 16세기 이전의 어휘가 제주도방언에서 살아있음을 확인할 수 있는 어휘 가운데 하나다.

簣 산태 궤 俗呼糞斗
畚 산태 본 盛土草器 (《훈자회몽》 중:10)

"찍으로 굴체도 준다. 산테엔도 곤나. 산테는 공사판에서 쓰는 조그마허게 만든 거라. 자갈도 담고 흑 ㄱ튼 것도 담곡 경허는 거."
(짚으로 삼태기도 겯는다. 산태라고도 말한다. 산태는 공사판에서 쓰는 자그마하게 만든 거야. 자갈도 담고 흙 같은 것도 담고 그렇게 하는 것.)
— 한경면 조수2리 이옥춘 구술

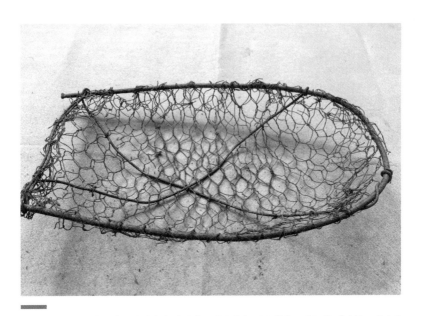

쒜굴체 '쒜굴체'는 쇠로 만든 삼태기다. 삼태기를 제주에서는 '굴체'라고 하는데, 대나무로 만들면 '대굴체', 짚으로 엮으면 '찍굴체', 쇠로 만들면 '쒜굴체'라고 한다. '쒜굴체'는 주로 돌을 주울 때 사용해서 '돌굴체'라고도 한다. 송당리에서는 '산태'라고 부르기도 하였다. 사진 김보향.

곡식을 널 때 쓰는 멍석과 덕석도 짚으로 걸어 만든 생활도구다. 멍석은 '짚으로 걸어 네모지게 만든 큰 깔개. 흔히 곡식을 널어 말리는 데 쓰나, 시골에서는 큰일이 있을 때 마당에 깔아 놓고 손님을 모시기도 하'는데, 덕석보다 크기가 크다. 덕석은 네모나거나 둥그렇게 만든다. 맷돌을 갈 때 사용하는 'ᄀᆞ렛방석(맷방석)'은 'ᄀᆞ레(맷돌)'를 앉히고 사람이 앉아서 맷돌을 돌릴 수 있는 크기로 둥그렇게 만들었다.

이 밖에도 짚을 이용한 생활도구가 많다. 닭이 알을 낳는 '둑텅에(닭둥우리)', 소의 길마 아래 얹는 '쒜도곰'도 짚으로 만들어 쓴 생활용품들이다.

짚으로 만든 용기가 곡식을 저장하거나 곡식을 말릴 때 주로 사용했다면 '쉐(쇠)'로 만든 그릇은 음식을 담거나 음식을 익힐 때 주로 이용했다.

대표적인 '쉐그릇'은 '놋그릇'과 '무쇠솥'이 있다. '놋그릇'은 음식을 담거나 먹을 때 사용했고, '쉐그릇'은 음식을 익힐 때 사용했다. '놋그릇'으로는 '놋사발(바리)'·'놋낭푼(놋양푼)'·'놋수까락(놋수저)' 등이 있다. '놋사발'은 놋쇠로 만든 사발인데, 따로 결혼식 때 새색시의 밥을 떠주는 뚜껑 달린 여자용 밥그릇은 '수박기'라고 불렀다. '수박기'는 놋쇠로 만든 여자의 밥그릇으로, 오목주발과 같으나 아가리가 조금 좁고 중배가 나왔으며 뚜껑에 꼭지가 달려 있다. '놋낭푼'은 놋쇠로 만든 양푼을 말한다.

보리밥이 그득 남긴 둥그런 '놋낭푼' 주변에 가족이 빙 둘러앉아 놋수저로 조금이라도 밥을 더 먹으려고 밥의 경계를 그으며 애썼던 기억은 50대 이상이면 누구나 겪었음 직한 풍경이다. 잔칫날 신부가 먹다 남긴 '수박기'에 담긴 '곤밥'을 얻어먹던 추억도 70대 이상의 어른들에게서는 심심치 않게 들을 수 있는 애깃거리다. 제사를 끝낸 후에 놋그릇을 씻어 정성껏 말렸던 일도 잊지 못할 추억담이다.

"엿날 놋그릇은 수박기, 놋사발, 국대접 허주게. 궤기 ㄱ튼 거 먹어나민 요새 풍풍이 엇어부난게 무신 호박잎도 허여당 씻어. 호박잎도 엉기여부난 지름진 거 벗어져. 그런 것으로도 싯고, 물 뜨신 거 ㅇ라 번 둥가근에 씻엉 벳듸 그날 허멍 다 널엉 물려. 녹피영 무신거 색깔 뜰리카부뎅 저 물류멍 우리도 하영 헤봣어. 저 큰집이 헐 때 뒈민 싯는 사름 싯곡 무른 걸레로 다끄는 사름 싯곡. 방상이 다 모다들엉 멩질 먹으레 가민 거 다 헤뒁 와."

(옛날 놋그릇은 바리, 놋사발, 대접 하지. 고기 같은 거 먹어나면 요새 퐁퐁이 없어버리니까 무슨 호박잎도 해다가 씻어. 호박잎도 엉기니까 기름진 것 벗어져. 그런 것으로도 씻고, 물 따뜻한 것에 여러 번 담가서 씻어서 볕에 그날 하면서 다 널어서 말려. 녹피어서 무엇 색깔 달라질까봐 저 말리면서 우리도 많이 해봤어. 저 큰집에 할 때 되면 씻는 사람 씻고 마른 걸레로 닦는 사람 있고. 친족이 다 보여들어서 명절 먹으러 가면 그것 다 해두고 와.)

— 성산읍 고성리 정양길 구술

'정동화리'는 추억의 샘

겨울철에 온기를 전해주는 '정동화리(청동화로)'도 놋그릇의 하나다. '정동화리' 주변에 둘러앉아 어른들이 들려주는 이야기에 빠져들었던 기억들은 이제는 옛 이야기가 되어 버렸다. 내 유년의 기억 속에는 놋그릇에 대한 추억이 있다. 반짝반짝 윤이 나는 '정동화리'가 큰이모님의 방 안 풍경을 떠올릴 때면 잊혀지지 않는 영상 가운데 하나다. 이모님은 한복 짓는 일을 하셨다. 이모님은 한복을 지으면서도 바쁘신 어머니 대신 내게 한글을 깨우쳐 주고 더하기 빼기를 가르쳐 주었다. 이모님 방을 지켰던 '정동화리'에, 그 속에서 선택을 기다리는 '윤디(인두)', 그리고 그 '윤디'로 다소곳하게 앉아서 다림질하는 이모님의 모습은 나의 유년의 아름다운 영상 가운데 하나

정동화리 '정동화리'는 청동화로에 대응하는 제주어다. '정동화리'는 겨울철 불을 쬐는 난방기구이 기도 하였지만, 여성들이 옷을 만들 때 인두를 달구거나 제사 때 산적을 구울 때도 이용하였다. 김순자 촬영.

다. 재 속에 담겨 있던 '윤디'가 꾸깃꾸깃한 옷의 주름을 펴주고, 또 주름을 만들어 내는 것을 신기하게 바라보았던 어린 시절의 추억 은 오늘날에는 더 이상 볼 수 없는 풍경이다. 지금은 이 세상에 안 계셔서 찾아뵐 수 없지만 '잉경(불잉걸)'을 묻어둔 '정동화리'의 재 속 에 '윤디'를 묻어두었다가 한복을 지으며 다림질했던 이모님 모습 은 내 영상 속에 오래 남아 있을 것이다.

"동제허는 솟 옹졸레기"

'무쇠솥'은 '쒜그릇' 가운데 가장 대표적인 그릇이다. 제주의 전통 주거인 초가 부엌인 '정지'에는 크기 순으로 줄줄이 놓여진 쇠솥 식

구들을 만날 수 있었다. 박물관에 가서야 볼 수 있는 제주의 '정지'
솥은 양옆과 뒤에 돌을 세워 '덕'을 만든 후 그 위에 안쳐서 솥 아래
로 불을 때어서 음식을 익힌다. 집안 형편에 따라 왼쪽에서부터 크
기 순으로 네다섯 개가 놓여 있었다. 필자가 어렸을 때 살던 집의
'정지' 풍경은 이랬다.

가장 왼쪽에는 가마솥이 놓여 있어서 큰일 때 떡을 찌거나, 겨울
철에 장을 담글 콩을 삶거나 엿을 고을 때 사용했다. 가마솥을 제
주에서는 '가메' 또는 '가메솟'이라 부르는데, 가마솥에 불을 때는
날은 별식을 맛볼 수 있는 날이었다. 어머니께서 콩 삶을 때 함께
넣어 삶아 주었던 고소한 콩 물이 들어간 고구마 맛은 아직도 잊을

쒜솟 '쒜솟'은 무쇠로 만든 솥이다. 보통 솥은 집안에 따라 4~5개씩 봇돌에 앉히게 되는데, 쌀 두 말
이 드는 솥은 '두 말떼기', 한 말 드는 솥은 '말치', 두 되 드는 솥은 '다두테기'라고 한다. 김순자 촬영.

놋우금과 놋낭푼과 놋수꾸락 '놋우금'(위)은 놋으로 만든 밥자, '놋낭푼'은 놋으로 만든 양푼, '놋수꾸락'은 놋으로 만든 수저다. '우금'을 지역에 따라서 '울금' 또는 '밥자'라고 한다. 쇠로 만들었다고 해서 '쉐밥자'라고도 한다. 김순자 촬영.

수 없다. 가마솥 옆에는 가마솥보다 작은 무쇠솥이 놓여 있었는데, 어머니는 그 솥에서 항상 밥을 지었었다. 그 다음에는 밥하는 솥과 크기가 비슷한 솥이 하나 걸려 있었는데 주로 물을 데울 때 이용했고, 그 다음은 국솥, 그 다음은 가장 작은 솥이 걸려 있었는데 주로 반찬을 할 때 사용했다.

　솥 이름은 기능에 따라 '밥하는 솥', '국 끓이는 솥', '물 데우는 솥', '반찬하는 솥'으로 나누기도 하였지만, 보통은 쌀의 분량에 따라 지어진다. 쌀 두 말어치 밥을 하는 솥은 '두말테기'라 하고, 쌀 한 말 반어치의 밥을 할 수 있는 솥은 '말가웃테기', 쌀 한 말어치의 밥을 할 수 있는 솥은 '말치'라고 불렀다. 또 '뒈약세기'로 다섯 개 드는 솥은 '다도테기', 뒈약세기로 세 개 드는 솥은 '서도테기'라 불렀다.

놋그릇 놋그릇은 놋으로 만든 그릇이다. 놋으로 만든 밥시발은 '놋밥사발', 놋으로 만든 국그릇은 '놋국사발'이라고 하는데, 특히 뚜껑에 꼭지가 달린 여성의 밥그릇은 '수박기'라고 한다. 사진 김보향.

제주에서는 곡식의 분량을 잴 때 '뒈약세기'를 기준으로 하는데, '뒈약세기'로 두 개 반이면 '한 되'이니 '다도테기'는 쌀 두 되들이 크기의 솥을 말한다. 제주에서는 '되'를 다른 말로 '두뒈가웃들이' 라고도 불렀다. 이 밖에도 한 명이 먹을 수 있는 밥을 하는 크기의 솥이 있는데, 이름하여 '옹졸레기'다. '옹졸레기'는 '옹조리', '옹지리', '동솟'이라고도 한다. 이 솥은 할아버지나 아버지에게 동자를 해주는 그릇이었다.

"하르방이나 동공아딜 주젠 쌀만 허영 동제 허영 줘. 동젠 특별허 게 우대허는 거. 큰솟듸 허민 곤쌀이 보리쌀에 서꺼져부난 곤쌀만 흐끔 낭 동제허영 줘. 동제허는 솟 옹졸레기엔 헌다."

(할아버지나 귀엽게 키우는 아들 주려고 동자 해서 줘. 동자는 특별 하게 우대하는 거. 큰솥에 하면 흰쌀이 보리쌀에 섞여 버리니 흰쌀

만 조금 넣어서 동자 해서 줘. 동자 하는 솥 '옹졸레기'라고 한다.)

— 한경면 조수2리 김성욱 구술

이처럼 우리 선조들은 쌀의 분량에 따라 솥의 크기를 달리했고, 크기가 다른 솥마다 별도의 이름을 붙여 쓰임을 구분했다. 그러나 이런 이름과 함께 봇돌에 '쒜솟'을 걸고, 보릿짚으로 불을 때 연기를 마시면서 밥을 하고, 국을 하고, 반찬을 했던 풍속은 기억 저편으로 사라져가는 빛바랜 추억으로 남게 되었으니 격세지감이다.

언필칭, 시대의 흐름과 주거 환경의 변화로 누대로 이어온 삶의 문화도 바뀔 수밖에 없다. 그러나 그 속에서 만들어 낸 문화유산들은 오늘과 어제를 이어주는 삶의 흔적들이다. 짚을 엮어 곡식을 저장했던 '멕'이나 '부게', 가족들을 위해 무쇠솥 아궁이에 보릿대로 불을 지피는 어머니와 할머니의 모습은 오래도록 기억해야 하지 않을까. 오늘을 사는 우리들에게 주어진 과제다.

《교육제주》 2009년 겨울 통권 144호

제5장

제주 사람들의
의식주와 언어

아기 멩 질렌 봇듸창옷에 씰곰 돌아
아기 명 길라고 배냇옷에 실고름 달아
　옷에 깃든 제주어

곤밥 흔 숟가락썩 끊어낭 주민 그것도 경 맛 좋앙
흰밥 한 숟가락씩 끊어놔서 주면 그것도 그렇게 맛 좋아서
　맛깔스런 밥 이름

초집은 새로 일고 집줄로 동여매야
초가는 띠로 이고 집줄로 동여매야
　옛 주거 공간 속의 제주어

따비로 밧 일구고 골겡이로 검질매고
따비로 밭 일구고 호미로 김매고
　따비, 잠대, 골겡이

곡석은 체로 치곡 푸는체로 푸끄민 ㅋ 쿨허주
곡식은 체로 치고 키로 까부르면 깨끗하지
　얼멩이, 체, 푸는체

아기 멩 질렌
봇듸창옷에 씰곰 둘아

아기 멩 길라고 배냇옷에 실고름 달아

옷에 깃든 제주어

　　　　　　　　제주어는 제주문화의 고갱이다. 의식주
는 물론 세시풍속과 민간요법, 놀이, 농업과 축산, 어업 등 다양한
문화 속에는 제주만의 독특한 제주어가 깃들어 있다. 제주문화를
이야기할 때 제주어를 분리해 놓고는 이야기가 되지 않는다. 제주
문화 속에 담겨 있는 제주 사람들의 생각과 그것에 담긴 제주어의
의미를 천착해 보는 것도 오늘을 사는 우리들에게 주어진 과제다.
　이 글은 필자가 보았거나 우리네 어머니와 할머니 등에게서 직
접 캐낸 제주어 자료를 토대로 작성했다. 봄 여름 가을 겨울, 네 계
절에 걸친 제주 사람들의 삶과 문화 속에 담겨 있는 제주어의 묘미
를 의식주 등과 관련해서 풀어내려고 했다. 그 첫 번째는 '제주의
의복문화'에 담겨 있는 제주어 이야기다.
　'제주의 의복문화'는 달리 말해 '제주의 옷'과 관련된 문화이다.
의복은 옷의 다른 말이지만, 신발이나 모자 등 사람들이 몸에 걸치

는 일체의 것을 의미하기도 한다. 따라서 이 글에서는 제주 사람들이 입었던 의복 속에 담긴 독특한 제주어 의복 명칭 몇 가지를 중심으로 탐구해 보려고 한다.

생명의 옷 '봇듸창옷'

'봇듸창옷'은 아기가 태어나 처음으로 입는 '생명의 옷'이다. '봇+듸#창옷' 구성으로, '봇'은 태(胎), '듸'는 처소격 조사 '에'의 의미이고, '창옷'은 소창옷 모양을 했기 때문에 붙은 명칭이다. 지역에 따라서 '베창옷·봇뎃옷·봇뎃창옷·봇뒤옷·봇뒤적삼·봇뒷창옷·베넷저고리' 등으로 불리는데, 표준어 '깃저고리'에 해당한다.

'봇듸창옷'에는 '씰곰'을 다는데, 아기가 긴 실처럼 오래도록 살라는 염원이 깃들어 있다. '씰곰'은 '씰+곰' 구성으로, '실로 된 옷고름'이라는 의미다. '씰'은 실(絲), '곰'은 '고름'의 제주어다.

'봇듸창옷'은 삼베를 이용하여 만드는데, 아기를 낳아 사흘 만에 입히는, 간편하게 지은 베옷이다. 삼칠일이라고 해서 삼일 또는 일주일, 아니면 스무하루는 입혀야 한다. 아기에게 거친 삼베로 지은 '봇듸창옷'을 입히는 것은 아기가 자라면서 등이 가렵지 말라는 속설 때문이다.

"베넷저고리라고 잇지이. 봇듸창옷이라고. 그거를이 상주 때 입어난 옷 잇잖아. 그거를 뜯어 놩 헌다. 웃이민 새걸로 베 사당 그냥 허곡. 그 이유가 뭐냐 허민 어린 때에 꺼끄러운 거 입어나야 아기가

등 ᄀ렵지 안 헌덴. 그 의미에서 그거. 게난 아멩 못 입져도 일주일
은 입져. 안 그러며 삼 주 입지렌 허는 건디."

(깃저고리라고 있지. '봇듸창옷'이라고. 그것을 상제 때 입었던 옷 있
잖아. 그것을 뜯어 놓아서 한다. 없으면 새것으로 베 사다가 그냥 하
고. 그 이유가 뭐냐 하면 어릴 때에 까끌까끌한 것 입어나야 아기가
등 가렵지 않는다고. 그 의미에서 그것. 그러니까 아무리 못 입혀도
일주일은 입혀. 안 그러면 삼 주 입히라고 하는 것인데.)

— 애월읍 봉성리 강지숙 구술

"봇듸창옷엔 헌 거. 저 마페, 옛날 마페 석 자 허여근에 그걸로 소미
질게 헤영 옷 허영 입지메. 것도 아기 할망이 허여줘. 베 요새 미녕
베도 아니고 옛날 춤베 신 때에 거 베 석 자민 뒌덴. 그거 허영 베 소
미도 영 허게 춘허게 베 석 자 허영 그거 아니 입지믄 아기가 옥으
민 등 ᄀ릅넨. 그거 ᄂᆞ슨 베로 허영 입져나민 등 ᄀ릅지 아년덴. 봇
듸창옷. 저 썰곰 둘곡 허영 멩 질렌 썰곰 둘곡 허연. 건 ᄒᆞᆫ 사을 입져
나민 저고리나 적삼이나 헹 입지주게. ᄒᆞᆫ 사흘 입졍 말아."

(깃저고리라고 한 거. 저 마포(麻布), 옛날 마포 석 자 해서 그것으로
소매 길게 해서 옷 해서 입혀. 그것도 아기 할머니가 해줘. 베 요새 무
명이 아니고 옛날 삼베 있을 때에 거 베 석 자면 된다고. 그거 해서 베
소매도 이렇게 찬하게 베 석 자 해서 그거 아니 입히면 아기가 크면 등
가렵다고. 그거 거친 베로 해서 입혀나면 등 가렵지 않는다고. 깃저고
리. 저 '실고름' 달고 해서 명 길라고 '실고름' 달고 해서. 그것은 한 사
흘 입혀나면 저고리나 적삼이나 해서 입히지. 한 사흘 입혀서 말아.)

— 애월읍 수산리 홍진규 구술

'봇듸창옷'은 남녀에 따라 소매 길이를 달리 한다. 애월읍 봉성리 강자숙은 아들은 폭을 다 써서 만들지만, 딸은 반으로 잘라 만들었다고 한다. 딸의 옷소매를 길게 하면 '말이 뛰어나고, 참말하고, 이 그러진다.(잘난 척하다)'는 속설 때문이다.

'봇듸창옷'은 주로 삼베를 이용해 만든다. 한자어 '마페'로 부르기도 했다. '마페'는 '마포'의 제주어식 발음이다. '봇듸창옷'은 아기 할머니가 주로 해주는데, 직접 만들어 입히지 못하면 빌려서라도 꼭 입혔다고 한다.

잠녀들의 물옷 '소중의'

'소중의(물옷)'는 잠녀들이 물질할 때 입는 옷으로 널리 알려져 있다. 그러나 '소중의'는 '속중의', 즉 가장 안에 입는 옷이라는 의미다. 지역에 따라서 '소중이·소중기·속곳'이라고도 한다. 고무옷이 나오기 이전에는 잠녀들이 물질할 때 입었던 옷의 대명사격이다. 잠녀들이 물질하며 입는 옷이라고 해서 '물소중의'라고도 한다.

속옷으로 입는 '소중의'는 어깨끈인 '미친(또는 메친)'을 달지 않지만, 잠녀들이 입는 '소중의'는 왼쪽에 어깨끈을 달고, 오른쪽에 옆트임을 하여 매듭단추를 달아 만들었다. 즉, 왼쪽은 막혀 있고 오른쪽은 트여 있다. 트인 쪽은 '암굴', 막힌 쪽은 '숫굴'이라고 하여 가랑이를 암수로 구분하여 표현한 것이 재미있다.

매듭단추를 제주에서는 '둘매기·둘마기' 또는 '벌ᄆ작'이라고 한다. '둘매기'는 문헌어 '둘마기'와 '둘막이'가 제주어에 온전하게 남

소중의와 물수건 '소중의'는 잠녀들이 물질할 때 입었던 무명으로 만든 속곳이다. 물수건은 잠녀들이 물속에서 머리카락이 날리지 않게 머리에 동여매는 물건이다. 잠녀들이 검은 물을 들인 소중의를 입고 있다. 서재철의 《제주해녀》에서 발췌.

아 있는 경우다.

> △ 돌마기: 紬 돌마기(《사성통해》下 65)
>
>> 돌마기 돌은 갓애(剛乂帽兒)(《노걸대언해》下 47)
>>
>> 돌마기를 너모 크게 말고(《박통사언해》중간본 55)
>
> △돌막이: 돌막이 뉴(紐)(《왜어유해》上 46)

'벌ᄆ작'은 표준어 '벌매듭'에 대응하는 제주어로, 매듭이 벌처럼 생겼다고 해서 붙은 명칭이다. 'ᄆ작'은 표준어 '매듭'에 대응하는 제주어다.

'소중의'는 속옷으로 입을 때는 따로 물을 들여 입지 않지만, 물질할 때 입는 옷은 검은 물을 들여서 입기도 하였다. 미역이나 모자반, 전복 따위를 채취하다 보면 흰 옷은 쉽사리 더러움을 타서 이를 방지하는 효과도 있다. 현기영의 《바람 타는 섬》의 다음의 대목은 갓 물질을 끝내고 나온 잠녀의 '소중의' 입은 모습이 생동감 있게 전달된다.

> "물 젖은 소중의는 궁둥이에 찰싹 달라붙어 붉은 살빛하며, 가운데 쪼개진 골이 완연히 드러나 보일 테고, 벗은 허벅지는 탄력있게 꿈틀거리며 물방울을 튕겨낼 게다."
>
> — 현기영(1989:26)의 《바람 타는 섬》 중에서

'소중의'는 '선문대할망'[1] 설화에도 등장한다. 제주 사람들은 깊은 바다가 막혀 있어 육지 출입이 불편했다. 속옷이 없는 '선문대할망'은 명주로 자신의 '소중의'를 만들어 주면 제주에서 육지까지 다리를 놓아주겠다고 제안한다. '선문대할망'은 덩치가 워낙 커서 속옷 하나를 만들려면 명주 100동이 필요했다. 제주 사람들이 온 힘을 다해도 명주 99동밖에 모으지 못해 '처지'할 부분이 부족하여 '할망'의 속옷을 완성하지 못해 아직까지도 제주에서 육지까지 다리를 놓지 못했다는 설화다. '선문대할망'의 설화에는 '소중의' 재료가 명주로 나와 있지만, 잠녀들이 입는 물옷은 '미녕(무명)'으로 만든다.

여자들이 속곳 위에 입는 속옷은 '고장중의'라고 한다. '고장중의'

---

1) '선문대할망'은 달리 '설문대할망, 설명두할망, 세멩지할망' 등 다양하게 불리는데, 필자는 '선문대할망'을 선호해 쓰고 있다.

메친

쾌

돌메기

허리

허릿곰

처지

암굴(산굴)

밋

숫굴(죽은굴)

소중의 제주시 이호동 고순여가 제작한 소중의다. 왼쪽의 어깨끈을 '미친' 또는 '메친'이라고 한다. 오른쪽은 입기 편하게 트고, 헝겊오리로 만든 매듭단추로 갈무리하였다. 매듭단추를 제주에서는 '돌 메기' 또는 '벌ᄆᆞ작'이라고 한다. 고순여 제작. 김순자 촬영.

는 한복 안에 입는 여자 속옷의 하나로, 속속곳 위에 입는데 발목 밑으로 내려가면서 통이 좁아지고 밑을 여미도록 되어 있다. 표준 어 '고쟁이'에 대응하는 제주어다.

제주의 옷 '갈옷'

'갈옷[褐-]'은 제주 사람들의 평상복이자 노동복이었다. 한동안 자 취를 감췄던 '갈옷'은 십수 년 전부터 새롭게 디자인되어 제주의 특색을 나타나는 옷으로 대접받고 있다.

'갈옷'은 통기성이 좋고 시원할 뿐만 아니라 더러움을 타지 않아 여름철 노동복으로 많이 사용되었다. 그러나 요즘은 '특별한 옷'으로 대접받고 있으니 격세지감이다.

'갈+옷' 구성의 '갈옷'은 '감물을 들여서 만든 옷'을 말한다. 여름철 무명옷에 감물을 들인 후에 햇볕에 여러 차례 말리다 보면 갈색으로 변하게 된다. 달리 '감옷'이라고 한다. 단어구조상 '갈-'과 '감'의 의미가 같아야 하는데 '갈'은 '감'의 의미보다는 '갈색 물감'의 의미로 쓰여 차이를 보인다. 즉 '갈-'은 '감즙을 먹인 갈색'의 의미로, '갈옷'은 '감즙을 먹인 갈색의 옷'을 말한다. 반면 '감옷'의 '감'은 명사 '감(柿)'을 말한다.

국립국어원의《표준국어대사전》에는 '갈물'과 '감물'이 표제어로 올라 있다. '감물'은 '덜 익은 감에서 나는 떫은 즙. 염료나 방부제로 쓴다.'라 설명하고 있고, '갈물'은 '떡갈나무 껍질에서 얻는 검붉은 물감'을 말한다. 제주에서도 떡갈나무 잎이나 뿌리를 삶아서 나온 염료를 '갈물'이라고 하는데,《개정증보 제주어사전》어휘 조사 때 한림읍 월령리에서 새롭게 수집된 어휘다. 월령에서 만난 한 제보자는 "옛날에는 갈물로 옷도 물들여서 입곡 주낙도 물들여서 썼다."면서 갈물을 들인 옷감이나 주낙줄이 질겨서 갈물을 많이 애용했단다. 그러고 보면 제주에서도 '감물'과 '갈물' 두 가지 염료가 사용되었음을 알 수 있다.

'감물'을 들일 때는 보통 '풋감'이라는 재래종 감을 이용한다. 즉 설익은 '풋감'을 따서 물을 들인다. 사람에 따라서는 '풋감'을 표준어 '풋감'의 제주어로 설명하는 경우가 있는데 이는 잘못된 해석이다. '풋감'은 '풋-+감' 구성으로, '풋'은 '아주 작은'이라는 뜻으로 쓰이는 접두사다. '풋감'은 '풋감'이 아니라 열매가 자잘한 품종의 재래종 감을 말한다. '풋 재열(아주 작은 종류의 매미)', '풋 깅이(자그마한 게의 한 종류)', '풋 볼레(열매가 자잘한 보리수)' 등에서도 '풋-'의 의미가 확인된다.

'갈옷'은 통기성이 좋을 뿐만 아니라 땀이 배지 않고 질겨서 주로 여름철 노동복으로 많이 입었다. '갈옷'은 '감물을 들인 옷'의 총칭으로, 옷가지에 따라 부르는 명칭도 달리 나타난다.

'갈중의적삼'은 '갈중의'와 '갈적삼'을 통칭하는 명칭이다. 간혹 '갈옷'의 다른 이름으로 '갈중의'라고 말하는 사람들을 만나게 되는 경우가 있는데 이는 잘못이다. '갈중의'는 감물을 들인 홑바지다.

> "노인은 갈적삼 소매로 이마의 땀을 훔친다. 바위에 걸터앉아 풋담배를 담아 부친다. 담배 맛이 일품이다."
>
> ― 오성찬(1976:457)의 〈돌챙이〉, 《탐라인》 중에서

'갈옷'는 '갈중의적삼'이라는 통칭보다는 '갈중의', 갈적삼, 갈줌벵이(갈정벵이)'처럼 홑옷의 이름으로 남아 있다. '갈-+중의', '갈-+적삼', '갈-+줌벵이' 구성으로, '감물을 들인 중의·적삼·줌벵이'라는 의미다. '줌벵이'는 지역에 따라서 '점방이·점벵이·정벵이·줌방이'형으로도 나타나는데 표준어 '잠방이'에 대응하는 제주어다.

> "그 미녕허민 옛날은 감들인 옷만 헷어. 남자도 갈중의적삼, 여자도 갈중의적삼허곡. 또로 여잔 일곱 복 중의 허영 영허영 독머리 영허영 다림 치곡 허연 경허연 일헤낫주기게. 여자 중읜 일곱 폭으로 멩

감물 들이기 '갈옷'은 감물을 들여서 만든 제주의 대표적인 노동복이다. 보통 '풋감'이라고 부르는 제주의 토종 감을 빻아서 무명에 감물을 들여 옷을 만들고 입었다. 적삼이나 중의에 직접 감물을 들이기도 한다. 감물 들인 옷을 햇볕에 바래면 갈색으로 변한다. 《사진으로 보는 제주역사》에서 발췌.

글아. 남자 건 다섯 폭산디 멩글곡 헨에. 여잔 독다림 치곡. 남즈도
요디 영 다림 치곡 허영 검질메곡게."

(그 무명하면 옛날에는 감들인 옷만 했어. 남자도 갈중의적삼, 여자
도 갈중의적삼하고. 다시 여자는 일곱 폭 중의 해서 이렇게 무릎 이
렇게 해서 대님 치고 해서 그렇게 해서 일했었지. 여자 중의는 일곱
폭으로 만들어. 남자 것은 다섯 폭인지 만들고 해서. 여자는 중대님
치고. 남자두 여기 이렇게 대님 치고 해서 긴매고.)

— 애월읍 수산리 홍진규 구술

위의 구술에서 보이듯 '갈옷'은 주로 '미녕'으로 만든다. '미녕'은
'무명'에 대응하는 제주어다. 중의도 남녀를 구분하여 여자 옷은 남
자 옷보다 폭을 넓게 해서 만들고, 무릎 아래에도 대님을 매었다.
무릎 아래로 매는 '중대님'을 제주에서는 '독다림'이라고 한다. '독'
은 '무릎'에 대응하는 제주어다. 구술의 '독머리'도 '무릎'의 의미다.
'좀뱅이'가 남자들의 홑바지라고 한다면 '굴중의'는 여자들이 입
는 속바지다. 즉 '굴중의'는 허리 편에 주름이 잡혀 있고, 폭을 넓게
만드는데 치마 안에 입기도 한다. 일을 할 때는 '굴중의' 차림으로
'독다림'을 매서 노동복으로 활용하였다. '굴중의'의 '굴'의 의미는
정확하게 알 수 없으나 바지의 '통' 안이 '굴'처럼 생겨서 붙은 이름
이 아닌가 한다. '바짓가랑이의 속'을 뜻하는 제주어 '바짓굴'과 '소
중의'의 옆트임 여부에 따른 '암굴'과 '숫굴'에서 '굴'의 의미를 유추
해 볼 수 있다.

죽어서 호사하는 '호상옷'

 제주 속담에 '살앙 흔번 호사 죽엉 흔번 호사'라는 말이 있다. 이 말은 살아생전에 혼인하면서 '호사스럽게' 옷을 한 번 해 입고, 죽어 저승에 갈 때 '호사스럽게' 옷차림을 한다는 의미다. 제주에서는 염습할 때 시신에게 입히는 옷을 '호상옷' 또는 '저승옷'이라고 한다. '호상옷'은 '호상(護喪)＋옷', '저승옷'은 '저승＋옷' 구성으로, 염습할 때 송장에 입히는 옷을 말한다. 표준어 '수의'에 해당한다. 《표준국어대사전》에 보면, '호상'은 "①초상 치르는 데에 관한 온갖 일을 책임지고 맡아 보살핌 ②장례에 참석하여 상여 뒤를 따라감. 또는 그런 사람 ③호상차지"의 의미로 쓰이지만, 제주에서는 여기에 더해 '수의'의 의미로도 사용된다.

 '호상옷'은 보통 혼인할 때 입었던 혼례복을 저승 갈 때도 다시 입혔으나 지금은 새로 만드는 게 보편적이다. 남녀에 따라 옷가지에 차이가 있으나 '갖은수의'를 합쳐 30가지 가까이 된다. '옷가지'는 '속옷, 바지, 저고리, 치마, 장옷, 도포, 보선, 허리띠' 따위를 말하고, '갖은수의'는 남녀 공히 필요한 수의로, '이불, 요, 베개, 검은호상, 엄두, 악수, 신발' 따위를 말한다.

> "검은호상 안녠 붉은멩지로 허곡 우의 검은멩지로 흐난 검은호상
> 옌 허영 영 뒤에 뎅기 식 개 둘곡 또로 영 특받이 채울 거 허곡."
> (검은호상 안에는 붉은명주로 하고 겉은 검은명주로 하니까 검은호

상이라고 해서 이렇게 뒤에 댕기 세 개 달고 따로 이렇게 턱받이 채울 것 하고.)

— 애월읍 수산리 홍진규 구술

　위의 구술에서 보듯, 제주의 '호상옷'은 '검은호상'에서 유래한 어휘가 아닌가 한다. '검은호상'은 '호상, 복감티' 등으로도 불리는데, 시신에게 옷을 입힌 후 맨 나중에 머리에 씌우는 명주로 만든 모자다. 모자 색깔이 검어서 붙은 명칭이다.

　'호상옷'을 지을 때는 날을 가려서 한다. '호상옷'은 '손 없는 날'을 택해서 하고, 뱀날이나 쥐날, 본명일에는 짓지 않는다. 윤달에 '호상옷'을 지어두면 무병장수한다는 속설 때문에 요즘도 윤달에 부

촌켕이와 정당벌립 '촌켕이'는 지역에 따라서 '우장'이라고 하는데, 표준어 '도롱이'에 대응하는 제주어다. '정당벌립'은 댕댕이덩굴로 결은 모자다. 《만농 홍정표 선생 사진집-제주 사람들의 삶》에서 발췌.

모님의 '호상옷'을 지어 선물하기도 한다. 좀이 생겨 구멍 난 '호상옷'을 입히면 자손 대에 구멍이 나 좋지 않고, 모시로 만든 '호상옷'을 입히면 자손의 머리가 센다고 하여 피하였다. 이처럼 제주 사람들은 태어나서 죽을 때까지 입는 옷에 정성을 다하며 독특한 의복 문화를 만들어 냈고, 그 안에 고갱이 같은 보배로운 어휘들을 생산해 냈다.

'츳궹이'와 '정당벌립'

'츳궹이'와 '정당벌립'도 제주의 독특한 민속자료이자 언어유산이다. '츳궹이'는 지역에 따라서 '우장, 줍세기, 츳광이, 츳궤' 등으로 불리는데, 표준어 '도롱이'에 해당한다. '새(띠)'를 엮어서 만든 '츳궹이'에 '정당벌립'을 쓰면 비 오는 날에도 옷이 젖지 않아 마소를 돌보는 '테우리(목동)'들이 즐겨 입었다. 또 추위를 막아주는 방한복이었고, 산야에서 노숙할 때는 이불 역할도 톡톡히 하였다.

'정당+벌립' 구성의 '정당벌립'은 댕댕이덩굴로 엮어 만든 벙거지다. '정당'은 표준어 '댕댕이덩굴'에 해당하는 제주어로, 달리 '정동'이라고도 한다. '벌립'은 표준어 '벙거지'를 말한다. 차양을 넓게 만들어 비나 뜨거운 햇볕을 막아주는 한편, 가시덤불을 지나칠 때는 방패막이가 되어 준다. '정당벌립'은 제주시 애월읍 귀덕리 잣질동네(성로동) 남자들이 부업거리로 많이 결었는데, 지금은 제주특별자치도 무형문화재 제8호로 지정되어 그 맥을 잇고 있다.

마소의 털을 모아서는 '털벌립'을 만들어 썼다. 조선시대 제주의 진상품 가운데 하나였던 '털벌립'은 봄철에 털갈이하는 소나 말의 털을 모아 콩풀에 섞어서 갓 모양의 모자틀에 눌러서 만든 모자다. 한자로 '전모(氈帽)'라 한다. 지역에 따라서는 '털벙것'이라고도 한다.

이처럼 제주 사람들은 의복과 관련한 독특하고 보배로운 어휘를 생산해 냈다. 그러나 이들 어휘들도 생활환경과 자연환경, 인문환경이 바뀌면서 사라질 위기에 놓여 있다. 기억 속의 보배로운 언어 유산을 찾고 다듬어 온전하게 보전하는 일은 우리들이 헤야 할 일이다.

《교육제주》 2015년 봄 통권 165호

'옷' 관련 제주어

제주어	표준어	제주어	표준어
관디옷, 관데옷	관디, 관대	벙것, 벌립	벙거지
도복	도포	입제	입자, 갓
두루막, 후리메	두루마기	탕근	탕건
멩지옷	명주옷	남신	나막신
미녕옷	무명옷	보선	버선
봇디창옷, 봇뎃창옷	깃저고리	주멩기	주머니
수견, 씨견	다리속곳	초신, 찍신	짚신
우장, 접세기, 츠궹이	도롱이	멘네	목화
저구리	저고리	멩지	명주
치메	치마	미녕	무명
호상옷, 저승옷	수의	골미	골무
흔삼	한삼	다리웨	다리미
곰, 골롬, 골홈	고름	바농	바늘
다님, 다림	대님	바농질	바느질
독다림	중대님	바농질와치	바느질아치
동전	동정	베클	베틀
목고데, 짓고데	깃고대	손바농질	손바느질
소미	소매	윤디	인두
옷곰, 옷골홈	옷고름	질목	길목버선
짓	깃	질쌈	길쌈
짓바대	등바대	홍짓대, 홍질대	홍두깨
멩긴	망건	ᄀ새	가위
모ᄌ	모자	바농상지	반짇고리

곤밥 혼 숟가락썩 끊어낭 주민 그것도 경 맛 좋앙

흰밥 한 숟가락씩 끊어놔서 주면 그것도 그렇게 맛 좋아서

맛깔스런 밥 이름

사면이 바다로 둘러싸여 있는 화산섬 제주는 화산회토여서 논은 거의 발달되어 있지 않아 밭농사가 주종을 이룬다. 따라서 제주 섬사람들의 밥상 위에는 보리쌀, 좁쌀, 팥, 콩 등을 넣어 지은 밥이나 이들 곡물을 섞은 잡곡밥이 올라온다. 좁쌀과 보리쌀을 반반 넣어서 지은 '반지기밥', '산듸쏠^(밭벼쌀)'이나 '나록쏠^(볍쌀)'로 지은 '곤밥'도 제주 섬의 환경적인 특성을 반영한 밥 이름이다. 보리나 조가 잘되지 않는 산간마을에서는 화전을 일구어 피 농사를 지어 피밥을 해 먹기도 하였다.

지금은 먹을거리가 넘쳐나지만 1980년대 이전까지만 해도 먹을거리가 그렇게 풍족하지 못하였다. 밥 대신에 고구마를 삶아 먹거나 수제비나 범벅 등으로 끼니를 때우기도 하였다. 쌀이 부족했던 시절에는 바닷가의 파래나 톳, 페^(패) 등을 뜯어다가 쌀과 섞어 밥을 지어 먹기도 하였다. '포레밥^(파래밥)', '톳밥', '페밥^(패밥)' 등이 흉년에 먹

었던 구황음식이다. 제주 사람들의 밥상 위에 올랐던 구수하고(?) 맛깔스러운 제주어 밥 이름들을 찾아보자.

밥상 위의 주인은 '보리밥'과 '조팝'

예전 제주 사람들의 밥상 위에 주로 올랐던 밥은 '보리밥'과 '조팝'이다. '보리밥'은 '보리쌀로 지은 밥', '조팝'은 '좁쌀로 지은 밥'을 말한다. '보리쌀'이나 '좁쌀'을 이용하여 밥을 따로따로 짓기도 하지만, 대개는 '보리쌀'에 '좁쌀'을 섞어서 밥을 짓는다. '보리쌀'은 주

보리밭 제주 사람들의 주곡은 보리와 조였다. 보리는 주로 쌀보리와 맥주보리를 가는데, 쌀보리는 '술우리', 맥주보리는 '두줄보리' 또는 '주넹이보리'라고 불렀다. 사진은 '두줄보리'라고 부르는 맥주보리다. 김순자 촬영.

로 '슬우리, 슬보리'라 불리는 쌀보리를 장만해서 만든다. 쌀보리가 많이 나오기 전에는 '겉보리'로도 밥을 지어 먹었다.

보리밥을 지을 때에는 요령이 필요하다. 쌀을 씻어 솥 안에 넣어 밥물을 맞춘 후 불을 때다 한소끔 끓어오르면 불을 끄고 기다린다. 그 위에 '좁쌀'을 넣고 다시 불을 때다가 쌀이 익어 물이 잦아들면 밥이 완성되는데, 이때 뜸을 잘 들여야 밥이 물 맞게 되어 맛있다. 뜸들이는 것을 제주어로는 '틈재우다(뜸들이다)'라고 한다.

'보리쏠'의 '쏠'은 '쌀'에 대응하는 제주어다. '조팝'은 '조ㅎ+밥' 구성으로, 표준어 '조밥'과 달리 ㅎ말음을 유지하고 있다는 점이 유다르다. '조팝'은 보통 '흐린좁쏠'로 지어야 찰기가 있어 맛있다. '흐린좁쏠'은 '흐리-+-ㄴ+좁쏠' 구성으로, 표준어 '차좁쌀'에 대응하는 제주어다. 좁쌀 색깔이 검은빛을 띠어서 밥 색깔도 거무스레하지만 밥맛은 그만이다. '메좁쌀'은 '모힌좁쏠' 또는 '노랑좁쏠'이라고 한다. '모힌좁쏠'은 '모히-+-ㄴ+좁쏠' 구성으로 풀기가 없는 좁쌀이라는 의미이고, '노랑좁쏠'은 '노랑+좁쏠' 구성으로 쌀 색깔이 노래서 붙여진 명칭이다. 찰고구마를 제주에서는 '흐린감저'라고 하고, 밤고구마는 '모힌감저'라고 한다. '흐리다'는 '찰기가 있다', '모히다'는 '찰기가 없다'는 의미이다. 곧 '메지다'에 해당하는 제주어다. '모힌좁쏠'로 지은 밥은 '모힌조팝'이라 해서 엿을 고을 때 밑밥인 고두밥으로 많이 사용한다.

"춤 어떤 집의, 부제칩의 강 보면은 풋 놓곡 보리쏠에 좁쏠 낭 밥 허는 거 보면은이 아이고, 흔 때만 정 먹엉 살아시민."

(참, 어떤 집에, 부잣집에 가서 보면은 팥 넣고 보리쌀에 좁쌀 넣어서

밥 하는 것 보면 아이고, 한 때만 저렇게 먹어서 살아졌으면.)

— 애월읍 봉성리 강자숙 구술

보리나 조가 잘되지 않는 산간마을에서는 '피'를 갈아서 '피쏠(띰 쏠)'을 만들어서 '피밥'을 해서 먹었다. 조천읍 교래리, 구좌읍 송당 리, 표선면 성읍리 등지에서 '피밥'에 얽힌 이야기를 많이 들을 수 있다. 피를 거피해서 쌀을 만드는 공정은 보리나 쌀, 좁쌀에 비해 무척 힘들었다. 아홉 번을 벗겨야 핍쌀이 나온다고 하니 그 노고가 짐작이 된다. 오죽하면 피 방아를 찧었던 '드리(조천읍 교래리)'와 '손당(구 좌읍 송당리)' 사람들의 애환이 민요 가사로 등장할까.

조팟 '조팟'은 조를 간 밭이다. 조 가는 것을 제주에서는 '조 볼리다'라고 하여, 말떼를 이용하거나 '남테'나 '섬비(끙게)' 등의 '볼리는' 도구를 이용해서 밟기도 하였다. 조도 품종이 다양한데, 찰기 가 있는 조는 '흐린조', 찰기가 없는 조는 '모힌조'라고 하였다. 김순자 촬영.

ᄃ리 손당　　큰애기덜은　　(교래 송당 큰아기들은)

피 방에 짛기　일수로다　　(피 방아 찧기 일쑤[2]로다)

가시오롬　　큰애기덜은　　(가시오름 큰아기들은)

담베 피기　일수이곡　　(담배 피기 일쑤이고)

정꼴에　　　큰애기덜은　　(성읍리의 큰아기들은)

화토 치기　일수로다　　(화투치기 일쑤로다)[3]

— 김영돈의 《제주도 민요연구》(상권 자료편) 771번 민요

　위 민요는 'ᄃ리·손당' 큰아기들은 피 방아 찧는 일이 일쑤라, 담배를 피우거나 화투를 치는 가시오름이나 정골 아기들의 여유로운 삶에 빗대어 'ᄃ리·손당' 아기들의 고충을 극대화시켜 토로하고 있다.

아기 낳으면 '풋밥' 해서 이웃과 나눠 먹어

　보리밥은 주로 '보리쑬'을 넣어서 지어 먹는데, 팥이나 좁쌀 등을 넣어서 지으면 맛있는 밥이 된다. 보리쌀에 팥을 넣어 지은 밥을 '풋밥'이라고 하는데, 제주시 도련동에서는 이를 달리 '순메밥, 수메밥'이라고도 한다. '순메, 수메'의 정확한 어원은 모르겠으나 제주시 도련동에서는 떡의 소로 쓰이는 팥이나 콩, 밥에 넣는 팥 등

---

2) 김영돈, 《제주도 민요연구》(상권 자료편) 771번 민요, 민속원, 1965/2002, 196쪽. 이 책에는 '일수'로 되어 있는 것을 표준어에 맞게 '일쑤'로 수정하였다.

3) 같은 곳.

을 '순메'라고 하였다. 팥을 넣으면 '풋순메', 콩을 넣으면 '콩순메'라고 이름하였다.

'풋밥(팥밥)'은 잔치 등 큰일 때에 주로 하던 밥이다. 보리쌀에 흰쌀 약간과 팥을 넉넉히 넣어 지은 '풋밥'은 맛도 맛이려니와 팥이 나쁜 기운을 쫓는 방사의 기능도 있어서 '큰일' 때 '풋밥'을 많이 한 게 아닌가 한다.

> "잔치에게 저 돗궤기 석 점 허영 저 조 댓가지 닮은 거 요만이 멘들앙 그걸 꿰주게. 석 점을 꿰영 그 풋밥, 보리밥 우의 영 탁 꼬주왕 아이덜은 경 테와나줘서."
>
> (잔치에 저 돼지고기 석 점 해서 저 조 대 같은 것 요만큼 만들어서 그 것을 꿰지. 석 점을 꿰서 그 팥밥, 보리밥 위에 이렇게 탁 꽂아서 아이들은 그렇게 나눠줬었어.)
>
> — 제주시 이호동 고순여 구술

지역에 따라서는 아기를 낳았을 때도 흰쌀에 팥을 섞어서 '풋밥'을 지어서 이웃과 나눠 먹었다. 이웃과 주변의 고마운 사람들에게 답례도 하고, 아기 탄생의 기쁨을 함께 나눈 것으로, '풋밥' 한 그릇에서 제주의 아름다운 공동체를 엿볼 수 있다. 그렇게 지은 밥은 '아기밥'이라고도 하였다.

> "아기 나민 미역국 끓여줘. 늘궤기 사다 낭. 미역국허곡게 풋 숨앙은에 곤쏠이영 서껑 밥허영 풋밥. 그거 아기밥엔 허영 즈끗디 사름도 주곡. 아기밥엔 허영 경허엿어. 그 때엔. 옛날은 불숨앙 헐 때는

말치로 하나 허영. 풋 서끄곡 곤쌀엔 낭 즈꼇듸 사름, 속은 사름도 주곡. 우리 헐 땐 경허여고."

(아기 나면 미역국 끓여줘. 날고기 사다 넣어서. 미역국하고 팥 삶아서 흰쌀이랑 섞어서 밥해서 팥밥. 그거 '아기밥'이라고 해서 곁에 사람도 주고. '아기밥'이라고 해서 그렇게 했어, 그때에는. 옛날에 불 때서 할 때는 한 말들이 솥으로 하나 해서. 팥 섞고 흰쌀에 넣어서 곁의 사람, 수고한 사람도 주고 우리 할 때는 그렇게 했어)

— 안덕면 서광리 고희출 구술

제주는 화산회토여서 논이 많지 않아 볍쌀이 귀했다. 그래서 '산

풋밥 '풋밥'은 보리쌀에 흰쌀과 팥을 섞어서 지은 밥이다. 표준어 '팥밥'에 대응하는 제주어다. '풋밥'은 잔치 등 특별한 날에 지어서 먹었다. 안덕면 서광리 고희출은 예전에 아기를 낳으면 흰쌀에 팥을 섞어서 '풋밥'을 지었는데, 이를 '아기밥'이라고 하여 이웃과 나눠 먹었다고 한다. 김순자 촬영.

듸(밭벼)'를 심었다. '산듸'를 탈곡해서 얻어낸 '산듸쏠(밭벼쌀)'은 잔치나 기제사, 생일 때 등에 귀하게 쓰였다. 논이 있는 제주 서부 지역의 한경면 고산리와 용수리 지경, 서귀포시 강정동 등지에서는 벼농 사도 지어 '나록쏠·나룩쏠'을 생산하기도 하였다. 벼를 제주에서는 '나록, 나룩'이라고 하고, 볍쌀을 '나록쏠, 나룩쏠'이라고 한다. '산 듸쏠'로 지은 밥을 '산듸밥', '나록쏠(볍쌀)'로 지은 밥을 '나록쏠밥'이 라고 한다. 이를 통칭하여 '곤밥'이라고 한다. '곤밥'을 짓는 쌀은 당 연히 '곤쏠'이다. '곤밥'은 밥 색깔이 고와서 붙인 이름으로 제사나 잔치, 생일 등 특별한 날에나 맛볼 수 있는 밥이었다. '곤쏠'로 만든 떡은 '곤떡'이라고 하여 '무 물쏠(메밀쌀)'이나 '보리쏠', '좁쏠' 등을 가 루 내어 만든 떡과 구분하였다.

'곤밥'은 별식 가운데 별식

먹을거리가 풍족하지 않았던 시절, '곤밥'은 별식 가운데 별식이 었다. 제사나 잔치 등 큰일 때나 겨우 맛볼 수 있는 별식이 '곤밥'이 었으니, 80대 이상 어른들이 '곤밥'에 얽힌 이야기를 무용담처럼 해주는 것은 어쩌면 당연해 보인다.

> "저 식게 먹으레 강은에 흐루 혜전 밤새낭 열두시꾸지 허영 그 돗 궤기 흔 점 먹젠, 그 곤밥 흔 수꾸락 먹젠. 식게 먹으레 강 꾹꾹 졸 멍. 사름마다 쳅시에 돗궤길 질 기루왕, '나 반엔 돗궤기도 안 낫다 게. 안 낫다.' 하도 섭섭허연. 그때사 오죽 돗궤길 기루왕 돗궤기 얻

어먹젠.”

(저 제사 먹으러 가서 하루 해전 밤새도록 열두시까지 해서 그 돼지
고기 한 점 먹으려고, 그 흰밥 한 숟가락 먹으려고. 제사 먹으러 가서
꾸벅꾸벅 졸면서. 사람마다 접시에 돼지고길 제일 그리워서, ‘내 반
기에는 돼지고기도 안 넣었다. 안 넣었다.’ 매우 섭섭해서. 그때야 오
죽 돼지고기를 그리워서 돼지고기 얻어먹으려고.)

— 제주시 이호동 고순여 구술

잡곡이 주곡이었던 제주에서 ‘곤밥’은 귀한 음식이었다. 특별한
날에만 맛볼 수 있는 음식으로, ‘곤밥’ 이야기는 작품 속의 소재로
도 곧잘 등장한다.

모처럼 제삿날에 먹어보던 ‘곤밥’. 왜 ‘곤밥’이라고 했을까? ‘곤밥’은
‘고운밥’에서 왔을 것이고 쌀밥은 빛깔이 고우니까. 어린 시절에도
파제 후 ‘곤밥’을 몇 숟갈 얻어먹어 보려고 길수형과 나는 어른들
등뒤에서 이렇게 모로 누워 새우잠을 자곤 했다.

— 현기영(1980:49)의 〈순이삼촌〉, 《순이삼춘》 중에서

‘곤밥’과 함께 제사 때 그리는 음식이 ‘돗궤기(돼지고기)’였다. 아이들
은 ‘곤밥’과 ‘돗궤기’를 먹으려고 ‘꾹꾹’ 졸면서도 파제 시간까지 버
텼다. 졸면서 먹는 음식 맛이 좋았을는지는 모르겠으나 어른들은
‘곤밥’과 ‘돼지고기’ 등 평소에 구경 못 하던 ‘맛난’ 음식을 먹이려고
자는 아이까지 깨웠다. 졸음 반해서 먹던 그 음식 맛의 기억은 온
전히 추억으로 남아 있다. 파제한 후에는 동네 늙으신네들에게 ‘곤

밥'을 나누려고 밤중에 제사 퇴물을 날라야 했다. '돗궤기'는 '돗+궤기' 구성으로, '돗'은 표준어 돼지에 대응하는 제주어다. 달리 '도새기·도야지·뒈야지'라고도 한다.

"옛날은 먹을 게 쉽지 안 허니까 파제 끗나민 그 밥을 밤의 먹넨 허여. 또 늙신네신디는 밥을 사발에 거령 두께 더끄곡 허영 아져가지게. 동네 칩의 늙신네덜 나시는 밤에 다 밥 거령 아져가서. 게영국 들르곡 아져가민 그 늙신네들이 밤의 그 밥을 꼭 먹넨 허주게. 먹을 게 엇인 때라부난 그게 귀허연. 경 헤나곡. 그런 정성은 지금허고는 아주 달라서."

(옛날은 먹을 게 쉽지 않으니까 파제 끝나면 그 밥을 밤에 먹는다고 해. 또 늙으신네한테는 밥을 사발에 떠서 뚜껑 덮고 해서 가져가지. 동네 집의 늙으신네들 몫은 밤에 다 밥 떠서 가져갔어. 갱 들고 가져가면 그 늙으신네들이 밤에 그 밥을 꼭 먹는다고 하지. 먹을 것이 없을 때라버리니까 그것이 귀해서. 그렇게 했었고. 그런 정성은 지금하고는 아주 달랐어.)

— 구좌읍 송당리 허순화 구술

동네에 잔치가 있으면, 아이들은 신부상의 '곤밥'을 얻어먹기 위하여 잔치를 치르는 집 마당에 몰려든다. 신부를 챙기는 대반은 신부가 밥상을 물리면 놋그릇에 담긴 '곤밥'을 들고 창문 밖으로 아이들을 불러 모아 아이들 손에 골고루 한 숟가락씩 나눠 주었다.

"새각시상은 둑세기 세 개 숢앙 올리곡. 뒈야지궤기 허곡. 곤밥도 스뭇 놋사발에 잔뜩 거련. 하인 허영 개지에 우로 허영 흔 숟가락 떵 계란 하나 놓곡 허영 상 아래 낫당 건 ᄀ져가. 우린 새각시 먹당 남은 밥엔 허멍 밥 서너 숟가락 먹엉 내불민 또 아으덜 손더레, 아이덜 오란 무뚱에 과짝 삿주게, 손 받아근에. 경허민 흔 숟가락썩 끊어낭 주민 그것도 경 맛 좋앙."

(신부상은 달걀 세 개 삶아서 올리고. 돼지고기 하고. 흰밥도 사뭇 놋사발에 가득 떠서. 하인 해서 뚜껑에 위로 해서 한 숟가락 떠서 계란 하나 넣고 해서 상 아래 놔뒀다가 가져가. 우리는 새색시 먹다가 남은 밥이라고 하면서 밥 서너 숟가락 먹어서 내버리면 또 아이들 손으로, 아이들 와서 문 앞에 곧게 섰지, 손 받아서. 그렇게 하면 한 숟가락씩 끊어놓아서 주면 그것도 그렇게 맛있어서.)

— 안덕면 서광리 고희출 구술

재수 좋으면 신부상에 올라온 '숨은 독세기(삶은 계란)'를 얻어먹을 수 있었다. 오죽해야 계란 하나를 천만금에 비유했을까.

"계란 ᄒ나가 또 천만금이라. 나가 ᄋ섯 설에 동네 잔치를 허는디, 새각시가 그자 서너 방울썩 식 번 거려먹는 첵 허민 이제 하인이 그 밥을 들러근에, 무뚱에 아이 새낀 무사 경 한디, ᄆᆞᆨ 흔 수까락썩. 이착 손에 받앙 곱져뒁 저착 손 내밀곡이 막 경 허여. 막 그치록 허여. 난 흔착으로만 받앙 바껫디레 나오멍 사름 밀령 나오멍 먹으멍 보난 놈은 양착 손에. 먹엉 따시 간다고 그레 이젠 들어간, '아이고, 닌 안 줘쳣구나.' 계란을 하인이 주난 하도 지꺼정 그걸 ᄋ정 나오멍 재게 돌아오멍 들으난, '아이고, 요건 창협이 누인가 ᄒ단 보난 서칩의 아이 줘줫구나, 줘줫구나.' 집의 들려왕, '어멍, 어멍.' '무사.' '나 득새기 주난 곱아불젠.' 우리 어머니가, '줘 낭 빼레 안 온다게. 그냥 먹어도 안 온다. 동생허곡 갈라먹어불렌.' 갈라먹은 예가 잇어."

(계란 하나가 또 천만금이야. 내가 여섯 살에 동네 잔치를 하는데, 새 색시가 그저 서너 알씩 세 번 떠먹는 체하면 이제 하인이 그 밥을 들어서, 문 앞에 아이 새긴 왜 그렇게 많은지, 몽땅 한 숟가락씩. 이쪽 손에 받아서 숨겨두고 저쪽 손 내밀고 마구 그렇게 해. 마구 그렇게 해. 난 한쪽으로만 받아서 바깥으로 나오면서 사람 밀려서 나오며 먹으며 보니까 남은 양쪽 손에. 먹어서 다시 간다고 그리로 이젠 들어가서, '아이고, 너는 안 줘줫구나.' 계란을 하인이 주니까 매우 기뻐서 그것을 가져서 나오면서 재우 달려오며 들으니까, '아이고, 요것은 창협이 누인가 하다가 보니까 서쪽집 아이 줘줫구나, 줘줫구나.' 집에 달려와서, '어머니, 어머니.' '왜.' '나 계란 주니까 숨어버리려고.' 우리 어머니가, '줘 두고 빼앗으러 안 온다. 그냥 먹어도 안 온다. 동생하고 나눠먹어버리라.'고. 나눠먹은 예가 있어.)

— 애월읍 봉성리 강자숙 구술

'곤밥'을 얻어먹으려고 창문 앞으로 달려드는 아이들 모습을 그려보니 코끝이 찡해지면서도 웃음이 절로 나온다. 한쪽 손에 '곤밥'을 받아들고, 그것을 숨겨두고 다른 손을 내미는 모습, 양쪽 손에 받아든 '곤밥'을 맛있게 먹는 모습, 다른 아이에게 줄 계란을 하인이 대신 줘서 받아들고는 빼앗길까 봐 줄달음치는 어린 여자아이의 모습 등등. 이들 삽화는 옛적 이야기가 아니라 80대 이상 우리 할머니, 할아버지들의 유년의 아픈(?) 기억이니, 격세지감이다.

'반지기밥'은 부잣집에서 먹는 밥

밥 가운데 '반지기밥'은 고급에 속했다. 보통은 '보리쌀'과 '좁쌀'을 반씩 섞어 짓지만 부잣집에서는 '보리쌀'과 '곤쌀'을 반씩 넣어 '반지기밥'을 지었다. '반지기밥'은 '반지기'라고 하는데, 앞의 설명처럼 두 가지 쌀을 반씩 넣어 지은 밥이다. '반지기'는 《표준국어대사전》 등 국어사전에는 '(일부 명사 뒤에 붙어서) 어떤 물건에 잡것이 반 이상 섞였음을 나타내는 말. 주로 쌀 따위에 다른 잡것이 많이 섞인 것을 이른다.'고 되어 있고, '돌반지기', '뉘반지기' 등이 예시로 올라 있다. 《표준국어대사전》의 '반지기'는 밥의 의미가 아니라 쌀 등에 뉘나 돌 등이 섞여 있는 것을 이르는 말로, 부정적인 의미를 띠고 있다면 제주어 '반지기'는 《표준국어대사전》에 평안·

반지기밥 '반지기밥'은 쌀을 반반씩 섞어서 지은 밥이다. 보리쌀에 좁쌀을 섞어서 짓기도 하고, 보리쌀과 쌀, 쌀과 좁쌀을 반씩 섞어서 짓기도 한다. 김순자 촬영.

함남 방언으로 올라 있는 '상반'의 의미로 쓰였다.

> △ 상반01 〈명〉《방》쌀에 좁쌀이나 핍쌀 따위 중 한 가지 잡곡을 섞
> 어 지은 밥(평안, 함남).(《표준국어대사전》)
> △ 상반09 (이) 쌀에 한 가지 잡곡을 섞어 지은 밥. &니밥(이밥) ~.
> 조밥 ~. (평북).(《우리말 큰사전》)
> △ 조:밥−상반 (이) 좁쌀에다가 입쌀을 약간 섞거나 그렇지 않으
> 면, 보리쌀이나 옥수수쌀을 섞어서 지은 밥. (평북).(《우리말 큰
> 사전》)

'반지기밥'은 살림이 여의치 않은 집에서는 아무 때나 해먹을 수
있는 밥이 아니다. 큰일을 하거나, 힘든 일, 놉을 빌려 일을 할 때
등에 특별히 짓는 밥으로, 작품의 소재가 되기도 하였다.

> 불더위에 모물밭 가는 일처럼 어려운 일 다시 있어? 며느리야, 보
> 리에 팥을 섞어 미리 삶아두었다가 새벽에 산디쌀 섞어 반지기밥
> 을 지으라. 난 새벽에 따로 갈 디가 있져.
> ― 현길언(1995:158)의 《한라산》 1권 중에서

춘궁기에는 '톨밥'과 '푸레밥'

예전에는 꽁보리밥마저도 끼니마다 '뽕그렝이^(배부르게)' 먹을 수 없
었다. 세 끼니 가운데 한번은 '친 감저^(찐 고구마)'를 먹었다. 쌀이 부족

하니 보리밥이나 '조팝' 등에 '감저'를 섞어서 밥을 지었다. 요즘은 영양식으로 고구마를 부러 먹지만 예전에는 고구마가 일상음식이어서 그리 반기는 음식이 아니었다. '감저'를 섞어서 지으면 '감저밥', '지실(감저)'을 넣어서 지으면 '지실밥', '늠삐(무)'를 섞어서 만든 밥은 '늠삐밥'이라고 하였다. 흉년이 들어 쌀이 부족할 때는 바닷가에 가서 '톳'이나 '프레(파레)', '패' 등을 해다가 보리쌀에 섞어 밥을 지어서 먹었다. '톳'을 섞어 지은 밥은 '톳밥', '프레'를 섞어 지은 밥은 '프레밥', '패'를 넣어서 지은 밥은 '패밥'이라고 하였다. '톳밥'은 지역에 따라서 '톨밥'이라고도 한다. 다음은 소설 작품 속에 그려진 '톳밥'이다.

　　그뿐인가. 톳밥, 파래밥, 모자반 무침……. 사람들은 굶주리면 못 먹는 것이 없었다. 그런 험한 세월에 허기진 눈으로 들판에 나와 서면

조팝 '조팝'은 좁쌀로 지은 밥이다. 차좁쌀로 지은 밥은 '흐린조팝'(차조밥), 메좁쌀로 지은 조밥은 '모힌조팝'이라고 한다. 찰기가 있는 '흐린조팝'이 맛있다. 김순자 촬영.

저렇게 허옇게 무더기 지어 피어 있는 찔레꽃은 쌀밥으로 착각되었을 것이 분명했다.

— 오성찬(199:101) 〈그리워라 그 섬〉, 《푸른 보리밥》 중에서

보리 수확이 가까워지는 춘궁기에는 쌀이 없어서 밥 먹기가 힘들었다. 그러면 덜 익은 '섯포리(물보리)'를 베어다가 쪄서 말린 다음 쌀을 만들어서 '섯포리밥'을 해먹었다. 그뿐인가. 쌀이 부족하면 푸성귀에 쌀을 조금 섞는 둥 마는 둥 해서 '국죽(갱죽)'을 끓여 먹든가 보릿가루나 메밀가루 등으로 '즈베기(수제비)'를 해 먹으며 허기를 달랬다.

집을 이는 날은 특별히 '곤밥'을 지어서 '지름밥'을 해 먹었다. '지름밥'은 '지름+밥' 구성으로 갓 지은 흰쌀밥에 참기름을 넣어서 비벼낸 밥을 말한다. '지름밥'은 구수하니 맛도 좋지만, 그 옛날 우리 어른들이 힘든 노동을 끝낸 후에 보양을 위해서 지은 밥이 '지름밥' 인 것을 보면 조상들의 지혜가 느껴진다. 변비에 걸렸을 때는 '느물치름(유채기름)'을 넣어 만든 흰밥을 먹으면 낫는다고 한다. '지름밥'은 표준어 '기름밥'에 대응하는 말이다. 《표준국어대사전》의 '기름밥'이 기름에 볶은 밥이라면 제주에서 말하는 '지름밥'은 '기름에 비벼낸 밥'으로 뜻풀이에서 차이가 난다.

이제, '뜨신 밥' 한 그릇 나눌 때

밥은 쌀, 보리 따위의 곡식을 씻어서 솥 따위의 용기에 넣고 물을

알맞게 부어, 낟알이 풀어지지 않고 물기가 잦아들게 끓여 익힌 음식이다. 또 다른 의미로는 '끼니로 먹는 음식'이다. '밥'을 굶었다는 것은 끼니를 걸렀다는 의미로, '밥'의 의미는 광대하다. 그래서 '밥'은 삶의 방편인 동시에 수단이기도 하다. 그래서 반가운 사람을 만나면 으레 '밥 먹었느냐.' 물어보고, '시간 내서 밥 한번 같이 먹자.'라는 인사를 건네는지 모르겠다.

이제, '밥'을 지을 때다. 보리밥이든 '곤밥'이든, '풋밥'이든 '반지기밥'이든. 옛적 우리 어머니, 할머니들이 가족과 주변 사람들을 위해 정성 들여 밥을 지었듯, 누군가를 위해 '뜨신 밥(따뜻한 밥)' 한 그릇 지어 올릴 수 있는, 삶의 여유를 찾을 수 있었으면 좋겠다.

《교육제주》 2015년 여름 통권 166호

'밥' 관련 제주어

제주어	표준어	제주어	표준어
보리쏠	보리쌀	피쏠	핍쌀
좁쏠	좁쌀	곤밥	흰밥
모힌좁쏠	메좁쌀	풋밥	팥밥
흐린좁쏠	차좁쌀	조팝	조밥
풋	팥	반지기(밥)	상반
녹듸	녹두	피밥	피밥
대죽쏠	수수	감저밥	고구마밥
산듸	밭벼	지실밥	감자밥
산듸쏠	밭벼쌀	놈삐밥	무밥
나룩	벼	톨밥/톳밥	톳밥
나룩쏠	볍쌀	프레밥	파래밥
돔비	동부	패밥	패밥
모물/ᄆᆞ멀	메밀	지름밥	기름밥

초집은 새로 일고
집줄로 동여매야

초가는 띠로 이고 집줄로 동여매야

옛 주거 공간 속의 제주어

　　　　　　　　　우리 속담에 '십 년이면 강산도 변한다.'
는 말이 있다. 모든 사물 현상이 끊임없이 변하는 것을 빗대서 하
는 말이다. 요즘처럼 빛의 속도로 바뀌는 우리 주변만 봐도 변화의
흐름을 느낄 수 있다. 그 변화의 흐름 속에 누대로 이어온 우리의
전통 문화가 있다. 전통 문화의 변화는 곧 그와 관련된 언어 환경
을 바꿔 놓는다.

　생활환경의 변화는 제주의 전통 가옥 구조를 바꿔 놓았다. 초가
에서 슬레이트를 거쳐 현대식 건물로 바뀌다가 요즘은 도시가 아
파트 숲을 이루고 있다. 내가 사는 주거 공간만 봐도 변화의 속도
가 얼마나 빠른지를 실감할 수 있다.

　전통 민가가 남아 있는 성읍1리는 중요민속자료 188호로 지정
되어 있고, 성읍1리 초가 다섯 가옥이 중요민속자료로, 제주시 삼
양동, 애월읍 하가리, 남원읍 신례리 초가 등이 제주도민속자료로

초집 '초집'은 '새'라 불리는 '띠'로 지붕을 인 집을 말한다. 표준어로 '초가'라고 한다. '초집'은 보통 지역에 따라서 1~2년에 한 번씩 인다. 서귀포시 성읍리에서 김순자 촬영.

지정, 보호되고 있다. 제주의 옛 전통 초가는 민속마을이나 박물관 등지에서만 찾아볼 수 있는 유산으로 남아 있다. 따라서 제주의 전통 주거 관련 어휘도 머잖아 사장될 위기에 놓여 있다.

변화를 거듭한 삶의 공간들

필자는 1965년생이다. 새마을 운동이 일어나기 전에 태어나 50년 세월 속에 초가, 슬레이트집, 서양식 건물, 아파트 등 다양한 공간에서 삶을 영위해 왔다. 변화무쌍한 세월 속에 제주의 주거 공간도 변화에 변화를 거듭했다. 유년 시절의 가옥 구조를 떠올리면 격세지감이다.

　유년 시절에 살았던 집은 전통 초가다. 초등학교 4학년 때 새 집을 지어 이사하기 전까지는 방 2개의 '삼간집'에서 여섯 식구가 모여 살았다. 내가 살았던 집은 '한질^(큰길)'이라 불리는 큰길가에 있었다. 울담을 둘러 그 안에 '안거리^(안채)'와 '밧거리^(바깥채)', '모커리^(곁채)' 등 세 채의 집과 '통시', '눌왓', '우영', '장황두에', '물탱크', '수돗간' 등의 공간으로 이루어졌다. 집과 길을 연결하는 공간 양쪽에는 '정줏돌'을 세우고 '정낭'을 걸쳤는데, '정낭'은 요즘의 대문 역할을 해주었다. '정낭'은 지역에 따라서 '정, 정술, 징, 징낭' 등으로 불리었다. 잘사는 집은 '정낭' 대신에 '이문간'을 지어서 생활하였다. '이문간'은 '집 입구에 대문 곁에 있는 집채'를 말한다. 그 시절 '대문'이라고 하면 툇마루에서 마루로 드나드는 널문을 가리키는 말이었다.

　'안거리'에는 가족들이 살았고, 소를 많이 길러서 '밧거리'는 소를 매는 '쉐막^(외양간)'으로 이용했다. '모커리' 역시 반은 소를 매는 공간으로, 나머지 반은 허드레 물건 등을 놓아두는 헛간으로 사용하였다. '밧거리'와 '모커리' 사이에는 '우영팟'이 있어 마늘이나 배추 등을 심어 부식거리를 마련하였다.

　초등학교 4학년 때 이사한 집은 벽돌로 지은 슬레이트집이다. 집의 규모가 커지고 방의 수가 늘었지만 '안거리, 밧거리, 모커리^(곁채), 우영, 눌왓, 장독대' 등등은 예전의 주거 환경과 크게 다르지 않았다. 돼지를 기르던 '통시'도 있었다. 시간이 흐르면서 '통시'는 자취를 감추었고, 변소도 재래식에서 현대식으로 바뀌었다. 땔감을 사

눌 제주에서는 곡식이나 꼴 등을 집에 들여와 저장할 때 '눌(가리)'을 만들어 보관하였다. '눌' 위는 '느람지'를 두르고, '주쟁이'를 덮어서 물이 들지 않도록 하였다. 제주민속촌박물관에서 촬영.

용하는 '정지'도 아궁이를 개량하여 연탄을 사용하다가, 석유풍로, 가스로 교체되면서 집 구조도 조금씩 달라졌다.

　대학을 졸업하고 사회생활을 하면서는 서양식 주거 공간인 '아파트'로 이사하여 현재까지 살고 있다. 집 밖에 있었던 욕실과 화장실이 집 안으로 들어왔고, '부엌과 화장실은 멀리 떨어져 있어야 한다.'는 속설을 비웃기라도 하듯이 지금은 이웃해 있다.

　주거 공간이 바뀌면서 관련 어휘도 새 옷으로 갈아입었다. 유년 시절에 곧잘 들었던 '구들'은 '방'으로 교체되었고, '마리'와 '청방'

---

4) 《표준국어대사전》에는 '거실'을 '큰방'이라고 하고 있지만, 방의 개념보다는 예전의 마루 개념이 더 강해 보인다.

은 온데간데없어졌다. '마루' 대신에 '거실'[4]이라는 공간이 새롭게 생겼다. '정지'는 부엌이라 불리다 요즘은 '주방'이라는 이름이 세력을 얻고 있다. '통시'나 '변소'라는 이름 대신에 '화장실'이 사용되고 있고, 새롭게 '욕실'이라는 이름도 탄생하였다. '마당'이 사라지면서 마당에서 뛰놀던 일도 옛 추억이 되어버렸다. '난간'이나 '툇마루' 대신에 '베란다'라는 새로운 공간이 생겼다. 국립국어원에서는 '베란다'를 '쪽마루'라고 순화해 사용하도록 권장하고 있지만, 아파트에 따라서는 '쪽마루'를 설치하지 않은 경우도 있어 썩 적합한 용어는 아닌 것 같다.

'초집'은 '새'로 일고 '집줄'로 동여매야

제주의 전통 가옥은 '초가'다. '초가'를 제주 사람들은 '초집'이라 부른다. '초집'은 '초(草)+집' 구성으로, 풀로 지은 집이다. 이때의 풀을 제주에서는 '새'라고 부른다. '새'는 표준어 '띠'에 대응하는 방언형으로, 마을마다에는 초집 일 때 사용하는 '새'를 키우는 '새왓(띠밭)'들이 있었다.

제주의 '초집'은 '새'로 지붕을 덮은 다음에 바둑판 모양으로 '집줄'을 꼭꼭 동여매 비바람을 이겨내었다. '집줄'은 길이가 짧은 띠인 '각단'으로 만든다. '집줄'을 만들기 위해서는 (집)줄놓고, (집)줄을 비고, 뒤치고, 어울리는 과정을 거쳐야 한다. '줄놓는' 것은 '집줄'을 만들기 위하여 '각단'을 손으로 먹이는 일을 말하고, '줄비는' 것은 '각단'을 꼬아서 '집줄'을 만드는 행위를 말한다. '줄비다'는 '줄

+비다' 구성으로, '줄'은 '집줄', '비다'는 '꼬다'는 의미의 제주어다. 이 '비다'는 문헌어 '뷔다, 븨다, 븨이다'에 해당하는 말로 문헌어가 오늘날까지 제주에 남아 있는 경우다.

△ 뷔다: 븰 차: 搓(《훈몽자회》하 23)

　실 븰 륜: 綸(《신증유합》하 16)

△ 븨다: 삼을 븨고 모시를 삼으며: 紉麻緝苧(《여사서언해》2:26)

△ 븨이다: 各色 실을 븨이고: 搓各色綿(《박통사언해》중 54)

'줄비는' 것은 '호렝이'라는 도구에 '각단'을 걸어 돌려 꼬는 일을 말한다. '호렝이'는 갈고리 모양의 나무를 왕대 마디 속에 집어넣

집줄 어울리기 '집줄'은 보통 '각단'이라 부르는 짧은 띠를 꼬아서 만든다. '집줄' 놓는 것을 제주에 서는 '줄 비다'라고 하고, 비어놓은 두 줄을 꼬는 것을 '집줄 어울린다'라고 한다. '집줄'을 어울리 기 위해서는 '뒤치기(돌물레)' 돌리는 사람 한 명, 줄 돌리는 사람 두 명, 어울리는 사람 한 명 등 모두 네 명이 필요하다. 서귀포시 표선면 성읍리에서 김순자 촬영.

어 잘 돌게 만드는 기구로, 지역에 따라서 '호롱이·훼롱이·훼롱'이라고 한다.

'뒤치고 어울리는' 일은 '비어' 놓은 줄 두 개를 하나로 어우러지게 하는 것을 말한다. 한쪽에서는 '뒤치기'를 돌려주고, 다른 한쪽에서는 두 개의 줄을 '어울리면' '집줄'은 드려진다. '뒤치기'를 돌려 줄을 드리는 일은 '뒤친다'라고 한다. '뒤치기'는 표준어 '돌물레'에 대응하는 말이다. '어울리다'는 두 개의 줄을 하나로 어우러지게 하는 일을 말하는데, 줄을 '어울릴' 때는 두 손을 이용한다. 완성된 '집줄'이 길면 '진줄' 또는 '건줄'이라고 하고, 짧으면 '쯔른줄'이라고 한다.

초집 이름도 각양각색

초집도 한 울타리 안에 집이 여러 채 있으면 저마다 부르는 이름이 따로 있다. 커다란 마당을 사이에 두고 살림을 하는 주인이 기거하는 집은 '안거리(안채)', '안거리' 맞은편의 집은 '밧거리(바깥채)', 그 사이에 있는 집은 '모커리(곁채)'라고 한다. 집을 둘러싼 울타리는 '우럿담' 또는 '울담'이라고 한다. 그 '울담'을 사이에 두고 우리 어머니들은 이웃과 다양한 소통을 해왔다.

초가가 한 채이면 '흔거리(외채)'라고 하고, 두 채이면 '두 거리'라고 한다. '거리'는 집을 셀 때 사용하는 단위명사로, 표준어 '채'에 대응하는 말이다.

집은 칸의 수효에 따라서도 부르는 이름이 달리 나타난다. 칸이

두 칸이면 '이간집', 세 칸이면 '삼간집', 네 칸이면 '사간집, 스간집'이라고 한다. '삼간집'을 제외한 '이간집'과 '사간집'은 《표준국어대사전》 등 국어사전에 올림말로 올라 있지 않다. '이간집'은 '이간(二間)+집' 구성으로, 한자어 '간(間)'이 우리말로는 칸으로 실현되고 있다. 일반 사람들이 사는 집은 대개 '방-마루-부엌' 세 칸으로 이루어진 '삼간집'이다.

'방'을 제주에서는 '구들'이라고 하고, '마루'는 '마리' 또는 '상방', '부엌'은 '정지·정제'라고 한다. '정지·정제'는 한자어 '정주간(鼎廚間)'에서 온 말로 문헌어에는 '정듀(졍듀 듀: 廚, 《신증유합》 상: 23)'로 나타난다. 〈청산별곡〉의 '에정지 가다가 드로라'의 '에정지'는 따로 떨어진 '정지'를 말하는데, 제주에서도 지역에 따라서 '정지'를 바깥채에 따로 만들어 사용하였다.

'쉐막·통시·우영' 등 다양한 삶의 공간들

울담 안을 들여다보면 살림집 외에도 '쉐막·눌왓·우영·통시·장황두에' 등 다양한 주거 공간들이 있다.

농업이 주종을 이루던 제주 사회에서 소는 없어서는 안 될 중요한 가축이었다. 소는 밭을 갈고, 짐을 나르고, 곡식을 찧을 때도 유용하게 이용되었다. 새끼를 낳아 팔면 큰 용돈이 되었고, 때에 따라서는 고기의 공급원이기도 하였다. 그래서 제주의 주거 공간에는 소를 위한 공간들이 많았다. 소를 키우는 곳을 '쉐막'이라고 하고, 소의 먹이인 '꼴'을 저장해 두는 곳을 '눌왓'이라고 하였다. '쉐

통시 '통시'는 돼지우리를 말한다. 지역에 따라 '통지', '통세', '돗통'이라고 부른다. 돼지가 사는 집은 '돗집'이라고 한다. '돗'은 '도새기'라고도 하는데, 표준어 '돼지'에 대응하는 제주어다. 서귀포시 표선면 성읍리에서 촬영.

막'은 '쉐[牛, 소]+막(幕)' 구성으로, 표준어 외양간에 대응하는 제주어다. 지역에 따라서는 '쉐막'을 '소왕·쉐마귀·쉐막사리·쉐왕'이라고도 부른다.

집 한편에는 '눌왓'을 만들었다. '눌왓'은 '눌+왓'의 구성으로, '눌'은 표준어 '가리', '왓'은 '밭'에 대응하는 제주어로, '눌'이 있는 공간을 말한다. 여기에서 '왓'은 '밭'의 의미라기보다는 '어떠어떠한 공간'의 의미로 쓰였음을 알 수 있다. '눌'은 꼴이나 보릿대 등을 둥그렇게 쌓아올린 물건을 말하는데, 그렇게 쌓는 행위를 '눌다'라고 한다. '눌'은 표준어 '가리', '눌다'는 표준어 '가리다'에 대응하는 제주어로, 이 두 어휘는 문헌어 '누리'와 '누리다'에서 온 말이다.

△ 누리: 누리 타 稞 (《훈몽자회》하:5)

　 누리 즈 積 (《신증유합》하 58)

△ 누리다: 누릴 라 稞 (《훈몽자회》하:5)

'눌'을 '눌기' 위해서 바닥에 둥그렇게 돌담을 깔아 만든 공간은 '눌굽'이라고 한다. '눌굽'은 '눌의 밑'이라는 의미로, '눌굽'이 있어서 '눈' 물건들이 비가 내려도 젖지 않는 것이다. 소의 먹이인 '촐(꼴)'을 가리어 두면 '촐눌'이 되고, 보리를 가리면 '보릿눌', '솔잎'을 가리면 '솔잎눌·솔썹눌'이라고 하였다. 가을이 되면 마을 아낙네들은 겨울 땔감을 준비하기 위해 '글겡이(갈퀴)'를 들고 솔잎을 긁어다가 몇 '눌'씩 '눌어' 두었다.

> "촐 누는 디 우연. 숭키는 쉐가 나가분 다음에. 겨울엔 필요가 엇지. 쳉명 뒈면은 쉐가 드르에 나강 입동꼬진 안 들어와. 입동 뒈야 들어오지. 드르에 산에 올려부난 우연에 ᄂᆞ물 갈 거난 쉐촐 놓을 필요가 엇지."
>
> (꼴 가리는 데는 텃밭. 푸성귀는 소가 나가버린 다음에. 겨울에는 필요가 없지. 청명 되면 소가 들에 나가서 입동까지 안 들어와. 입동 되어야 들어오지. 들에 산에 올려버리니까 텃밭에 나물을 갈 것이니까 소꼴 넣을 필요가 없지.)
>
> ― 표선면 성읍리 송순원 구술

위의 구술에서 보듯, 지역에 따라서는 별도의 '눌왓'을 만들지 않고 '우연'을 이용해 '눌'을 만들었다. '우연'에 '누는' '눌'은 보통 '촐

눌'이기 십상인데, 겨울철에는 채소를 갈지 않기 때문에 입동 때 '쉐막'으로 돌아온 소의 먹을 양식인 '촐'을 쌓아둘 수 있었다. 따라서 '우연'은 겨울철에는 '눌왓'의 기능을 하고 봄부터 가을까지는 텃밭의 기능을 수행했음을 알 수 있다. 소는 보통 청명에 집을 나갔다가 입동에 '쉐막'으로 돌아와 겨울을 났다.

'우연'은 지역에 따라서 '우연팟·우영·우영팟·우잣·위연'이라고 부른다. '울담' 안에 '우연'이 있어 제주 사람들은 부식거리인 푸성귀를 사시사철 마련할 수 있었다.

'통시'는 문헌어 '통시'(《칠대만법》13, 도로 통시에 쏭이로라 ᄒ고)에서 온 말로 돼지우리를 말한다. 지역에 따라서 '돗통시, 통제·통지'라고 한다. '통시'는 사람이 볼일을 보는 공간과 돼지를 키우는 공간으로 되어 있었다. 돼지가 사는 공간이라고 해서 '돗통'이라고도 한다. 따로 돼지가 자는 공간은 '돗집'이라고 불렀다. '돗'은 '돼지'에 대응하는 방언형으로, '도새기, 뒈야지'라고도 한다. 문헌어로는 '돝'이 남아 있다. '돗통'을 둘러싸고 있는 담은 '돗통담'이다. '돗통'에서는 보리를 갈 때 유용하게 사용했던 '돗걸름·돗가레'가 만들어진다. 비료가 없던 시절 '돗걸름'을 이용하여 보리농사를 지었던 사람들에게 듣는 '돗걸름' 이야기는 잊지 못할 추억담의 하나다.

'장항두에'는 '장항+두에' 구성으로, 장독을 넣는 집 뒤 공간이라는 의미다. 지역에 따라서 '장팡뒤·장황뒤·장팡뒤'라고 한다.

이 밖에도 주거 관련 어휘들이 많다. '구들', '굴묵', '올래', '밧칠성', '불칫막', '딕집', '풍체', '물팡' 등의 공간을 만들어 사용하기도 하였다. '지게문', '호령창' 등의 문 관련 어휘, '천아반', '대들포' 등

밧칠성 '밧칠성'은 집안에 부를 가져다준다는 '칠성신'을 모셔놓은 곳이다. 보통 집 뒤 울타리 한쪽에 '주젱이(주저리)'를 덮어서 모시게 된다. 집안에는 '안칠성'이라고 하여 고방에 모신다. 서귀포시 표선면 성읍리에서 촬영.

의 집 구조와 관련한 어휘, 집 안에 들여놓은 가구와 식기 등과 관련한 어휘, 집 지을 때의 행위 관련 어휘 등등. 제주에는 아직도 기록되지 않은 전통 주거와 관련한 보배로운 어휘들이 많이 남아 있다.

이처럼 제주의 주거 공간과 관련한 주옥같은 어휘들은 누대로 이어지며 제주 사람들의 삶과 정신을 풍요롭게 해주었다. 주거 관련 어휘 가운데는 문헌어에 남아 있는 옛 어형들도 있다. 또 다른 지역에서는 찾아볼 수 없는 독특한 어휘들이 많아 우리의 언어 유산을 풍부하게 해주고 있다.

그러나 변화무쌍한 주거 환경으로 인해 제주 사람들의 삶과 정신을 엿볼 수 있는 주거 공간이 사라지며 그 속에서 생성된 관련 어휘들도 일상생활에서 쓰이지 않으며 소멸 위기에 놓여 있다. 언어가 사라지면 그 속에 담겨 있던 사람들의 정신도 함께 묻히고 만다. 제주의 주거 공간 관련 어휘의 사장은 제주의 주거 문화와 그 속에서 살았던 사람들의 삶도 사라지는 것을 의미한다. 따라서 지금은 쓰이지 않는 옛 어휘라고 해서 사라지도록 방치할 것이 아니라 우리의 소중한 언어유산을 전승하기 위한 다각적인 노력이 필요하다. 전통 사회를 살아온 사람들의 기억 속의 주거 관련 어휘들이 사장되기 이전에 생명력을 불어 넣어야 할 때다.

《교육제주》 2015년 가을 통권 167호

'집' 관련 제주어

제주어	표준어	제주어	표준어
초집	초가	벡장, 시렁	벽장
지에집, 지새집	기와집	우럿담, 울담	울타리
통시	돼지우리	솟덕	봇돌
우잣, 우영팟	텃밭, 터앝	지들커, 짇을거	땔감
안거리	안채	새	띠
밧거리	바깥채	집 일다	집 이다
모커리	곁채	집줄	집줄
쉐막, 쉐마귀	외양간	무뚱, 문둥	문앞
구둘	방, 구들	집가재	처마
마리, 상방	마루	지새, 지애	기와
정지, 정제	부엌	천아반	천장
장황뒤, 장팡뒤	장독대	각짓불	등잔불
안방, 앙팡, 고팡	고방	올래	오래

따비로 밧 일구고
골겡이로 검질매고

따비로 밭 일구고 호미로 김매고

따비, 잠대, 골겡이

제주는 반농반어의 농어촌사회다. 지금
은 관광 산업이 발달하여 서비스 업종이 주를 이루고 있지만
40~50년 전까지만 해도 제주 지역 주민들 상당수는 농사를 지어
생활하는 사람이 많았다. 필자가 고등학생 시절이던 1980년대 초
까지만 해도 제주 농촌 사회는 마늘과 배추, 양배추, 감귤 등 채소
와 과수 재배보다 전래적인 농작물인 보리나 조, 고구마 등의 곡물
을 주로 재배하였다. 그러나 농업의 발달과 과학 문명의 발달로 인
하여 농기구가 기계화되면서 농업 방식이 달라지며 농기구도 많
은 변천 과정을 겪어왔다. 농촌 사회의 변화는 곧 전통 문화의 붕
괴로 이어지고, 그 안에서 사용했던 전래 농법은 물론이요 농기구
와 관련한 어휘도 변화를 가져왔다. 이 글에서는 전통 사회에서 농
사를 지을 때 사용하였던 농기구 가운데 밭을 갈거나 땅을 파고, 김
맬 때 사용하였던 농기구를 통해 제주어와 그 속에 담겨 있는 제주
사람들의 문화를 살펴보고자 한다.

따비, 잠대, 멍에

농사를 짓기 위해서는 땅을 파고 밭을 갈아야 한다. 땅을 일굴 때는 '따비'를 사용한다. '따비'는 주로 땅을 파거나 일굴 때 사용하는 도구다. 화전을 일구거나 쟁기로 갈 수 없는 곳, 돌이 많은 밭을 일굴 때, 밭을 개간할 때 사용했던 원시적인 도구다. '따비'는 보습이 양 갈래로 되어 있는데 사람이 직접 손잡이를 잡고 보습 위를 발로 밟아 땅을 일궜다. 제주 지역에서도 송당리와 성읍리 등 중산간 지역에서 '새밧⁽띠밭⁾'을 일구거나 돌밭을 일궈 밭을 만들 때 주로 따비를 사용하였다. '따비'로 일궈 만든 밭을 따로 '따비왓⁽따비밭⁾'이라고 부르기도 한다.

"옛날은 이디가 그 우리 조상님들이 얘기허는 거 보면, 이 성읍마을이 원래가 산곳이랏어. 산. 전부 나무. 산곳인디 이걸 전부 비여내고 이거 마을을 만들엇젠 허는디. 게난 그때 당시에 밧을 뭘로 일괏는고 하니 따비. 두 갈래 따비가 잇어. 북군에는 따비가 하나고, 이딘 두 갈래. 이걸로 쌩밧⁵⁾을 갈아어퍼서 밧을 만들기 시작헷주. 게연 우리도 역은지 후제도 따비 가젼 갈레 뎅겨낫는디, 이젠 따비가 거의 엇어져볏주마는. 그렇게 헤서 이 성읍리가 농사를 허기 시작헌 거주."

---

5) '쌩밧'은 개간하지 않은 밭을 말한다.

따비로 밭 일구기 '따비'는 띠밭을 일궈 농지를 만들 때 사용하는 농기구다. 끝에 쇠로 만든 보습을 끼워 발의 힘을 이용하여 땅을 일굴 때 사용한다. 날이 두 개 있으면 '쌍따비', 날이 한 개 있는 것 은 '웨따비'라고 한다. 《만농 홍정표 선생 사진집-제주 사람들의 삶》에서 발췌.

(옛날은 여기가 그 우리 조상님들이 얘기하는 것 보면, 이 성읍마을이 원래가 숲이었어. 산. 전부 나무. 숲인데 이것을 전부 베어내고 이거 마을을 만들었다고 하는데. 그러니까 그때 당시에 밭을 무엇으로 일궜는가 하니까 따비. 두 갈래 따비가 있어. 북군에는 따비가 하나고, 여기는 두 갈래. 이것으로 '생밭'은 갈아엎어서 밭을 만들기 시작했지. 그래서 우리가 큰 후에도 따비 가져서 갈러 다녔었는데, 이제는 따비가 거의 없어져 버렸지만. 그렇게 해서 이 성읍리가 농사를 하기 시작한 것이지.)

— 표선면 성읍리 송순원 구술

위의 구술에서 "북군에는 따비가 하나고, 이딘 두 갈래"라는 것을 보면, '따비'의 모양도 지역에 따라서 조금씩 차이가 있었음을 알 수 있다. '따비'는 보습이 양 갈래로 되어 있는데 지역에 따라서 보습이 하나만 연결된 것도 있는데, 이를 '벤줄레'라고 한다. '따비'는 《훈몽자회》(중:17)의 '耒 짜보 뢰, 耜 짜보 스', 《신증유합》(상:28)의 '耒 짜부 뢰', 《아학편》(상:11)의 '耒 짜뷔', 《물보》(경농)의 '耜 짜븨 늘' 등의 '짜보, 짜부, 짜뷔, 짜븨'에서 온 말로, 아주 오래전부터 사용했던 농사짓는 도구였음을 알 수 있다. '따비'와 '벤줄레'는 땅을 파기도 하지만, 땅속에 박힌 돌멩이 등을 파낼 때도 사용하였다.

"새왓 이길 때 밧갈쉐 잇인 사름은 밧갈쉐로 갈고 궹이로 두드령 무물이나 조, 피를 갈앗주게. 따비로는 쉐로 갈지 못허는 디 사름 힘으로만 일구엉 씨를 삐여. 따비왓이라고."
(띠밭 일굴 때 황소 있는 사람은 황소로 갈고 괭이로 두들겨서 메밀

이나 조, 피를 갈았지. 따비로는 소로 갈지 못하는 데 사람 힘으로만
일구어서 씨를 뿌려. '따비밭'이라고.)

— 구좌읍 송당리 김석봉 구술

'새왓' 즉 '띠밭'을 일굴 때 '밧갈쉐'를 이용하여 갈기도 하지만, 소
로 갈 수 없는 곳은 '따비'로 일구어서 농사를 지었다. 여기에서 '밧
갈쉐'는 '밭을 가는 소'라는 의미이지만, 주로 황소를 가리키는 말
이다. '궹이'는 밭을 갈 때 나오는 흙덩이를 부술 때도 사용하지만
땅을 팔 때도 이용하는 농기구다.

'새왓'을 처음 일궈 밭을 만들 때는 땅이 단단하니까 쟁기를 끄는
힘이 많이 들어야 한다. 보통은 밭을 갈 때 소나 말 한 마리가 끌지
만, '띠밭' 등을 개간할 때는 소 두 마리가 끄는 쟁기로 밭을 갈았다.
그렇게 소 두 마리가 이끄는 쟁기를 '저리'라고 하고, '저리'로 일군
밭을 '저리왓'이라고 한다. '저리'는 표준어 '겨리'에 대응하는 방언
형이다.

> "암쉐 두 마리 멘 것을 저리 메여서 간다고 헤서 저리왓. 쎈밧[6] 갈
> 때, 밧 이길 때 저리 메왕 밧 갈아. 저리 멜 때 앞뒤로 메우는데 앞의
> 쉐는 익숙은 쉐, 잠대는 뒤의 새쉐에 연결허주게. 밧을 갈 때는 괜
> 찮지만 에염에 갈 땐 새쉐가 빠져 나가젠 헹 갈기 힘들어."

(암소 두 마리 메운 것을 겨리 메워서 간다고 해서 '겨리밭'. 센밭 갈
때, 밭 일굴 때 겨리 메워서 밭 갈아. 겨리 메울 때 앞뒤로 매는데 앞

---

6) '쎈밧'은 한번도 일구어보지 않는 밭을 말한다.

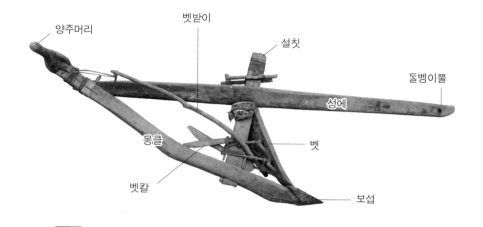

양주머리   벳받이   설칫   돌벵이뿔   성에   몽클   벳   벳칼   보섭

잠대 '잠대'는 소나 말에 건 멍에에 연결해서 밭을 갈 때 사용하는 도구다. 표준어 '쟁기'에 대응하는 제주어다. 밭을 갈기 위해서 소를 길들이는 것을 '쉐 ㄱ리친다'라고 한다.

의 소는 익숙한 소, 쟁기는 뒤의 '새쉐'[7]에 연결하지. 밭을 갈 때는 괜찮지만 가장자리 갈 때는 '새쉐'가 빠져나가려고 해서 갈기 힘들어.)

　　　— 구좌읍 송당리 김석봉 구술

　'저리'를 메워서 가는 소는 보통 '암쉐(암소)'를 이용한다. 힘이 센 '밧갈쉐'가 없을 때는 암소 두 마리에 쟁기를 연결하여 밭을 갈게 되는데, 소는 앞뒤로 서서 '잠대'를 끌며 갈게 된다. 앞에 서는 소는 밭갈이에 익숙한 소가 서고, 밭을 가는 데 익숙지 않은 '새쉐'는 그 뒤에 서서 '쟁기'를 연결하여 끌게 된다. '새쉐'는 길들이지 않은 소를 말한다.

---

7) '새쉐'는 길들이지 않은 소를 말한다.

'잠대'는 논밭을 가는 농기구로, 예전에 농사를 지을 때 없어서는 안 될 도구였다. '잠대'는 표준어 '쟁기'에 대응하는 어휘로, 구좌 지역에서는 '잠대, 장기'라는 이름으로 불리고 있다. '잠대'는 '양주머리, 설칫, 둘벵이뿔, 성에, 몽클, 벳칼, 설칫세역, 벳받이, 보섭, 벳' 등으로 이루어졌다. 밭을 갈 때 소의 머리에 씌우는 긴 고삐는 '가린석'이라고 하는데, 밭을 갈 때 이 '가린석'을 이용하여 소를 부리게 된다.

'멍에'는 쟁기를 끌기 위하여 마소의 목에 얹는 구부러진 막대를 말한다. 소를 이용할 때 사용하는 '멍에'는 '쉐멍에', 말을 이용할 때 사용하는 '멍에'는 달리 '물멍에'라고 구분하여 부른다. 밭은 마소의 어깨에 얹어진 '멍에'에 연결된 '한줄'과 '오리목'에 연결된 쟁기로 갈게 되는데, 마소의 목 힘을 이용하여 밭을 갈게 된다.

"밧 갈젠 허믄 쟁기가 필요허주. 쟁기 쉐 갈젠 허민 쉐멍에. 그 쟁기 또 이제 가린석. 거 쉐 이레 갓당 저레 갓당 허는 거 양쪽에 있는 거.

보섭과 벳 '보섭'과 '벳'(오른쪽)은 쟁기에 연결해서 밭갈이 할 때 사용하는 도구다. '보섭'은 '보습', '벳'은 '볏'에 대응하는 제주어다. 안덕면 덕수리는 '보섭'과 '벳'의 주산지로, 덕수리 '불미공예'는 제주도무형문화재 제7호로 지정, 전승되고 있다. 사진 김보향.

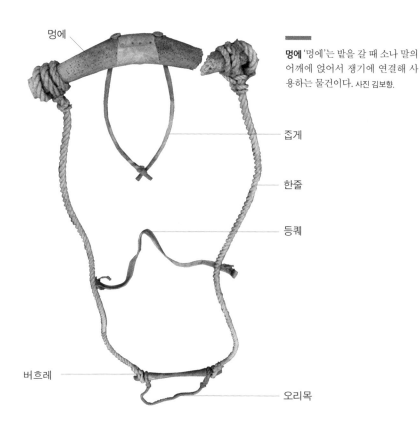

멍에

접게

한줄

등퀘

버흐레

오리목

멍에 메와근에 그걸 땡기는 거 한줄 필요허고. 그 한줄 뒤에 쟁기에 메우는 거 오리목. 쟁기에 이렇게 혜영 멍에에 영 돌아진 것이 오리목이라."

(밭 갈려고 하면 쟁기가 필요하지. 쟁기 소 갈려고 하면 '소멍에'. 그 쟁기 또 이제 '가린석'. 거 소 이리로 갔다가 저리로 갔다가 하는 거 양쪽에 있는 거. 멍에 메워서 그것을 당기는 거 봇줄 필요하고. 그 봇줄 뒤에 쟁기에 메우는 거 '오리목'. 쟁기에 이렇게 해서 멍에에 이렇게 매달린 것이 '오리목'이야.)

— 구좌읍 한동리 오문봉 구술

313

'한줄(봇줄)'은 멍에의 양쪽 턱진 곳에 매어 '버흐레(비겨미)'까지 연결된 줄이고, '버흐레'는 다시 '오리목'을 연결하고, '오리목'은 쟁기와 연결하여 밭을 갈게 된다. '버흐레'는 '한줄'이 소의 뒷다리에 닿지 않도록 '한줄'에 고정시킨 나무 막대다. '오리목'은 '버흐레'에서 쟁기의 맨 앞쪽인 '들벵이뿔(물추리막대)'까지 연결하여 묶는 줄이다. '한줄'은 지역에 따라서 '솜비줄'이라 하기도 한다.

1970년대 초 '잠대'를 이용하여 밭갈이를 하던 농촌에 경운기가 등장하며 '밭갈이'의 일대 변혁을 가져왔다. 소와 말을 이용하여 '잠대'로 밭을 갈던 것을 경운기에 메워서 사용하는 '경운기 잠대'가 등장하며 일의 속도가 한층 빨라져 일의 능률이 오르며 농촌 사회에서는 대단위 농업 경영이 이뤄지기 시작하였다. 지금은 '트랙터'가 '경운기' 자리를 대신하고, 모든 과정이 기계화·자동화되면서 일손을 많이 덜어주고 있다.

못궹이, 궹이, 쉐스렁

화산섬 제주에는 돌이 많다. 따라서 밭을 일굴 때도 힘이 들었지만 밭에 박힌 돌을 파내는 일도 여간 힘에 부치는 일이 아니었다. 밭을 일구거나 땅에 박힌 돌은 '따비'와 '벤줄레'를 이용하여 파기도 하였지만, 끝이 뾰족한 '못궹이'와 '궹이'와 '쉐스렁'을 이용하였다. '갈레죽'이라고 불리는 삽을 이용하기도 하였다.

'못궹이'는 지역에 따라서 '못광이'라 부르기도 하는데, 표준어 '곡괭이'에 대응하는 방언형이다. '못궹이'는 쇠로 황새의 부리처럼

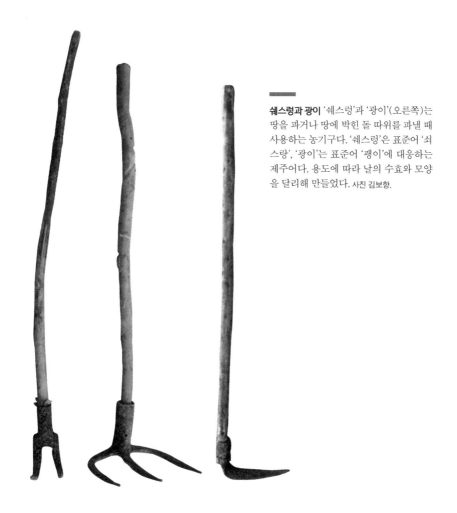

쉐스렁과 광이 '쉐스렁'과 '광이'(오른쪽)는
땅을 파거나 땅에 박힌 돌 따위를 파낼 때
사용하는 농기구다. '쉐스렁'은 표준어 '쇠
스랑', '광이'는 표준어 '괭이'에 대응하는
제주어다. 용도에 따라 날의 수효와 모양
을 달리해 만들었다. 사진 김보향.

양쪽으로 길게 날을 내고 가운데 구멍에 긴 자루를 박은 괭이로, 단
단한 땅을 파거나 땅에 박힌 돌 따위를 파낼 때 사용한다. 보통의
'괭이'보다는 좁고 기름하게 생겼다.

'쉐스렁·쉐시랑'은 표준어 '쇠스랑'에 대응하는 방언형으로, 땅을
일구거나 밭의 돌을 파는 데 썼다. 또 거름 등을 낼 때도 사용하였
다. '쉐스렁'은 보통 ㄱ자 모양의 세 가닥으로 된 살퀴가 나무막대
에 연결돼 있는데, 지역에 따라서는 두 갈래로 만들거나 길이를 짧

게 해서 만들기도 하였다.

> "이건 쉐시렁은 쉐시렁인디 두 발짜리 쉐시렁으로 이렇게 고랑 치
> 는 거. 옛날엔 이 소로 갈민 밧이 산 디가 하지. 그렇게 안 갈아진 디
> 시민 고랑도 치고 찍음도 허고이. 이건 옛날 한 백년이나 뒈실 거
> 여. 이디 왕 보난 시난. 두발쉐시렁."
> (이것은 쇠스랑은 쇠스랑인데 두 발짜리 쇠스랑으로 이렇게 고랑 치
> 는 것. 옛날에는 소로 갈면 밭이 살아 있는 데가 많지. 그렇게 안 갈아
> 진 데 있으면 고랑도 치고 찍기도 하고. 이것은 한 백년이나 되었을
> 거야. 여기 와서 보니 있으니까. 두발 쇠스랑.)
> **— 구좌읍 김녕리 고춘자 구술**

위의 구술에서 보듯이 "두 발짜리 쉐시렁으로 고랑 치는 것"처럼
'쉐시렁'은 밭의 고랑을 칠 때 사용했는데, 두 발이 달려 있어 '두발
쉐시렁'이라고 하였다. 짧은 '쉐시렁'은 앉아서 땅을 팔 수 있도록
손잡이를 짧게 해서 만들었다. 모양이 '쉐스렁'과 비슷하여 '땅파는
쉐시랑'이라고 한 것 같다. '쉐시렁'도《훈몽자회》[중:17]의 '鐵杷 쇼시
랑' 등의 문헌어에도 보이는, 아주 오래된 농기구 가운데 하나다.

갈레죽, 굴겡이

농촌에서는 흙을 파헤치거나 던질 때, 또는 흙 따위를 용기에 담
아놓을 때는 '갈레죽'을 이용하였다. '갈레죽'은 표준어 '삽'에 대응

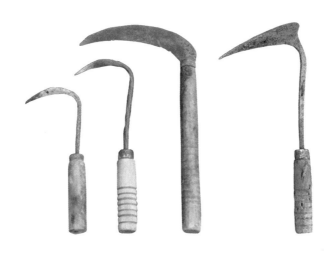

굴겡이와 호미 '굴겡이'는 밭의 김을 맬 때 사용하는 호미다. 지역에 따라 '굴각지, 굴게'라고도 한다. '호미'(왼쪽에서 세 번째)는 풀 따위를 벨 때 사용하는 낫이다. '굴겡이'와 '호미'는 쓰는 사람이나 용도에 따라서 모양을 조금씩 달리해서 만들었다. 사진 맨 오른쪽의 '굴겡이'는 '섭굴겡이'라고 한다.

하는 방언형으로, '가래'에서 온 말이다. '가래'는 《사성통해》[하:85]의 '木枚 가래' 등으로 보아 원래 나무로 만들어진 도구임을 알 수 있다. 제주에서는 나무로 만든 삽을 '낭갈레죽', 쇠로 만든 것을 '쒜갈레죽'이라고 하여 구분하고 있는데, '갈레죽' 또한 아주 오래전부터 있었던 농기구의 하나다.

'굴겡이'는 표준어 '호미'에 대응하는 방언형이다. '호미'는 김을 매거나 땅을 팔 때 사용하는 농기구인데, 농촌에서 밭일을 할 때 없어서는 안 될 도구이다. '굴겡이'는 지역에 따라서 '굴각지·굴강쒜·굴개기·굴갱·굴게·쒜굴겡이·호멩이'라고 하는데, '굴겡이'는 '긁-'에 접미사 '-엥이'가 붙어서 된 말이고, '호멩이'는 '호미+-엥이' 구성이다. '굴겡이'도 그 쓰임에 따라서 모양과 크기를 달리해서 만들어 썼음을 알 수 있다.

구좌읍 한동리에서 만난 고재인^(1924년생)은 '글갱이'를 '호멩이글갱이', '땅 파는 글갱이', '돌멩이 파는 호멩이'로 구분하여 사용하고 있었다. '호멩이글갱이'는 '섭'이라 불리는 호미 날이 넓적한 것이고, '땅 팔 때 사용하는' '글갱이'는 끝이 뾰족하고, 돌멩이를 파는 '글갱이'는 끝이 무디게 되어 있었다. '글갱이'는 또 바다 밭에서 성게나 문어, 오분자기 등을 딸 때도 이용하고 있었다. 바다에서 사용하는 '글갱이'는 '호멩이'나 '까꾸리' 등의 명칭으로 불리고 있었다. 용도에 따라 '퀴호멩이^(성게호미)', '오분작호멩이^(오분자기 호미)', '뭉게까꾸리^(문어호미)'처럼 명칭을 구분해 부르기도 하였다.

지금까지 제주도의 농기구 가운데 '따비, 잠대, 못궹이, 궹이, 쉐스렁, 갈레죽, 글갱이' 등에 대하여 살펴보았다. 이들 농기구는 땅을 파고, 밭을 갈고, 박힌 돌을 파낼 때 사용하는 제주의 전래적인 농기구이다. 이들 농기구는 문헌어에 나와 있는, 아주 오래전부터 사용했던 도구였는데, 제주 사람들은 제주의 환경에 맞게 다양하게 만들어 썼음을 알 수 있다.

또 문헌어 '짜뷔', '쇼스랑', '가래'가 '따비, 쉐시랑, 갈레죽'이라는 제주어 도구 명칭에 고스란히 남아 있어 제주의 농기구 명칭이 방언의 어원을 밝힐 수 있는 국어사 연구의 기초 자료가 되고 있음도 확인하였다. 뿐만 아니라 농기구 이름이 지역과 사용자 등에 따라서 분화해 국어 어휘를 다양하고 풍부하게 해주고 있어 국어학적으로도 가치가 있다.

그러나 이들 농기구가 농작물의 변화와 농기구의 기계화로 인하여 농촌에서 사용하지 않으면서 농기구 등과 관련된 어휘도 역사의 뒤안길로 사라지거나 소멸되고 있다. 따라서 우리 조상들이 전래적으로 사용했던 농기구 조사를 다각적으로 하는 한편 그 속에 담긴 소중한 삶의 문화를 캐내서 보석으로 만드는 일이 우리들에게 주어진 서둘러야 할 과제가 아닐까 싶다.

《교육제주》 2015년 겨울 통권 168호

곡석은 체로 치곡
푸는체로 푸끄민 크 콜허주

곡식은 체로 치고 키로 까부르면 깨끗하지

얼멩이, 체, 푸는체

제주에서 농사를 짓는 사람에게 체처럼 오랫동안 요긴하게 쓰는 도구도 드물 듯하다.《표준국어대사전》에 보면, 체는 '가루를 곱게 치거나 액체를 밭거나 거르는 데 쓰는 기구. 얇은 나무로 쳇바퀴를 만들고 말총, 형겊, 철사 따위로 쳇불을 씌워 만든다.'고 되어 있다. 그러나 제주의 농촌 지역을 조사하다 보면 체는 가루나 액체를 밭는 데만 쓰는 것이 아니라 수확한 곡식을 갈무리하는 농기구로써의 역할도 톡톡히 해내고 있다.

제주의 농촌에서 사용하는 농기구로써의 체는 부엌살림의 하나인 손잡이 달린 체와는 달리 쳇바퀴가 나무로 된 원통형이다. 요즘은 전래적인 체를 쉽사리 구할 수도 없다. 따라서 오랫동안 사용하고 있는 손때 묻은 체를 보면 주인의 성정이 느껴진다. 체는 한번 구입하면 평생을 동반자처럼 사용할 수 있어 주인의 고단한 삶을 증거하고 있다. 쳇바퀴가 헐어가면 알루미늄 조각이나 형겊을 덧대어 쓰기도 하고, 철사나 나일론 줄로 동여매며 분신처럼 사용하고 있다.

알곡 속의 쭉정이는 '얼멩이'로 쳐내

체는 쓰임에 따라 쳇불의 크기를 달리하여 만드는데 용도, 재료 등에 따라서 이름도 달리 붙였다. 체 가운데 쳇불이 가장 큰 '얼멩이(어레미)'는 보리나 콩 등 탈곡한 곡식의 쭉정이 등 불순물을 제거할 때 사용한다. 지금도 농촌 지역을 조사하다 보면 '얼멩이'를 사용하는 사람들을 적잖이 만난다. 예전에는 '얼멩이'를 '족대' 또는 '수리대'라 불리는 이대를 쪼갠 대오리로 네모나게 엮어 만들었다면 쳇불을 철사나 나일론 줄로 만들면서 쳇바퀴도 나무로 둥그렇게 만들어 사용하였다.

타작한 곡식을 '얼멩이'에 담아서 좌우로 흔들며 치다 보면 검불이나 쭉정이 따위가 체 위에 남게 된다. '얼멩이'로 걸러낸 곡식은 다시 '대체'로 쳐서 검불 따위를 걸러낸 후에 '속박'을 이용하여 바람에 불리면 깨끗하게 손질된다. '얼멩이'는 표준어 '어레미'에 대응하는 제주어다.

> "곡석을 도께로 두드린 후 얼멩이로 쳐서 무게기[8] 우에 것은 다시 두드리고 아랫것은 불려."

─────
8) '무게기'는 곡식을 체로 칠 때 체 위에 남는 것을 말한다.

(곡식을 도리깨로 두들긴 후 어레미로 쳐서 '무게기' 위에 것은 다시
두들기고 아래 것은 불려.)

— 구좌읍 김녕리 이삼년 구술

"불림질헐 땐 속박허고 얼멩이가 꼭 필요헌 거고. 체도 필요허주.
얼멩이로 치고 대체로 치주."
(불림질할 땐 '속박'허고 어레미가 꼭 필요한 것이고. 체도 필요하지.
어레미로 치고 대체로 치지.)

— 구좌읍 한동리 오문봉 구술

위의 구술을 보면, '얼멩이'는 곡식을 타작한 후에 바람에 불리기
전에 검불이나 쭉정이 따위를 제거하기 위하여 사용하는 도구다.

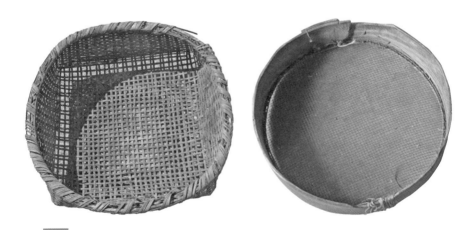

얼멩이 '얼멩이'는 곡식을 손질할 때 검불 따위를 걸러내기 위하여 사용하는 체의 일종이다. 예전
에는 대나무를 쪼개서 네모나게 만들었으나 요즘은 나무 쳇바퀴에 철사로 만든 '쳇망(쳇불)'을 붙
여 만든다. 김순자 촬영.

이때 '얼멩이'에 곡식을 담아 넣거나 불림질할 때 사용하는 도구가 '속박'이다. '속박'은 곡식 등을 담거나 불림질하기에 편리하게 기름하게 파서 만든 나무그릇이다. 지역에 따라서 '좀팍', '솔박', '손팍' 등으로 부른다. 구좌읍 한동리에서는 '얼멩이'나 대체로 쳐서 체 위에 남은 쭉정이나 곡식의 이삭 등을 '무게기'라고 한다. 이 '무게기'는 다시 '덩드렁마께' 등으로 두들겨서 알곡을 깨끗하게 손질하였다. '덩드렁마께'는 '덩드렁'이라는 돌 위에 곡식 따위를 넣고 두들길 때 사용하는 방망이다. '마께'는 방망이의 제주어다.

쓰임에 따라 체 이름도 모양도 가지가지

'체'는 곡식이나 가루, 액체 따위의 불순물을 제거하기 위하여 곡식 따위를 넣고 양쪽으로 흔들며 사용하는 도구다. 예전에는 체의 쳇불을 말총으로 만들었으나 시대가 흐르면서 철사와 나일론 줄을 이용해 만들었다. 체는 '얼멩이〉대체〉대거름체〉총거름체〉ᄀ는체' 순으로 쳇불의 크기가 작다.

> "체는 ᄀ는체, 거름체, 대거름체, 대체 네 가지. 제일 홅은 거 대체, 그 다음 대거름체, 그 다음 거름체, 그 다음 ᄀ는체. ᄀ는체가 제일 ᄀ는 거. 대체 우이 얼멩이. ᄀ는첸이 옛날은 총으로 만들더라고. 그 물총이나 그런 거로 만들앗어. 이제는 쒜로 만들지. 옛날은 총으로. ᄀ는첸 엇인디 거름체허고 대거름체허고 대체 세 가진 잇어."
> (체는 고운체, '거름체', '대거름체', 대체 네 가지. 제일 굵은 거 '대

323

체', 그다음 '대거름체', 그다음 '거름체', 그다음 고운체. 고운체가 제일 가는 거. '대체' 위에 어레미. 고운체는 옛날은 총으로 만들더라고. 그 말총이나 그런 것으로 만들었어. 이제는 쇠로 만들지. 옛날은 총으로. 고운체는 없는데 '거름체'하고 '대거름체'하고 '대체' 세 가지는 있어.)

— 구좌읍 김녕리 김복만 구술

챗불의 크기에 따라 체의 모양과 쓰임도 달랐다. '대체'는 '얼멩이'를 사용한 이후에 굵은 찌꺼기를 걸러내는 도구다. '거름체'는 '대체'와 'ᄀᆞ는체' 사이에 사용하는 중간 크기의 체로, 챗불이 '중간 크기' 또는 '중간에 사용했다'는 의미에서 '중체'라고 부르는 사람

체와 푸는체 '체'와 '푸는체'는 곡식을 손질할 때 사용하는 도구다. 체는 곡식의 검불이나 쭉정이 따위를 쳐낼 때 사용하고, '푸는체'는 손으로 흔들면서 바람을 일으켜 까끄라기 등을 밖으로 불려낼 때 사용하는 도구다. '푸는체'는 표준어 '키'에 대응하는 제주어다. 표선면 성읍리에서 김순자 촬영.

324

체 체는 곡식을 손질하거나 가루를 칠 때 또는 액체 등을 밭을 때 사용하는 도구다. 쳇불 구멍의 크기에 따라 대체-거름체-총거름체-줌진체 순으로 이름이 다르다. 사진은 한동리 허기생 씨 '정지(부엌)' 벽에 걸려 있는 체들이다. 사진 김보향.

도 있다.

'거름체'는 유채를 칠 때 사용했다고 한다. '거름체'도 큰 것은 '대 거름체'라고 하고, 작은 것은 '총거름체'라고 하여 이름을 달리 붙 였다. '총거름체'는 쳇불을 말총으로 만들었다고 해서 붙인 이름이 다. 'ᄀ는체'는 가루 따위를 치거나 액체를 밭을 때 사용한다. 예전 에는 'ᄀ는체'를 '말총'으로 만들어 썼는데, 시간이 흐르면서 철사 또는 나일론 줄을 이용하여 만들고 있다. 'ᄀ는체'는 지역에 따라 서 '줌진체'라고도 한다. 거피한 메밀쌀의 겨를 쳐내거나 보리를 볶 아서 'ᄀ레(맷돌)'에 간 '개역(미숫가루)'의 알갱이를 쳐낼 때 사용했다. 'ᄀ 는체'는 표준어 '가는체' 또는 '고운체'에 해당하는 제주어이다.

곡식의 까끄라기는 '푸는체'로 푸꺼

'푸는체'는 곡식 따위를 까불러 쭉정이나 티끌을 골라내는 도구로, 표준어 '키'에 해당한다. 갈무리할 곡식을 '푸는체'에 넣어 양손으로 위아래로 흔들다 보면 까끄라기 등이 밖으로 나가 곡식이 깨끗하게 된다. 이렇게 손질하는 행위를 '푸끄다' 또는 '푸다'라고 한다. '푸는체'는 손을 이용하여 '푸끄면서^(까부르면서)' 치기 때문에 얻은 명칭이다.

'푸는체'는 곡식을 손질할 때 사용하는 여성들의 전유물이다. 조사를 하다 보면, 시집와서 장만하거나 시어머니에게 물려받아 쓰는 '푸는체'가 많다. 이들 '푸는체'는 세월의 더께가 내려앉아 무수한 이야깃거리를 만들어 낸다. 50~60년 이상이 흘렀지만 본래의 모양을 간직한 경우도 있고, 더러는 쓰다 헤진 곳에 종이나 천으로 곱게 발라 사용하는 경우도 있다. 손잡이와 몸통이 낡아 실로 덕지덕지 꿰맨 '푸는체'도 있어 보는 이의 마음이 다 찡하다.

"푸는체. 막 오래뒌 거. 흔 오십년 뒈실 거라. 푸는체 ᄆ물쏠 굴민 푸는 거. ᄆ물쏠 굴민 영영 푸닥푸닥. 옛날은 저 선풍기도 안 나와부난 푸는체로만 편. 다른 거 헐 때도 풀 건 다 써야주. ᄆ물쏠도 푸고, 꿰도 푸고. 송당서 서화장에 폴레 완 이거 산 거. 만드는 사람 다 죽어베실 거라, 옛날이난. 게난 이제 그런 거 안 나, 이젠."

(키. 막 오래된 거. 한 오십 년 됐을 거야. 키 메밀쌀 갈면 까부르는 것. 메밀쌀 갈면 이렇게 이렇게 '푸닥푸닥'. 옛날은 저 선풍기도 안 나와버리니까 키로만 까불렀어. 다른 것 할 때도 까부를 것은 다 써야

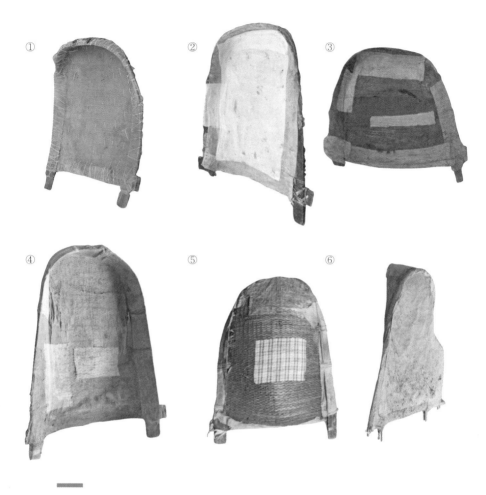

다양한 '푸는체'
① 구좌읍 송당리 김병헌 씨의 '푸는체'　② 구좌읍 세화리 홍영애 씨의 '푸는체'
③ 구좌읍 한동리 박창식 씨의 '푸는체'　④ 구좌읍 한동리 고재인 씨의 '푸는체'
⑤ 구좌읍 한동리 허기생 씨의 '푸는체'　⑥ 구좌읍 김녕리 김복만 씨의 '푸는체'

푸는체 '푸는체'는 곡식 따위를 까불러 쭉정이나 티끌을 골라내는 도구다. 보통 '자골(차풀)'이나 '정동(댕댕이덩굴)'을 이용하여 만든다. 종이와 헝겊을 덕지덕지 붙인 '푸는체' 속에서는 제주 여인들의 삶의 지혜와 무게가 느껴진다. 사진 아래 오른쪽의 '푸는체'(⑥)는 날개가 달려 있는 것으로 보아 제주에서 만든 것이 아니다. 사진 김보향.

지. 메밀쌀도 까부르고, 참깨도 까부르고. 송당에서 세화장에 팔러 와서 이거 산 거. 만드는 사람 다 죽어버렸을 거야, 옛날이니까. 그러 니까 이제 그런 거 안 나, 이제는.)

— 구좌읍 한동리 박창식 구술

"푸는체 나가 이디 왕 보난, 스물두 설에 오난 멧 헤 뒈시? 그때 시 집이 완 보난 이신 거라. 게난 이제 그 푸는체가 안 나와부난 이걸 로만 이제꺼장 유지행 왓주게. 이런 푸는체 푸는 디 엇이부난 이제 이걸로 죽장 헌 거주. 블르고, 블르고. 틀엇다가 블랏다가. 이거이 머세덜 옛날엔 정당나무 번주게. 약도 안 치곡 허난 그거 걷어당 짠 거. 정당줄."

(키 내가 여기 와서 보니까, 스물두 살에 오니까 몇 해 됐니? 그때 시 집에 와서 보니까 있는 거야. 그러니까 이제 그 키가 안 나와버리니 까 이것으로만 이제까지 유지해서 왔지. 이런 키 파는 데 없어버리니 까 이제 이것으로 늘 한 것이지. 바르고, 바르고. 뜯었다가 발랐다가. 이거 돌무더기 옛날에는 댕댕이덩굴 뻗지. 약도 안 치고 하니까 그거 걷어다가 짠 거. 댕댕이덩굴.)

— 구좌읍 한동리 고재인 구술

'푸는체'는 온갖 곡식을 까부른다. 메밀쌀이나 보리쌀을 거피할 때 가루를 쳐내기 위해서 사용하고, 참깨에 섞여 있는 검불 따위를 불릴 때도 사용했다. '푸는체'로 불리는 것을 '푸다' 또는 '푸끄다'라 고 하는데, 표준어 '까부르다'에 대응하는 말이다.

제주에서 생산한 '푸는체' 몸통은 주로 '자골'이나 '정동'을 이용하여 만들고, 손잡이 부분인 '어음'은 왕대를 쪼개서 만든다. '자골'은 '차풀', '정동'은 '댕댕이덩굴'의 방언형이다. 제주에서 만든 '푸는체'는 손잡이가 없지만, 육지에서 사용하는 키는 손잡이 양쪽에 날개가 달려 있는 것이 또 다른 특징이다. 김녕리 김복만이 친정어머니에게 물려받은 '푸는체'는 양쪽에 날개가 달려 있어 육지에서 온 것임을 알 수 있다.

'얼멩이'와 체, '푸는체'는 제주의 농촌 마을에서 곡식을 장만한 후 깨끗하게 손질할 때 사용하는 도구다. 주로 여성들에 의해 사용되는 이들 체류는 여성들의 삶과 궤를 같이해온 생활도구다. 농작물이 바뀌고 농법이 달라졌지만 이들 체류는 여전히 농촌 사회에서 사용되고 있다. 지금은 손쉽게 구할 수 없는 이들 체류는 결혼을 해 신접살림을 꾸밀 때 구입하거나 시부모에게 물려받아 사용하던 도구들로, 60~70년 이상 사용한 생활유산이다. 이들 도구들은 낡고 볼품없지만 전통을 이어 사용해온 물건들이라 옛 사람들의 고단한 삶과 지혜가 응축되어 있다. 그 물품들은 또한 제주 문화의 정수인 제주어로 전승되고 있음을 상기할 필요가 있다.

《교육제주》 2016년 봄 통권 169호

제6장

제주문학과
제주의 언어

언어 유산을 풍성하게 해주는 문학 속의 '구덕'
예술로 승화된 '제주의 바람'
문학의 예술성 더해주는 감칠맛 나는 상징부사
문학 속에 녹아 있는 '바닷고기' 이름
제주 사람들의 감정과 느낌 담아낸 감탄사
어감 다른 두 글자 상징어

언어 유산을 풍성하게 해주는 문학 속의 '구덕'

　　　　　　　　'예술작품을 통해 만나는 제주어'를 소재로 글을 써달라는 부탁을 받았다. 요즘은 시나 소설 등 문학작품은 물론이요 음악이나 연극 등 공연활동, 심지어는 조형예술에 이르기까지 제주어를 매개로 한 예술활동이 늘고 있어 고민 없이 응하였다. 기획 의도를 들으면서 오래전에 읽었던 이영복의 단편소설 〈밭당님〉까지 염두에 두었다.

　일제강점기에 발표된 이 작품은 당(堂)을 의지하여 굴곡진 삶을 이겨온 우리네 할머니의 모습과 제주의 옛 민속, 소설 군데군데 섞여 있는 감칠맛 나는 제주어 등이 기억 속에 남아 있어 한 번 더 읽다 보면 분명히 쓸거리를 찾을 수 있을 것 같았다. 더욱이 조상들의 삶의 모습이 담뿍 담겨 있어 널리 소개하고픈 마음도 있었다. 그러나 예상과는 달리 글은 쉽게 쓰이지 않았다. 쓰고 지우고, 쓰고 지우고를 반복하다 소설의 첫 문장이 눈에 들어왔다.

"누런 가는대구덕을 옆구리에 끼고 할망은 밤에 밖으로 집을 나섰다."

'누런 ᄀ는대구덕[1]'은 신산한 삶을 살아온 '할망'의 분신 같은 존재다. '할망'만이 아니라 제주 여성들의 전유물로, 당에 갈 때는 물론이요, 이웃에 큰일이 있을 때도, 장에 갈 때도 들고 다녔던 소지품이었다.

'ᄀ는대구덕'은 가느다란 대오리로 결은 바구니로 특별한 날에만 쓰는, 제주 여성들의 생활 속에 녹아 있던 도구다. 제주 문화의 한 특징을 보여줄 수 있다는 점에서 문학 작품 등의 소재가 되고 있다. 지역에 따라서 'ᄀ는대구덕·근대구덕·서대구덕'이라고 부른다. '할망'의 '누런 ᄀ는대구덕'에 시선이 간 이유도 제주 사람들의 삶과 문화가 '구덕' 안에 녹아 있기 때문이다.

이영복(李永福)의 〈밭당님〉[2]은 1942년 7월 森山一兵이라는 이름으로 일본에서 발간되는 《靑年作家》 제1권 6호에 발표됐던 〈畑堂任〉을 1995년에 번역하여 소개한 단편소설이다. 번역 작품이긴 하

---

1) 작품 속에는 '가는대구덕'이라고 되어 있지만, 이 글에서는 더 제주어적인 표현인 'ᄀ는대구덕'을 사용하였다.

2) 번역 작품은 제주대학교탐라문화연구소 탐라문화총서 13권으로 나온 《제주문학》(1900~1949)에 수록된 작품이다. 저자 이영복은 제주시 애월읍 출신으로 일본 교토의 제1외국어학원 영어과를 중퇴하고, 일본에서 일본청년문학회 동인으로 참여하여 이영구(李永九)라는 이름으로 《靑年作家》에 소설을 발표한 바 있다. 해방 후인 1946년 1월에는 제주에서 발간된 《新生》에 소설 〈夜路〉와 시 〈추억〉, YKR이라는 이름으로 시 〈悔淚〉와 〈憂愁〉를 발표했다.

줌녀구덕 '줌녀구덕'은 잠녀들이 물질하러 갈 때 등에 지고 다니는 바구니를 말한다. 제주에서는 해녀를 '줌녀' 또는 '줌수'라고 불렀다. '줌녀'들은 물질을 갈 때 '줌녀구덕'에 테왁과 망사리, 물안 경, 비창, 땔감 등의 물질 도구를 넣고 다녔다. 《사진으로 보는 제주역사》에서 발췌.

나 저자의 번역으로 나왔다는 점에서 발표 당시의 1940년대 농촌 모습과 당을 의지하여 살아가는 제주 사람들의 의식 세계도 엿볼 수 있다.

이 작품 속에는 '누런 구는대구덕' 외에도 미녕옷, 보리밭, 오름길, 밭당, 고소리, 눈돋은 메밀사발, 돌레떡, 곤밥, 마차, 갈중이 등 1940년대 제주 사람들의 삶의 모습과 당시의 풍물 등이 소개되어 있다. 그 가운데도 유독 '구덕'에 초점이 맞춰져 있는 것은 '구덕'이 '할망'의 고단한 삶을 웅변하고 있기 때문이리라.

1) 누런 가는대구덕을 옆구리에 끼고 할망은 밤에 밖으로 집을 나섰다.

2) 할망은 옆구리에 끼었던 가는대구덕(바구니)를 땅에 내려놓고 팡돌에 앉았다.

3) 대견스레 가는대구덕을 왼쪽 허리에 끼고 오른팔은 뒤로 돌려 허리에 얹고 기우뚱거리며 걸었다.

4) 오름길 중간쯤에 이른 할망은 잠시 발을 멈추고 뒤를 돌아보는 것이었다. (중략) 자기와 같이 가는대구덕을 옆에 낀 여편네가 오고 있지나 않는가 하는 생각이 들어서였는지 모른다.

5) 당 앞에 이른 할망은 가는대구덕을 땅에 내려놓고 무릎을 세운 채 쭈그려 앉았다.

6) 본능적이랄까, 잊지 않고 빈 구덕만을 찾아들고 밭으로 들어왔던 길목을 향해 걸어 나갔다.

7) 보통 대구덕이 아닌 가는 황대로 엮어 만든, 부녀들이 나들이할 때 사용하는 가는대구덕이었다.

8) 할망의 몸을 마차로 옮겨 짐짝에 기대게 하여 눕혔다. 길가의 구
   덕도 가져와서 할망 옆구리에 끼워 주었다.

위의 1)~8)의 예문의 '가는대구덕'을 통해서도 '할망'의 인생 유
전은 물론이요, 제주 여인들에게 '구덕'이 어떤 존재인지를 느낄 수
있다.
　'구덕'은 표준어 '바구니'에 대응하는 제주어로, 다양한 제주의 문
화를 담고 있는 그릇이다. 아기를 낳아서 기를 때 사용하는 '애기구

질구덕 '질구덕'은 등에 지고 다닐 수 있게 크게 만든 바구니다. 제주에서는 짐을 옮길 때 머리에
이지 않고 등에 지고 다녔다. 바람의 고장 제주의 풍토를 반영한 도구다. 사진 오른쪽의 '질구덕'
은 헝겊 따위로 발랐는데, 이를 '풀브른질구덕' 또는 '브른질구덕'이라고 한다. 《사진으로 보는 제주역
사》에서 발췌.

들름구덕 '들름구덕'은 옆구리에 끼고 들고 다닐 수 있게 만든 바구니다. 제주 여성들은 이웃에 크고 작은 대소사가 있을 때 '들름구덕'에 부조할 쌀이나 떡 등을 담고 다녔다. 보통 가는 대오리로 만든 'ᄀᄂᆞᆫ대구덕'을 이용하였다. 《사진으로 보는 제주역사》에서 발췌, 하창곤 사진.

덕', 물을 길러 다닐 때 사용했던 '물구덕', 잠녀들의 물질도구인 테왁과 망사리를 넣어서 지고 다니는 '줌녀구덕', 여인들이 나들이할 때 사용하는 'ᄀᄂᆞᆫ대구덕', 떡 등을 넣고 다니는 '떡구덕', 빨랫감을 넣고 다니는 '서답구덕', 물건을 넣어서 지고 다니는 '질구덕', 헐어 못 쓰게 되면 종이나 헝겊 등을 덧발라 곡식 등을 담아서 운반하는 '풀ᄇᆞ른구덕·ᄇᆞ른구덕', 바닷가에서 주로 쓰는 '바룻구덕', 나물을 캐거나 씻을 때 사용하는 '승키구덕' 등등. 제주 사람들은 '구덕'의 쓰임새와 모양, 크기에 따라 부르는 이름도 달리 만들어 썼는데 이들 '구덕'의 명칭이 제주의 언어유산을 더욱 풍성하게 해주고 있다.

제주의 '구덕'은 '족대' 또는 '수리대'라 불리는 '이대'를 쪼개서 만든다. 지금은 박물관에서나 볼 수 있는 유물이 되어버렸지만, '구덕'마다에는 제주 사람들의 삶의 문화가 켜켜이 녹아 있어 기록화 작업이 필요하다.

조선시대 제주에 유배왔던 김정(金淨)은 《제주풍토록》(1620)에서 '부이부대(負而不戴)'라 하여 육지의 이는 '구덕'과 달리 '지는 구덕'에 관심을 두었고, 이건(李健)도 《제주풍토기》(1628)에서 '부대어두이부어배(不戴於頭而負於背)'라 하여 등에 지고 다니는 것을 기이하게 여겼다.

'구덕'은 〈밭냉님〉의 'ᄀᆞ는내구덕'처럼 옆구리에 끼어서 들고 다니는 것을 달리 '들름구덕'(들르+-ㅁ#구덕)이라고 한다. 나물이나 해산물을 딸 때 허리에 차서 사용하는 '구덕'은 '출구덕'(ᄎᆞ+ㄹ#구덕), 바다에 낚시 등을 하러 다닐 때 어깨에 메고 다니는 '구덕'은 '멜쿠덕(밀쿠덕)'(메(미)+ㄹ#구덕)이라고 하기도 한다.

이런 다양한 '구덕'들은 필자의 유년 시절만 해도 줄곧 보아왔던 제주의 풍물이었다. '아기구덕, ᄇᆞ른구덕, 바릇구덕, 들렝이, 동의구덕, ᄇᆞ른바구리, 조레기, 사돈구덕, 소포구덕' 등등. 필자가 제주마을 곳곳에서 조사한 '구덕' 명칭만도 무려 82가지(이형태 포함)3)나 되니 '구덕'에 얽힌 옛 어른들의 이야기도 무궁무진할 터다. 따라서 '구덕'들은 제주를 소재로 하는 문학 작품 속에 곧잘 등장하기도 하였다.

　9) "꿩꿩" 먼 데서 장끼 우는 소리가 들려오고 아기구덕은 저 바다
　　에 잔물결 타는 작은 주낙배마냥 조용히 흔들렸다. 아기들은 보

---

3) 김순자(2014), 《제주도방언의 어휘 연구》, 박이정.

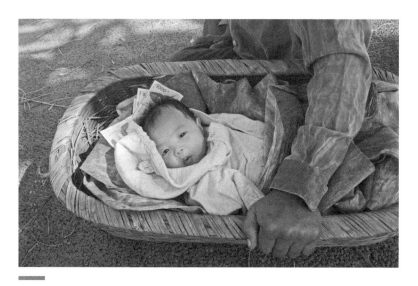

애기구덕 '애기구덕'은 아기를 눕힐 때 사용하는 바구니다. 대오리를 결어서 만들었는데, 우리 어머니들은 밭에 다닐 때 '애기구덕'을 지고 다니면서 일했다. 표선면 성읍리 '정의골 한마당 축제'에서 촬영.

통 세 살이 되면 구덕을 차버리고 나오는데 종수는 한 해 더 구덕을 사용했다.[4]

10) 방문을 닫으려는데, 허연 바른구덕을 옆구리에 낀 어떤 부인이 대문 안으로 들어왔다. 몸을 돌리고 상체를 숙여 얼굴을 알아볼 수는 없으나, 쌀을 꾸러 오는 사람임을 곧 알 수 있다.[5]

11) "잡긴 뭘 잡아. 헉술이 하나, 펀펀이 하나(말짱 헛일)로고." / 허장이가 자기 바룻구덕을 들어 바닥을 톡톡 털어보이자, / "허, 허, 허!"/양쪽 배에서 웃음이 터지고 한때 바다 가운데가 왁자한 웃음판이 되었다.[6]

4) 현기영(1986), 〈잃어버린 시절〉, 《아스팔트》, 6쪽.
5) 현길언(1995), 《한라산》 2권, 215쪽, 문학과지성사.
6) 오성찬(1976), 〈어부들〉, 《탐라인》, 창원사.

'구덕'은 본풀이 속에 등장하고, 유아기 때 부모끼리 약속한 혼사라는 '구덕혼사'라는 풍속을 낳기도 하였다. 아기를 수호하는 '구덕신'을 '구덕삼승'이라고 하여 신앙의 대상으로 삼기도 하였다. 이처럼 '구덕'은 제주 사람들의 삶 속에 깊숙이 내재된 제주의 토속 문화다. 서귀포시 호근동에서 '구덕'을 결어서 생활했던 김희창은 "며느리를 맞이한 시어머니는 'ᄀᆞ는대구덕과 제물차롱' 한 벌을 장만하여 며느리에게 선물도 했다."[7]고 하니 'ᄀᆞ는대구덕'의 쓰임새를 짐작하고도 남는다.

제주의 '구덕'은 그 자체의 조형성을 놓고 볼 때도 예술성이 돋보이지만 '구덕'에 얽힌 독특한 풍물은 문학, 사진, 연극, 미술 등의 작품 소재가 되면서 작품을 통해서도 제주 사람들의 삶의 정서를 느끼게 해준다. 그러나 생활환경의 변화로 말미암아 제주 사람들의 삶 속에 깊숙이 파고들었던 '구덕 문화'는 물론이요 '구덕'이라는 명칭 자체도 역사의 뒤안길로 사라질 위기에 놓여 있다. '구덕'과 같은 옛 사람들의 삶의 부분이었던 제주의 풍물 속에 깃든 이야기들은 제주 사람들의 정신 세계가 반영되어 있기에 오래도록 전수될 수 있도록 예술인들의 부단한 노력을 기대해 본다.

《삶과 문화》 Vol. 56 2015년 봄호

---

7) 강정희·김순자(2008), 《2008년도 민족생활어 조사 1―구덕과 차롱》, 국립국어원·한남대학교.

예술로 승화된
'제주의 바람'

바람의 제주어는 '브룸, 브름'

제주는 바람의 섬이다. 바람 타는 섬답게 제주에는 바람과 관련한 제주어도 많다. 바람을 제주에서는 '브룸', 또는 '브름'이라 한다. 표준어 바람이 문학작품의 주요 소재로 등장하는 것처럼 제주어 '브름'도 제주 사람들의 예술 세계에 녹아들어 있다. '브름'은 문자 언어로 혹은 사진이나 그림 등에 비유적으로 등장한다.

1) 제주 섬은 처음부터/브름뿐이라수다/너울뿐이라수다/브름 고망/너울 고망/ 제주 사름 가슴처럼/고망 버룽버룽흔 섬//제주 섬이/어디 그냥 섬이우꽈/제주 바당이/어디 그냥 바당이우꽈/브름 메경 그늘루곡/너울 메경 그늘루곡/처음부터 제주 섬은/브름고망이 숨고망이라수다/너울 고망이 목숨고망이라수다

파도치는 바다 바람은 기압의 변화에 따라 공기가 움직이면서 흔들리는 현상이다. 바람은 나뭇잎이 흔들리거나 물결을 일으키는 파도를 통해 감지할 수 있다. 제주시 화북동에서 김순자 촬영.

(제주 섬은 처음부터/바람뿐이었습니다/파도뿐이었습니다/바람 구멍/파도 구멍/ 제주 사람 가슴처럼/구멍 숭숭한 섬//제주 섬이/어디 그냥 섬입니까/제주 바다가/어디 그냥 바다입니까/바람 먹여서 그느르고/너울 먹여서 그느르고/처음부터 제주 섬은/바람구멍이 숨구멍이었습니다/너울 구멍이 목숨 구멍이었습니다)

— 한기팔의 〈ᄇᆞ름 고망 너울 고망〉[8] 전문

2) ᄇᆞ름만 각각 불곡/도통[9]에 도새긴 괙괙/비롱비롱 담고망/ᄇᆞ름

8) 한기팔,《바람의 초상》, 시와 시학사, 1999, 111쪽.
9) '도통'은 돼지우리로, '돗통'으로 표기해야 한다.

고망 절고망/고망마다 들라퀴는/제주 섬아/처음부터 제주 섬은/ᄇᆞ름 먹엉 사는 사름만 살아수다/너울 먹엉 사는 사름만 살아수다

(바람만 각각 불고/돼지우리의 돼지는 꽥꽥/숭숭 담구멍/바람구멍 파도구멍/구멍마다 날뛰는/제주 섬아/처음부터 제주 섬은/바람 먹어서 사는 사람만 살았습니다/너울 먹어서 사는 사람만 살았습니다)

— 한기팔의 〈ᄇᆞ름만 각각 불고〉[10]

위의 1), 2) 시에서는 한기팔 시인의 'ᄇᆞ름'을 대하는 태도가 엿보인다. 1)의 시를 보면, "제주 섬은 처음부터 바람뿐이고, 그 바람구멍은 제주 사람의 숨구멍"으로 'ᄇᆞ름'은 제주 사람들을 '돌보아서 보호하여 주는', 먹고 살 수밖에 없는 생명의 양식이었다. 생명의 양식이었던 'ᄇᆞ름'이 2)의 "ᄇᆞ름만 각각 불곡"에서 보이듯, 'ᄇᆞ름' 이미지는 거칠고 부정적으로 묘사되어 있다. 이는 "ᄇᆞ름 먹엉 사는 사름만 살아수다"라는 시구와 어우러지며 바람 부는 섬에 사는 사람들의 숙명이 바람을 타고 다가온다. 다음의 〈해녀노래〉에서도 섬 사람들의 바람에 대한 인식이 잘 드러나 있다.

3)ᄇᆞ름이랑 밥으로 먹곡/구룸으로 똥을 싸곡/물절이랑 집안을 삼앙/설룬 어멍 떼여두곡/부모 동셍 이벨ᄒᆞ곡/한강바당 집을 삼앙/이 업을 ᄒᆞ라 ᄒᆞ곡/이내몸이 탄셍ᄒᆞ든가[11]

---

10) 위의 책, 112쪽.
11) 김영돈,《제주도 민요연구(상권 자료편)》, 민속원, 1965/2002, 227쪽.

(바람이랑 밥으로 먹고/구름으로 똥을 싸고/물결이랑 집안을 삼아서

/서러운 어머니 떼어 두고/부모 동생 이별하고/한강바다 집을 삼아/

이 업을 하라 하고/이 내 몸이 탄생했던가)

— 김영돈의 〈해녀노래〉 중에서 870번 민요

'ᄇ름 불엉 절 잘 날 시멍, 하늘 울엉 날 좋은 날 시랴.(바람 불어서 파도
잘 날 있으며, 하늘 울어서 날 좋은 날 있으랴.)'라는 속담에서 엿볼 수 있듯이, 자연의
섭리에 순응하며 살아야 하는 운명적인 섬 사람들의 비애가 느껴
진다. 바람이 불면 물결이 일고 하늘이 우르르 하면 비가 내리는
것은 자연의 이치가 아닌가.

'ᄇ름'의 다양한 이름들

제주어 'ᄇ름'은 훈민정음 창제 당시의 어형 그대로 전승된 경우
다. 최초의 한글 문헌인 《용비어천가》[12] 제2장의 "불휘 기픈 남ᄀᆞᆫ
ᄇᄅᆞ매 아니 뮐씨 곶 됴코 여름 하ᄂᆞ니(뿌리가 깊은 나무는 바람에 아니 움직이므로
꽃 좋고 열매가 많나니)"의 'ᄇᄅᆞ름'이 제주어에 그대로 나타난다. 이 노래 속
의 '불휘', '남ᄀᆞᆫ', '여름(으름)', '하ᄂᆞ니'는 아직까지도 제주 사람들이

---

12) 훈민정음 창제 후인 1446년에 세종의 명을 받은 권제(權踶), 정인지(鄭麟趾),
   안지(安止) 등이 지은 책이다. 태조 이성계의 고조부 이안사(李安社)로부터 그
   어버이 이자춘(李子春)에 이르기까지의 4대와 태조·태종 양대를 합하여 전후 6
   세의 업적을 찬양한 노래다.

마파람 '마파람'은 남쪽에서 부는 바람을 말한다. 제주에서는 '마ᄇ름'이라고 하는데, 보통 여름철에 많이 부는 바람이다. 동쪽에서 부는 바람을 '샛ᄇ름', 서쪽에서 부는 바람은 '갈ᄇ름', 북쪽에서 부는 바람을 '하늬ᄇ름'이라고 한다. 강요배의 〈마파람〉.

생활 속에서 쓰는 어형들로, 제주어의 가치가 어느 정도인지 짐작하게 해준다.

'ᄇ름'은 부는 방향에 따라서 그 이름이 다양하다. 바람 이름은 방향에 따라서 동풍·서풍·남풍·북풍, 양방향 사이에서 부는 바람을 동남풍·북서풍처럼 한자어 명칭으로 불리는 경우가 많지만 제주에서는 순우리말 바람 이름이 널리 쓰였다. 요즘도 나이든 사람들에게서는 우리말 바람 이름을 가끔씩 들을 수 있다. 다양한 바람이름은 한 편의 시로 탄생하여 색다른 감흥을 불러일으킨다.

4) 샛바람/갈바람/마파람/하늬바람/동마바람/서마바람/갈하늬/높

새/높바람/높하늬/건들마/도껭이/도지/강쳉이/양도새/바람주제/
놀/모든 제주 바람들 한 데 모여 사는 곳
— 문충성의 〈無爲〉[13] 중에서

  예문 4)의 시에서 보듯이 문충성 시인은 제주에서 불리는 바람
이름을 죄다 불러내 한 편의 시로 엮었다. 바람의 종류만을 나열해
도 시가 될 정도로 제주어 바람 이름은 독특한 멋이 있다. '샛바람'
은 동쪽에서 부는 바람, '갈바람'은 서쪽에서 부는 바림, '마파람'은
남쪽에서 부는 바람, '하늬바람'은 북쪽에서 부는 바람이다. 이들
바람 이름이 더 제주적인 느낌이 들게 하려면 표준어 '바람' 자리
를 'ᄇᆞ름'으로 대체하면 된다.
  '동마바람'은 한자어 '동(東)+마바람'의 합성으로 동남풍을 가리
키는 말이고, '서마바람'은 서남풍, '갈하늬'는 북서풍, '높새'는 북
동풍, '높바람'은 '북풍', '높하늬'는 북서풍을 말한다, '건들마'는 남
쪽에서 불어오는 시원한 바람, '도껭이'[14]는 회오리바람, '도지'는
늦가을에서 초겨울 사이에 서북쪽에서 불어오는 바람을 가리킨
다. '강쳉이'는 갑자기 부는 폭풍을 말하고, '양도새'는 바람 방향이
바뀔 때 양쪽에서 불어오는 바람 이름이다. '양도새'는 《개정증보
제주어사전》의 '양ᄇᆞ름'의 다른 이름이 아닌가 한다. '양ᄇᆞ름'은 '兩
+ᄇᆞ름' 구성으로, 5)의 뜻풀이에서 알 수 있듯이 마라도 등지에서

---

13) 문충성,《허공》, 문학과지성사, 2001, 106~107쪽.
14) '도껭이'는 지역에 따라서 '돗공이, 돗겡이', '돗공이주제', '돗겡이주제'라고도 한
   다. '도껭이'는 '돗겡이'로 표기하는 것이 좋을 것 같다.

팔월에서 시월까지 부는 바람을 일컫는 명칭이다.

> 5) 양-ᄇᆞ름 ⑲ 모슬포에서 하늬바람이 불 때 마라도에서 부는 샛바
> 람. *팔월둘서부터 시월둘까지 양ᄇᆞ름이 붑네다.
> (팔월서부터 시월까지 '양ᄇᆞ름'이 붑니다.[마라도])

'바람주제'는 '잠깐 동안 부는 바람'을 말하는데, 제주에서는 'ᄇᆞ
름주제'라고 한다. 비가 잠깐 동안 내리는 것을 두고는 '비 주제', 눈
이 잠깐 동안 내리는 것을 '눈 주제'라 한다. '놀'은 파도를 가리키는
제주어다. 이 밖에도 '동하늬(동북풍)', '바른하늬(북풍)', '갈하늬(서북풍)',
'놉ᄇᆞ름(된바람)', '동마ᄑᆞ름(동남풍)', '섯마ᄇᆞ름(서남풍)', 'ᄂᆞ릇(뭍에서 바다로 부는 시
원한 가을바람)', '산부세(동남풍)' 등의 바람 이름도 조사되었다.[15]

'ᄇᆞ름' 이름 해석 제각각

바람 이름은 방향에 따라서 달리 나타난다. 대체로 동쪽에서 부
는 바람은 '샛ᄇᆞ름', 서쪽에서 부는 바람은 '갈ᄇᆞ름', 남쪽에서 부는
바람은 '마ᄑᆞ름', 북쪽에서 부는 바람은 '하늬ᄇᆞ름'이라고 한다. 그
러나 이들 바람 이름이 지역에 따라서는 고정된 이름이 아니어서
뜻풀이를 할 때 일반화시켜서는 곤란하다.

---

15) 김순자, 《해녀 어부 민속주−제주도의 민족생활어》(국립국어원 민족생활어 자
료 총서 6), 글누림, 2009, 344~345쪽 참조.

북촌리 '폭낭' 제주는 바람의 고장이다. 바람의 흔적은 한쪽으로 누운 나무 등을 통해서 확인할 수 있다. 나뭇잎이 떨어진 앙상한 '폭낭' 가지는 바람의 흔적이다. '폭낭'은 '팽나무'에 대응하는 제주어다. 김순자 촬영.

　필자가 조사한 바에 따르면, 제주 서쪽 끝 지점인 한경면 고산리에서는 동풍을 '샛ᄇᆞ름', 서풍은 '갈ᄇᆞ름', 남풍은 '마프름', 북풍은 '하늬ᄇᆞ름'이라고 하지만 동쪽 끝 우도면에서는 동풍은 '샛ᄇᆞ름', 서풍은 '하늬ᄇᆞ름', 남풍은 '마프름', 북풍은 '놉ᄇᆞ름'이라고 해서 그 명칭이 방향에 따라 약간씩 차이를 보인다.

　국어사전의 바람 이름도 제각각이다. 《표준국어대사전》,《조선말대사전》,《우리말 큰사전》,《금성국어대사전》 등 4개의 사전에 올라 있는 바람 이름 몇 가지와 관련 뜻풀이를 보면, 일반화의 오류가 어떤 양상으로 나타나는지 알 수 있다. '샛바람'과 '갈바람', '마파람'의 경우는 사전마다 공히 '동풍'·'서풍'·'남풍'이라고 각각 뜻풀이를 하고 있지만, '하늬바람'은 서풍 또는 북풍이라고 해석하고 있다.

6) 하늬바람
- 〈명〉 서북쪽이나 북쪽에서 불어오는 바람.(《조선말 대사전》)
- 〈명〉〈1〉 서쪽에서 부는 바람. 주로 농촌이나 어촌에서 이르는 말이다. 〈2〉〈북〉 서북쪽이나 북쪽에서 부는 바람. (《표준국어대사전》)
- (이) 〈1〉 '서풍'의 뱃사람말. 〈2〉 북풍.(《우리말큰사전》)
- 〈명〉 농가나 어촌에서 '서풍(西風)'을 이르는 말.(《(금성)국어대사전》)

바람 이름은 계절적인 특징을 반영하기도 한다. 언중들의 의식 속에 내재된 바람을 보면, '하늬브름'이 눈에 띈다. 가을철에 '하늬브름이 터지면' 가을걷이를 하기 때문이다. 이 바람이 터질 즈음이 추석 전후인데, 예전에 이 시기가 되면 소를 키우는 집에서는 추석을 지낸 후에라도 '촐 비레'(꼴 베러) 가야 했다. 현기영의 중편소설 〈마지막 테우리〉에는 이런 모습이 잘 그려있다.

7) 하늬바람은 추석 무렵에 터졌고, 그 바람이 불자, 농작물에 냉해를 끼치던 장마의 비구름 떼가 먼 바다로 밀려나가 쾌청한 날이 계속되었다. 하늘은 더할 나위 없이 맑아 오름 능선이 뚜렷해지는 절기였다.…하늬바람 속에서 투명한 허공을 울리며 새 울음소리 영롱하고 풀씨가 빠르게 여물었다. 자굴풀 씨가 터지기 전

에 목장마다 계꾼들이 올라와 월동용 건초를 장만했고 뒤따라 아낙네들이 말똥버섯 캐러 왔다가자 초원은 다시 인적이 끊겨 정적이 왔다.[16]

소설에는 '하늬바람'으로 표현했지만, 제주 사람들 심상 속에는 '하늬ᄇᄅᆞᆷ'이 차지하고 있다. "하늬ᄇᄅᆞᆷ이 터지다." 대신에 "하늬ᄇᄅᆞ류이 올라온다."는 표현을 쓰는 사람도 있다.

'ᄇᄅᆞᆷ'으로 날씨, 풍흉 점쳐

'샛바람'이냐 '마파람'이냐, 바람이 불어오는 방향에 따라서 날씨를 예측하거나 풍흉을 점치기도 하였다. '샛ᄇᄅᆞᆷ 불민 날 우친다.'(샛바람 불면 날 궂다.), '샛ᄇᄅᆞᆷ 불젱 ᄒᆞ민 물알로 ᄆᆞ저 분다.'(샛바람 불려고 하면 물 아래로 먼저 분다.)라고 하여 '샛바람'이 불면 비가 내린다고 짐작하였다. 'ᄇᄅᆞᆷ코지광 물왓은 용시 망친다.'(바람받이와 물 고이는 밭은 농사 망친다.)는 속담처럼 바람을 받거나 물이 고이는 밭은 농사를 망칠 수밖에 없었다. 'ᄇᄅᆞᆷ코지'는 'ᄇᄅᆞᆷ+코지[串]' 구성으로, 바람이 몹시 받는 곳을 일컫는 말이다. 표준어로 대역하면 '바람받이'에 해당된다. 반대로 '바람이 맞받지 아니하여 눈비 따위를 피할 수 있는 곳'을 'ᄇᄅᆞᆷ의지'라고 한다. 밭을 빙 둘러싼 밭담이 좋은 'ᄇᄅᆞᆷ의지'가 되어주는데,

---

16) 현기영, 〈마지막 테우리〉, 제주작가회의 편, 《깊은 적막의 끝》, 도서출판 각, 2001, 291쪽.

겨울철 담벼락을 의지해서 추위를 피했던 경험들이 많을 것이다. 'ᄇᆞᆷ'은 또 신의 이름에도 붙어 사용된다. 'ᄇᆞᆷ웃도'와 'ᄇᆞᆷ알도'가 대표적인데, '바람의 위쪽' 또는 '바람의 아래쪽'에 좌정한 남성 신을 가리킬 때 사용하는 신 이름이다.

높다란 밭담이 좋은 'ᄇᆞᆷ의지'가 되어 주듯이 우리 모두가 누군가의 '의지'가 될 수 있다면 좋겠다.

《삶과 문화》 Vol. 57 2015년 여름호

문학의 예술성 더해주는
감칠맛 나는 상징부사

현장에서 만나는 상징부사

제주어 구술 채록을 다니다 보면 참으로 놀랄 때가 많다. 우리네 할머니 할아버지 삶을 조사하면서 사전에 올라 있지 않은, 날것 그대로의 생경한 어휘들을 만날 때면 쿵쾅쿵쾅 가슴이 다 뛴다. 그 벅차오르는 희열감이란, 느껴본 사람만이 알 수 있다.

나의 감성을 자극하는 말 가운데 하나는 첩어다. '게죽게죽, 괄락괄락, 오골오골, 베롱베롱, 와랑와랑, 그랑그랑, 지락지락, 땡글땡글, 비욱비욱, 즈근즈근, 올랏올랏.' 얼마나 살가운 말들인가. 팔딱이는 생생한 이들 상징부사들은 제주어의 말맛을 더해 준다. 이런 감흥은 제주대학교 국어상담소[17]의 제주어 구술 자료 총서 1권

---

17) 현 제주대학교 국어문화원.

《나, 육십육년 물질허멍 이제도록 살안》(제주시 이호 마을 고순여 할머니 생애 구술)의 서문에 잘 담겨 있다.

> 1) 고순여 할머니는 제주어의 연금술사다. 조사 기간 내내 다음은 어떤 어휘가 튀어나올까 하는 궁금증에 가슴 뛰는 행복감을 맛볼 수 있었다. 구술 채록에는 조사와 전사 등 힘든 노동이 수반이 되지만 이런 묘미 때문에 또다시 현장으로 발길을 돌리게 된다.

> 2) "유월엔 기냥 자리덜이 다 알 베영 보골보골허영 막 슬지곡, 칠월 넘어가믄 알 싸가믄 거멍허영 가시가 쎄영, 경허난 자리젓은 유월에 담아야 맛이 잇는 거. 칠월, 팔월엔 가시가 쎄여부렁 먹젠 허믄 가시가 깍깍 질러불고, 유월에 담으믄 복삭복삭헤영 자리젓이 맛이 잇어."
>
> (유월에는 그냥 자리돔들이 다 알 배어서 보골보골해서 매우 살지고, 칠월 지나가면 알 싸 가면 거메 가시가 세서, 그렇게 하니까 자리젓은 유월에 담가야 맛이 있는 거. 칠월, 팔월엔 가시가 세어버려서 먹으려고 하면 가시가 깍깍 찌르고, 유월에 담그면 복삭복삭해서 자리젓이 맛이 있어.)

1)의 예문은 필자가 제주어 구술 자료 총서 1권을 낼 때 썼던 서문의 일부다. 이 예문과 함께 2)의 예문을 예시로 들어, '보골보골', '깍깍', '복삭복삭' 등의 다양한 첩어들은 살아 있는 제주어의 맛깔을 느끼게 해주고, 이들 어휘처럼 사전에 등재되지 않은 제주어들

이 기지개를 켜고 파닥파닥 살아날 때는 기쁨이 배가되었다고 밝힌 바 있다.

'보골보골'은 '자리돔의 알이 꽉 찬 모습'을 형상화한 어휘다.《표준국어대사전》에는 '보골보골'이 '적은 양의 액체가 비교적 좁은 공간에서 잇따라 야단스럽게 끓는 소리, 또는 그 모양'을 나타내는 북한어로 소개하고 있다. 북한어 '보골보골'에 대응하는 표준어는 '보글보글'로, 예문 2)의 '보골보골' 의미와는 사뭇 다르다. '깍깍'도 마찬가지다. '가시가 깍깍 질러불고(가시가 깍깍 찔러버리고)'에서 보듯이 제주어 '깍깍'은 가시가 찌르는 모습을 나타내는 부사이지만 표준어의 '깍깍'은 '까마귀나 까치 따위가 자꾸 우는 소리'를 나타낼 때 쓰는 말이다. '복삭복삭'은 '먹었을 때 부드럽게 잘 으깨지는 모습'을 표현할 때 사용하는 어휘로 역시 사전에 올라 있지 않다.

이처럼 반복부사는 그 상황이나 분위기를 알지 못하고는 그 뜻을 온전하게 파악하기가 힘들다. 그러나 그 상황의 느낌을 풍부하게 해 주고 말의 생동감을 더해주는 데는 상징부사만 한 것이 없다. 가령 '가시로 깍깍 질러불고'를 '가시로 깍 질러불고'나 '가시로 질러불고'처럼 표현하면 말맛이 확 달라진다. 어감의 감도가 다른 것은 상징부사 역할이 색다르기 때문이다. 제주의 문인들이 독특한 제주어 첩어를 문학 작품 속에 수용하는 것도 이런 이유에서다.

물을 한꺼번에 많이 들이켤 때는 '괄락괄락'

3) 춤녕쿨 쥐고 서니 정수남인/엉덩이는 허공에 대고 괄락괄락/엎

드려 댓 허벅을 마셔댄다

— 문충성의 《자청비》 중에서 **18)**

예문 3)은 문충성의 서사시 《자청비》 가운데 정수남이가 물을 마시는 모습을 시로 표현한 부분이다. 자신의 몸을 묶은 칡넝쿨을 자청비 손에 쥐게 한 후 엉덩이를 허공에 대고 엎드려 댓 허벅의 물을 '괄락괄락' 마셔대는 정수남이 모습은 상상만으로도 웃음이 절로 나온다. 정수남이가 댓 허벅의 물을 한꺼번에 들이켤 때 나는 소리가 바로 '괄락괄락'인 것이다.

'괄락괄락'은 '물 따위의 음료를 거침없이 자꾸 들이켜는 소리. 또는 모양'을 말한다. 뜨거운 여름날, 땀 흘리며 일을 한 후에 물을 마실 때의 모습이다. 목이 바짝바짝 마른 상태에서 물을 마시게 되면 한꺼번에 많은 양의 물을 들이켜게 되는데, 이때 하는 말이 "물을 경 괄락괄락 먹지 말라. ᄀ끼켜."이다. 표준어로 옮기면 '물을 그렇게 벌컥벌컥(또는 꿀꺽꿀꺽) 먹지 마라. 갑시겠다.'라는 의미다. 'ᄀ끼다'는 표준어 '갑시다'에 해당하는 제주어로, '세찬 바람이나 물 따위가 갑자기 목구멍에 들어갈 때, 숨이 막히게 된다'는 뜻이다.

---

18) 문충성, 《자청비》, 문장, 1980, 39쪽.

별은 '배롱배롱' 달은 비룽비룽

4) 떨어져 오라, 은밀하게/내 혼 속으로/이웃끼리/정교 나누며/蔀에
   내재하는/목숨으로/배롱배롱

   ― 문충성의 〈꽃에게〉 중에서 19)

문충성은 자신의 시에 상징부사를 감칠맛 나게 사용한다. 예문
4)의 '배롱배롱'20)은 꽃이 피어 있는 모습, 그리고 꽃과 교감하는
모습으로 읽힌다. '배롱배롱'21)은 "밤은 깊어만 가고/별은 배롱배
롱", "별빛 하늘 우러러 배롱배롱/꽃들을 피워내고"22)처럼 쓰이기
도 한다. "별은 배롱배롱"의 '배롱배롱'은 별빛이 반짝이는 모습을
표현한 것이고, "별빛 하늘 우러러 배롱배롱/꽃들을 피워내고"의
'배롱배롱'은 별빛 반짝이는 하늘을 우러러 꽃들이 '배롱배롱' 빛을
발하고 있는 모습을 은유적으로 표현한 것이다.

'배롱배롱'은 '비룽비룽', '버룽버룽'형으로도 나타난다.

5) 눈물처럼 그렁그렁 별빛 쏟아지고/달만 비룽비룽 천지가 새하
   얗던 한라산/정신마저 와르르 덤불더미 속에 숨은 시절/한밤중
   에 손톱 불며, 멩게낭/마디마디 숨죽여 끊었지

   ― 허영선의 〈놋쇠 숟가락-문임생 할머니〉 중에서23)

---

19) 문충성,《망각 속에 잠자는 돌》, 제주문화, 2002, 35~36쪽.
20) '배롱배롱'은 '베롱베롱'으로도 쓰인다.
21) 문충성,《자청비》, 문장, 1980, 42쪽.
22) 문충성, 〈채송화〉,《섬에서 부른 마지막 노래》, 문학과지성사, 1981, 58쪽.
23) 허영선,《뿌리의 나무》, 당그래, 2003, 28쪽.

배롱배롱 비롱비롱 '배롱배롱'과 '비롱비롱'은 밤에 별이나 달 등의 불빛에서 흘러나오는 빛의 모습을 표현한 상징부사다. '별빛이 배롱배롱', '달만 비롱비롱', '불이 비롱비롱'처럼 사용한다. 김순자 촬영.

　예문 5)의 '비롱비롱'은 "별빛이 배롱배롱"에서처럼 빛의 모습을 표현한 어휘다. "달만 비롱비롱"의 '비롱비롱'은 '배롱배롱'보다는 큰말로 또 다른 말맛이 느껴진다. 시인은 또 '그렁그렁', '마디마디'처럼 시 속에 상징부사를 활용함으로써 시어의 감칠맛을 더하고 있다.

　'배롱배롱'은 "그 옷은 무늬가 너미 배롱배롱허영 어지럽수다.(그 옷은 무늬가 너무 알록달록해서 어지럽습니다.)"처럼, '여러 가지 색이 알락달락한 모양'을 나타내기도 하고, "살단 보난 배롱배롱헌 날도 이신게.(살다 보니까 배롱배롱한 날도 있는데.)"처럼 옹색했던 생활이 펴서 조금 살맛이 나는 모양을 비유적으로 표현할 때도 쓰인다.

6) 흐린 날씨로 성담의 돌들이 더욱 거무칙칙해져 구멍이 비롱비롱 뚫린 누룩돌마저 단단히 여물어 보인다. 성담 쌓는 데 쓸 수 없어 그대로 밭에 놔둔 잔돌 무더기 돔담불도 두엄더미처럼 시커멓게 보인다.

　　— 현기영의 〈도령마루의 까마귀〉 중에서[24]

　'비롱비롱'은 예문 6)처럼 '구멍이 숭숭 뚫린 모양'을 나타내기도 한다. 화산섬 제주는 현무암이 많아 제주를 빙 둘러 돌담을 둘렀다. 그 돌담 구멍을 문학적으로 표현할 때 구멍이 크면 '버룽버룽' 또는 '비룽비룽', 구멍이 작으면 '배롱배롱'처럼 쓰면 된다.

7) 제주 섬은 처음부터/ᄇᆞᆷ 뿐이라수다/너울뿐이라수다/ᄇᆞᆷ 고망/너울 고망/제주사름 가슴처럼/고망 버룽버룽ᄒᆞᆫ 섬

　　— 한기팔의 〈ᄇᆞᄅᆞᆷ고망 너울고망〉 중에서[25]

가슴속에 불길 치솟을 땐 '와랑와랑'

　'와랑와랑'도 문학작품 속에 살려 쓸 만한 상징부사다.《개정증보 제주어사전》에 올림말로 올라 있는 '와랑와랑'의 뜻풀이를 보면, '불이 타오르는 모양'과 '사람이 달리는 모습'을 나타낼 때 쓰고

24) 현기영,《순이 삼촌》, 창작과비평사, 1980, 89쪽.
25) 한기팔,《바람의 초상》, 시와시학사, 1999, 111쪽.

와랑와랑 '와랑와랑'은 불이 '활활' 타는 모습을 표현할 때 쓰는 말이다. 장작불이 이글거리는 모습을 보고 "장작 와랑와랑 잘도 탐쩌(타네)."처럼 표현한다. 힘차게 닫는 모습을 보고도 "잘도 와랑와랑 돌렴신게(달리고 있네)."처럼 말하면 된다. 김순자 촬영.

있음을 알 수 있다.

8) 와랑-와랑 ㈜ ① 불이 성하게 타오르는 모양. ② 사람이 힘차게 가거나 달리는 모양. [전역]

9) 차운 밤이어도/와랑와랑 속엣 화증 재울 길 없어/활활 잠수로 씻어내던, 당신/그 해 그 날의 무밭 한가운데/가릴 것도 없어진 무정한 사랑 하나 발겨놓고/낡은 그물망 치고 있습니다.

— 허영선의 〈무 밭을 지나며-양화옥 할머니〉 중에서 26)

26) 허영선, 《뿌리의 나무》, 당그래, 2003, 35쪽.

10) 거친오름 낮은 계곡으로 치달을 때/와랑와랑 핏물 흥건한 바
닥에 너를 내려놓고/불속 뛰듯 달려야 했다 아가야.

— 허영선의 〈죽은 아기를 위한 어머니의 노래〉 중에서 27)

예문 9)의 '와랑와랑'은 "차운 밤이어도/와랑와랑 속엣 화증 재울
길 없"는 것처럼 화병이 든 가슴속의 타오르는 불기운의 모습을 표
현한 경우이고, 예문 10)의 '와랑와랑'은 뜨겁게 타오르는 모습과
정신없이 달리는 모습이 중첩되어 나타난다. "기꺼운 마음에, 가슴
이 주체못할 지경으로 왈랑왈랑 달떠오른다"28)처럼 '더운 기운이
세차게 피어오르'거나 '심술이나 화가 치밀어 오를 때'의 모습은
'왈랑왈랑'처럼 표현하면 된다.

감칠맛 나는 제주어 문학작품 '기대'

이처럼 제주어 상징부사들은 제주 사람들의 삶 속에서 배태된
소중한 언어 자산이다. 눈이 펄펄 내릴 때는 '눈 팡팡 온다', 상추 따
위가 연해서 야들야들할 때는 '어랑어랑/아랑아랑', 잇따라 잘리거
나 끊어지는 모양을 나타내는 '몽창몽창', 요령 따위를 흔들 때의
소리는 '댕그랑댕그랑', 열매가 잇따라 열려 있는 모습은 '지락지
락', 물이 끓을 때는 '싹싹', 바람이 세차게 들어올 때는 '칼칼칼칼'

---

27) 위의 책, 22쪽.
28) 현기영, 〈도령마루의 까마귀〉,《순이 삼촌》, 창작과비평사, 1980, 88쪽.

처럼 표현해보면 어떨까.

한국어의 한 특징으로 꼽히는 상징부사는 말이나 글의 맛을 한층 살려준다. 제주를 소재로, 제주의 이야기를 글로 쓸 때는 제주 사람들의 내면 깊숙이 담겨 있는 언어로 표현하는 것이 중요하다. 그 가운데 입에 철썩철썩 달라붙는 상징부사를 적절하게 사용한다면 제주문학의 묘미를 한층 높여주지 않을까 싶다. 감칠맛 나는 제주어를 다양하게 활용한 문학 작품들이 쏟아지길 기대한다.

《삶과 문화》 Vol 58. 2015년 가을호

문학 속에 녹아 있는
'바닷고기' 이름

"선생님, '각제기'가 제주어예요. 지금까지 '각제기'가 표준어인 줄 알았어요. 그럼 표준어는 뭐예요?"

이 말은 2014년 가을, 서울에서 열린 '세계문자심포지아 2014'에 참가해 '제주어의 생태지수'를 주제로 한 필자의 발표를 들었던 한 제자가 했던 질문이다. "전갱이"라는 필자의 답변을 들은 그 학생은 "어렸을 때부터 '각제기'만 들어와서인지 전갱이는 너무 낯설고 어색하다."며 고개를 내저었다. 그 말을 들으면서 나는 우리 주변의 많은 바닷물고기 이름들이 제주어로 남을 수 있었던 것은 오늘날까지 제주어 물고기 이름이 일상어로 자리매김해왔기 때문이라는 생각이 들었다. '오토미·솔래기·멜·자리·각제기·객주리·어렝이·코생이' 등등. 제주의 향토음식점 어디를 가도 이들의 이름은 제주어로 오롯이 남아 있다. '각제기'를 '전갱이'로 쓰거나, '자리'를 '자리돔'으로 쓴 경우는 거의 찾아볼 수 없다. '각제기'가 '각제기'이어

비양도에서 고기잡이하는 모습 제주 바다에는 수많은 생명체가 살아가고 있다. 어렝이, 고생이, 각제기, 복젱이, 갈치 등등, 수많은 바닷물고기는 제주 사람들에게 수많은 이야깃거리를 제공한다. 김순자 촬영.

야 하는 이유는 이 땅이 제주이기 때문이다.

제주 바다에는 수많이 생명체가 살아가고 있다. 그 바다는 다양한 이야기를 품고 있다. 바다를 일구며 사는 사람들의 이야기, 바닷속에 서식하는 온갖 생명체 이야기 등등. 바다 생명체들은 제주 사람들의 삶에 견주어 노랫말로, 속담으로, 문학 작품 속에 녹아들며 세상과 소통하고 있다. 섬사람들에게 친숙한 '구젱이·전복·뭉게·오분자기·졸락·우럭·코생이·어렝이·갈치·복젱이·깅이' 등, 날것 그대로의 방언으로 문학 작품 속에 나타나는 것도 제주 바다를 소재로 하기 때문이다.

민요와 문학 속의 제주어 '바다 동물'

1) "성님 성님 〈춘 성님/씨집살이 어떵디가"//"아이고 애야 말도
   말아/구젱기 닮은 씨아방에/암툭 닮은 씨어멍에/뭉게 닮은 서방
   님에/졸락 닮은 씨누이에/이내 씨집 살젠 ᄒ난/고치장이 맵댕 ᄒ
   덜/내 씨집보단 더 메우랴."

   ("형님 형님 사촌 형님/시집살이 어떻데가"//"아이고 애야 말도
   말아/소라 닮은 시아버지에/암탉 닮은 시어머니에/문어 닮은 서
   방님에/노래미 닮은 시누이에/이내 시집 살려고 하니까/고추장
   이 맵다고 한들/내 시집보다는 더 매우랴.")

   ― 김영돈의 〈시집살이노래〉 중에서, 444번 민요[29]

2) 시집이엔 오라렌 ᄒ난/시아방은 구제기ᄀ찌/늬만 성삭성삭ᄒ고
   /시어멍은 점복ᄀ찌/조그극ᄒ연 미워만 베고/시누인 고셍이ᄀ
   찌/이레 ᄒ록 저레 ᄒ록

   (시집이라고 왔다고 하니까/시아버지는 소라같이/이만 성깃성깃
   하고/시어머니는 전복같이/찌무룩하여 미워만 뵈고/시누이는 고
   생놀래기같이/이리 호로록 저리 호로록)

   ― 김영돈의 〈시집살이노래〉 중에서, 451번 민요[30]

위의 1)과 2) 민요는 '시집살이노래'다. 시어머니는 '암툭' 또는

---

29) 김영돈,《제주도민요연구―상권 자료편》, 민속원, 2002, 111쪽.
30) 김영돈, 위의 책, 115쪽.

수족관 속의 뭉게 '뭉게'는 제주 동쪽 지역에서 '문어'를 가리키는 말이다. 지역에 따라서 문어를 '물꾸럭'·'무꾸럭'이라고도 한다. 제주의 〈시집살이 노래〉를 보면, '문어'의 달라붙는 성질에 빗대서 남편을 문어에 비유하는 것이 재미있다. 시아버지는 소라, 시어머니는 전복에 빗대서 노래한다. 김순자 촬영.

'점복'³¹⁾, 시아버지는 '구젱기'³²⁾, 서방님은 '뭉게'³³⁾, 시누이는 '졸락' ³⁴⁾ 또는 '고셍이' ³⁵⁾에 비유하고 있다. 며느리가 시집 식구를 바다 동물 등에 빗대서 표현하는 것이 재미있다. 잔소리와 트집을 일삼는 시어머니는 '암탉'과 '전복'에 비유하고, 이가 성깃성깃한 시아버지는 '소라', 철썩철썩 달라붙으려고만 하는 남편은 '문어', 약

---

31) '점복'은 지역에 따라서 '줌북, 셍복, 전복'으로 실현되기도 한다.
32) '구젱기'는 지역에 따라서 '구젱이, 구제기, 고동'형으로도 분화해 나타난다.
33) '뭉게'는 제주시 동쪽 지역의 말로, 지역에 따라서는 '무꾸럭, 물꾸럭'형이 나타난다.
34) '졸락'은 지역에 따라서 '놀레미, 조력, 조우럭, 졸락우럭' 형으로 분화해 나타난다.
35) '고셍이'는 '고멩이, 골멩이, 골셍이, 궤멩이, 코셍이, 콜셍이, 퀘멩이'형으로 분화해 나타난다.

삭빠른 시누이는 '노래미'와 '고생놀래기'로 그렸다. 시누이는 또 '메옹이', 시아주버니는 '우럭'에 비유해 나타나기도 한다. 시누이를 '메옹이'에 비유한 것은 시누이의 맛이 '메옹이(두드럭고동)'의 쓴맛과 닮았다는 판단에 연유한 것이다.

> 3) 저 바당의 우럭 선성/굴레 커신 우럭 선성/맛이 좋은 올톰 선성/맛이 좋은 메역 선성/잘 부뜨는 생복 선성/둥ㄱ는 건 고동 선성/거름 좋은 듬북 선성/ㄱ듸 오민 고생이 선성/비늘 웃인 갈치 선성/ㄱ메기 축에 수두리 선성/쫌빡 부뜬 오본작 선성.
>
> (저 바다에 우럭 선생/입이 크신 우럭 선생/맛이 좋은 옥돔 선생/맛이 좋은 미역 선생/잘 붙는 전복 선생/굴러다니는 것은 소라 선생/거름 좋은 듬북 선생/가엔 오면 고생놀래기 선생/비늘 없는 갈치 선생/개울타리고둥 축에 팽이고둥 선생/찰싹 붙은 오분제기 선생.)
>
> ― 김영돈의 1299 민요 중에서

3)의 민요에 등장하는 바다 생명체들은 제주 사람들의 삶과 아주 밀접하게 관련이 있다. 제주 섬사람들의 주요 소득원이자 먹을거리로, 농사 거름으로, 제주 사람들의 삶과 문화 속에 깃들어 있다. 이 민요에서는 바다 동물과 식물의 모습이 형태, 쓰임, 속성 등에 비유하고 있는데, '우럭'은 입이 큰 모습으로, '올톰(옥돔)'과 '메역(미역)'은 맛, '생복(전복)'과 '고동(소라)'·'오본작(오분자기)'·'갈치' 등은 성질이나 특징, '듬북'은 쓰임새에 빗대서 표현하고 있다. 이런 비유는 문학 작품 속에도 그대로 차용되어 나타난다.

4) "장닭 같은 시아방에/암탉 같은 시어멍에/코생이 같은 시누이에
/물꾸럭(문어) 같은 낭군님에/산다 하나 못산다 하나/붉던 뺨에
지미나 보라"
— 오성찬의 단편소설 〈덫에 치인 세월〉 중에서[36]

5) '구쟁이' ᄒ나 캐영/아들 생각 절로 나곡/'오븐재기' ᄒ나 캐영/
여식 생각 절로 나곡/'전복 득살' ᄒ나 캐영/서방 생각 절로 나곡
— 김용길의 〈우리 어멍 바당 타령 1〉 중에서[37]

예문 4)는 '시집살이노래'를 문학 속에 차용한 경우이고, 5)는 바
다에서 '구쟁이·오븐재기·전복' 등을 캐면서도 온전히 가족들을 생
각하고 걱정하는 잠녀인 어머니를 '타령'조로 읊고 있는 경우다.
'코생이·어렝이·우럭·갈치·멜' 등은 제주 사람들의 일상 속에서
손쉽게 잡거나 구할 수 있었던 바닷물고기로, 민요나 속담은 물론
이요, 문학 작품의 주요 소재로 등장한다.

6) 무지개빛 용치, 붕어 모양의 자리돔, 댓잎같이 길쭉한 코생이,
이런 잔고기들이 저마다 떼를 지어 설레이는 해류를 타고 흐르
다가 다시 거슬러 올라가곤 했다.
— 현기영의 《바람 타는 섬》 중에서[38]

36) 오성찬, 〈덫에 치인 세월〉, 《단추와 허리띠》, 지성문화사, 1988, 54쪽.
37) 김용길, 〈우리 어멍 바당 타령 1〉, 《서귀포 서정별곡》, 빛남, 1995, 30쪽.
38) 현기영, 《바람 타는 섬》, 창작과비평사, 1989, 234~235쪽.

멜 제주는 예전부터 바닷가 마을에서 멸치잡이가 성행하였다. 모래밭이 있는 곳이면 후릿그물을 이용하여 멸치를 잡았고, 모래밭이 없는 곳에서는 '원담'을 둘러 멸치가 들어오면 잡았다.
김순자 촬영.

6)은 현기영의 장편소설 《바람 타는 섬》의 일부이다. 이 글을 보면, 용치와 자리돔은 표준어로 적고 있지만 '코생이'만큼은 제주어로 살려 쓰고 있다. '코생이'는 어부들은 물론이고, 아이든 어른이든 낚싯대 하나만 들고 바닷가에 가서 낚시만 드리우면 쉽게 잡혔던 바닷물고기였다. 지금은 씨가 말라 쉽게 볼 수 없는 바닷물고기이지만 문학 작품 속의 소재로나마 남아있어 옛 추억을 되새김질하게 해주고 있다. 문충성도 제주어 물고기 이름들을 작품 속에 살려 놓았다. 문충성은 다음의 예문 7)과 8)의 시에서 물고기를 대하는 태도를 상반되게 그리고 있어 주목된다.

7) 비양도를 바라보며/톤대섬이 나앉아/졸락, 볼락, 코생이 낚던/어린 시절 우리는/제주 바다 용왕님 옛 애기로/물허벅만큼/귀가 자라났고/영등할망 오가시는 길을/닦으며 보랏빛 꿈을 키웠네.

― 문충성의 〈풍어제〉 중에서[39]

8) 바다는 오염되어 썩어간다지만/사공은 아직 고기가 많단다/멍텅한 우럭이 마구 낚인다 그러나/내 낚시에 걸리는 건 고작/객주리/어렝이/맥진다리/좆밸레기들

― 문충성의 〈낚시질〉 중에서[40]

7)에서는 어린 시절, 비양도를 바라보며 '톤대섬'에 나앉아 '졸락·볼락·코생이'를 낚으며 보랏빛 꿈을 키웠던 제주 섬사람들의 아름다운 유년의 모습이 투영되어 있다면, 8)은 오염되는 바다에서 잡히는 것은 '객주리(쥐치)·어렝이(어렝놀래기)·맥진다리·좆밸레기' 등 별 볼일 없는 고기뿐임을 탄식하고 있어 대비된다.

속담과 문학 속의 제주어 바다 동물

작가들은 바다 동물과 관련한 속담을 문학 소재로 승화해 내기도 하였다.

39) 문충성, 《떠나도 떠날 곳이 없는 시대에》, 문학과지성사, 1988, 66쪽.
40) 문충성, 〈낚시질〉, 《망각 속에 잠자는 돌》, 제주문화, 2002, 154쪽.

어시장 제주의 어시장에서는 갈치·고등어·자리·방어·옥돔 등 다양한 바닷물고기를 만날 수 있다. 바다를 터전으로 사는 제주 섬사람들의 숙명적인 삶과 그 속에 서식하는 온갖 물고기는 문학 작품의 소재가 된다. 제주시 동문시장에서 김순자 촬영.

9) "허, 이놈 보게. 꼴리(꼬리)가 잘려 올라왔군. 암만 중승(짐승)이

지만 지가 지 꼬릴 물어 먹으니……"/허장이가 중동이 잘린 갈치

주둥이에서 낚시를 떼어내며 혼잣말처럼 중얼거렸다./"그러게

갈치가 갈치 꼴리 끊어먹는단 말이 있우게." 방홍이 부지런히 낚

싯줄을 거두며 대꾸했다.

— 오성찬의 〈어부들〉 중에서[41]

9)는 오성찬의 소설 〈어부들〉의 일부로, '갈치가 갈치 꼴렝이 그

차 먹나.(갈치가 갈치 꼬리 끊어 먹는다.)'라는 속담이 소설 속에 삽입된 경우

41) 오성찬, 〈어부들〉, 《탐라인》, 창원사, 1976, 349쪽.

이다. 갈치를 낚는 사람들 대화 속의 '갈치가 갈치 꼴리 끊어먹는 말이 있우게.'라는 말 속에서 작가는 우리에게 무엇을 애기하려 했을까.

> 10) "갈치가 갈치꼬리를 잘라먹고 사는 바다/낚시에 끌려오는 동
>   료마저/뜯어먹고 갉아먹고 난도질하는/어둠이 황막한 해저
>   220m 지대/죽음 웅크린 삶이 익숙한 그 바다"
>   ― 강중훈의 시 〈주낙배〉 중에서[42]

예문 10)은 밤에 불을 환히 밝혀 갈치를 낚는 주낙배를 시로 승화한 작품의 일부다. 시인은 이 시에서 220m 해저에 사는 갈치들의 생존 경쟁인 '갈치가 갈치꼬리를 잘라먹고 사는 바다'를 통렬하게 그려내고 있다. '갈치가 갈치꼴리 끊어 먹는다.'는 속담은 가까운 사람끼리 서로 모함하거나 해치는 것을 비유적으로 이르는 말이다. 이 속담을 인용한 두 편의 글에서 작가들은 가까운 이웃끼리 경쟁하고 모함하고 해치기를 잘하는 인간세상을 갈치에 비유해 풍자하고 싶었던 것은 아닐까.

시인은 "어느 구둣발 자국에 강물이 고이고/콩콩거리는 한 잎 가슴도 지는데/굼벵아, 굼벵아/숭어 뛴다고 복쟁이도 뛴다면 배 깨져 죽지"〈서부로 가는 길〉 중에서 [43]에서처럼 속담을 시 속에 녹여내 삶의 경

---

42) 강중훈, 〈주낙배〉, 《오조리, 오조리, 땀꽃마을 오조리야》, 지문사, 1996, 80쪽.
43) 강중훈, 〈서부로 가는 길〉, 위의 책, 97쪽.

계로 삼고 있다. '숭어 튀민 복쟁이도 튄다.'는 속담은 뛰는 속성이 없는 '복쟁이(복어)'가 숭어처럼 뛰려고 하는 것은 분수에 어긋난 처신임을 비웃고 있다. 남이 한다고 하지 못하는 일을 하다가는 화를 입을 수 있다는 점을 경계하고 있다.

이처럼 바다 생명체들은 민요로, 속담으로, 문학 작품으로 승화해 나타난다. 민요나 속담은 채록해서 정리한 글이므로 날것 그대로 표현이 가능하다. 그러나 문학 작품은 대중을 상대로 하기 때문에 대부분 표준어로 쓰는 경향이 있다. 그러나 제주 사람들의 삶과 문화 속에 녹아 있는 바다 생명체들을 위에 든 작품 속의 예문처럼 제주어로 살려 쓰는 것이 어떨까 싶다. 제주 사람들의 삶과 문화는 곧 제주 사람들이 전래적으로 써온 언어 속에 녹아 있기 때이다. 제주 사람들에게 '각제기'는 '전갱이'가 아니라 '각제기'로, '어렝놀래기'는 '어렝이'로, '쥐치'는 '객주리'로 남아 있길 기대한다. 제주어는 외국어가 아니라 우리 할머니 할아버지들이 누대로 써온 말이기에 그렇다.

제주 사람들의 감정과 느낌 담아낸 감탄사

제주어는 외계어?

　가끔 제주어를 외계어에 비유하는 사람들을 만난다. 제주어는 같은 한국어임에도 다른 지역의 방언과 달리 너무 낯설어 알아들을 수 없다는 것이다. 제주어가 어렵고 독특하다는 것은 어제오늘의 이야기가 아니다. 《동국여지승람》[1481]에도 '이어간삽(俚語艱澀)'이라 하여 낯설고 어렵다고 하였으니 제주어를 두고 외계어 운운하는 것도 놀랄 일만은 아니다. 더욱이 표준어 정책을 펴고 외국어 교육에 치중하는 오늘날의 교육 현실 속에서는 제주어가 영어나 중국어 등 외국어보다도 더욱 낯선 언어일 수 있다. 그러나 우리가 제주어를 외면할 수 없는 이유는 제주어가 제주 사람들의 삶과 정신이 깃들어 있는 제주문화의 결정체이기 때문이다.

낯선 제주어 가운데 하나가 감탄사 '무사'다. 학창 시절에 들은 이야기다. 육지에서 전학 온 친구가 있었다. 궁금한 게 많은 그 친구는 제주의 친구들에게 자꾸 질문을 쏟아냈다. 하루는 친구의 어깨를 툭 치며 궁금한 사항을 물었는데 "무사?"라는 답이 돌아왔다. 친구들에게 질문을 자꾸 쏟아내자 '무사(武士)'라고 놀려대는 것으로 받아들인 그는 울컥했다. 옆에서 그런 모습을 지켜보던 친구들은 ㄱ들이 평소에 자주 쓰는 '무사'가 '싸울아비', 즉 '武士'라는 의미로 받아들일 수 있다는 생각에 "무사, 무사"라며 그를 더욱 놀려댔다. 영문도 모른 채 친구들의 놀림감이 되어 버린 그는 억울하고 속상했다. "무사(武士)라니?" 결국 '무사'는 싸움의 화근이 되고 말았다. 예상하지 못한 상황에 부닥친 친구들이 수습에 나섰다. "'무사'는 '싸우는 사람'이 아니라 표준어 '왜?'라는 의미의 제주어"라는 친구들의 설명을 듣고 나서야 그는 분이 풀렸다. 훗날 이 '무사'는 오랫동안 친구들의 화젯거리로 등장하며 오늘에 이르렀다.

'무사'는 부를 때 대답하는 말

'무사'는 앞의 예에서 보듯이, 친구의 어깨를 툭툭 치거나 불렀을 때, 혹은 아랫사람이 "어머니!"처럼 웃어른을 부를 때 웃어른들에게서 들을 수 있는 응답의 말이다. 이때 '무사'는 부름에 대한 답변으로 쓰는 표준어 '왜'에 대응하는 감탄사 가운데 하나다. '무사'는 어떤 사실에 대하여 확인을 요구하는 감탄사로 쓰이기도 하고, 용언 또는 다른 말 앞에서 그 뜻을 명확히 해주는 부사로도 자주 쓰이는 제주어다.

제주어에는 '무사, 게메, 겔세, 아마떵어리, 아떠불라, 봅서, 기여' 처럼 독특한 형태의 감탄사들이 있어 제주어의 말맛을 더해준다. 이들 감탄사들은 놀람이나 느낌을 나타내기도 하고, 부름이나 응답을 할 때 사용한다. 말하는 사람들의 의도를 분명하게 해주는가 하면 유연하게 해주기도 한다.

> 1) "성님, 여자 팔자는 무사(왜) 경(그렇게) 합니까? 열대여섯에 과부된 신세에 평생 수절을 해야 여자 도리를 다 했다 허니."
>
> — 현길언의 〈애국부인 김옥렬 여사전〉 중에서[44]

> 2) "그러면, 무사 길 구석으로 머리 숙연 댕기는 거라. 느 할망처럼 보리 이삭 떨어진 것 주우려고?"
>
> — 현기영의 《지상에 숟가락 하나》 중에서[45]

'무사'는 제주 사람들에게서 흔하게 들을 수 있는 말로, 제주어의 말맛을 특별하게 해준다. 제주 사람들이 즐겨 쓰는 이 말은 문학 작품 속에서 심심치 않게 쓰이고 있다. 예문 1)의 '무사'는 괄호 안의 표준어 대역에서 보이듯, '왜'라는 의미로 쓰였다. 이때의 '왜'는 '어째서' 정도로 해석할 수 있을 것 같다. 그러나 '왜' 대신에 '무사'

44) 현길언, 〈애국부인 김옥렬 여사전〉, 《우리 시대의 열전》, 문학과지성사, 1988, 174쪽.
45) 현기영, 《지상에 숟가락 하나》, 실천문학사, 1999, 345쪽.

가 쓰임으로써 단순한 궁금증이 아니라 화자의 궁금증을 해소시켜 달라는 강한 요구처럼 들린다. 예문 2)의 '무사'는 '어째서'의 의미로 쓰인 부사이다.

> 3) "무사(왜) 여기 와시냐? 날 아는 척 말고 확 가불라!"
> — 현기영의 《지상에 숟가락 하나》 중에서[46]

> 4) 아버지가 돌아가신 이듬해/유채꽃은 왜 그리/요란하게 피었습니까?/아버지가 총살당하던 들판에/왜 그리 들꽃들은 만발하였습니까?//"이 놈의 꽃은/무사 이렇게 하영 피엄싱고?"//그 날 어머니의 눈물소리를 들으며/어린 나는 어머니의 손목만 꼭꼭 잡았습니다.
> — 김용해의 시 〈기억〉 전문[47]

　예문 3)과 4)의 '무사'는 어떤 사실에 대한 확인을 요구하는 감탄사로 쓰인 경우다. 4)의 시의 '무사'는 1연의 '왜 그리'와 견주어 어머니의 한스러움이 '무사'를 통해 더욱 강한 어조로 다가온다. "무사 이렇게 하영 피엄싱고?" 대신에 "무사 영 하영 피엄싱고?"라 표현했더라면 제주 사람들의 한의 정서가 더욱 배가되지 않았을까 하는 헛된 생각도 해본다. 왜냐하면 제주 사람들은 '무사'를 "무사 영(왜 이렇게)"처럼 한 덩어리로 씀으로써 화자의 한스러움이나 분노,

---

46) 위의 책, 53쪽.
46) 위의 책, 53쪽.
47) 김용해, 〈기억〉, 《아버지의 유언》, 도서출판 학예원, 1998, 59쪽.

억울함, 안타까움 등을 극대화하기 때문이다.

> 5) 무사/요영 허대멍 살아도/굽가르지 못허염싱고//정체 출령 살
>   나이도 넘어신디/흐루 해 쫄르게/욜로 드르곡/절로 둘려 댕겸주
>   마는/그 흔헌 공치사도 듣지 못ᄒ염고나.
>   — 김종두의 시 〈뚜럼 10〉 중에서[48]

예문 5)의 "무사/요영 허대멍 살아도"에서 '무사'의 쓰임을 확고
하게 확인할 수 있다.

부를 때는 '양'과 '봅서'로

'무사'가 대답하거나 어떤 사실에 대한 확인을 요구할 때 쓰는 감
탄사라면 '양'이나 '봅서'는 부를 때 사용하는 제주어 감탄사다.

> 6) "양, 집의 사름 잇수과?(계세요, 집에 사람 있습니까?)"

> 7) "양, 이거 일름 뭐우과?(여봐요, 이거 이름 뭡니까?)"

예문 6)은 남의 집을 방문했을 때 집에 사람이 있고 없음을 확인
할 때 사용하는 감탄사다. '집에 사람 있는가?'라는 물음 대신에

---

48) 김종두, 〈뚜럼 10〉,《사는 게 뭣 산디》, 영주문학사, 2000, 78쪽.

"양, 양"처럼 '양'을 중복하여 사용하기도 한다. '양'은 문맥에 따라서 '계십니까?'의 의미로도 쓰이고, 상대를 부르는 '여보세요, 여봐요'라는 뜻으로도 쓰인다. '양'은 시간이 흐르면서 '예'로 대체되어 사용되고 있다. 필자 또한 이웃집을 방문할 때 문밖에서 어른들이 "양, 양" 하던 것을 "예, 예"라고 교체하여 외쳤던 기억이 새록새록 떠오른다. 가까이 있는 사람을 부를 때는 '양' 대신에 '봅서'를 사용하기도 한다. '봅서'는 '보세요, 보십시오'라는 명령의 뜻으로도 쓰이지만, 문장 앞에 놓여 독립어로 쓰이는 경우도 있고, 가까이에 있는 사람을 부를 때 감탄사로 사용하기도 한다.

8) "봅서, 제주대학 가는 버스 여기서 타마씸?(여보세요, 제주대학 가는 버스 여기에서 타나요?)"

9) 4·3으로 죽은 아버지!/오늘이 아버지 제삿날이우다./봅서, 아버지 아들딸이 다 모이고/손지들에 조카들까지 다 모였수다/오늘날 술잔을 받으시곡, 울분도 삼켜 봅서/가슴에 맺힌 원한 풀어 봅서/그 서러움, 잊어 불곡/그 피눈물, 씻어 봅서/그 아픔, 그 원한/어떵 잊어불곡, 어떵 푸냐고 울부짖던 아버지!/아버지 모심[49]을 무사(왜) 모릅니까/그 때 생각만 해도 가슴이 아리곡/그 때 생각만 해도 피눈물 남쑤다

— 김용해의 시 〈아버지 전 상서〉 중에서[50]

---

49) '모심'은 'ᄆᆞ심'으로 표기해야 한다. 'ᄆᆞ심'이 표준어 '마음'에 대응하는 제주어이기 때문이다.
50) 김용해, 〈아버지 전 상서〉, 앞의 책, 22쪽.

예문 8)의 '봅서'가 바로 '여보세요' 혹은 '여봐요'라는 의미로 상대를 부를 때 사용하는 감탄사이다. 주로 어른을 부를 때 '여보세요'라는 의미로 '봅서'를 쓰거나 나이든 사람들이 비슷한 연령대에서 '여봐요'의 의미로 '봅서'를 사용하기도 한다. 예문 9)의 '봅서'는 4·3 때 억울하게 돌아가신 아버지 제삿날에, 아버지에게 아들딸과 손자, 조카들이 모여서 올리는 술잔을 받으며 울분도, 원한도, 서러움도, 피눈물도 다 풀어내고 봄이 되면 꽃도 피고 풀도 나는 그런 세상이 돌아오는 것을 지켜봐 달라는 자식의 염원이 담겨 있다.

애매할 때는 '게메', 긍정의 표시로는 '기여'

'게메'도 제주어를 감칠맛 나게 해주는 어휘로, 활용도가 높은 감탄사다. '게메'는 문맥에 따라서 때로는 감탄사로, 때로는 부사로도 쓰인다.

'게메'는 '남의 물음이나 요구에 대하여 분명하지 않은 태도를 나타낼 때 쓰는 말'이나 '자신의 말이 옳았음을 강조할 때 사용하는 말'로, 각각 표준어 '글쎄, 그러게'에 해당한다.[51] 그러므로 문맥에 따라 적절하게 그 의미를 구분해야 한다.

> 10) 이장이 말을 하는 동안에 이 구석 저 구석에서 수군거리는 소리가 들렸다./"게메, 귀신일 리가 이서? 돌림병이 맞주……"/"귀

---

51) 강영봉·김동윤·김순자, 《문학 속의 제주방언》, 글누림, 2010, 38쪽.

신보다 더 큰일이 났고⋯⋯"

　　　　　　　— 오성찬의 〈차단〉 중에서[52]

11) "강하민 부러지는 건 정한 이치. 게메 너무덜 출싹거리더라고."

　　　　— 오성찬의 〈그 멀구슬나무의 속 빈 사연〉 중에서[53]

예문 10)의 '게메'는 표쥰어 '글쎄'에 대응하는 맘이고, 예문 11) 의 '게메'는 자신의 주장이 옳았음을 상소하는 '그러게'의 의미로 쓰였다.

'기, 기여'는 상대의 말에 긍정의 표시로 쓰는 말로, 이 또한 제주 사람들에게서 많이 들을 수 있는 감탄사다. '그래, 그렇구나.'라는 의미로 사용한다.

12) 아으에 눈이 벨보단 더 초롱ᄒ다/나 눈이 ᄉ로록 꼴렝이 ᄉ리

　　멍/기여, 애기야 춤말 미안ᄒ구나.

　　　　　　— 양전형의 〈자성自省의 ᄇ름〉 중에서[54]

독특한 제주어 감탄사들

13) 늦가을, 해거름 때였는데 방안에 앉아서 라디오에 귀를 기울이

52) 오성찬, 〈차단〉,《진혼 아리랑》, 답게, 1999, 91쪽.
53) 오성찬, 〈그 멀구슬나무의 속 빈 사연〉, 위의 책, 280쪽.
54) 양전형, 〈자성自省의 ᄇ름〉,《게무로사 못 살릴카》, 다층, 2015.

고 있자니까 와르릉, 담 무너지는 소리가 났다. 아마떠리, 가슴이 무너진 그녀가 마당엘 나서 보니까 먹구슬낭집 큰아들이 술이 벌겋게 취해서 그의 집 올래담을 발길로 차 헝클어뜨리고 있었다.

— 오성찬의 〈한 공산주의자를 위하여〉 중에서 [55]

예문 13)의 '아마떠리'는 일이 잘못되었을 때나 너무 놀라운 일을 보았을 때 내는 소리다. 지역에 따라서 '아마떵어리', '어마떵어리'라고 하기도 한다.

이처럼 제주어에는 독특한 감탄사들이 많다. 위의 '아마떠리'를 비롯하여 '메께라·메께·메(어머)'·'ᄋ따(아따)'·'잘콴다리(잘코사니)'·'떠불라(뜨거)'·'아써글라(아 차가워)'·'싀상에(세상에)'와 부르거나 응답할 때 하는 '무사(왜)'·'봅서(여봐요)'·'양(예)'·'게메(그러게)'·'기, 기여(그래)'·'게게(그럼)'·'겔쎄(글쎄)', 아무것도 없음을 나타낼 때는 쓰는 '매매빈쪽·매매비쪽'과 같은 독특한 제주어들이 많다. 이런 감탄사들은 제주 사람들의 정서와 느낌 등을 표현하는 데 제격이다. 독특한 제주어 감탄사를 활용하여 제주 문학의 풍미를 더해보는 것은 어떨까. 이왕이면 놀랍거나 아플 때 내는 고통의 소리가 아니라 감격이나 경이로움에 기꺼워하는 감탄사를 내뱉을 수 있으면 좋겠다.

《삶과 문화》 Vol. 60 2016년 봄호

어감 다른
두 글자 상징어

        어릴 적, 돼지가 소리를 낼 때는 '꿀꿀'이라고 하는 줄 알았다. 크면서 '꽥꽥'이나 '꿱꿱'거리는 줄 알았다. 언제인지는 확실히 기억나지 않지만 '쌩쌩'이나 '씽씽' 분다고만 여겼던 제주 바람이 '각각'이나 '팡팡' 우는 것을 알았다. 이처럼 '각각'이나 '꽥꽥'이나 '팡팡'처럼 말의 느낌과 맛을 달리해 주는 '두 자 상징어'가 우리의 마음을 움직일 때가 있다. 하여, 글 쓰는 사람들이 '두 자 상징어'를 작품 속에 잘 녹여내는지 모른다.

  상징어는 사물 현상의 여러 특성을 직감적으로 본따서 나타내는 말로, '상징부사'라고도 한다. '산들산들, 선들선들, 탕탕, 땅땅'과 같은 모음 대응과 자음 대응에 따라서 다양한 뜻빛갈을 나타낸다. 이 가운데 한 가지 음을 반복하여 쓰는 두 자 상징어의 말맛도 색다른 느낌이다. '바늘로 꼭 지르다'와 '바늘로 꼭꼭 지르다', '바늘로 꼭꼭꼭 지르다'의 '꼭', '꼭꼭', '꼭꼭꼭'은 그 글자 수에 따라 그 느낌이 사뭇 다르다. '각각'이나 '깍깍', '껵껵'이나 '끅끅'과 같이 같은 말

나무 위의 까마귀 앙상한 나뭇가지에 앉은 까마귀의 모습이 처량하게 보인다. 추운 겨울 까마귀가 '깍깍' 하고 울면 보는 이의 마음까지 을씨년스럽다. 4·3평화공원에서 김순자 촬영.

을 반복하여 쓸 때도 자음 대응이나 모음 대응에 따라 말맛이 달라진다. 두 자로 된 제주어 상징어를 사용한 동요와 문학 작품 몇 꼭지를 보면 상징어가 어떤 맛이 나는지 확인할 수 있다.

전래동요 속의 '동동·공공'

1) "호박 사레 왔수다/늴모리 동동허영 옵서/늴모리 동동 늴모리 동동/호박 사레 왔수다/동매였수다/늴모리 동동허영 옵서/늴모리 동동 늴모리 동동/호박 사레 왔수다/감낭 아래 강 봅서/설었수다/늴모리 동동허영 옵서/늴모리 동동 늴모리 동동/호박 사레 왔수다/솥강알에 강 봅서/이 호박은 똥내 남쪄/이 호박은 지렁내 남

쩌/설었수강/설었수다/늴모리 동동허영 옵서/늴모리 동동허영
왔수다"[56)

　1)의 예문은 제주전래동요 '꼬리따기 노래' 가운데 하나다. '꼬
리따기 노래'라고 하면 두 명 이상이 노랫말을 주고받으면서 부르
는 일종의 유희요(遊戱謠)로, 아이들이 짝을 이뤄 놀이할 때 불렀던 노
래다. 노랫말만 보면 호박은 사지 못하고, '늴모리(내일모레), 늴모리'
하면서 기다리라고만 하니 답답함과 허탈함이 묻어 있다. 그러나
놀이를 하는 아이들로서는 호박을 사지 못했지만 '늴모리 동동' 하
는 재미에 빠져 있다. '동동'은 '간절하게 기다리는 모양'을 나타낼
때 쓰는 말이다. '동동 기다리다'나 '늴모리 동동'처럼 짝을 이루어
쓰이는 어휘로, 제주어의 독특한 멋을 느끼게 해준다. '늴모리 동
동'하며 간절하게 기다리는 느낌이 좋아서인지 가게 이름으로 사
용하는 사람도 보았다. 제주어 '동동'은 '매우 안타깝거나 추워서
발을 가볍게 자꾸 구르는 모양'을 나타낼 때 쓰는 표준어 '동동'과
는 의미가 달라 느낌이 새롭다.
　'늴모리 동동'은 "벨 ᄒᆞ나 공공/나 ᄒᆞ나 공공/늴모리 동동/호박 사
레 가는 날"[57)이라는 또 다른 '꼬리따기 노래'에서도 엿볼 수 있다.

---

56) 윤치부 편,《제주전래동요사전》, 민속원, 1999, 25쪽. 원문에는 '늴 모리'라고 띄
　어쓰기가 되어 있지만 '늴모리'가 ①모레, ②'어떤 때가 가까이 닥쳐 있음을 이르
　는 말'이라는 의미의 '내일모레'에 대응하는 제주어여서, 이 글에서는 가독성을
　높이기 위하여 붙여 썼다.
57) 위의 책, 19쪽.

이 동요에서는 '동동'과 함께 '두 자 상징어' '공공'이 보이는데, '공공'이 정확히 어떤 의미로 쓰였는지는 알 수 없다. 다만 '동동'과 운율을 맞추기 위하여 인위적으로 만들어 사용한 상징어가 아닌가 한다.

풍뎅이가 돌 때는 '빙빙'·'뱅뱅'·'통통'

풍뎅이를 가지고 노는 아이들의 노래 속에도 '두 자 상징어'는 종종 나타난다.

> 2) "마농 먹엉 빙빙/고치 먹엉 빙빙/마농 먹엉 빙빙/고치 먹엉 빙빙"[58]

> 3) 뱅뱅 돌라 천왕밧듸 ᄃ려다 주마/뱅뱅 돌라 천왕밧듸 ᄃ려다 주마/춤추라 천왕밧듸 ᄃ려다 주마[59]

> 4) 빙빙 돌라 통통 지라/ᄀ래 굴라 방애 지라/ᄀ레 굴라 빙빙 돌라/방에 지라 통통 지라[60]

예문 2)~4)는 아이들이 풍뎅이를 가지고 놀면서 불렀던 전래동요다. 풍뎅이를 제주에서는 '두메기, 두미에기' 등으로 부른다. 풍

---

58) 위의 책, 202쪽.
59) 위의 책, 202~203쪽. 오타는 필자가 수정하였다.
60) 위의 책, 203~204쪽.

뎅이는 여름철에 쉬이 잡을 수 있는 곤충이어서, 예전에 시골에서는 풍뎅이가 아이들의 좋은 장난감이었다. 풍뎅이를 잡아다가 뒤집어 놓으면 날아가려고 날갯짓을 계속하게 된다. 날갯짓을 하다 보면 날지는 못하고 제자리에서 뱅뱅 돌게 된다. 그 모습을 위의 예문 2)~4)에서처럼 다양하게 표현해 내는데, 그 상상력이 놀라울 뿐이다.

2)의 노랫말을 보면, 풍뎅이가 매운 마늘과 고추를 먹어 '빙빙' 몸부림하는 것으로 표현되었는데, 매운 것을 먹지 못하는 아이들이 풍뎅이에 감정이입되어 표출된 게 아닌가 한다. 3)은 뱅뱅 돌며 춤을 추는 모습으로 표현되었고, 4)는 '빙빙' 도는 풍뎅이 모습을 맷돌을 돌리고 방아를 찧는 모습과 연관시켜 '빙빙'과 '통통'이라는 상징어를 써서 승화시킨 것이 재미있다.

세상 물정 어둡거나 캄캄할 때는 '왁왁'

'왁왁'은 '캄캄한 모양'을 나타내는 상징어다. '왁왁'은 '귀눈이 왁왁ᄒᆞ다'처럼 관용구로 잘 쓰이는데, 몹시 떠들거나 일이 걷잡을 수 없이 얽혀 어찌할 바를 모를 때, 또는 정신을 차릴 수 없을 때 비유해 쓰는 상징어다. 이 '왁왁'에서 파생한 '왁왁ᄒᆞ다'가 많이 쓰이는데, '왁왁헌 디 어디 감수과?(캄캄한 데 어디 갑니까?)'의 '왁왁'은 캄캄한 모양을, '세상이 하도 바뀌어부난 귀눈이 왁왁허우다.(세상이 하도 바뀌어버리니까 귀와 눈이 캄캄합니다.)'에서 '귀눈이 왁왁'은 정신을 차릴 수가 없다는 의미로 쓰인 경우다.

5) "시집왕 보난 들렝이 ᄒ나/살아갈 일 생각ᄒ난/귀눈이 왁왁ᄒ여
도/우리 할망 살아온 시상/ᄀ슴에 새기멍 살았수게" **61)**

6) "코 앞에/닥친 일도 몰랑 사는/왁왁ᄒ 시상." **62)**

예문 5)와 6)의 '왁왁ᄒ다'는 김종두의 시어 속에 녹여낸 상징부
사 '왁왁'이 들어간 제주어다. 5)의 '왁왁ᄒ여도'는 갓 시집온 색시
가 밭뙈기가 하나뿐인 가난한 살림 속에 살아갈 생각을 하니 앞이
캄캄했다는 의미로 '귀눈이 왁왁ᄒ'다고 표현한 것이다. 6)의 '왁왁
ᄒ'은 코앞에 닥친 일도 모른 채 살아야 하는, 정신을 차릴 수 없는
깜깜한 세상을 비유적으로 표현한 것이다. 안개가 많이 끼어 앞이
잘 보이지 않을 때 우리 어머니들은 "으납 찌연 앞이 왁왁ᄒ다.(안개
끼어 앞이 캄캄하다.)"처럼 표현하기도 하였다.

'닥닥'도 살려 쓰면 좋을 상징어

7) "모진 시상/ᄒ 직 먹엉 사는 일이/영도 어려우카.//느치름 닥닥 흘
리멍/체면 어시 늘려드는/이 허천뱅이들.

---

61) 김종두, 〈濟州女人 1〉,《사는 게 뭣 산디》, 영주문학사, 2000, 12쪽. 시어 가운데
띄어쓰기, 오타 등은 필자가 바로잡았다. 이 시를 표준어로 옮기면 "시집와서 보
니까 밭뙈기 하나/살아갈 일 생각하니까/귀눈이 캄캄해도/우리 할머니 살아온
세상/가슴에 새기며 살았습니다"가 된다.
62) 위의 책, 〈사는 게 뭣 산디 4〉, 44쪽.

(모진 세상/한 술 먹고 사는 일이/이렇게도 어려울까.//침 질질 흘
리면서/체면 없이 날라드는/이 허천뱅이들)" [63)]

　예문 7)의 "늬치름 닥닥 흘리멍(침 질질 흘리면서)"의 '닥닥'도 재미있는
표현이다. 여기에서 '닥닥'은 《개정증보 제주어사전》이나 《표준국
어대사전》의 '닥닥'의 의미와는 달리 '줄줄' 또는 '질질'의 의미로 쓰
였다.[64)] '느치름'은 지역에 따라서 '늬치름' 또는 '늬치럼'이라 하는
데, '어린아이나 소가 입에서 질질 흘리는 침'을 말한다. 침을 질질
흘리는 것을 이 시에서는 "느치름 닥닥 흘리멍"으로 표현하고 있어
무겁고 고단한 이 시의 분위기를 잘 살려 주고 있다.

ㅂ름은 각각 불곡 도새긴 괙괙"

　8) "ㅂ름만 각각 불곡/도통[65)]에 도새긴 괙괙/비룽비룽 담고망/ㅂ름
　　고망 절고망/고망마다 들라퀴는/제주 섬아/처음부터 제주 섬은

---

63) 김종두, 앞의 책, 〈사는 게 뭣 산디 2〉, 40쪽. 여기서 '허천뱅이'는 길을 가면서 여
　기저기 기웃거리는 사람을 비유적으로 표현한 말이다.
64) 《표준어대사전》(국립국어원) •닥-닥(-딱)〈부〉①금이나 줄을 자꾸 그을 때
　나는 소리. 또는 그 모양. ②작고 단단한 물건을 자꾸 긁을 때 나는 소리. 또는
　그 모양. ③적은 양의 물이 자꾸 갑자기 얼 때 나는 소리. 또는 그 모양. 《개정증
　보 제주어사전》(제주특별자치도) •닥닥 ⑰① 물체가 서로 부딪칠 때 나는 소
　리. 또는 모양. •닥닥² ⑰ 덜덜. 춥거나 무서워서 몸을 몹시 떠는 모양. •닥닥³ ⑰
　뚝뚝. 물이 연이어 떨어지는 소리. 또는 그 모양.
65) '도통'은 돼지우리라는 뜻이기 때문에 '돗통'으로 표기하는 것이 좋다.

담고망은 비룽비룽 제주는 돌의 고장이다. 돌을 둘러 밭담을 쌓았고, 집담을 쌓았고, 산담을 쌓았다. 제주의 돌담은 구멍이 숭숭 뚫려 있어 세찬 바람에도 무너지지 않는다. '담고망'은 담과 담 사이의 구멍으로, 그 구멍을 '비룽비룽'처럼 표현한다. 김순자 촬영.

/브름 먹엉 사는 사름만 살아수다/너울 먹엉 사는 사름만 살아수다"66)

예문 8)은 한기팔의 시 〈브름만 각각 불곡〉의 전문이다. 이 시에서는 바람 소리를 '각각', 돼지 울음소리를 '꽉꽉'으로 표현하고 있다. 음상이 다른 '각각'과 '꽉꽉'을 잇따라 배열함으로써 제주의 거친 삶의 환경과 섬에 사는 사람들의 고단함을 잘 그리고 있다. 표

---

66) 한기팔, 〈브름만 각각 불고〉, 《바람의 초상》, 시와 시학사, 1999, 112쪽. 표준어로는 "바람만 각각 불고/돼지우리에 돼지는 꽉꽉/비룽비룽 담구멍/바람구멍 파도구멍/구멍마다 날뛰는/제주 섬아/처음부터 제주 섬은/바람 먹어서 사는 사람만 살았습니다/물결 먹어서 사는 사람만 살았습니다"로 바꿀 수 있다.

준어로는 '각각'은 '쌩생', '꽉꽉'은 '꿀꿀'로 바꾸면 된다.

제주 사람들은 바람이 세차게 불거나 눈이 펄펄 날릴 때, 또는 먼지가 한꺼번에 일으날 때는 '브름 팡팡', '눈 팡팡', '구둠 팡팡'처럼 표현한다. '팡팡'은 '세차게 불거나 쏟아지거나 내리거나 솟는 모양'을 나타낼 때 쓰는 부사로, 제주 사람들이 심심치 않게 사용하는 어휘다.

언 모습은 '꽁꽁·꽝꽝·캉캉'

9) "꽁꽁 얼어붙은 땅속/내가 얼어죽지 않은 것은 가만히 숨죽이고/꽁꽁 얼어붙어 있었기 때문이지라우 언제나/홀로/어둠 속 환한 어둠을 빚었지라우"[67]

10) "누가 시커먼 어둠 앞에선 허물이 안 보인다고 했나/누가 꽝꽝 언 겨울 숲에선 울음이 안 들린다 했나"[68]

11) "살얼음 캉캉 언 정월 아니어도/순비기꽃 피는 한더위에도/이 모님 어깨 위로 쏟아지는 서늘한 핏줄/마흔 해가 지나서도 더 생생하다는/말씀 물풀처럼 붙어 떨어질 줄 몰라"[69]

---

67) 문충성, 〈생명 2-지렁이의 봄〉 중에서,《濟州바다》, 문학과지성사, 1978/1995, 52쪽.
68) 허영선, 〈오백 나한〉 중에서,《뿌리의 노래》, 당그래, 2003, 100쪽.
69) 위의 책, 〈수마포〉 중에서, 59쪽.

백록담의 겨울 꽁꽁 얼었던 한라산 백록담에 얼음장이 생기는 것을 보니 봄이 멀지 않은 것 같다.
강정효 사진.

12) "기어 다닐 수도 걸어 다닐 수도 없던 그 겨울/그때 내 뱃속 아
기 일곱 달/매 맞는 에미 품에서 꽁꽁 숨죽인 채/질기게 살았던
사내아이/동짓달 그믐부터 숨은 살고 눈은 팔롱팔롱/4월에 난
그 아기, 뒷 해 정월에 죽을 때/아파서 죽어 가도 약 한 첩 못써
본/그 시국 넘은 것 꿈이지요, 꿈인 것 맞지요"70)

예문 9)~11)의 시어 속에는 얼어붙은 땅이나 얼음이 낀 모습을
'꽁꽁'·'꽝꽝'·'캉캉'처럼 표현했다. 시의 내용과 분위기에 따라 땅

---

70) 위의 책, 〈꿈인 것 맞지요−상천리 강도화 할머니〉 중에서, 19쪽.

이 '꽁꽁' 얼기도 하고, '꽝꽝' 얼기도 하였다. 때에 따라서는 '살얼음이 캉캉' 얼기도 하는 것이다. 예문 12)의 '꽁꽁'은 '드러나지 않게 매우 단단히 숨거나 들어박힌 모양을 나타내는 말'로 표준어로 바꾸면 '꼭꼭'에 해당되는데, 그 느낌이 사뭇 다르다.

풍성한 제주어 상징어, 예술 작품 승화 기대

이처럼 두 글자로 된 상징어는 글의 내용과 분위기에 따라 저마다의 색을 뿜어내고 있다. 같은 환경임에도 불구하고 때에 따라서 '꽁꽁'이 '꽝꽝'이 되기도 하고, '꺽꺽'이 '끅끅'으로, '송송'이 '숭숭'으로 바뀌기도 한다. 이야말로 상징부사의 묘미다.

> 13) 꼭꼭 꾹꾹 낑낑 돌돌 둘둘 둥둥 뚝뚝 톡톡 방방 뱅뱅 빙빙 벌벌
> 뻘뻘 별별 빵빵 살살 술술 쏙쏙 씽씽 잉잉 윙윙 쟁쟁 줄줄 질질
> 쭉쭉 콕콕 콱콱 콩콩 탱탱 통통 팍팍 펄펄 퐁퐁 폴폴 푹푹 픽픽
> 핑핑 횡횡 활활 훌훌 훨훨 휘휘 획획 히히…….

예문 13)은 제주의 몇몇 문인들 작품 속에 녹아든 두 글자 상징어 예들이다. 상징어는 우리말과 제주어의 때깔을 한층 돋보이게 해주는 보배로운 존재다. 제주어에도 살려 쓰면 좋을 두 자 상징어들이 퍽이나 많다. 펄펄 끓는 물을 표현할 때 '물이 삭삭 펜다.^{(물이 펄} ^{펄 끓는다.)}'라고 하고, 마늘이나 참깨 등을 빻을 때의 시늉은 '득득 뺏다.^(덕덕 빻다.)'처럼 표현하면 된다. 이처럼 우리말과 제주어에는 풍성

한 상징어들이 많다. 더 많은 두 자 상징어들이 제주의 예술 작품 속에 녹아들어 훨훨 활활 날 수 있기를 고대한다.

《삶과 문화》 Vol. 61 2016년 여름호

제7장

생활 속에서 찾은
제주의 식물 이야기

소금 뿌린 새우리 셋가시에 박박 문지르민 좋아
소금 뿌린 부추 혓바늘에 박박 문지르면 좋아
　새우리

양엣근에 모멀ᄀ르허텅 만든 집장 어머니의 맛
양핫근에 메밀가루 흩어서 만든 집장 어머니의 맛
　양에

옛날에 끅으로 베 하영 드렁 썻어
옛날에 칡으로 참바 많이 드려서 썼어
　끅

꿩마농낭 콩죽을 쑤나 국을 끌리나 허민 코승허여
달래 넣어서 콩죽을 쑤나 국을 끓이나 하면 구수해
　꿩마농

유입지이 ᄒ나썩 떼멍 밥 우의 더펑 먹으민 맛 좋아
깻잎장아찌 하나씩 떼면서 밥 위에 덮어서 먹으면 맛 좋아
　유

밧 갈레 갈 때 화심에 불부쨍 강 담벨 피왓주
밭 갈러 갈 때 화승에 불 붙여서 가서 담배를 피웠지
　어욱

소금 뿌린 새우리
셋가시에 박박 문지르민 좋아

소금 뿌린 부추 헛바늘에 박박 문지르면 좋아

새우리

　　　　　　식물은 생물계의 두 갈래 가운데 동물과 구분하는 한 부문이다. 이러한 식물 가운데는 생존에 필요한 보리, 쌀, 조, 팥 등과 같은 곡류가 있는가 하면 배추, 무, 고추, 부추 따위의 부식 재료도 있다. 또 우리 산야에 널려 있는 다양한 식물들은 우리의 몸을 다스리는 약초로, 생활 용품 재료로 그 역할을 다하고 있다. 우리네 삶 속에 깃들어 있는 식물에 얽힌 이야기를 통하여 조상들의 삶의 지혜를 들여다보는 것도 의미 있는 작업이 아닐까. 필자가 직접 조사한 구술 자료와 문헌 자료를 통하여 식물과 관련된 이야기들을 한자리에 모아보려고 한다. 그 첫째는 '새우리' 이야기다.

　제주에서 '새우리, 쉐우리'로 불리는 부추는 "백합과의 여러해살이풀. 봄에 땅속의 작은 비늘줄기로부터 길이 30cm 정도 되는 선

새우리 고장 '새우리 고장'은 부추 꽃을 말한다. 하얀 꽃이 별처럼 아름답다. 김순자 촬영.

모양의 두툼한 잎이 무더기로 모여난다. 8~9월에 긴 꽃줄기가 나와 산형(繖形) 꽃차례로 흰색의 작은 꽃이 핀다. 열매는 삭과(蒴果)를 맺으며 익으면 저절로 터져서 까만 씨가 나온다. 비늘줄기는 건위·화상 따위에 쓰고, 잎은 식용한다. 중국과 인도가 원산지로 한국, 일본 등지에 분포한다."(《표준국어대사전》)

인도와 중국이 원산지로 되어 있는 '새우리'가 언제부터 우리의 식생활에 파고들었는지 모르지만, 오래전부터 친숙한 음식 재료임을 알 수 있다. '새우리'의 표준어인 '부추'에 대한 어원은 알 수 없으나 '付菜(향약집성방)〉 부치(《구급간이방언해》 6:11)〉 부추'의 과정을 거쳐 이루어진 어휘로 판단된다. 한자로 '韮(구), 韭(구), 韭菜(구채)'로 쓰며, 지역에 따라서 '새우리'[제주] '솔'[경상, 전남], '졸'[전북, 충남], '정구지'[경상, 전북, 충청], '정

고지'[경북] 등으로 불리며 우리의 밥상을 풍성하게 했다. 유희의《물명고》에는 '부치, 졸' 등이 보인다. 또 부추의 뿌리는 '韭白[구백]', 부추의 꽃을 '韭青[구청]', 부추의 겨울철 싹을 '韭黃[구황]', 8월에 소금에 절인 부추지를 '長生韭[장생구]'라 하고 있다. 부추씨는 '韭子[구자], 家韭子[가구자]'라 하여 한방에서 널리 쓰이고, 부추의 뿌리 또한 약재로 사용되어 왔음이 옛 문헌에서 확인된다.

'새우리'는 독특한 향이 있어 반찬 양념으로 쓰이는가 하면 김치나 나물, 국거리로 활용되는 등 그 쓰임새가 다양했다.

"'새우리'의 효능 옛 문헌에서 확인"

조선 성종 때, 허 종 들이 임금의 명을 받아 쉽고 간단하게 쓸 수 있는 약방문을 지어, 성종 20년에 목판본으로 펴낸 책《구급간이방언해》[1489년]에 보면, '새우리'는 급사할 때, 밤에 가위눌려 깨지 못할 때, 갑자기 기침할 때, 목 붓는 병에 좋다고 한다.《구급간이방언해》에 소개된 부추의 약효에 대한 내용의 일부를 소개하면 다음과 같다.

> ● 급사할 때
> "과ᄀ리 죽거든 부치 즛두드려 똔 즙을 곳굼긔 브스라."
> (갑자기 죽으면 부추 짓두드려 짠 즙을 콧구멍에 부어라.)
> 卒死菲搗汁灌鼻中

● 가위눌려 깨지 못할 때

"자다가 フ오눌여 씨디 몯거든 잢간도 블 혀디 마롤 디니 블 혀면 사ᄅ몰 주기ᄂ니 오직 ᄂ치 춤 받고 ᄯ 발엄지가락톱 미틀 미이 믈면 즉재 씨ᄂ니라 ᄯ 쇠모롭불휘 フ론 글을 곳굼긔 불오 ᄯ 부칫닙 디허 ᄧᄒ 즙을 곳굼긔 브스라 겨ᄉ리어든 염곳불휘를 디허 ᄧᄒ 즙을 브스면 즉재 사ᄂ리라."

(자다가 가위눌려 깨지 못하거든 잠깐이라도 불 켜지 말 것이며 불 켜면 사람을 죽이거늘 오직 낯에 침 뱉고 또 엄지발가락톱 밑을 몹시 물면 즉시 깨느니라. 또 반하 뿌리 간 가루를 콧구멍에 불어 넣어라. 또 부추잎 찧어 짠 즙을 콧구멍에 부어라. 겨울철이거든 염교 뿌리를 찧어 짠 즙을 부으면 즉시 살아나느니라.)

臥忽不悟 愼勿以火照則殺人 但唾其面 更痛嚙足大拇甲際卽省 更以半夏末吹入鼻中 更以韭葉取自然汁灌鼻孔中 冬月用韭根搗取自然汁灌卽活

● 갑자기 기침할 때

"얼운과 아히와과 フ리 기춤ᄒ거든 셕회 ᄒᆫ 량과 바룻죠개ᄉ로니 네 돈과를 가ᄂ리 フ라 더운 므레 증편을 프러 ᄆᆞ라 콩마곰 환 밍フ라 브레 ᄆ외야 셜흔 환곰 머교ᄃᆡ 부칙즙을 ᄃ시ᄒ야 ᄉᆷᄢᅵ라 아히란 닐굽환으로 열환지히 머교ᄃᆡ 이른 밥 ᄂ즌 밥 머근 후와 잘 적과 머기라."

(어른과 아이가 갑자기 기침하거든 석회 한 량과 바닷조개 가루 너 돈을 가늘게 갈아 물에 증편을 풀어 말아 콩만큼 환 만들어 불에 말려 서른 환을 먹이되 부추즙을 따뜻하게 해 삼켜라. 아이는 일곱 환

새우리 '새우리'는 표준어 '부추'에 대응하는 제주어다. 양념으로 음식에 넣어 사용하기도 하지만, 목이 붓거나 헛바늘이 돋을 때 민간에서 약재로 활용하기도 하였다. 제주에서는 텃밭 한쪽에 심어 여름철 채소로도 많이 애용하였다. 김순자 촬영.

에서 열 환까지 먹이되 이른 밥 늦은 밥 먹은 후와 잘 적에 먹여라.)

大人小兒暴嗽 石灰一兩 蛤紛四屯爲細末 湯浸蒸餠和丸如豌豆大焙乾 每服三十丸 溫薤汁下 小兒七丸至十丸 早晚食後臨臥服

● 목이 부은 때

"부치 흔 줌을 므르디허 초애 ᄆ라 브슨 우희 브툐딕 ᄎ거든 다시 ᄀ라호미 됴ᄒ니라."

(부추 한 줌을 짓찧어 초에 말아 부은 위에 붙이되 차거든 다시 갈면 좋아진다.)

薤一握爛搗 醋和傅腫上 冷復易佳

'새우리'의 효능에 대해서는 허균의 《동의보감》에도 잘 나와 있다. 《동의보감》에 보면 '새우리'는 간의 기운을 충족시키니 나물로 무쳐서 매일 먹으면 좋다고 한다. 또 위의 열을 없애고, 모든 이질을 치료한다고 되어 있다. 또 가슴이 갑자기 아플 때에는 즙을 내어 마시면 좋고, '새우리' 나물을 무쳐서 자주 먹으면 마른 몸이 살이 쪄서 건강하게 되고, 충치를 다스린다고 쓰여 있다.

- 몸이 간기(肝氣)를 충족시키니 나물로 무쳐서 매일 복용하면 좋다.
  能充肝氣作常食佳

- 위 속의 열을 없애니 자주 먹으면 좋다.
  除胃中熱可常食

- 모든 이질을 치료하는데, 적리(赤痢)에는 구즙(韭汁)에 술을 타서 한잔을 더웁게 마시고, 수곡리(水穀痢)에는 갱죽이나 데쳐서 임의로 먹고, 백리(白痢)에는 달여서 먹는다.
  治諸痢如赤痢韭汁和酒溫服一盞如水穀痢作羹粥或煠炒任食之
  白痢則煮食之

- 흉비(胸痞)와 심중급통(心中急痛)과 또는 아픔이 어깨 위까지 연이어 죽을 정도로 아픈 증세를 치료하니 즙을 내서 마시면 가슴속의 나쁜 피를 토하고 낫는다. 먹고서 답답함이 오래 되면 위완(胃腕)에 엉긴 피가 있어서 아프게 되니 부추즙 1잔으로 먼저 도인(桃仁) 10개를 씹어서 같이 내려 보낸다. 부추즙은 충분히 가

습 속의 나쁜 피와 체기(滯氣)를 없앤다.

治胸痞心中急痛或痛徹背上欲死搗取汁灌服之卽吐胃中惡血而

癒 食鬱久則 胃腕有瘀血作痛韭一盞先嚼桃仁十數枚以汁送下 韭

汁能去胃中惡血滯氣

● 부추씨를 환으로 만들어 먹으면 충치를 다스린다.

韭了丸 治虫牙痛

"'새우리김치' 여름철 입맛 찾아주는 별미"

'새우리'는 몸에 좋은 성분이 많아 예나 지금이나 우리네 밥상에
자주 오르는 나물의 한 가지다. 조선 영조 42년(1766)에 서유구가 홍
만선의《산림경제》를 증보한, 농가 일상의 필수적인 보감인《증보
산림경제》에도 "부추를 잠깐 말려 켜켜로 소금을 뿌려 절인 음식'
인 '새우리김치'와 부추를 부재료로 한 '오이지[瓜鹹菹]'를 소개하고 있
다. '오이지'는 날오이 한 켜에 생강, 마늘, 고추, 부추, 흰파 등의 양
념을 한 켜씩 담고 짠 소금물에 부어 익힌 음식이다. 오늘날의 '오
이소박이'와 닮았는데, 오이소박이는 김치처럼 담근 음식이다.

지금은 재배기술이 발달하여 '새우리'가 사시사철 맛볼 수 있는
음식 재료이지만 예전에는 여름철에만 즐길 수 있는 먹을거리였
다. 제주 사람들은 집집마다 처마 밑이나 울담 밑에 '새우리'를 심
어 여름철 밥상 위에서 빼놓지 않았던 먹을거리였다.

'새우리'는 독특한 풍미가 있어 양념으로 많이 애용되었다. 날로

새우리짐치 '새우리짐치'는 부추로 담근 김치다. 새우리에 멸치젓, 마늘, 고춧가루를 넣어 잘 버무려 익으면 먹을 수 있다. 사진 아래는 '새우리 짐치' 재료와 만드는 모습이다. 김순자 촬영.

송송 썰어 각종 양념과 고명으로 썼다. 물김치인 '나박김치'나 '늡뻬김치(무김치)' 등의 고명으로 쓰이는가 하면 계란을 부칠 때, 오이김치를 담글 때도 양념으로 사용되었다. '자리물회'의 풍미를 돋우는 양념으로, 각종 물회와 냉국에 들어가는 '사랑받는' 음식 재료였다. '새우리'는 끓는 물에 살짝 데쳐서 무쳐서 먹거나 냉국 재료로도 많이 애용했다.

"새우린 기냥 이젠 밧딜로 갈앙덜 푸는 사름 잇어도 그때 담 어염에, 두에, 집가지 아래 허영 빈주룽허게 싱그주게. 어염으로 경 허영 뿔리허영 싱그믄 그거 나믄 으름 나믄 그거 캐영 냉국도 허영 먹곡. 새우린 흔번 싱경 내불민 기냥 그건 멧 헤라도 헤영 먹는 거. 굽에 딱 싱경 놔두믄 그자 해마다 다 돋아나. 그거게 저 비여당근에 기냥 데우청 무청도 먹곡 또 냉국허믄 맛 좋아. 그거 경허영 먹곡 허는 거. 시집의 가믄 새우리가 막 어염에 기냥 직깍 허영 놔두믄 그거 비영 자꾸 데우청은에 냉국허멍 먹어낫주게."

(부추는 그냥 이제는 밭으로 갈아서들 파는 사람 있어도 그때 담 가장자리에, 뒤에, 처마 밑에 줄줄이 심지. 가장자리로 그렇게 해서 뿌리 해서 심으면 그것 나면 여름 되면 그것 캐서 냉국도 해서 먹고. 부추는 한번 심어서 놔두면 그냥 그것은 몇 해라도 해서 먹는 거. 밑에 딱 심어서 놔두면 그저 해마다 다 돋아나. 그것 저 베어다가 그냥 데쳐서 무쳐도 먹고 또 냉국하면 맛 좋아. 그것 그렇게 해서 먹고 하는 거. 시집에 가면 부추가 마구 가장자리에 그냥 빽빽이 해서 놔두면 그거 베어서 자꾸 데쳐서 냉국하면서 먹었었지.)

— 제주시 이호동 고순여 구술

'새우리'는 울타리 밑이나 장독대 근처, 처마 밑에 심어서 여름철에 많이 먹었다. 특히 '멜첫'이라 불리는 멸치젓과 고춧가루, 마늘 등을 넣고 버무리면 '새우리김치'가 완성된다. '새우리김치'는 조리법이 간단할 뿐 아니라 손쉽게 만들어 먹을 수 있는 반찬이어서 여름철 입맛을 돋워주는 데는 제격이었다.

"여름에는 새우리김치. 게난 제주도 모든 여름 음식에는 파가 엇어.

다 새우리주. 훼에도 그렇고. 새우리는 어리면은 젓국 싹 뿌렷당 버무려. 거기다가 고칫가루 놓고 그냥 마농도 조끔만 낭 버무리면은 쉽게 짐치가 뒈주게. 새우리짐치는 미리 소금에 안 절영덜 허고이. 새우리가 좀 세여지면은 그땐 소금물에 살짝 절이는 첵 헤여가지고 그 젓국허고 거기다 고칫가루영 마농 다진 것만 낭 쓱쓱 비병 담앙 놔두면은, 간이 맞으믄 맛 좋아게."

(여름에는 부추김치. 그러니까 제주도 모든 음식에는 파가 없어. 다 부추지. 회에도 그렇고. 부추는 어리면 액젓 싹 뿌렸다가 버무려. 거기에다 고춧가루 넣고 그냥 마늘도 조금만 넣어서 버무리면 쉽게 김치가 되지. 부추김치는 미리 소금에 안 절여서들 하고. 부추가 좀 세면 그때는 소금물 살짝 절이는 척해서 그 액젓하고 거기에다 고춧가루하고 마늘 다진 것만 넣어서 쓱쓱 버무려서 담가 놔두면, 간이 맞으면 맛 좋아.)

— 제주시 삼도2동 김지순 구술

"새우리에 ᄀᆞ를 낭 떡 지져 먹으민 위장에 좋아"

'새우리'는 음식 재료였을 뿐 아니라 상비약이었다. 제주에서도 '새우리'를 민간요법으로 많이 활용하였음을 다음의 구술 자료를 통하여 확인할 수 있다.

"새우리는 옛날부터 약이엔 허여. 애기덜이 아파도 새우리허영 저 ᄀᆞ를 조금 놓곡 허영 떡도 지져 먹으민 애기의 위장이 좋아진다, 또 늙신네덜은 막 이질허영 베 아팡 피똥 싸고 허여 가민 그 새우리 불휘 팡 잘 씻어뒹 돌혹에 뺏아근에 그디 그를 서끈 둥 만 둥 허영 지름에 낭 막 좃광 멕여. 우리 시아버지가 이질을 잘 걸런 나도 으라번 허여낫어. 지금도 텔레비에 새우리 좋은 거엔 나오더라고."

(부추는 옛날부터 약이라고 해. 아기들이 아파도 부추해서 저 가루 조금 넣고 해서 떡도 지져 먹으면 애기의 위장이 좋아진다, 또 늙으신네들은 막 이질해서 배 아파서 피똥 누고 해 가면 그 부추 뿌리 파서 잘 씻어누고 돌확에 빻아서 거기 가루 섞는 둥 마는 둥 해서 기름에 넣어서 막 고아서 먹여. 우리 시아버지가 이질을 잘 걸려서 나도 여러 번 했었어. 지금도 텔레비전에 부추 좋은 거라고 나오더라고.)

　　　— 구좌읍 송당리 허순화 구술

'새우리'는 위장에 좋을 뿐만 아니라 이질로 설사를 할 때도 효과가 있었다고 한다. 또 몸에 두드러기가 나거나 '셋가시(혓바늘)'가 돋았을 때는 소금 뿌린 '새우리'를 손에 감고 아픈 부위에 대고 박박 문지르면 나았다고 한다.

"온몸에 두드레기 나나 셋가시 일민 밥맛도 엇고 모든 거 뭐헌디. 치료 방법은 새우리에 소금 헤영은에 손에 감앙 짝짝 민뎅 허주."

(온몸에 두드러기 나나 혓바늘 돋으면 밥맛도 없고 모든 것 뭐하는데. 치료 방법은 부추에 소금 해서 손에 감아서 짝짝 민다고 하지.)

　　　— 표선면 가시리 오국현 구술

'새우리'는 돼지고기를 먹고 체했을 때도 효과가 있다고 한다. 진태준[(1980)]의 《건강과 민간요법 – 제주도 민간의학》에는 "돼지고기체에는 부추[韮菜] 300g을 찧어 즙을 내어 이 즙을 3회에 나누어 마시면 효과가 있다."고 소개하고 있다.

'새우리'의 이런 효능들은 《구급간이방언해》, 허준의 《동의보감》에서 이미 확인하였다.

'새우리'는 우리 주변에서 흔히 구할 수 있는 음식 재료다. '새우리'는 풍미가 있어 각종 음식 재료로 활용되고 다양한 조리법도 개발되고 있다. 또 우리의 몸을 다스리는 약효를 가지고 있어 건강한 먹을거리로 '밥상' 위에 자주 올려도 좋을 듯싶다. 우리의 밥상을 풍성하게 하고, 우리의 몸을 살리는 먹을거리를, 각종 오염에서 지켜내는 일이야말로 우리가 화급히 해결해야 할 과제가 아닐까 싶다. '음식이 보약'이라는 어른들의 말을 곱씹어 볼 일이다.

《불휘공》 2009년 봄 창간호

양엣근에 모멀 그르 허텅 만든 집장
어머니의 맛

양핫근에 메밀가루 흩어서 만든 집장 어머니의 맛

양에

양에는 식용·약용으로
애용하는 식물

처서가 지났다. 아침저녁으로 서늘한 기운이 느껴진다. 아직도 늦더위가 기승을 부려 입맛 없기는 한여름이나 마찬가지다. 여름철 잃어버린 입맛을 찾아줄 먹을거리 가운데 '양에'만 한 것이 또 있을까.

'양에'는 표준어 '양하(蘘荷)'에 대응하는 제주어다. 생강과의 여러해살이풀로, 열대 아시아가 원산지라 제주에서도 예부터 집 주변에 심어서 부식거리로 많이 애용했다. 봄이면 땅속에서 올라오는 어린순을 따서 국을 끓여 먹고, 연한 잎으로는 밥을 싸먹거나 데쳐서 나물로 무쳐먹기도 했다. 가을이면 땅속줄기에서 올라온 꽃이삭을 데쳐서 나물로 먹거나 장아찌를 담가서 밑반찬으로 활용했

408

양에 '양에'는 표준어 '양하'에 대응하는 제주어다. 제주에서는 '양에'를 초가 처마 밑에 심어 빗물에 땅이 파이는 것을 방지하였다. 민간에서는 '양에'를 채소와 약재로 다양하게 애용했다.
김순자 촬영.

다. 뿌리에서 올라온 꽃이삭은 '양엣근, 양엣간'이라고 부른다.《구급간이방언해》에 "목이 막혔을 때는 '양핫ㄱ' 즉 '양에' 뿌리를 즙내서 먹으라."고 소개하고 있는 '양핫ㄱ'이 오늘날 제주에서 '양엣근, 양엣간'이라 부르는 자줏빛 꽃이삭이다.

봄과 가을에 우리의 입맛을 되찾아주는 '양에'가 언제 우리나라에 들어왔는지는 모른다. 하지만 오래전부터 식용과 약용으로 널리 쓰였음을 각종 문헌 자료에서 확인할 수 있다.

《본초강목》등에 보면 양하(襄荷)는 '복저(覆菹), 양초(蘘草), 박저(猼苴), 복저(蔔苴), 가초(嘉草)' 등 다양한 이름으로 불렀다. 한자어 '襄荷'에서 온 '양에'는《본문온역이해방》에 '샹하',《물명고》에 '양애',《물보》

에 '양화'로 기술되어 있어 오늘날의 양하는 '샹하〉양하〉양화, 양애'의 과정을 거쳐 이루어진 어휘다.

"'양애'는 성질이 따뜻하고 맛이 매워"

'양애'는 뿌리와 잎, 꽃 부분의 명칭이 다르다. 뿌리와 줄기 부분인 근경은 '양하(蘘荷)'라고 하고, 잎은 '양초(蘘草)', 꽃이삭은 '산마작(山麻雀)', 과실(果實)은 '양하자(蘘荷子)'라고 한다. '양애'에는 칼륨이나 비타민A, 베타카로틴 등이 풍부하고, 뿌리의 향기 성분으로 '진저베렌', 매운맛 성분인 진저롤과 쇼가올이 들어 있어 향신료로도 쓰인다. 또 우리 몸에 유익한 성분과 병을 다스리는 효능이 있어 예로부터 민간에서 약재로 널리 써왔다. 옛 의학서에 소개된 '양애(蘘荷)'의 성질과 효능 등을 소개하면 다음과 같다. 먼저 《동의보감》을 보자.

> "성질이 미온(微溫)하고 맛이 맵다. 독이 조금 있다. 중독과 학질을 다스린다. 잎은 감초(甘蕉)와 같고 뿌리는 생강과 같으면서도 통통하다. 뿌리와 줄기는 나물로 먹는다. 붉은 것과 하얀 것 두 종류가 있으니 붉은 것은 식용하고 하얀 것은 약용한다. 《주례》(周禮)에는 가초(嘉草)로써 중독을 제거한다 하였으니 가초(嘉草)는 곧 양하(蘘荷)다. 우리나라 南方에서 많이 나는데 사람들이 즐겨 먹는다."
>
> 性微溫味辛有小毒主中蠱及瘧 葉似甘蕉根如薑而肥其根莖心堪爲

蘘有赤白二種赤者堪啖白者入藥 周禮以嘉草除蠱毒嘉草卽蘘荷也
我國南方有之人多種食

《본초강목》에는 "뿌리는 맛의 기운이 맵고 따스하며 독이 조금 있고(根-氣味辛溫有小毒), 잎은 맛이 쓰고 단데 독이 없다(蘘草-氣味苦甘無毒)"라고 되어 있다. 《물명고》에는 "양하-댓잎과 비슷하고 뿌리는 생강과 같은데 응달에서 잘 자란다. 본 줄기는 파초와 같은데 하얀 것을 '양애'라 한다. 양하가 가을이 되면 뿌리에서 붉은 줄기가 나오는데 맛이 아주 좋다.(蘘荷-似竹葉而根如薑宜陰翳地本經謂如芭蕉而白可訝양애애幹-蘘荷至秋根生赤幹作蒩甚美)"고 되어 있다.

위의 예문들을 보면 '양에'는 잎, 줄기, 뿌리, 꽃이삭이 예로부터

양엣근 '양엣근'은 양하의 꽃이삭을 말한다. 봄에 올라오는 어린 순은 꺾어다가 된장에 찍어 먹거나 국을 끓여 먹고, 연한 잎은 쌈을 해서 먹는다. 가을에 뿌리 쪽으로 나오는 '양엣근'은 삶아서 무쳐 먹거나 간장 등을 넣어 장아찌를 만들어 먹는다. 김순자 촬영.

식용과 약용으로 널리 쓰였던 식물임을 알 수 있다.

'양에'는 특히 목병이나 눈에 이물질이 들어갔을 때, 부인병 등에 효험이 있는 것으로 알려져 있다.

조선 성종 때 펴낸 《구급간이방언해》[(1489)]에는 목소리가 나오지 않을 때는 '양에' 뿌리를 갈아 술과 함께 타서 먹으면 좋고, 목이 막혔을 때는 '양핫근' 즉 '양에 뿌리'를 즙내서 먹으라고 소개하고 있다. 또 목에 피가 날 때는 동쪽으로 난 '양에' 뿌리로 즙을 내어 먹으면 좋다는 비방도 소개하고 있다. 《구급간이방언해》에 소개된 '양에'의 효능 몇 가지를 살펴보면 다음과 같다.

● 목소리가 나오지 않을 때(失音─목소리몯나는병)

ㅂ룸링긔로목쉬여여디아니커든양핫근두량을ㄱ라똔즙과술ㅎ되와섯거삐니혜디말오ㄷ시ㅎ야반되롤머그라.

(바람의 냉기로 목 쉬여 열리지 않거든 양하 뿌리 두 냥을 갈아 짠 즙과 술 한 되를 섞어 끼니 헤아리지 말고 따뜻하게 해서 반 되를 먹어라.)

風冷失聲咽喉不開用蘘荷根양핫근二兩研絞汁酒一盞和勻不拘時溫服半盞

● 목이 막힐 때(噎塞─목며유미라)

목가온ᄃᆡ아모거시나잇ᄂᆞᆫ 듯ᄒᆞ야나도ᄃᆞ도아니ᄒᆞ야비븐고여위어든양핫근을즙빠머그면벌에졀로나리니아모거시나잇ᄂᆞᆫ듯호ᄃᆞᆫ벌에의다시라.

(목 가운데 아무것이나 있는 듯하여 나오지도 들지도 아니하여 배가

붓고 여위거든 양하 뿌리를 즙 짜 먹으면 벌레가 절로 나오리니 아무 것이나 있는 듯한 것은 벌레의 탓이라.)

喉中如有物不出入腹脹羸瘦蘘荷根汁양핫근즙服之蟲有出如有物者蟲之所作也

• 목에서 피가 날 때(吐血−목의피나는병)

동녁으로향혼양핫근혼줌디허똔즙을머그라.

(동녘으로 향한 양하 뿌리 한 줌 찧어 짠 즙을 먹어라.)

東向蘘荷根양핫근一把擣絞取汁服之

"목소리가 나오지 않을 때도 효험"

《구급방언해》에도 '양에'의 효능에 대해 소개하고 있다.

• 눈에 가시가 들었을 때

눈에 가시가 든 경우−또蘘荷ㅅ불휘롤디허汁을取ᄒ야눈가운디브스면즉재나리라.

(또 양하 뿌리를 찧어 즙을 취하여 눈 가운데 부으면 즉시 낫는다.)

명나라 이시진이 1892종의 동식물, 광물을 7항목으로 나누어 풀이하여 펴낸 약학서《본초강목》에도 뇌졸중과 목병, 부인병 등에 '양에'가 효능 있다고 그 비방을 적어 놓았다.

● 뇌졸중일 때

닭의 간 색깔처럼 하열하여 밤낮 멈추지 않고 장기가 파손되어 죽음을 기다리는 자는 양하의 잎을 빽빽하게 환자의 자리 아래 깔되 모르게 해라. 반드시 독을 다스려 성명을 얻으리.

卒中蠱毒－下血如鷄肝 晝夜不絶 臟腑敗壞待死者 以蘘荷葉密置病人席下 勿令知之 必自呼蠱主姓名也

● 목에 이물질이 끼었을 때

삼키거나 토해도 나오지 않아 배가 붓고 여위거든 양하 뿌리 빻아 즙을 짜 먹으면 독이 나오리라.

喉中似物－呑吐不出 腹脹羸瘦取白蘘荷根擣汁服蠱立出也

● 목구멍에 부스럼이 나고 혀가 헌 데

양하 뿌리를 반나절 술에 담갔다가 즙이 생기거든 즙을 넣으면 낫고 멎으리라.

喉舌瘡爛－酒漬蘘荷根半日 含激其汁 瘥及止

● 피를 토하거나 할 때

동쪽으로 향한 양하 뿌리 한 줌을 찧어 짠 즙을 석 되 먹여라.

吐血痔血－向東蘘荷根一把擣汁三升服之

● 부인의 허리가 아플 때

동쪽으로 향한 양하 뿌리 한 줌을 찧어 짠 즙을 석 되 먹여라.

婦人腰痛－向東蘘荷根一把擣汁三升服之

• 달거리가 불순할 때

양하 뿌리를 잘게 썰어 물에 달여 두 되를 공복에 술과 함께 복용
하라.

月信澀滯蘘荷根細切 水煎取二升空心入酒和服

• 바람이 차서 목소리가 나오지 않을 때

인후가 답답하면 양하 뿌리 두 냥을 찧어 즙을 짜 술과 함께 큰 그
릇으로 하나를 먹어라. 복용할수록 점차 낫는다.

風冷失聲－咽喉不利蘘荷根二兩擣絞汁 入酒一大盞和勻 細細服取瘥

• 눈에 이물질이 들어갔을 때

백양하 뿌리를 찧어 즙을 짜 눈에 넣으면 이물질이 나오리라.

雜物入目－白蘘荷根取心擣 絞取汁滴入目中 立出

"멍들고 화상 입은 디 '양에' 이파리 쩨메민 좋아"

'양에'의 이런 효능은 제주 전래의 민간요법에서도 확인된다. 제
주시 구좌읍 송당리의 허순화(1932년생)는 "'양에'는 열을 내려주는 식
물이다. 열이 많이 나자 '양에'를 베어다가 그 위에서 잠을 자며 열
을 식혔던 적이 있다."며 경험담을 들려주었다.

"막 죽게 아판. 집이 오란 그날 완전 양에 다 비여단 수뭇 열 제완 길
아 누멍 헌. 뒷날 뱅원에 가난 그냥 목에 막 고름이 꽉 차빗젠."

(막 죽게 아파서. 집에 와서 그날 완전 양하 다 베어다가 사뭇 열 겨
워서 깔아서 누면서 했어. 뒷날 병원에 가니까 그냥 목에 막 고름이
꽉 차버렸다고.)

— 구좌읍 송당리 허순화 구술

'양에'는 열을 내리고 화상 입었을 때나 멍이 들 때도 썼다. 멍이
들 때 '양에' 잎을 치메면 좋다고 한다.

"옛날 아버지 허는 거 보난, 양엔 다친 디, 멍든 디 양에 이파리 쩨
메. 양에는 해열제라. 다친 디 검은 피 색여. 화상 입은 디 양에 이파
리 톤앙 더펑 쩨메지."
(옛날 아버지 하는 것 보니까 양하는 다친 데, 멍든 데 양하 이파리 처
매. 양하는 해열제야. 다친 데 검은 피를 삭여. 화상 입은 데 '양하' 이
파리 따다가 덮어서 처매지.)

— 한경면 조수2리 김성욱 구술

"놉 빌엉 일허젠 허민 구덕으로 ᄒ나썩 양에입 톤아"

제주에서 '양에'는 약용보다는 식용으로 많이 애용했다. 먹을거
리가 풍족하지 않았을 때 '양에'는 우리의 밥상을 풍성하게 해주는
부식이었다. 맵싸하면서도 향긋한 '양에'의 풍미는 미식가들의 입
맛을 다시게 하는 '추억의 맛'이다.
필자는 처음 맛보았던 '양에' 맛을 지금도 잊을 수 없다. 추석날

육촌 오빠 집에서 '양에'를 곁들여 만든 잡채를 먹었을 때의 맵싸한 맛 때문에 내가 좋아하는 잡채 먹기를 포기했던 '아픈 기억'이 요즘 같은 '양에철'엔 슬며시 떠올라 나도 모르게 입가에 미소를 짓게 한다. 어렸을 적 나의 입맛을 앗아갔던 '양에'의 그 맵싸하고 독특한 향미는 세월이 흐르면서는 부러 찾는 음식이 되었으니 격세지감이다. 애월읍 봉성리 강자숙(1931년생)도 비슷한 증언을 해준 적이 있다.

> "저 양에 저 불휜디 그걸 말곡 양에 입사기 나오는 거 잇잖아, 퍼렁헌 거 이파리. 그것을 어릴 때 어머니넨 똑 죽에 놘. 그거 왜 못 먹는지. 건정 불치레 던져불멍 우린 죽을 먹엇주기."

양에지이 '양에지이'는 '양엣근'으로 담근 장아찌다. 연한 '양엣근'을 깨끗이 씻어 소금물이나 간장에 절여두면 향긋한 '양에지이'가 만들어진다. '지이'는 달리 '지시·지히·지'라고도 한다. 김순자 촬영.

(저 양하 저 뿌리인데 그것 말고 양하 이파리 나오는 것 있잖아. 퍼런 것 이파리. 그것을 어릴 때 어머니는 꼭 죽에 넣어. 그것 왜 못 먹는지. 건져서 재에 던져버리며 우리는 죽을 먹었었지.)

— 애월읍 봉성리 강자숙 구술

'양에'는 주로 봄과 가을에 밥상 위에 올라온다. 봄에는 파릇파릇한 새순을 따서 날로 된장에 푹푹 찍어 먹으면 밥반찬으로 그만이다. 된장을 풀어 국을 끓여도 구수하니 좋다. 조금 웃자란 연한 잎으로는 쌈을 해 먹거나 데쳐서 나물로 무쳐 먹으면 된다.

"양에 이파리 우리도 막 구덕에 톤아낫어. 눕 빌엉 일허젠 허민 양에 족은 걸로 우의 것이 아니고 아래 것이라야 맛잇어. 젤 아래 문저 돈은 거 그거 톨앙 시청 밥 싸먹을 거 그런 거 보내고. 아이고, 양에입을 하영 먹어낫주. 지금 양에가 이만이 나지 안 헷어. 경 허민 그 아레 흑쓸 알러레 돈은 썹으로 그런 거 먹어난 거. 눕 하영 빌엉 가민 그 양에이파리 구덕에 흐나 톨앙 강 그걸 막 먹엇어. 뒌장에 훼피엔 헌 거나 놓곡 허영. 이 제사 때에도 양에를 헤낫어."

(양하 이파리 우리도 막 바구니에 땄었어. 눕 빌려서 일하려고 하면 양하 작은 것으로 위에 것 아니고 아래 것이어야 맛있어. 젤 아래 먼저 돋은 거 그거 따서 씻어서 밥 싸먹을 거 그런 것 보내고. 아이고, 양하 잎을 많이 먹었었지. 눕 많이 빌려서 가면 그 양핫잎 바구니에 하나 뜯어 가서 그것을 마구 먹었어. 된장에 초피라고 한 것이나 넣고 해서. 이 제사 때도 양하를 했었어.)

— 구좌읍 송당리 허순화 구술

418

개인적으로는 '양에'의 진짜 맛은 하늬바람이 솔솔 부는 가을이 제격이다. 추석 전후에 맛볼 수 있는 '양에' 뿌리에서 돋는 자줏빛 꽃대, 즉 '양엣간'을 활용해 다양한 음식을 해먹을 수 있기 때문이다.

'양엣근'으로 손쉽게 해 먹을 수 있는 음식은 무침이다. '양엣근 무침'은 양엣근을 소금물에 깨끗이 씻은 후 반쪽 쪼개서 팔팔 끓는 물에 데쳐서 찬물에 담갔다가 아린 맛이 빠지면 잘게 찢어 소금, 간장, 참깨, 참기름 등을 넣고 무쳐내면 가을철 밥상을 향긋하게 해준다. '양엣근 무침'은 추석상에 '채소'로 올라가기도 한다. '양엣근'은 쇠고기와 곁들여 산적을 해 먹어도 좋고, 삶아서 된장에 찍어 먹는 맛도 좋다. 소금물이나 간장에 담가 장아찌를 해두면 가으내 밑반찬으로 그만이다. '양에지시·양에지·양에지히'라 불리는 제주의 전통 음식이 그것이다.

> "팔월 나민 양엣간[양에깐]. 양엣간은 굽에서 돋앙. 건 팔월 나사. 그냥 생차도 먹곡 숢앙 채소도 먹곡. 썹은 데우청도 먹곡, 생차 밥 쌍도 먹고게. 양엣간지히도 허고."
> (팔월 되면 양하 꽃이삭. 양하 꽃이삭은 굽에서 돋아서. 그것은 팔월 돼야. 그냥 날로도 먹고 삶아서 채소도 먹고. 잎은 데쳐서도 먹고 생채 밥 싸서도 먹고. 양하 꽃이삭장아찌도 하고.)
> ─ 애월읍 수산리 홍진규 구술

서귀포시 색달동의 한인열(1938년생)은 "어렸을 적 어머니가 해주셨던 '집장'을 만들어 먹기 위해 '양엣근'을 캐왔다."며 '집장'과 '양에

지' 조리법을 소개해 주었다.

"양엣근 깨끗허게 시청 물 삭삭 궤어가민 솖앙 물에 둥강 매운맛 빠지민 양에 찢어근에 거기에 물 흐꼼 놓곡 고칫입이라도 놔근에 간 맞창 궤어가민 밀フ르나 모멀フ르 허트멍 질막질막허게 익으민 그것이 집장엔 허영 먹어난. フ르 놓니까 집장. 양에영 フ르영 어우러정 맛이 좋아. 우리 어머니네 헹 먹어난 거 나도 헹 먹젠 저기 양엣근 혜당 놔뒀주. 양에지는 양에 씻엉 소금에 양엣근 둥가근에 아쓱 절영 건정 간장 팔팔 끓영 놓민 뒈는 거. 빨리 먹젠 허민 끓인 장물 그냥 놓곡, 오래 먹젠 허민 끓인 간장 식영 양엣근 둥가질 정도로 헹 놔두민 쿠싱헌 게 가을내낭 먹을 수 잇어."

(양하 꽃이삭 깨끗하게 씻어서 물 팔팔 끓으면 삶아서 물에 담갔다가 매운맛 빠지면 양하 찢어서 거기에 물 조금 넣고 고춧잎이라도 넣어서 간 맞춰서 끓어가면 밀가루나 메밀가루 섞으면서 질퍽질퍽하게 익으면 그것이 집장이라고 해서 먹었었어. 가루 넣으니까 집장. 양하하고 가루하고 어우러져서 맛이 좋아. 우리 어머니네 해 먹었던 거 나도 해서 먹으려고 저기 '양핫근' 해다가 놔뒀지. 양하장아찌는 양하 씻어서 소금에 '양핫근' 담가서 조금 절여서 건져서 간장 팔팔 끓여서 넣으면 되는 것. 빨리 먹으려고 하면 끓인 간장 그냥 넣고, 오래 먹으려고 하면 끓인 간장 식혀서 '양핫근' 담가질 정도로 해서 놔두면 구수한 것이 가으내 먹을 수 있어.)

— 서귀포시 색달동 한인열 구술

"초집 축담 밑에 줄줄이 심어 축대 보호"

이 밖에도 '양에'는 기호에 따라서 다양한 요리로 해서 먹을 수 있다. 가을철 우리의 입맛을 돋워주는 '양에'. 제주 사람들이 예전에 '양에'를 밥상 위에 쉽게 올릴 수 있었던 것은 집과 울타리 주변에 '양에'를 많이 심었기 때문이다. 요즘은 주거 환경이 바뀌어 울안에 '양에'를 심은 가정을 거의 찾아볼 수 없지만 아직도 시골에 가면 '우영(터밭)'이나 밭담 가에 줄줄이 '양에'를 심어서 먹을거리로 이용하는 것을 볼 수 있다.

이뿐인가. 우리 조상들은 '양에'를 먹을거리와 가정의 상비약으로 활용했을 뿐 아니라 집 주변의 바닥을 단단하게 다지고 빗물이 안으로 스며들지 못하게 하는 생활의 지혜를 발휘했다.

> "엿날은 양에 초집 축 굽에 싱근다. 초집 빙 둘렁 축 올령 양에 싱그민 양엔 지붕 우의로 내리는 지슷물 먹으멍 크는 거. 양에 싱경 놔두민 지슷물 내려도 양에 이파리로 물이 바라불엉 땅이 안 파지지. 양에 이파리가 초집 굽 헉을 파지지 않게 헹 축을 보호허는 거라. 보 막는 식으로. 양에 뿌리 내리민 축담 굽 헉도 내려가지 아녀난 집안으로 물이 들지 안 허지."

(옛날은 양하 초가 담벼락 밑에 심는다. 초가 빙 둘러서 축 올려서 양하를 심으면 양하는 지붕 위로 내리는 기스락물 먹으면서 크는 거. 양하 심어서 놔두면 기스락물 내려도 양하 이파리로 물이 내려버려서 땅이 안 파지지. 양하 이파리가 초가 밑 흙을 파지지 않게 해서 축을 보호하는 거야. 보 막는 식으로. 양하 뿌리 내리면 축담 밑에 흙도 내

려가지 않으니까 집안으로 물이 들지 않지.)

— 한경면 조수2리 이옥춘 구술

이제 초가 담벼락 밑으로 심어진 '양에'를 볼 수는 없지만, '양에'가 심어진 고풍스런 제주의 옛 주거문화와 그 속에서 살았던 사람들의 '양에'에 얽힌 추억은 잊혀지지 않았으면 한다. '양엣국, 양에 쌈, 양엣근 무침, 집장, 양에지히, 양에적……' '양에' 요리만 떠올려도 입안 가득하게 군침이 돈다. 가을이 나 가기 전에 '양엣근'을 사다 새로운 '양에' 요리법도 개발해보고 '가을 밥상'도 새롭게 꾸며보면 어떨까.

《불휘공》 2009년 002 여름호

옛날에 끅으로
베 하영 드렁 썻어
옛날에 칡으로 참바 많이 드려서 썼어

끅

6년 전에 조사차 비양도에 갔을 때의 일이다. 뙤약볕이 내리쬐는 여름이었다. 무더위에 지쳐 터벅터벅 걸으며 비양도 곳곳을 찾아 헤맬 때였다. 길가 덩굴 사이로 자줏빛 꽃다발이 눈에 들어왔다. 설레는 마음으로 가까이 가서 보니 칡넝쿨에서 핀 꽃송이였다. 진초록의 덩굴 사이로 송이송이 피워 올린 자줏빛 꽃다발은 뜨거운 여름날의 노곤함을 없애기에 충분했다. 시골에서 나서 유소년기를 보냈지만 그때까지 칡이 꽃을 피우는 것을 알지 못했다. '아, 칡도 꽃을 피우는구나.' 싶으니 나만의 비밀을 간직한 것처럼 마음이 다 설렜다. 그때 이후 나는 뜨거운 여름날, 칡꽃이 필 즈음이 되면 칡넝쿨에 눈길을 자주 주게 된다. 칡꽃이라도 발견하면 처음 칡꽃을 대면했을 때의 기억이 떠올라 나도 모르게 미소를 짓곤 한다.

칡은 "콩과에 딸린 덩굴나무. 온몸에 갈색 털이 나고, 잎은 세쪽

칡꽃 칡을 제주에서는 '끅' 또는 '칙'이라고 한다. '칡' 줄기로는 '바'를 드리거나 물건을 묶거나, 바구니나 삼태기를 결을 때 사용하기도 하였다. 칡은 소나 말의 먹이로도 활용되었다. 김순자 촬영.

잎이며 잎자루가 길고 어긋나게 나는데, 잔잎은 넓은 달걀꼴로, 8월에 나비 모양의 자줏빛 꽃이 잎아귀에서 총상꽃차례로 피고, 납작한 꼬투리열매가 10월에 익는다. 산기슭에 자라는데, 뿌리는 '갈근'이라 하며 전분이 많아 먹이로, 덩굴의 속껍질은 '청올치'라 하여 피륙의 재료로, 잎은 먹이로 쓰인다."《우리말 큰사전》)

국어사전의 뜻풀이만 보더라도 칡은 그 쓰임이 다양하다. 제주에서는 칡을 '끅' 또는 '칙'이라고 불렀다. 칡뿌리는 '칙불휘' 또는 '끅불휘'라고 해서 약재나 식용으로 쓰였다.

옛 문헌에는 '츩'이라는 기록이 보인다. 칡넝쿨은 '츩너출(葛草又葛藤)', 칡뿌리는 '츩불휘(葛根-《구급간이방언해》《방약합편》)', 칡꽃은 '츩곳(葛花-《구급간이방언해)', 칡으로 만든 옷감은 '츩옷', '츩뵈'라고 했다. 한자어로는 칡 뿌리를 '葛根(갈근)', 칡꽃은 '葛花(갈화)', 칡잎은 '葛葉(갈엽)', 칡넝쿨은 '葛草(갈초)' 또는 '葛藤(갈등)'이라 하고, 칡의 열매는 '葛穀(갈곡)', 칡녹말은 '葛粉(갈분)'이라고 한다. 《본초강목》에는, 칡은 '계재(雞齋)', '녹곽(鹿藿)', '황근(黃斤)'이라고 기록하고 있다.

"갈근ᄀ르 가심 아픈 사름 엿ᄒᆞ영 먹이민 좋곡"

칡은 잎에서부터 뿌리까지 버릴 것이 하나 없는 유용한 식물이었다. 잎은 소나 말의 먹이로, 줄기는 각종 생활 용구 재료로, 칡꽃과 열매·뿌리는 식용과 약용으로 활용하는 등 그 쓰임새가 많았다.

먹을거리가 넉넉지 않았을 때 칡뿌리는 아이들의 간식거리였다. 칡뿌리를 캐서 이빨로 꼭꼭 씹으며 단물을 빨아먹던 기억은 70대 이상 시골의 노인들이라면 누구나 겪었음 직한 추억거리다. 그렇게 단물을 빨아먹던 칡즙이 요즘은 건강식품으로 인기가 많다. 칡 뿌리는 위에 좋다고 해서 예로부터 엿을 고아 먹기도 했다. 진성기 (1969)의 《제주도민속─세시풍속》에 보면 "몸이 허약한 사람은 끅불휘를 캐어 먹으면 보약이 된다고 해서 이를 캐어다가 먹는 이가 적지 않았다."는 기록이 보인다. 또 갈근으로 엿을 해 먹으면 위에 좋다고 해서 '갈근엿'을 많이 해 먹었다고 한다. "갈근ᄀ르는 가심 아픈 사름 엿ᄒᆞ영 먹이민 좋곡, 줏 엇엉 멕이곡, 풀도 ᄒᆞ곡 홉니다."라는 제보자 문인길(안덕면 화순리)의 말을 인용하여 갈근의 효능을 밝히기도 하였다.

425

칡에는 다이드자인, 다이드진, 게니스테인, 파라쿠마릭산, 푸에라린, 케르세틴, 칼슘, 철, 마그네슘, 인, 칼륨, 비타민 B2 등이 들어 있고, 갈꽃에는 카카틴과 카카라이드, 이리소리돈 등 우리 몸에 유익한 성분이 많이 들어있다. 그래서 예로부터 칡을 식용과 약용으로 애용해왔음을 옛 문헌 속에서 확인할 수 있다.

"마음이 어지럽고 잠이 안 올 땐 '칡불휘 짠 즙'이 좋아"

《구급간이방언해》에 보면, 칡은 중풍과 기침이 심할 때, 혀가 부을 때, 목에서 피가 날 때, 잠이 안 올 때 등에 효능이 있는 것으로 기록되어 있다. 그 일부를 소개하면 다음과 같다.

●중풍에
"ᄇᆞ름 마자 손발 몯 쓰고 말ᄉᆞ미 저주브며 토ᄒᆞ고 답답ᄒᆞ야 어즐ᄒᆞ며 긔운이 ᄂᆞ리디 아니ᄒᆞ거든 흰 츌조 ᄡᆞᆯ밥 반 되를 글힌 므레 ᄌᆞ마ᄃᆞᆺ 다가거려내야 츩불휘 ᄆᆞᆯ와야 ᄀᆞ론 ᄀᆞᄅ 너 량애 섯거 고ᄅᆞ게 ᄒᆞ야 쟝쑥의 글혀 머그라."
(바람 맞아 손발 못 쓰고 말을 더듬고 토하고 답답해서 어지럽고 기운이 내리지 아니하거든 흰 차조 쌀밥 반 되를 끓인 물에 말 듯 하다가 떠내어 칡뿌리 말려 간 가루 너 량에 섞어 고르게 해서 장국에 끓여 먹어라.)
中風手足不隨言語蹇澁嘔吐煩燥悁憒不下 白梁米飯 葛粉漉出粟飯 以葛粉拌令於豉汁中煮調和食之 (1권 12)

● 마음이 어지럽고 잠이 오지 않을 때(煩熱少睡)

"츩불휘룰 디허 쁜즙을 머그라."

(칡 뿌리를 찧어 짠 즙을 먹어라.)

葛根擣汁飮 (1권 103)

● 기침이 심할 때(卒咳嗽)

"기춤기처 소리 몯 ᄒ거든 소곰과 츩불휘와 묏지지 삐와룰 ᄀᆞ게 ᄂᆞ화 사ᄒᆞ라 믈 두 되예 닉에 그스린 믹실와 감초와 져기 녀허 달혀 ᄒᆞᆫ 되만 커든 즈ᅴ 앗고 밥 머근 후에 머그라."

(기침하는 소리 못 하거든 소금과 칡뿌리와 산치자 씨를 같게 나누어 쌓고 물 두 되에 연기에 그을린 매실과 감초를 적당하게 넣어 달여

끅불휘 '끅불휘'는 표준어 '칡뿌리'에 대응하는 말이다. 한자어로 '갈근'이라고 한다. 감기나 체했을 때, 잠이 오지 않을 때 칡뿌리 즙을 마시면 효험이 있다고 한다. 김순자 촬영.

한 되만 하거든 찌꺼기 걸러내고 밥 먹은 후에 먹어라.)

咳嗽有失聲音晉塩葛根山梔子㕮咀水二盞加烏梅甘草少許煎至一
盞去渣通口食後 (2권 24)

● 혀 부을 때(舌腫)

"늘츩불휘 즛디허 ᄯᅡᆫ 즙을 서홉곰 세 번 머그면 즉재 그츠리라."

(날츩 뿌리 짓찧어 짠 즙을 조금씩 작은 잔으로 세 번 먹으면 즉시 그
친다.)

生葛根搗取汁每服一小盞三服卽止 (2권 93)

● 목에서 피 나는 병(吐血)

"늘츩불휘 디허 ᄲᅡ 즙을 서홉곰 머고디 ᄌᆞ조 머거 긋도록 ᄒᆞ라."

(날츩 뿌리 찧어 짠 즙을 작은 잔으로 조금씩 먹되 자주 먹어 그칠 때
까지 하라.)

生葛根擣絞取汁每服一小盞宜頻服以止爲度 (2권 105)

《동의보감》에도《본초강목》의 내용을 인용하여 칡의 효능을 상
세하게 기록하고 있다.《동의보감》에서는 갈근(칡뿌리), 생근(날칡뿌리),
갈곡(칡 열매), 갈엽(칡잎), 갈화(칡꽃), 갈분(칡가루), 생갈근(생칡가루)으로 나눠
그 효용을 소개하고 있다. 칡뿌리는 두통을 다스리고, 날칡뿌리는
주독(酒毒)과 신열(身熱)에 좋고, 칡 열매는 하리(下痢), 즉 설사와 이질에
좋고, 갈잎은 지혈(止血)에 효과가 있다. 칡가루는 번갈(煩渴), 즉 가슴
속이 답답하고 목이 마른 증세에 좋으며, 칡의 생가루는 주갈(酒渴),
즉 술 마신 후의 갈증을 다스리는 데 효과가 있다.

● 갈근

주풍(主風)의 두통을 다스리고 해기(解飢), 발표(發表), 출한(出汗)하고 주리(腠理)를 열고 주독(酒毒)을 풀며 번갈(煩渴)을 그치고 開胃·하식(下食)하고 흉격(胸膈)의 열을 다스리며 소장(小腸)을 통하고 금창(金瘡)을 다스린다. ○곳곳의 산중에서 나니 5월 5일에 채취하여 폭건(暴乾)하고 흙 속에 깊이 들어간 것이 좋다. ○족양명경(足陽明經)의 행경약(行經藥)이니 족양명경(足陽明經)에 통행(通行)하여 진액(津液)을 낳고 渴을 그치게 하며 허갈(虛渴)한 증(症)에는 이것이 아니면 除하지 못한다. 병(病)과 갈증(渴症)에 좋고 또 온학(溫瘧)과 소갈(消渴)을 다스린다.

主風寒頭痛解飢發表出汗開腠理解酒毒止煩渴開胃下食治胸膈熱通小腸療金瘡 ○生山中處處有之五月五日採根暴乾以入土深者爲佳 ○足陽明經行經的藥也通行足陽明之經生津止渴虛渴者非此不能除也凡病酒及渴者得之甚良亦治溫瘧消渴

● 생근

파혈(破血) 합창(合瘡) 타태(墮胎)하고 주독(酒毒) 신열(身熱) 주황(酒黃)과 소변의 적삽(赤澁)을 다스린다. ○칡의 날 뿌리를 찧어서 즙을 취하여 마시면 소갈(消渴)과 상한온병(傷寒溫病)의 두열(肚熱)을 다스린다.

破血合瘡墮胎解酒毒身熱酒黃小便赤澁○生根搗取汁飲療消渴傷寒溫病肚熱

● 갈곡

십년(十年)의 하리(下痢)를 다스리니 곡은 즉 열매이다.

主下痢十年已上穀卽是實也

● 갈엽

금창(金瘡)에 지혈(止血)하니 두드려서 붙인다.

主金瘡止血挼碎付之

● 갈화

주독(酒毒)을 없앤다. 팥꽃과 함께 등분위말(等分爲末)해서 마시면 술에 취하지 않는다.

主消酒毒葛花與小豆花等分爲末服飲酒不知醉

손질해 놓은 칡뿌리 칡뿌리는 약재로 다양하게 활용된다. 칡뿌리를 깨끗하게 손질한 후 썰어서 말린 모습이다. 코 막히고 두통이 나는 초기 감기에 껍질을 벗겨서 말린 갈근을 물에 달여 차처럼 마시면 효과가 있다고 한다. 제주시민속오일시장에서 김순자 촬영.

● 갈분

번갈(煩渴)을 그치고 대소변을 이롭게 하며 어린아이의 열비(熱痞)를 다스린다.

止煩渴利大小便小兒熱痞

● 생갈근

채취하여 찧어서 물에 담그고 비벼서 가루를 내고 편자(片子)를 만들어 비탕중(沸湯中)에 넣고 꿀을 섞어서 먹으면 주갈(酒渴)을 푸는데 심히 묘하다.

採生葛根搗爛浸水中揉出粉澄成片擘塊下沸湯中以密生拌食之解酒客渴甚妙

이 밖에도 《본초강목》에는 칡의 비법으로 상한(傷寒)으로 머리가 아플 때(傷寒頭痛), 임신해서 열이 날 때(姙娠熱病), 열병을 예방할 때(預防熱病), 어린아이 열독으로 목이 마를 때(小兒熱渴), 헛구역질이 심할 때(乾嘔不息), 어린아이가 토할 때(小兒嘔吐), 울화가 심해 토할 때(心熱吐血), 열독으로 하혈할 때(熱毒下血), 약을 많이 복용했을 때(服藥過劑), 약으로 중독이 되었을 때(諸藥中毒), 술이 취해 깨지 않을 때(酒醉不醒) 등이 기록되어 있다.

"미역에 체했을 땐 칡뿌리 진하게 달여 마셔"

진태준의 《제주도 민간요법》을 보면, 제주에서도 칡을 민간요법으로 많이 활용했음을 알 수 있다. 칡꽃과 팥꽃을 함께 말려서 분말로 해서 술에 타서 마시면 술이 취하지 않고, 감기와 투통에는 '갈근즙' 한 컵에 두부 삶은 국물 한 컵을 넣어 달여 마시고 땀을 내면 즉시 낫는다고 소개하고 있다. 또 마른 구역질에 '갈근즙'이 효과가 있고, 미역에 체했을 때도 갈근을 진하게 달여 마시고, 뱀과 벌레에 물린 데에는 생갈근을 짓찧어 상처에 붙이면 낫는다고 한다. 이 밖에도 껍질 벗겨서 말린 갈근을 물에 달여서 차처럼 마시면 좋다고 한다. 갈근차는 코 막히고 두통이 나는 초기 감기에 좋고, 술독을 해독하는 데도 좋다고 하니 칡차를 자주 마시는 것도 권할 만하다. 그러나 칡의 생즙은 그 성질이 차기 때문에 많이 먹는 것은 삼가는 게 좋다고 한다.

이뿐인가. 칡의 효능이 밝혀지면서 칡을 응용한 다양한 제품들이 나오고 있다. 칡즙은 물론 칡뿌리를 먹을거리에 응용한 다양한 음식이 개발되고 있는데, 여름철 우리의 몸과 마음을 시원하게 해주는 '칡 냉면'이 한 예다.

칡은 약재로도 썼지만, 줄기를 이용하여 생활 용품을 만드는 데도 유용하게 쓰였다. 생활환경의 변화로 요즘은 칡 줄기를 이용한 용품들을 찾아볼 수 없지만 1970년대 이전까지만 해도 칡넝쿨을 활용한 생활 용구를 쉽게 찾아볼 수 있었다. 칡 줄기를 걷어다가 소나무를 잘라 칡으로 얽어매어 끙게를 만들어 사용했고, 솔잎을 그러모아 한 덩이로 묶는 데도 칡넝쿨이 이용됐다.

"솔잎 긁엉 지엉 올 땐 끅줄로 묶어"

"옛날은 조 하영 불렷지. 무쉬를 이용헹 밧을 불리고, 경허지 못허민 끄실퀴로 지룽지룽 끗이멍 밧을 불럿어. 끄실퀴는 솔까질 그차당 넙짝허게 만들앙 영 세모나게시리 만들아근에 양쪽으로 저 긴거 하나 영 놔근에 모다지지 못허게 경 허영 칙 걷어당은에 거 무껑. 이제 베로 헤근에 어깨에 메근에 지룽지룽 이제 끗이주. 끗엉은에 벵벵 밧을 막 돌아뎅기는 거라. 가로 세로 뎅이멍."

(옛날은 조 많이 밟았지. 마소를 이용해서 밭을 밟고. 그렇지 못하면 끙게로 지릉지릉 끌면서 밭을 밟았지. 끙게는 소나무 가지를 잘라다가 넓적하게 만들어서 이렇게 세모나게 만들어서 양쪽으로 긴 것 하나 이렇게 놓아서 모아지지 못하게 그렇게 해서 칡 걷어다가 그것 묶어서. 이제 바로 해서 어깨에 메어서 지릉지릉 이제 끌지. 끌어서 뱅뱅 밭을 막 돌아다니는 거야. 가로 세로 다니면서.)

— 구좌읍 동복리 고태원 구술

"옛날 지들컨 저 소낭에 가젱이가 삭은 거 이십니다. 게민 호미 막뎅이 헹 가근에 그거 걸령 둥이믄 뚝뚝 아래 털어지민 그거 허곡. 또 밑에 저 솔입 이파리 그 글겡이ᄋ 정강 막 긁어 낭. 끅 네 개, 다섯 개 놔근에 체얌 그 이파리 ᄌ근ᄌ근허게 쭉허게 놔놓으민 그 우티렌 막 이만이 놔낭 벵허게 물앙 그걸로 무끄민양 져옴도 경 좋곡."

(옛날 땔감은 저 소나무에 가지 삭은 것 있습니다. 그러면 낫 막대 해서 가서 그것 걸려서 당기면 뚝뚝 아래로 떨어지면 그것 하고. 또 밑에 저 솔잎 이파리 그 갈퀴 가져가서 막 긁어 놓아서. 칡 네 개, 다섯 개 놓

433

아서 처음 그 이파리 차근차근하게 쭉하게 놔놓으면 그 위로 막 이만
큼 놔놓아서 뱅하게 말아서 그걸로 묶으면 져오기도 그렇게 좋고.)

— 서귀포시 색달동 한인열 구술

또 칡은 성냥이 많지 않았을 때는 화승의 재료인 '미삐쟁이·미우
쟁이'라 불리는 억새꽃인 새품을 단단하게 엮는 재료로도 쓰였다.
화승은 '불을 붙게 하는 데 쓰는 노끈'을 말한다. 육지에서는 대의
속살을 꼬아 만드는데, 제주에서는 억새꽃인 새품을 이용해 만들
었다. 억새꽃을 뽑아다 말린 후 꽃 부분만 떼어내어 알맞은 굵기로
만든 후 날로 된 칡 줄기를 깨서 감아두면 칡이 말라가면서 단단하
게 잘 동여진다. 그렇게 만들어진 화승에 아침에 불을 붙여두면 저
녁까지 불이 꺼지지 않는다고 한다. 화승은 성냥을 쉽게 구하지 못
했을 때 담배를 태우는 남정네들에게 없어서는 안 될 긴요한 물건
이었다.

"어욱 미삐쟁이 뽑아당 그놈을 톨톨톨톨 몰아가지고 요만이 두끼
로 몰앙 화승이라고 끅 깨영은에 벵벵 감으멍 만들앙은에. 옛날 성
냥 웃인 때, 밧 갈레 갈 때도 그 끗에 불 부쪙 밧듸 강 떡 놔둠서 담
베를 피왓고."

(억새 새품 뽑아다가 그놈을 톨톨톨톨 말아가지고 요만큼 두께로 말
아서 화승이라고 칡 깨서 뱅뱅 감으면서 만들어서. 옛날 성냥 없을
때, 밭 갈러 갈 때도 그 끝에 불 붙여서 밭에 가서 떡 놔두고서 담배를
피웠고.)

— 서귀포시 색달동 변행찬 구술

이뿐인가. 칡은 짚신을 삼을 때도 필요했고, 거름을 운반하는 삼 태기를 결을 때도 사용했다. 칡 줄기는 '구덕'(바구니)의 재료이기도 하였다. 그러나 칡은 물을 먹으면 쉽게 썩기 때문에 '구덕'이나 '글 체'(삼태기) 재료로는 그다지 많이 이용하지 않았다.

"끅으로 굴체 만드는 건 솖지 아녕 그냥 걷어왕 굴체 줄앙은에 돗걸 름도 내곡. 겐디 끅은 물 먹으민 무거우난 보통은 졸로 하영 헷지. 졸은 질기고 돗걸름도 내당 돌에 탁 부닥쳐도 좋곡. 끅은 젖이민 그 냥 썩어불어. 끅은 일년 이상 못 써."
(칡으로 삼태기 만드는 것은 삶지 안 해서 그냥 걷어와서 삼태기 결 어서 돼지거름도 내고. 그런데 칡은 물 먹으면 무거우니까 보통은 으 름덩굴로 많이 했지. 으름덩굴은 질기고 돼지거름도 내다가 돌에 탁 부딪혀도 좋고. 칡은 젖으면 그냥 썩어버려. 칡은 일 년 이상 못 써.)

— 서귀포시 색달동 변행찬 구술

칡은 삼이나 '어주에'(어저귀)처럼 바를 만드는 재료로 활용되었다. 칡을 걷어다가 솥에 재와 함께 넣어서 삶은 후에 물에 가서 때리면 서 껍질을 벗겨서 하얗게 빨아 넣어 '칡 실'을 만드는데, 이렇게 만 들어진 속줄기를 '청올치'라고 한다. 잘 손질된 청올치를 세 겹으 로 꼬아 바를 만들어 '짐패'(짐바)로도 쓰고 '쉐앗베'(봇두)로도 많이 썼 다.《소학언해》와《여사서언해》등의 '츩뵈'와 '츩옷'은 다 청올치와 관련된 자료다.

● 츩뵈

○ 홋 츩뵈 옷슬 반ᄃᆞ시 表ᄒᆞ야 내더시다.

　(홑 츩베 옷을 반드시 표해서 내시더라.)

　袗絺綌必表而出之 (《소학언해》)

○ 굴근 실과 ᄀᆞᄂᆞ 츩뵈롤

　(굵은 실과 가는 츩베를)

　粗絲細葛 (《여사서언해》)

● 츩옷

○ 츩오슬 蘿薜에 거로니.

　(츩옷을 나벽에 거니.)

　絺衣掛蘿薜 (《두시언해》)

"츩으로 초신도 삼고 베도 드리곡"

　츩은 또 신 삼을 때 없어서는 안 될 중요한 재료였다. 짚신의 '깍 ⁽총⁾'을 낼 때도 츩넝쿨을 사용했고, 짚신의 '갱기'를 감을 때도 츩넝쿨을 이용했다. '신갱기'는 '짚신 따위의 총갱기와 뒷갱기를 통틀어 이르는 말'⁽표준국어대사전⁾로, '총갱기'는 짚신이나 미투리의 당감잇줄에 꿴 총의 고가 움직이지 않도록 낱낱이 감아 돌아가는 끄나풀이다. '뒷갱기'는 '츩 껍질이나 헝겊 따위로 짚신이나 미투리의 도갱이를 감아서 쌈. 또는 그 재료'를 말한다.

"옛날 끅으로 헷던 건 초신도 삼고 베도 허고 다 헷주게. 굴체도 준 곡. 끅이 찍보단 더 질기난에 갱기 감곡 깍 내우곡. 신 삼는 것 새순 말앙 묵은순 헹은에 두드령 깨영 허곡, 베도 경허곡. 새순은 신갱기 감곡. 베 드릴 땐 끅줄 걷어왕 두드령 깨영은에 몰려가지고 삼각으로 베를 꼬왕은에 숯듸 낭 막 숨아낭 뿔아. 숯듸 숨앙 마께로 두드리멍 뿔민 멩지실 뒈듯 판칙 뿔앙 경허영 데왕은에 벨 드령 쉐석도 허고 쉐줄도 허곡. 엿날에 끅으로 베 하영 드령 써서. 웨놈덜 시대엔 공출허렌도 헤나시네. 끅 아무 디나 없는 따문에 수용허기도 궂주기. 우리도 저 안덕면 우에 조각공원 싯지? 그디 끅이 한 디난 그디 강은에 칙 걸엉 믄 짊어져 오곡 헷지. 신 삼곡 베 허곡 다 허젠. 어릴 땐 끅불휘 파당 드러 찢으멍 먹어시네. 거 씹으민 요새 감초 먹는 식으로 맛이 잇어. 끅불휘 허영 차로 딸령 먹곡 헷주기."

끅줄 '끅줄'은 칡의 줄기를 말한다. '끅줄'은 바를 드리거나 나무 등을 묶을 때 사용하였다. 새순은 짚신의 갱기를 감을 때 사용하고, 묵은순은 두들겨서 부드럽게 한 후에 바를 드리는 데 이용하였다. 김순자 촬영.

(옛날 칡으로 했던 것은 신도 삼고 바도 하고 다 했지. 삼태기도 겯고. 칡이 짚보다 더 질기니까 갱기 감고 총 내고. 신 삼는 것은 새순 말고 묵은순으로 해서 두드려서 깨서 하고 바도 그렇게 하고. 새순은 신갱기 감고. 바 드릴 때는 칡넝쿨 걷어다가 두드려서 깨서 말려서 삼각으로 바를 꼬아서 솥에 넣어서 막 삶은 후에 빨아. 솥에 삶아서 방망이로 두드리면서 빨면 명주실 되듯이 깨끗이 빨아서 그렇게 꼬아서 바를 드려서 소고삐도 하고 소줄도 하고. 옛날에 칡으로 바 많이 드려서 썼어. 일제강점기에는 공출하라고도 했지. 칡 아무 데나 없기 때문에 사용하기도 힘들지. 우리도 저 안덕면 위에 조각공원 있지? 거기 칡이 많은 데니까 거기 가서 칡 걷어다가 몽땅 짊어져서 오곤 했지. 신 삼고 바 하고 다 하려고. 어릴 때는 칡뿌리 파다가 마구 찢으면서 먹었지. 그것 씹으면 요새 감초 먹는 식으로 맛이 있어. 칡뿌리 해서 차로 달여서 먹고 했지.)

— 한경면 조수2리 김성욱 구술

"끅이 제일 질긴 거라. 옛날에 배에 닷베 허곡, ᄆᆞ쉬 메는 쉐줄에도 끅으로 드리곡. 게난 어른덜은 팔월 나민 ᄒᆞ루 강 끅을 혼 짐 걷어당 ᄆᆞᆯ류와근에 그 놈을 따시 물에 둥갓당 ᄆᆞᆯ랑ᄆᆞᆯ랑허민 그것이 줄 놓으멍 이제 영영 비멍 영 낭 그걸 베로 드려. 베를 드령 허민 쉐줄도 허곡 닷베도 허곡. 이젠 끅을 허지 아녀난 산에 끅만 번엉 산도 못 촟아."
(칡이 제일 질긴 거야. 옛날에 배에 닻배 하고, 마소 매는 소고삐도 칡으로 드리고. 그러니까 어른들은 팔월 되면 하루 가서 칡을 한 짐 걷어다가 말려서 그 놈을 다시 물에 담갔다 말랑말랑하면 그것을 줄 놓

으면서 이제 이렇게 이렇게 엮으면 이렇게 놓아서 그것을 바로 드려. 바를 드려서 하면 소고삐도 하고 닻줄도 하고, 이제는 칡을 하지 않으니까 산에 칡만 뻗어서 묘도 못 찾아.)

— 성산읍 고성리 정양길 구술

위의 구술처럼 칡은 우리 생활 속에서 요긴하게 썼던 식물이다. 잎은 물론 줄기, 뿌리까지 어느 하나 버릴 것 없이 식용과 약용, 생활 도구를 만드는 재료로 활용되었다. 식용과 약용으로 쓰이는 칡 뿌리를 제외하고는 생활환경의 변화로 잎과 줄기의 쓰임은 점차 사라지고 칡넝쿨과 관련한 삶의 문화도 잊혀지는 것 같아 아쉽다. 이 글이 우리 생활과 밀접했던 제주의 칡 문화를 돌아보는 계기가 되었으면 좋겠다. 내년 여름에 다발다발 피워낼 자줏빛 꽃송이는 어떤 향기를 뿜어낼까.

《불휘공》 2009년 003·004 합본호

꿩마농 낭 콩죽을 쑤나
국을 끌리나 허민 코승허여

달래 넣어서 콩죽을 쑤나 국을 끓이나 하면 구수해

꿩마농

겨우내 잃어버린 입맛을 되찾아 주는 데 봄나물만한 것이 또 있을까? 냉이, 달래, 씀바귀, 고들빼기, 민들레, 고사리, 두릅, 쑥 등. 이름만 들어도 침샘을 자극하는 봄나물은 나른한 우리 몸에 생기를 불어넣어 활력을 찾게 해준다. 그 가운데서도 달래는 새봄의 미각을 돋워주는 대표적인 봄나물 가운데 하나다.

달래는 깨끗하게 손질해 양념장을 넣어 조물조물 무쳐내면 겉절이가 되고, 각종 음식의 맛을 내는 양념으로도 제격이다. 된장국에 송송 썰어 넣으면 된장국의 구수함을 더해주고, 흰쌀이나 좁쌀을 넣어 죽을 쑤면 달래죽이 되어 입맛을 자극한다. 달래는 또 간장이나 소금에 절여 장아찌를 만들어 먹었고, 고춧가루와 젓갈 등의 양념을 넣어 삭삭 비벼두면 김치가 되었다. 이처럼 달래는 예로부터 봄철의 미각을 돋워주는 먹을거리로 많은 사람들의 사랑을 받아왔다.

《표준국어대사전》에 보면, 달래는 "백합과의 여러해살이풀. 높이는 20~50cm이고 땅속에 둥근 모양의 흰 비늘줄기가 있으며, 잎은 긴 대롱 모양이다. 4월에 잎보다 짧은 꽃줄기 끝에 자주색 꽃이 한두 송이 피고 열매는 수과(瘦果)로 7월에 익는다. 파와 같은 냄새가 나고 매운 맛이 있으며 식용한다. 숲속이나 들에서 자라는데 한국, 일본, 중국 동북부 등지에 분포한다."고 되어 있다.

'꿩마농'은 '드릇마농'으로도 불러

제주에서는 달래를 '꿩마농·꿩메농'[제주, 고산, 조수, 송당], '마농'[성읍], '드릇마농'[수산 봉성 중문 색달]이라 부른다. '꿩마농·꿩메농'은 '꿩+마농(메농)' 구조로 이루어진 어휘들이다. '꿩마농'은 꿩이 알을 낳는 봄철에 주로 캐다 먹었거나 마늘을 의미하는 '마농' 모양이 꿩알처럼 둥글기 때문에 붙여진 이름이다. '드릇마농'은 '드르+ㅅ+마농' 구성의 어휘로, '들에 나는 마늘'이라는 의미로 쓰인 이름인데 《동의보감》에 수록되어 있는 '野蒜(야산)'의 우리말 이름이 아닌가 한다. '드르'는 들[野]의 고어다.

둥근 뿌리에 쪽파처럼 생긴 '꿩마농'은 그 맛이 파 맛처럼 톡 쏘는 아린 맛이 있으면서도 독특한 풍미가 있어 국거리는 물론, 장아찌, 김치, 나물, 각종 양념 등으로 널리 활용된다. 이처럼 '꿩마농'은 그 쓰임새에 따라 다양한 먹을거리로 변신이 가능한 '건강 나물'인 셈이다. '꿩마농'은 봄에 밭이나 산야에서 쉽게 구할 수 있는 먹을거리로, 오래전부터 다양한 음식 재료로 활용되었다. 그러나 화학

꿩마농 '꿩마농'은 들이나 밭에 자생하는 식물로, 표준어 '달래'에 대응하는 제주어다. 지역에 따라서 '마농, 드릇마농'이라고 한다. 감기가 들면 메밀쌀에 '꿩마농'을 썰어 넣어서 죽을 끓여서 먹으면 효험이 있다고 한다. 김순자 촬영.

비료와 농약 등으로 인해 요즘은 '꿩마농' 구하기가 쉽지 않아 귀한 대접을 받는 봄나물이 되었다.

언제부터 '꿩마농'을 식용했는지는 알 수 없다. 그러나 문헌자료에도 나와 있는 것으로 보면 오래전부터 우리의 밥상에 올랐음은 물론이고 상비약으로도 활용되었다.

'꿩마농'의 표준어 '달래'의 중세어휘로는 '둘뢰, 둘릭, 둘릐, 둘닉, 둘랑긔' 등이 나타난다. 《향약구급방》에는 '月乙老', 《향약집성방》에는 '月乙賴伊'라고 되어 있는데, 이 또한 '둘노, 둘뢰'의 차자표기임을 알 수 있다. '달래'의 방언형 '달랭이'[경상·충북·전남·경기 방언], '달래이'[경북 방언], '달랑개'[경남 방언] 등도 모두 중세어 '둘뢰·둘랑긔' 등에서 유래한 것으로 보인다. 또 달래의 고어로는 '족지, 족지'라고도 말해진다.

《훈몽자회》(上:13)에는 '들뢰(葱 파 총 俗稱大-又小- 들뢰)', '蒜 마늘 쒄'에 '一名葫又小蒜들뢰 野-족지 獨-도야마늘'이 보이는데, 파와 마늘보다 작은 마늘을 '들뢰'라고 불렀음을 알 수 있다.

《물명고》에 보면, '茖葱: 山原平地皆有開花白結子如小葱頭以此或疑是들닌然郭氏曰茖山葱細莖大葉則定非들닌也乃今江邊之돌파'(달래: 산이나 평원에 있다. 흰 꽃이 피고 열매는 잔 파(小葱)의 머리 같은데 이것이 '들닌'가 아닌가 한다. 그러나 곽씨는 산달래(茖山葱)라 하였는데, 줄기는 가늘고 잎은 넓어 '들닌'인지는 확실하지는 않다. 지금 강변에 있는 것은 '돌파'이다.)'라고 해석해 놓았다. '茖山葱[산달래]'는 《본초강목》 '說文'의 '茖葱'('說文云 茖葱生山中 細莖大葉 食之香味於常葱 宜入藥用' 설문에 말하길, '각총'은 산 중에 나고 줄기는 가늘고 잎은 넓다. 먹으면 그 맛이 보통 마늘보다 향이 있고 마땅히 약용으로도 쓴다.)'과 같은 것으로 보인다. 두 설명에 따르면, '각산총(茖山葱)'과 '각총(茖葱)'은 제주의 '꿩마농'에 해당하는 달래가 아니라 울릉도 특산품인 '산마늘'인 것 같다.

《물명고》의 '小蒜 들닌或謂是山蒜之移裁家圃者未必然('들닌'라 하는 것은 산마늘(山蒜)을 옮겨 심어 집 밭에서 재배한 것이 아닌가 하나 반드시 그러한 것은 아니다.)'이라는 대목도 눈여겨볼 만하다. 그러나 《물보》의 '山韭 鬱蔕 들릐'는 달래와 모양과 성질이 비슷한 '산부추'를 일컫는 것으로 보인다. 《역어유해》에는 '들릐(小蒜 돌뢰)'가 보인다.

이 밖에 《물보》의 '小蒜 족지', 《동의보감》의 '野蒜 들랑괴'와 '小蒜 족지'라는 기록을 보면, '달래'는 '쪽지, 족지'라고도 불렀음을 알 수 있다. 이를 표로 보이면 다음과 같다.

중세 어휘	한자어	비고
돌뢰	小葱	훈몽자회
돌릭	小蒜	역어유해
돌릐	山韭	물보
돌닉	茖葱 小蒜	물명고
돌랑괴	野蒜	동의보감
죡지	野蒜 小蒜	훈몽자회·역어유해 물보
족지	小蒜	동의보감

"체하거나 토할 때는 '꿩마농' 달여서 즙 마시면 좋아"

'꿩마농'은 그 성질이 마늘과 같이 따뜻하고 맵고 독특한 향이 있다. 비타민 A와 C가 풍부하고 칼슘과 칼륨 등 영양가가 풍부한 봄나물이다. 《동의보감》에 보면, '꿩마농'을 '족지[小蒜]' 또는 '돌랑괴[野蒜]'라고 부르는데, "성질은 따뜻하고 맛은 맵고 독이 조금 있으나 비장과 신장에 이롭고 곡물을 잘 소화시키고, 체하거나 토할 때, 벌레 물린 데, 학질 등에 효능이 있다."고 하여 예로부터 '꿩마농'은 식용은 물론 민간에서 약재로도 적극 활용되었음을 알 수 있다.

《동의보감》의 내용을 꼼꼼히 살펴보자.

△ 小蒜: '족지'라 한다. 성질은 따뜻하고, 맛은 맵고 독이 조금 있다. 脾와 腎에 이롭고 온중(溫中)하여 곡물을 잘 소화하고 곽란(霍, 亂), 토사(吐瀉), 충독(蟲毒), 사충상(蛇蟲傷)을 치료할 수 있다.

일명 역(蒚)이요, 뿌리를 난자(亂子)라 이름한다. 산중에 난다.
《이아(爾雅)》에서 말하기를 나물의 아름다운 것은 운몽(雲夢)
의 향기(葷)가 있는데 뿌리와 어린 모는 다같이 가늘고 작다. 또
한 심히 향기롭고, 5월 5일에 채취한다.

(족지性溫(一云熱)味辛有小毒歸脾腎溫中消穀止霍亂吐瀉治蠱
毒付蛇蟲傷一名蒚根名亂子生山中爾雅云菜之美者有雲夢之葷
根苗皆如葫而細小亦甚葷臭五月五日採)

△ 野蒜 둘랑괴 性味功用略與小蒜同多生田野中似蒜而極細小人採
食之

(性味와 功用이 小蒜과 같으며 田野에 많이 난다. 蒜(마늘)과
비슷하나 극히 가느다란데, 사람들은 그것을 캐어다가 먹는다.)

△ 학질을 다스린다. 마늘을 작게 빻아 황단(黃丹)을 섞어 알약을
만든 것을 오자대(梧子大)라 하고 매일 일곱 알을 복숭아·버들
가지와 함께 넣어 탕으로 해서 마신다. 이를 비한단(脾寒丹)이
라 한다.

(治瘧取蒜硏極爛和黃丹作丸梧子大每七丸桃柳枝煎湯呑下名
脾寒丹)

△ 곽란, 토사에 달여서 즙을 마시면 다스려진다.

(治霍亂吐瀉煮汁飮之)

《향약집성방》에는 "맛은 맵고 성질은 따뜻하며 독이 조금 있다.

약효를 비(脾)와 신(腎)으로 이끌며 곽란(霍亂)으로 뱃속이 편안하지 못한 증상을 치료하고 음식을 소화시키며 위를 고르게 하고 속을 따뜻하게 한다. 사기(邪氣)와 독기(毒氣)를 없애고 비증(痺症: 뼈마디가 아프고 저리며 마비감이 있고 심하면 붓고 팔다리에 운동 장애가 나타나는 병)을 치료한다."고 되어 있다. 음력 5월 초에 채취한다고 되어 있는데, 제주에서는 3~4월이면 '꿩마농'이 나온다.

제주에서 '꿩마농'은 약용보다는 식용으로 봄철에 더욱 환영받는 나물이었다. 육지 지역과 달리 제주에서는 씀바귀나 고들빼기 같은 들나물이나 산나물을 즐겨 먹지 않았지만 '꿩마농'만큼은 오래전부터 부식거리 재료로 대접받아 왔음을 구술자들의 이야기에서 확인할 수 있다.

"소곰물에 둥강 놔두민 새그름헌 게 맛셔"

'꿩마농'은 주로 산야에서 많이 나는데, 비료를 쓰지 않았을 때는 보리밭에 많이 자라서 김을 매거나 보리를 벨 때 캐다가 소곰물에 절여 장아찌를 담가 먹었다. 그렇게 담근 장아찌는 '꿩마농지·꿩마농지이·꿩마농지히·드릇마농지이' 등으로 불렀는데, 누르스름하게 익으면 별 양념을 하지 않아도 새그무레하니 맛이 있었다고 한다. 무쳐서 데치면 '꿩마농느물'이 되고, 국을 끓일 때 넣으면 '꿩마농쿡'이 된다. 또 고춧가루와 마늘 따위를 넣어 버무리면 '꿩마농짐치', '꿩마농'을 넣어서 죽을 쑤면 '꿩마농죽'이 된다. 이처럼 '꿩

꿩마농지이 '꿩마농지이'는 '꿩마농'을 소금물이나 간장에 절여서 만드는 장아찌다. 예전에는 소금물에만 절여서 먹어도 새콤하니 맛이 있었다고 한다. '꿩마농'을 몇 가닥씩 매듭짓는 것을 '주지 채우다'라고 한다. 김순자 촬영.

마농'은 다양한 조리법으로 봄철 우리의 입맛을 돋워 왔다.

> "옛날은 보리왓디서 꿩메농 캐어당 하영 먹엇어. 비료 엇이난 보리
> 가 메줄랏주기. 경허민 둘랑지에 끈 둘아매영 허리에 창 밧디서 영
> 굴겡이로 팡이, 흔줌 뒈민 영 주지[1] 채왕 둘랑지에 놓구 놓구 허영
> 집의 오랑 판칙 씻엉 소곰물에 ㅎ끔 절엿당 건정 따시 소곰물에 담
> 아시네게. 경 아녀민 싱거와. 영 주지 채왕 담아사주 하나씩 허민
> 허데겨질 거난 영 주지 채우민 앗아낼 때도 흔 주지 톡 앗아내영 기

1) '주지'는 파처럼 된 나물 따위를 몇 개씩 잡아서 실타래처럼 접어서 고리를 지어
정돈한 모양을 나타내는 말로, 지역에 따라서 '조지'라고도 발음한다. 한경면 조
수2리에서는 '주지', 구좌읍 송당에서는 '조지'라고 하였다.

창, 풀엉 먹어도 뒈고. 꿩메농은 영 글겡이로 파면은 뿔리 잘 파젓
저게. 뿔리 파면은 데가리 기차뒹은에, 뿔린 기차뒹 다듬앙 싯엉 소
곰물에 흐끔 절엿당 건정 따시 소곰물에 지 담는 식으로 절영, 물김
치 허는 식으루 경허민 새그름허민이 맛셔. 버무리는 사름은 마농
허고 고칫ᄀ를 낭 꿩메농짐치 허영 먹곡. 기냥 저 짠지 식으로 소곰
물에 하영 허엿저.”

(옛날은 저 보리밭에서 달래 캐다가 많이 먹었어. 비료 없으니까 보리
가 크지 않았지. 그렇게 하면 작은바구니에 끈 매달아서 허리에 차시
밭에서 이렇게 호미로 파서, 한 줌 되면 이렇게 고리 만들어서 작은바
구니에 넣고 넣고 해서 집에 와서 깨끗이 씻어서 소금물에 조금 절였
다가 건져서 다시 소금물에 담갔지. 그렇게 않으면 싱거워. 이렇게 고
리 만들어서 담가야지 하나씩 하면 흩어질 것이니까 이렇게 고리 만들
면 가져낼 때도 한 고리 톡 가져내서 끊어서, 풀어서 먹어도 되고. 달래
는 이렇게 호미로 파면 뿌리가 잘 파졌어. 뿌리 파면 머리 끊어두고 뿌
리는 끊어두고 다듬어서 씻어서 소금물에 조금 절였다가 건져서 다시
소금물에 장아찌 담그는 식으로 절여서, 물김치 하는 식으로 그렇게
하면 새그무레하면 맛있어. 버무리는 사람은 마늘하고 고춧가루 넣어
서 달래김치 해서 먹고. 그냥 저 짠지 식으로 소금물에 많이 했지.)

— 한경면 조수2리 이옥춘 구술

우리 어머니들은 흉년이 들어 먹을거리가 없는 봄철에는 ‘구덕’
을 들고 들로 산으로 직접 나물을 캐러 다녔다. ‘드릇ᄂᆞ믈 (들나물)’, ‘ᄀ
세ᄂᆞ믈 (씀바귀)’, ‘드릇마농·꿩마농 (달래)’ 따위를 해다 장아찌를 담가 먹
거나 데쳐서 나물로 먹었다.

"옛날 숭년에 막 드릇마농 캐레 뎅거나곡. 봄 나민 ᄀᆞ새ᄂᆞ 물도 허레 뎅기고. 저 무신 거 드릇ᄂᆞ 물도 캐레 뎅기곡. 경 드르에 강 시장허민 하간 거 헤여당은에 먹어나서게. 드릇마농 그거 허여당 지이도 허영 먹주게."

(옛날 흉년에 막 달래 캐러 다녔었고. 봄 되면 씀바귀도 하러 다니고. 저 무슨 것 들나물도 캐러 다니고. 그렇게 들에 가서 시장하면 온갖 것 해다가 먹었었어. 달래 그것 해다 장아찌도 해서 먹지.)

— 애월읍 수산리 홍진규 구술

"마농 캐렌 뎅겻주. 꿩마농 막 하영 나주게. 저 솟디로 하나썩 들엄직헌 구덕으로 하나 해당 소금에 컹 시그름헌 물로 그거 짐치 먹곡. 데왕 미청 먹곡. 경허영 달랜 헤 허레 뎅기곡."

(마늘 캐러는 다녔지. 달래 매우 많이 나지. 저 솥으로 하나씩 들 것 같은 바구니로 하나 해다가 소금에 잠갔다가 시금한 물로 그거 김치 먹고. 데쳐서 무쳐서 먹고. 그렇게 해서 달래는 많이 하러 다니고.)

— 성산읍 고성리 정양길 구술

"화학비료와 제초제 때문에 '꿩마농' 보기 힘들어"

그렇게 많았던 '꿩마농'도 화학비료와 제초제 등의 영향으로 밭에서 자취를 감추고 있다. 요즘엔 '꿩마농'을 건강식품이라고 해서 재배도 되고 조리법도 개발되어 사시사철 아무 때나 맛볼 수 있는 나물이 되었지만, 예전에는 봄철에 직접 들이나 밭으로 나가야만 캐올 수 있었던 '특별한 나물'이었다.

"이젠 꿩마농도 엇어불엇어. 약덜 밧듸 다 쳐부난. 한동 지경 그 알 통이엔 허영 가민, 나도 혼번 가본 도레 잇어. 꿩마농을 허여당 씻엉 양념허는 게 아니라 조지 짓으멍 순전히 소금물에만 둥그멍이 항아리에 꼭꼭 담앙은에 돌 꽉 지둘냥 놔두민 그게 누렁허니 익으민 아주 맛셔. 흔 조지 앗아내민 그걸 지러기로 먹어. 그런 식으로. 먹을 게 읏이니까"

(이제는 달래도 없어져버렸어. 약들 밭에 다 치니까. 한동 지경 그 '알 통'이라고 해서 가면, 나도 한번 가본 적이 있어. 달래를 해다가 씻어서 양념하는 것이 아니라 고리 지으면서 순전히 소금물에만 담그면

꿩마농 오징어 초무침 '꿩마농'은 다양한 요리법에 활용된다. 썰어서 국에 양념으로 넣어도 좋고, 초고추장에 무쳐도 맛있다. '꿩마농 오징어 초무침'은 '꿩마농'에 삶은 오징어나 신선한 오징어를 썰어 넣어 양념한 초고추장에 조물조물 버무리면 완성된다. 김순자 촬영.

서 항아리에 꼭꼭 담아서 돌 꽉 지질러 놔두면 그것이 누렇게 익으면 아주 맛있어. 한 고리 가져내면 그것을 길이로 먹어. 그런 식으로. 먹을 게 없으니까.)

— 구좌읍 송당리 허순화 구술

"저 보리왓디 가근에 ᄂᆞ물 ᄒᆞ나씩양 도난 거 그거 나곡. 드릇마농 캐곡. 이 꿩마농옌 헌 거 그 마농이 지금은 제초제 헤가난 영 엇어졋는디 옛날엔 여기 그 보리가 ᄒᆞᆫ번 갈고 ᄒᆞᆫ번은 안 갈앙 놔두민 가슬왓영 허는디. 그 가슬왓디가 그 꿩마농이 많이 나가지고 칼 아정강 막 케여당은에 다듬앙은에 콩죽을 쑤나 그냥 뭐 국을 끓리나 허민 코승허영. 그 옛날은 경 많이 잇엇는디 이제는 밧듸는 엇어지고."
(저 보리밭에 가서 나물 하나씩 절로 생긴 것 그것 나고. 달래 캐고. 이 달래라고 한 것 그 마늘이 지금은 제초제 해가니까 완전히 없어졌는데 옛날에는 여기 그 보리가 한번 갈고 한번은 안 갈아서 놔두면 '가을밭' 이렇게 하는데, 그 가을밭에가 그 달래가 많이 나서 칼 가져가서 막 캐다가 다듬어서 콩죽을 쑤나 그냥 뭐 국을 끓이나 하면 구수해서. 그 옛날은 그렇게 많이 있었는데 이제는 밭에는 없어지고.)

— 서귀포시 색달동 한인열 구술

'꿩마농'은 고춧가루와 마늘이나 젓갈 등을 넣어 김치도 담가 먹고, 국을 끓이거나 죽을 쑬 때도 양념처럼 넣어 먹었다. 요즘은 오이나 다른 재료와 섞어서 겉절이를 해 먹기도 하고, 된장찌개에 양념으로 넣어서 먹는 대표적인 봄나물로 각광받고 있다.

"드릇마농. 지금은 그것 ᄀ라 달래지이. 달래가 ᄒᄁᆷ 새듯허여 옥아근에 새듯 허면은 너무 윤 게 하불면 윤 거 ᄇᆫ 허지 못허여. 콩죽 허멍 그걸 놔. 쫑쫑쫑 썰언 푸는체로 펏다펏다 퍼가민 윤 거는 늘아나 불어. 경허영 놔근에 죽 허영 먹곡."

(달래. 지금은 그것보고 달래지. 달래가 조금 쇠듯해. 커서 쇠듯 하면 너무 이운 게 많으면 이운 것 모두 하지 못해. 콩죽 하면서 그걸 넣어. 쫑쫑쫑 썰어서 키로 '펏다펏다' 까불면 이운 것은 날아가 버려. 그렇게 해서 넣어서 죽을 해서 먹고.)

— 애월읍 봉성리 강자숙 구술

'꿩마농'은 이처럼 다른 들나물이나 산나물과 달리 봄철에 '특별한 대우'를 받았던 봄나물이다. 매운맛이 있으면서도 독특한 풍미가 있는 '꿩마농'. 비타민과 무기질이 풍부해서 익혀 먹는 것보다는 날로 먹는 게 영양 손실이 적다고 한다. 그러나 데쳐서 나물로 먹을 수도 있고, 죽을 쑬 때 넣어도 좋고, 국거리 재료로 활용해도 좋은 나물이다. 예전 우리 어머니들은 "'꿩마농'에 '콥대산이(마늘)'와 '삥이마농(쪽파)'을 함께 넣어 국을 끓이면 그 맛이 일품이었다."고 하니 한번쯤 해볼 만한 음식이 아닌가. 달래와 마늘, 파의 독특한 맛이 어우러진 그 맛이 궁금하다.

봄이 가기 전에 '꿩마농'으로 만든 특별한 음식을 사랑하는 가족들의 밥상 위에 올려봄이 어떨까.

《불휘공》 2010년 005 봄호

유입지이 ᄒ나썩 떼멍
밥 우의 더펑 먹으민 맛 좋아

깻잎장아찌 하나씩 떼면서 밥 위에 덮어서 먹으면 맛 좋아

유

변변한 반찬이 없던 시절, 입맛을 돋워주
는 음식 가운데 쌈만 한 것도 없었을 것 같다. 무더운 여름날, 깻잎,
콩잎, 호박잎을 손 위에 펴놓고 그 위에 보리밥을 담고 '자리젓'과
'멜젓'을 얹어 싸먹던 쌈밥 맛은 생각만으로도 입안에 군침이 다 돈
다. 요즘은 쌈거리가 풍부해서 시시때때로 쌈을 해 먹을 수 있지
만, 예전에는 봄 여름에나 쌈 맛을 즐길 수 있었다. 봄과 초여름에
는 상추와 양하잎이, 한여름에는 깻잎과 콩잎과 호박잎이 우리의
밥상을 풍성하게 해주었다. 그 가운데 깻잎은 독특한 풍미가 있어
서, 쌈으로, 나물로, 장아찌로, 각종 조미료로 변신이 가능한 여름
철 대표 부식거리였다.

깻잎은 들깨의 잎을 말한다. 제주에서는 들깨를 '유'라고 한다. 깻
잎은 '유썹' 또는 '유입'이라 불렸다. 들깨 이삭은 '유 고고리'라고
해서 간장에 담가두면 좋은 찬거리가 되었다. 씨는 '유'라고 해서

기름을 짜서 먹거나 가루를 내어 죽을 쑤거나 국을 끓일 때 넣어 먹었는데, 몸에 보기(補氣)가 되고 기침 등의 증세를 낫게 해주는 효능이 있다고 한다. '유지름·유치름'이라고 부르는 들기름은 나물 따위를 무칠 때 넣으면 고소하니 입맛을 돋워준다. '유지름'은 장판이나 종이책을 보존하기 위해 기름을 먹일 때 없어서는 안 되는 귀한 기름이었다. '유지름'을 칠한 장판이나 서책은 보기에도 좋았을 뿐 아니라 좀도 슬지 않고, 물도 스미지 않아 오래 보관할 수 있었다고 한다. 이처럼 '유'는 식용과 약용으로 널리 쓰이는 한편 생활 속에서 요긴하게 썼던 유용한 식물 가운데 하나였다.

'유'는 동부 아시아가 원산지로 한국·중국·인도 등지에 분포하는 꿀풀과의 한해살이풀이다. 우리나라에서는 통일신라 때부터 재배

유 '유'는 들깨의 씨앗으로, 볶아서 기름을 짜거나 '유죽'을 쑤거나 깨소금 따위로 쓴다. '유'로 짠 기름을 '유지름'이라고 하여 장판을 드릴 때도 사용하였다. 김순자 촬영.

했다고 하니, 가히 오래전부터 인간의 삶과 함께했다. '유'에는 비타민, 무기질, 칼슘, 단백질, 지방 등 다양한 영양성분이 있을 뿐만 아니라 독특한 향과 구수함이 있어 다양한 음식 재료로 사랑을 받고 있는 식물 가운데 하나다.

들깨는 '白蘇', 참깨는 '白荏'

'유'를 한자어로는 '임(荏), 백소(白蘇), 수임(水荏), 야임(野荏), 임자(荏子), 소자(蘇子), 명유(明油)' 등으로 불렀다. 《구급간이방언해》(1489)와 《월인석보》(1459)에 '두리깨', 《훈몽자회》(1527)에 '듧째, 들깨', 《박통사언해》(1677)에 '듧째', 《역어유해》(1690)와 《물명고》(1824), 《물보》(19세기)에 '들깨'라는 기록이 보인다. 즉 중세어로는 들깨를 '두리깨, 들깨, 듧째, 들깨'라 부른 것이다. '유지름'은 '소유(蘇油), 중유(重油)'라고 하고, 들깨씨는 '임자(荏子)'라고 하였다. 또한 참깨는 '백임(白荏)' 또는 '지마(脂麻)'라고 하여 들깨와 구분하였다.

> ● 구렁이 믈여든 두리깻니풀 므르디허 도틱 기름에 섯거 엷게 호야 브티라
>
> (구렁이에게 물리거든 들깻잎을 무르게 찧어서 돼지기름에 섞어 엷게 해서 붙여라.)
>
> 虺中人以荏葉두리깻닙爛杵豬脂도틱기름和薄傅
>
> ─《구급간이방언해》 6:54

● 蘇油燈을 혀딕(蘇油는 두리째기르미라) 또 幡ㄷ數에 맛게 ᄒ고

　(들기름등을 켜되 또 기의 수에 맞게 하고)

　―《월인석보》 10:119-120

● 荏 듧째 심 或呼蘇子 其油曰重油 又 춤째曰白荏 又曰脂麻

　―《훈몽자회》 상:7

● 들깨曰蘇子

　―《훈몽자회》 상:14

● 蘇子 들깨

　―《역어유해》 상:9

● 蘇子楷 들깻대

　―《역어유해》 상:10

● 녹두 광쟝이 거믄콩 춤째 듧째 여러 가짓 거슬 다 租稅예 밧티고

　(녹두 광저기 검은콩 참깨 들깨 여러 가지 것을 다 조세로 바치고.)

　―《박통사언해》 하:37

● 白蘇 莖葉俱不紫人家種作菜茹 들깨 蘇麻 種取子搾油 들깨 ……荏　子 實名

　―《물명고》 3:8

456

●蘇 桂荏 白蘇 明油 들깨

—《물보》초목부

위의 예문을 보면, '유'는 오래전부터 인가(人家)에서 심어 채소로 먹었고, 구렁이에 물렸을 때 돼지기름과 섞어서 바르는 등 상비약으로 활용했다. 그 씨는 짜서 기름을 만들었고, 불을 켤 때도 사용하였다. 이런 효능 때문인지 '유'는 조세로까지 바쳤다.

유, 성질 따뜻해 한기 막아주고 기(氣) 보강시켜

'유'와 관련한 기록은《본초강목》과《동의보감》에서도 찾아볼 수 있다. 먼저《본초강목》을 보면, 들깨에는 자소(紫蘇)와 백소(白蘇) 두 가지가 있는데, '자소'는 오늘날 차조기로 부르는 식물 이름이고, '백소'는 오늘날 깻잎이라고 부르는 '유'를 말한다. '자소'는 잎이 자색을 띠는데, "비옥한 땅에서 자란 것은 이파리 앞쪽과 뒤쪽 모두 자색이나 척박한 땅에서 자란 것은 앞쪽은 청색이나 뒤쪽은 자색"이고, 잎의 양쪽 모두가 흰 것(청색)은 '백소'로 '임'이라고 했다. '백소'는 곧 오늘날 우리의 식탁을 풍성하게 해주는 깻잎, 즉 '유쌈'인 것이다. 우리 조상들은 길가 두둑에 심어서 육축을 막는 지혜도 발휘했다.《본초강목》에 기록되어 있는 '유'의 기록을 보자.

● 자색잎은 차조기, 녹색잎은 깻잎
荏(들깨)−紫蘇 白蘇 皆以二三月下種 或宿子在地自生 其莖方 其

유썹 '유썹'은 들깨의 잎을 말한다. 예전 제주에서는 집집마다 '우영'(텃밭)을 두어 '유(들깨)'나 '새우리', '눔삐(무)' 따위의 나물을 심어 식생활에 활용하였다. '유썹'은 그대로 쌈을 해 먹거나 장 아찌를 해서 먹어도 좋다. '유썹'은 표준어 '깻잎'에 대응하는 제주어다. 김순자 촬영.

葉圓而有尖 四圍有鋸齒 肥地者面背皆紫 瘠地者面靑背紫 其面背

皆白者 卽白蘇 乃荏也 紫蘇嫩時采葉和蔬茹之 或鹽及梅滷作葅食

甚香 夏月作熟湯飮之 五六月連根采收 以火煨其根 陰乾 則經久葉

不落 八月開細紫花 成穗作房 如荊芥穗 九月半枯時收子 子細如芥

子 而色黃赤 亦可取油如荏油 務本新書云 凡地畔近道可種蘇 以遮

六畜 收子打油 燃燈甚明

(자소, 백소라 한다. 다같이 2, 3월에 씨를 뿌린다. 혹 땅속에 남아 있

던 씨가 스스로 나오기도 한다. 그 줄기는 모가 나고 그 잎은 둥근데

뾰족하고, 돌아가면서 톱니가 나 있다. 비옥한 땅에서 자란 것은 이

파리 앞뒤쪽 모두 자색이고, 척박한 땅에서 자란 것은 앞쪽은 청색이

나 뒤쪽은 자색이다. 이파리 앞뒤쪽 모두 흰 것(녹색)이 곧 백소이며

들깨이다. 자소는 어린 때 잎을 따서 푸성귀로 먹는다. 소금으로 겉절이해서 먹기도 하는데 향기가 좋다. 여름철에는 끓여 먹는다. 5, 6월 뿌리를 캐서 불에 구워서 그늘에서 말리면 오래 되어도 잎이 떨어지지 않는다. 8월에 작은 자색 꽃이 피고 익어 이삭이 성숙하면 방이 생기는데 정가²⁾ 이삭 같다. 9월에 줄기가 반쯤 시들 때 열매를 수확하는데 작은 알은 겨자 씨 같고 색깔은 황적이다. 또 기름을 얻을 수 있는 것이 참기름 같다.《무본신서》에 이르기를, 무릇 길 근처 두둑에 심어서 육축을 막고, 씨를 수확하여 기름을 짜서 등을 켜면 아주 밝다.)

● 물고기와 게의 독 풀어줘

莖葉(줄기와 잎)─氣味辛溫無毒 下氣除寒中 其子尤良 除寒熱 治一切冷氣 補中益氣 治心腹脹滿 止霍亂轉筋 開胃下食 止痛定喘安胎 解魚蟹毒 治蛇犬傷 以葉生食作羹 殺一切魚內毒

(맛은 맵고 따뜻하고 독이 없다. 기(氣)를 내려 몸 가운데 한기를 막는다. 그 씨는 더욱 좋다. 차고 더운 것을 막아주고, 일체의 냉기를 다스려 몸 가운데 기를 보강해 준다. 가슴과 배가 불룩한 것을 다스린다. 곽란³⁾을 멎게 하고, 근육을 키워준다. 위를 열어 먹은 것이 내려가게 하며, 기침을 고르게 하고 통증을 멎게 하여 태아를 안정되게

---

2) '정가'는 한자로 '荊芥'라고 한다.《표준국어대사전》에 따르면, 정가는 "명아줏과의 한해살이풀. 줄기는 높이가 1미터 정도이며, 잎은 어긋나고 긴 타원형인데 다섯 갈래로 깊이 갈라진다. 여름에 가지 위에 연분홍색 꽃이 수상(穗狀)꽃차례로 핀다. 열대 아메리카가 원산지로 세계 각지에 분포한다."고 되어 있다.

3) '곽란'은 한방에서 '음식이 체하여 토하고 설사하는 급성 위장병'을 가리키는 말이다.

한다. 물고기와 게의 독을 풀어준다. 뱀이나 개에게 물린 상처를 낫게 한다. 그 생잎으로 국을 만들어 먹는다. 일체의 물고기 내장의 독을 죽게 한다.)

● 기침 다스리고 위에 좋아

子(씨)-辛溫無毒 下氣 除寒 溫中 治上氣欬逆冷氣 研汁煮粥 長食 令人肥白身香 止霍亂嘔吐反胃 利大小更 解魚蟹毒

(맛이 맵고 따뜻하며 독이 없다. 기를 내려 한기를 막아주며 몸을 따뜻하게 한다. 기운을 북돋워 냉기로 인한 기침을 다스리고 갈아서 즙을 만들어 죽을 끓여 먹는다. 오래 복용하면 사람으로 하여금 살찌게 하고 몸을 향기롭게 한다. 위를 거스르는 곽란, 구토, 번위[4]를 멎게 하며 대소변을 잘 나오게 한다. 물고기와 게의 독을 풀어준다.)

《동의보감》은 《본초강목》을 인용하여, '유'의 효능과 쓰임새를 설명해 놓았다. '유'는 성질이 따뜻하고 맛은 매우나 독이 없어 먹으면 기침을 멎게 하고 갈증을 그치게 해 폐를 보호하고 가운데를 정수로 메운다고 했다. 또 사람들이 많이 심어서 그 씨를 채취해서 갈아서 쌀을 넣어서 죽을 쑤어서 먹으면 보익(補益)한다고 해서 우리 몸에 유익한 음식임을 입증하고 있다. 이뿐인가. 기름을 짜서 칠(漆)처럼 사용했고, 그 맛은 향기롭고 맛이 좋다고 쓰여 있다. 기름져서 그 알을 먹으면 식량을 대신할 수 있고, '유'의 독특한 향은 좋지 않

---

4) '번위[反胃]'는 한방에서 '음식을 먹으면 구역질이 심하게 나며 먹은 것을 토해 내는 위병'을 가리키는 말이다.

은 냄새를 없애주고, 벌레 물린 데와 음종에 붙이면 좋다고 했다.

● 갈증 그치게 하고 폐 보호

荏子－들깨 性溫味辛無毒下氣止嗽止渴潤肺補中塡精髓○人多種
之取子硏之雜米作糜食之甚肥美下氣補益人○筰取油日煎之卽今
油帛及和漆所用者○荏子欲熱採其角食甚香美(本草)

(들깨는 성질이 따뜻하고 맛은 매우나 독이 없다. 氣를 내리고 해수
(咳嗽)[5]를 그치고 갈증을 그치게 해서 폐를 보하고 中을 정수(精髓)
로 메운다.○사람들은 많이 심어서 그 씨를 채취하여 갈아서 쌀에 섞
어 죽을 끓여 먹으면 심히 기름지고 맛이 좋아 氣를 내리며 사람을 補
益하게 한다.○볕에 말려 기름을 짜서 유백(油帛)과 칠(漆)에 쓴다.○
들깨가 익어갈 때에 그 껍질을 먹으면 심히 향기롭고 맛이 좋다.)

服食斷穀○可蒸令熟烈日乾之當口開春取米食之亦可休粮)(本草)

((들깨를) 음식으로 먹으면 곡식을 끊어도 된다.○쩌서 뜨거운 볕에 말
려서 입이 벌어지거든 찧어서 쌀을 먹으면 또한 食糧을 끊어도 된다.)

● 좋지 않은 냄새 제거

荏子葉(들깻잎) － 調中去臭氣治上氣咳嗽搗付諸蟲咬男子陰腫
(本草)

(속을 고르게 하고 취기(臭氣)[6]를 제거하며 상기(上氣)[7] 해수(咳嗽)

---

5) '해수(咳嗽)'는 한방에서 '기침'을 가리키는 용어다.
6) '취기(臭氣)'는 '좋지 않은 냄새'를 말한다.
7) '상기(上氣)'는 한방에서 '기혈(氣血)이 머리 쪽으로 치밀어 오르는 증상'을 가리
키는 용어다.

를 다스리고 모든 벌레 물린 데에 찧어서 붙이고 남자의 음종(陰腫)[8]
에도 붙인다.)

이런 '유'의 효능은 제주 사람들의 구술 내용 속에서도 확인된다.
들깨를 지칭하는 제주어 '유'의 어원은 정확하게 알 수 없으나, 그
쓰임에 기인하면 '기름(油)'과 관련한 어휘가 아닌가 한다. 제주 사
람들은 '유'를 어떻게 사용했을까.

얼마 전까지만 해도 제주 사람들은 '우영(텃밭)'이나 밭 귀퉁이를
이용하여 '유'를 심었다. 요즘도 텃밭이 있는 가정에서는 쏠쏠하게
'유'를 심어 여름철 나물로 먹고 있다. 초여름에 심어서 가을까지
우리의 식탁을 풍성하게 해주는 '유'. '유'는 독특한 향과 구수한 맛
을 지니고 있어 많은 이들의 사랑을 받는 채소다. 요리법도 간단해
누구나 손쉽게 '유' 반찬을 만들어 먹을 수 있다. '유'는 또 고기와
궁합이 맞아서 고기 요리에도 퍽 잘 어울려, 고깃집의 단골 채소
다. 씨는 볶아서 죽을 쑤어 먹거나 기름을 짜서 양념으로 쓰거나
한지를 바를 때 사용하는 등 그 쓰임새가 다양했다.

"유 고고리 피엉 익어가민 유지의 담앙 먹곡"

제주에서는 '유'의 잎을 '유썹·유입·펫입'이라 부른다. 연한 잎은

---

8) '음종(陰腫)'은 한방에서 '불알이나 여자의 외음부가 헐어서 붓고 아픈 병'을 가
리키는 용어다.

한여름에 '콩잎·호박잎'과 함께 여름철 대표 쌈 채소였다. 또 '유썹'
에 간장 양념을 적셔 겉절이를 해 먹거나 간장에 절여서 장아찌로
담가 먹었다. 또 송송 썰어서 간장 등의 양념을 해서 살짝 볶아 먹
거나 데쳐서 나물로 무쳐 먹기도 했다. 육개장을 할 때 향신료로
'유썹'을 넣기도 한다. 그런가 하면 회 무침이나 물회 등에 '유썹'을
썰어 넣으면 자연적인 향신료가 되어 풍미를 더해준다.

> "유는 입하 스월절 넘으민 그때 싱거. 기냥 갈아도 뒈고 메로 심어
> 도 뒈곡. 우영에 먹을 거 흐끔 싱그주기. 자기 먹을 만큼씩 갈앙 유
> 입 틀앙 생으로도 먹고 또시 양념장 허영 유 사이사이로 흐꼼썩 양
> 념장 볼랑 영 딱 지둘러 놔두민 흔 이틀 뒈민 먹어져. 유입지의엔
> 허영 하나씩 하나씩 떼영 밥에 더퍼서 먹으민 맛잇지. 훼 무칠 때
> 생으로 썰어낭 무치민 코소헌 맛이 잇어. 저기 고사리국 헐 적에 놓
> 아도 좋곡. 곧 동맬 때 꼭지 타당 지의 담아 먹엇주게. 그것フ라 유
> 지의렌 허지."

(깻잎은 입하 사월절 넘으면 그때 심어. 그냥 갈아도 되고 묘종으로
심어도 되고. 텃밭에 먹을 거 조금 심지. 자기 먹을 만큼씩 갈아서 깻
잎 따서 생으로도 먹고 다시 양념장 해서 깻잎 사이사이로 조금씩 양
념장 발라서 이렇게 딱 지질러 놔두면 한 이틀 되면 먹지. 깻잎장아
찌라고 해서 하나씩 하나씩 떼어서 밥에 덮어서 먹으면 맛있지. 회
무칠 때 생으로 썰어놓아서 무치면 고소한 맛이 있어. 저기 '고사리
국' 할 적에 넣어도 좋고. 금방 동 맺을 때 이삭 따다가 장아찌 담가
먹었지. 그것보고 '들깨장아찌'라고 하지.)

— 한경면 조수2리 이옥춘 구술

'유'는 꽃이 피어 여물이 반쯤 들 때에 이삭을 따서 장아찌를 해두면 가을철 밑반찬으로 손색이 없었는데, '유지시·유지의·유지이·유지히'라 불렀던 별식이 그것이다.

> "유 ᄀ튼 거 그자 밧 에염이나 낫당 ᄒ끔 반찬으로 먹주. 유썹 허여당 밥 싸 먹곡, 장물에 둥강 유썹지의도 허메. 유 고고리 피엉 익어가민 유지의, 유지의 허멍 지이 담앙 먹곡. 유썹을 허여당은에 양념 허영 섭에 톡톡 ᄇ르멍 ᄌ근ᄌ근 낫당 먹으민 건 막 맛 좋아."
>
> (깻잎 같은 것은 그저 밭 가장자리에 놓았다가 조금 반찬으로 먹지. 깻잎 해다가 밥 싸 먹고, 깻잎 장아찌도 해. 유 이삭 피어서 익어 가면 '유장아찌', '유장아찌' 하면서 장아찌 담가서 먹고. 깻잎은 해다가 양념해서 잎에 톡톡 바르면서 차근차근 놓아 두었다가 먹으면 그것은 매우 맛이 좋아.)
>
> — 애월읍 수산리 홍진규 구술

"생유 뽓앙 모힌좁쏠 낭 죽 쒕 먹으민 베지근허여"

'유'는 그 잎과 이삭으로 장아찌 등을 해먹었다면, 그 씨앗으로는 볶아서 죽을 쑤어서 먹거나 기름을 짜서 양념으로 사용했다. '유' 씨앗을 한자로는 '임자(荏子)'라고 하는데, 제주의 밭 이름 가운데 '임자왓·임지왓·임주왓'은 '유'의 씨앗과 관련한 이름들이다.

> "제주시 영평하동에 임지왓이라는 밧이 잇주. 임지왓은 참기름 짤

유죽 '유죽'은 들깨를 볶아서 쌀과 함께 넣어 쑨 죽이다. 영양가가 많아 몸에 보기를 할 때 '유죽'을 쒀서 먹었다. 김순자 촬영.

때 나오는 깻묵, 즉 중간 크기의 맷돌만한 임지를 1000평 밧이영 바
꽛덴 헤영 붙여진 일름이라."

(제주시 영평하동에 '임지왓'이라는 밭이 있지. '임지왓'은 참기름을
짤 때 나오는 깻묵, 즉 중간 크기의 맷돌만한 '임지'를 1000평의 밭과
바꾸었다고 해서 붙여진 이름이야.)

— 제주시 건입동 고봉만 구술

여기에서 구술자는 '임지'를 깨를 짤 때 나오는 깻묵이라고 했는
데, 들깨의 씨가 한자로 '임자'인 것을 보면, 들기름을 짜고 난 '유
찌꺼기'를 두고 한 말이지 않을까 싶다.

"생유 뺏앙 그거 걸러가지고 그 물에 모인좁쏠 냥 죽 쒕 먹으민 베지근허영[9] 맛 좋아. 유를 살짝 보깡 뺏앙 죽 쒀도 뒈곡. 윤 지름으로 하영 빵 먹어. 생유로도 빠곡, 춤지름 식으로 유를 보까서 지름으로 쌍 먹기도 허고. 유지름은 장판 절룰 때 하영 썻어. 장판 절루는 지름은 생유라사 뒈여."

(날들깨 빻아서 그거 걸러서 그 물에 메좁쌀 넣어서 죽 쑤어서 먹으면 기름지고 담백하니 맛 좋아. 들깨를 살짝 볶아서 빻아서 죽 쒀도 되고, 들깨는 기름으로 많이 짜서 먹어. 날들깨로도 짜고, 참기름 식으로 들깨를 볶아서 기름으로 짜서 먹기도 하고. 들기름은 장판 절게 할 때 많이 썼어. 장판 절게 하는 기름은 날들깨라야 되어.)

— 한경면 조수2리 이옥춘 구술

 '유'에는 단백질과 몸에 좋은 불포화지방산도 많이 들어 있어 몸을 보기하는 효능이 있다고 한다. 그래서 예전부터 제주 사람들은 '유죽'이라고 해서 '유'를 갈아서 죽을 많이 쑤어 먹었다. 진태준의 《제주도민간요법》에 보면, "들깨에는 단백질, 지방, 탄수화물, 칼슘, 철분, 비타민 등의 여러 가지 영양소가 들어 있어서 체질이 허약한 사람의 자양제(滋養劑)로 많이 먹고 있다."고 쓰여 있다. 이 책에는 또 "'유'에는 지방질이 많아 설사 나기 쉬우니 평소의 양을 초과하지 않도록 주의하는 것이 좋겠다."는 의견도 달았다. 아무리 좋은 음식이라도 지나치면 독이 될 수 있는 법. 그러니 넘치지도 부족하지도 않게 적정량을 잘 조절하며 먹는 것이 약이 되는 비결이다.

---

9) '베지근허영'은 '기름기가 배어 맛이 있어'의 뜻이다.

이 밖에도 '유'를 이용해서 강정도 만들어 먹고, 가루를 내어 각종 음식에 넣어 향신료이자 조미료로 사용하기도 한다. 나물을 무칠 때 '유 가루'를 넣으면 고소하면서도 부드럽고, 각종 국거리에 넣어도 맛이 그만이다. 보양식으로 즐겨 먹는 영양탕이나 추어탕에 '유 가루^(들깨가루)'가 빠졌다고 상상해 보라.

"유지름으로 장판도 절루고 책도 절루고"

이뿐인가. 예전 제주의 어른들은 '유지름'을 식용보다는 방바닥을 바르는 데 주로 사용하였다고 한다. 전통 초가의 방은 구들을 놓은 다음 한지를 발랐는데, 갈무리는 '유지름^(들기름)'이나 '콩지름^(콩기름)'으로 하였다. 한지에 '유지름'을 몇 차례 바르면 하얗던 종이가 갈색을 띠면서 종이 질감도 단단해지고 방바닥에 윤기도 돌아 고풍스러웠다. 방바닥울 바른 한지에 기름을 먹이는 것을 제주에서는 '장판 절룬다.', 한지 책에 기름을 바르는 것은 '책 절룬다.'라고 말한다. 여기에서 '절룬다.'는 종이에 기름이 배어들게 한다는 뜻이다. 즉 '기름에 절게 하'는 것이다. '유지름'을 바른 장판이나 책은 보기에도 좋았지만, 질기면서도 방수 효과가 있으며, 좀에도 강했다. 이처럼 장판 하나, 책 하나에도 조상들의 삶의 지혜가 녹아 있다.

> "유 씨로 사용허는 거 핫지. 지름 빵 책 절루곡, 방 장판지 절루곡. 장판지 웃인 때난에 한지로, 창오지로 딱 볼라낭은에 그 우에 유지름

으로 볼르민 바싹 절룡 좋아. 절루민 물걸레 헤도 어떵 안 허고. 종이가 그차지지 아녀난 새 거 뒈주기. 거 매집마다 못허여. 잇는 사름 허는 거고. 잘 치레허젠 허민 그걸로 허는 거. 콩지름은 유지름치록 질기지 아녀. 책 절룰 땐 한지로 책 메영 하간 글 썽은에 오래 보관 허는 책덜 다 절롼주기. 선생덜 어린아이덜안티 그리치멍 다 절롸 놔둠서 페우민 판칙 새 책이주기. 절룬 책을 보민 춤 이쁘주. 언제라 도 옷당 걷어도 판칙판칙허게 종이가 살아잇주기. 유로 절루지 아 녀민 오래 놔두지 못허여. 푸습 생기고 마 들면 꺼멓게 썩어불지.”

(들깨 씨로 사용하는 것 많지. 기름 짜서 책 절게 하고, 방 장판지 절 게 하고. 장판지 없을 때니까 한지로, 창호지로 딱 발라두고는 그 위 에 들기름으로 바르면 바싹 절여져서 좋아. 절게 하면 물걸레 사용해 도 어떻게 안 하고. 종이가 잘라지지 않으니까 새 것 되지. 그것 매집 못해. 있는 사람 하는 것이고. 잘 치레하려고 하면 그것으로 하는 것. 콩기름은 들기름처럼 질기지 않아. 책 절게 할 때는 한지로 책을 매 서 온갖 글 써서 오래 보관하는 책들 다 절게 했지. 선생들 어린아이 들한테 가르치면서 다 절여 놔두고서 펴면 온전히 새 책이지. 절게 한 책을 보면 참 이쁘지. 언제라도 가져다가 걷어도 ‘온전 온전하게’ 종이가 살아있지. 들깨로 절우지 않으면 오래 놔두지 못해. 부풀 생 기고 장마지면 꺼멓게 썩어버리지.)

— 한경면 조수2리 김성욱 구술

　‘유지름’을 바른 장판은 장판으로서 그 기능이 다 해도 버려지는 법이 없었다. 우리 조상들은 ‘유기름’을 먹인 장판이 물을 먹지 않 는 사실을 알고, 물 따위를 져오는 바구니 밑을 받치는 방수 도구로 활용하는 지혜를 발휘했다.

"옛날은 짐치 담을 때 바당 가까운 사름덜은 베칠 바당에 정 강 바당물에 둥강 절여나서. 절여지민 집의 ᄋ 져올 땐 질구덕에 담앙 정 오는디 요새치룩 비니루가 잇인 것 아니난이, 유장판 걷어내민 그걸 던지지 아녕 짤랑 낫다근에 그걸 구덕 아래 받청 정 와낫주게. 쉐가죽 신 사름들은 쉐가죽으로 게와기[10] 멘들앙 썻주만은 엇인 사름들은 유장판으로도 게와기 멘들앙 썻주. 구덕 아래 받치민 물 나는 베치 정 오멍도 옷 젓지 아녀. 정 오당 한쪽으로 기울이민 장판에 굴른 물이 빠지곡. 구덕 아래 받치는 것ㄱ라 게와기렌 허주게."

(옛날은 김치 담글 때 바다 가까운 사람들은 배추를 바다에 져 가서 바닷물에 담가서 절였어. 절여지면 집에 가저올 때는 '질구덕'에 담아서 져서 오는데 요새처럼 비닐이 있는 것 아니니까, 들깨 기름칠을 한 장판 걷어내면 그것을 던지지 않고 잘라서 놔두었다가 그걸 바구니 아래 받쳐서 져 왔지. 소가죽 있는 사람들은 소가죽으로 '게와기' 만들어서 썼지만 없는 사람들은 들기름 바른 장판으로 '게와기' 만들어서 썼지. 바구니 아래 받치면 물이 나오는 배추 져오면서도 옷 젖지 않아. 져오다가 한쪽으로 기울이면 장판에 고인 물이 빠지고. 구덕 아래 받치는 것보고 '게와기'라고 하지.)

— 제주시 삼도2동 김지순 구술

---

10) '게와기'는 '바구니에 물기 있는 물건을 넣어서 질 때에, 그 바구니 밑에 까는 깔개'를 말한다.

"가죽옷 안감에 유지름 발라주면 좀 안 먹어"

'유지름'은 '가죽옷'이나 '가죽버선', '가죽모자'의 안감에 발라 가죽을 보호하는 데도 활용하였다. 무두질한 가죽 안감에 '유지름'을 칠하면 가죽도 부드럽고 품위도 더했다고 한다.

> "옛날엔 노리가죽이나 개가죽을 헤서 가죽옷도 멘들앙 입곡 가죽
> 보선도 멘들앙 신엇주. 가죽모자도 멘들앙 썻는디 옷 멘들 땐 가죽
> 속에 잇인 기름기를 말끔히 없앤 다음엔 유기름을 불르곡 불르곡
> 여러 번 불르민 가죽도 부드럽곡 질기곡 고와. 좀도 안 먹곡."
> (옛날엔 노루 가죽이나 개 가죽을 해서 가죽옷도 만들어 입고 가죽버
> 선도 만들어서 신었지. 가죽모자도 만들어서 썼는데 옷 만들 때는 가
> 죽 속에 있는 기름기를 말끔히 없앤 다음에 들기름을 바르고 바르고
> 여러 번 바르면 가죽도 부드럽고 질기고 고와. 좀도 안 먹고.)
> — 제주시 건입동 고봉만 구술

'유'는 이처럼 채소로, 양념으로, 상비약으로, 생활 용품으로 손쉽게 구할 수 있는 유용한 식물이다. 보신(補身), 자양(滋養), 강장(强壯)에 도움을 주는 영양 물질 '유'. 저렴하면서도 손쉽게 구할 수 있는 음식 재료이자, 약이 되는 식물 '유'에서 여름철 잃어버리기 쉬운 입맛을 살려봄이 어떨까.

밧 갈레 갈 때 화심에 불부쪙 강 담벨 피왓주
밭 갈러 갈 때 화승에 불 붙여서 가서 담배를 피웠지

어욱

바야흐로 가을이다. 뜨거운 여름을 품고 자란 진녹색의 억새가 한 줄기 두 줄기 꽃대를 올리고 있다. 가을의 전령인 억새가 꽃물결을 이룰 때면 꽃마중이라도 가야 할 성싶다. 들녘에서 하늘거리는 억새꽃 물결을 마주할 때면, 시인이 아니라도 시심에 젖어든다. 찬란하게 피어있는 억새꽃은 시나 그림이나 사진 등 예술 작품의 소재가 되고, 축제거리로 우리들 곁에서 함께 한다. 그런 억새는 우리들의 감성을 자극하는 소재이면서도 우리들 생활 속에서 요긴하게 쓰였던 생활재였다.

"억새를 제주에서는 '어욱·어웍·어워기'라 불러"

억새를 제주에서는 '어욱·어웍·어워기'라고 부른다. 송강 정철의 사설시조 '장진주사(將進酒辭)'에 '어욱새'가 보이는 것으로 보면, 제주어 '어욱'은 오래전부터 전래된 언어 유산임에 틀림없다. '어욱'의 문헌어로는 또 '어옥새《청구영언》·어윅새《역어유해》·윅시《유씨물명고》'가 전한다. 《유씨물명고》에 '譯語윅시也'라는 문구가 보이는데, 《역어유해》에는 '어윅새'가 나타나는 것으로 보면 옮기는 과정에서 '윅시'로 변한 것이 아닌가 한다. 한자로는 '芒(망), 蒾(망), 石芒(석망), 杜榮(두영), 芭茅(파모)' 등으로 부른다.

- 흔 盞 먹새그려 쏘 흔 盞 먹새그려/곳 것거 算노코 無盡無盡 먹새그려 이몸 주근 後면 지게우히 거적 더퍼 주리혀 미여 가나 流蘇寶帳의 萬人이 우러네나 어옥새 속새 덥가나무 白楊수페 가기곳 가면 누른 히 흰 둘 ᄀᆞᆫ비 굴근 눈 쇼쇼리 ᄇᆞ람 불제 뉘 흔 盞 먹쟈 ᄒᆞ고/ᄒᆞᆷ믈며 무덤우히 진나비 ᄑᆞ람 불제 뉘우츤들 엇디리

  ― 송강 정철의 〈장진주사〉

- 어옥새 속새 덥가나무

  ― 고시조, 《청구영언》

- 罷王根草 어윅새

  ― 《역어유해》 하 40

- 罷王根草 譯語윅시也

  ― 《유씨물명고》 3, 草

억새는 경기도에서는 '으악새'라고 부른다. 그래서인지 "아아, 으

악새 슬피우니 가을인가요."로 시작되는 〈짝사랑〉(손목인 곡, 고복수 노래)의 노랫말 속의 '으악새'가 억새라는 주장도 있었다. 하지만 가요 속의 '으악새'는 '으악 으악' 우는 '왜가리'의 방언이라는 것이 일반적인 견해다.

연한 '어욱삥이'는 여름철 아이들의 간식거리

억새는 "볏과의 여러해살이풀. 높이는 1~2미터이며, 잎은 긴 선 모양이다. 7~9월에 누런 갈색 꽃이 피는데 작은 이삭은 자주색이다. 잎을 베어 지붕을 이는 데나 마소의 먹이로 쓴다. 한국, 일본, 중국 등지에 분포한다."(표준국어대사전)는 사전의 설명에서 보듯이, 제주 사람들도 '어욱'을 생활 속에서 적극 활용하였음을 알 수 있다.

'어욱'은 새봄에 순을 피워 여름에 무성하게 자란다. '어욱'이 쇠지 않는 여름철에는 베어다 마소에게 먹였다. 이파리가 톱니처럼 날카로워 너무 쇠면 좋지 않다. 처음 잎이 나고 어느 정도 자란 '풀낭(풀대)'을 베어다가 마소의 먹이로 주면 잘 먹었다.

'어욱'은 자라면서 새품이 되는 '삥이'를 껍질 속에 품는다. 이를 제주에서는 '어욱삥이'라고 한다. '어욱삥이'는 '어욱+삥이' 구성으로, '어욱'은 억새를 말하고, '삥이'는 표준어 삘기에 대응하는 제주어다. 즉 '어욱삥이'는 '억새의 삘기'인 셈이다. 새봄에 들녘에서 뽑아 먹었던 '삥이'는 '띠의 삘기'다. '삥이'가 봄철 아이들의 간식거리였다면 '어욱삥이'는 여름철에 맛볼 수 있는 먹을거리다. '삥이'는 쇤 것을 먹으면 '똥구멍이 막힌다.'고 하여 연할 때 뽑아서 먹었다.

어욱 '어욱'은 표준어 '억새'에 대응하는 제주어다. 제주 가을 들녘을 수놓는 '어욱'은 제주의 명물이다. 억새꽃은 '미삐젱이'·'미우젱이'·'미꾸젱이'·'어욱꼿' 등으로 불리는데, 표준어 '새품'에 해당한다. '새품'은 화승을 만드는 데 활용되었다. 김순자 촬영.

'어욱'은 잎이 날카롭기 때문에 '어욱삥이'를 뽑다가 날카로운 잎에 손을 베어 눈물을 삼켰던 기억은 필자만의 추억은 아닐 터다. '어욱삥이'의 여물은 소꿉놀이의 좋은 재료였다. '어욱'의 애순을 까서 둘둘 말아 떡도 만들고 밥도 만들면서 소꿉놀이를 했었다. 초등학교 시절, 친구들과 함께 들녘을 휘저어 다니면서 '어욱삥이'를 뽑고, 그렇게 뽑은 '삥이'로 소꿉놀이도 하고, 친구들과 희희낙락했던 유년의 추억은 기억 속에만 아련히 남아 있다.

"'어욱' 속껍질로 베도 드리고, 신늘도 삼고"

억새가 껍질 속에 여물을 품고 있으면 '어욱 부룩 잡아저.'라고 표현한다. 이삭을 패는 보리, 벼, 옥수수 따위가 열매를 맺을 때도 '부룩 잡다.'라고 말한다. '어욱'이 '부룩을 잡을' 때는 베어다가 말려서 생활 속에서 필요한 가지가지의 용품들을 만들어 썼다. 속껍질은 꼬아서 '베를 드리거나(참바를 드리거나)', '망사리'를 걸어서 사용하였다. 잠녀들이 물질할 때 사용했던 '미망사리'는 '어욱'의 속껍질로 만든 것이다. '미'는 곧 '억새의 속껍질'을 이른다. 잘 마른 속껍질은 초신(짚신)의 '늘'을 삼을 때도 긴요하게 사용했다.

"어욱부루기 피기 직전에 그놈으 거 빠다가 까주기. 부루기 빠당 물령 소곱에 까민 ㅇ물허영은에 미심 감앙 멍에 걸엉 놔둠서 밧 가는 사름덜 담뱃불 피와. 껍줄은 깨영 물 적시멍 방석 안네 놔뒀당 추근허민 신늘 삼는 거. 껍줄로는 또 노 꼬왕 쉣배 드령 짐 시끄는 베 헷주. 쉣배가 민지로왕 짐 시끈 다음 홀트기가 좋아. 질기난 생매 질들일 때도 좋고, 밧 갈 때 가린석 허여도 좋주기."
(억새꽃 피기 직전에 그놈의 것 뽑아다가 까지. 억새 이삭 뽑아다가 말려서 속에 까면 여물 해서 화승 감아서 밭머리에 걸어 놔두고서 밭 가는 사람들 담뱃불 피워. 껍질은 깨서 물 적시면서 방석 안에 놔두었다가 눅눅하면 (짚신) 신날 삼는 거. 껍질로는 또 노를 꼬아서 참바 드려서 짐 싣는 북두 했지. 북두가 부드러워서 짐 실은 다음 조이기가 좋아. 질기니까 생마 길들일 때도 좋고, 밭 갈 때 (사용하는) 고삐

해도 좋지.)

— 한경면 조수2리 김성욱 구술

속껍질 속에 있는 억새꽃은 말려서 화승의 재료로 삼았다. 억새꽃을 제주에서는 '미우젱이·미뿌젱이·미우쟁이·미구젱이·어욱뻥이·어욱고장·어욱꽃' 등으로 부른다. 화승을 지역에 따라서 '홰심'[삼양, 조천].'화심'[송당].'화슴'[남원].'화심'[조수].'화승'[서귀, 중문, 색달 등 산남 지역].'불찍'[한림·비양도, 가파도].'미심'[봉성] 등으로 불렀는데, 성냥을 쉽게 구하지 못했을 때 담배를 태우는 남정네들에게 없어서는 안 될 긴요한 물건이었다.

화승은 불을 붙게 하는 데 쓰는 노끈으로써 불씨를 이어주는 역할을 하였다. 화승은 산에서 제사를 지낼 때 향로 대용으로도 쓰였다고 한다. 육지에서는 대의 속살을 꼬아 화승을 만들지만 제주에서는 주로 억새꽃인 '새품'을 이용해 만들었다. 우도에서는 조짚으로 화승을 만들어 썼다고 하니, 지역에서 쉽게 얻을 수 있는 재료를 활용했던 옛 어른들의 삶의 지혜가 느껴진다.

화승을 만들려면, 억새꽃을 뽑아다 말린 후 꽃 부분만 떼어내어 알맞은 굵기로 만든 후 날로 된 칡 줄기를 깨서 감아두면 칡이 말라가면서 단단하게 동여진다. 그렇게 만들어진 화승에 아침에 불을 붙여서 밭에 가져가면 저녁까지 불이 꺼지지 않는다. 화승도 이삭이 핀 새품보다는 피지 않은 것이 더욱 좋다고 한다.

"어욱 미삐쟁이 뽑아당 그놈을 톨톨톨톨 몰아가지고 요만이 두께로 몰앙 화승이라고 꾹 깨영은에 뱅뱅 감으멍 만들앙은에. 옛날 성

냥 웃인 때, 밧 갈레 갈 때도 그 끗에 불 부쩡 밧듸 강 떡 놔둠서 담
베를 피왓고."

(억새 새품 뽑아다가 그놈을 톨톨톨톨 말아가지고 요만한 두께로 말
아서 화승이라고 칡 깨서 뱅뱅 감으면서 만들었어. 옛날 성냥 없을
때, 밭 갈러 갈 때도 그 끝에 불 붙여서 밭에 가서 떡 놔두고서 담배를
피웠고.)

— 서귀포시 색달동 변행찬 구술

　진성기의《제주도민속－세시풍속》(1969:208~209)에는 화승에 대한 기
록이 잘 나와 있다.

화심 '화심'은 표준어 '화승'에 대응하는 제주어다. 지역에 따라서 '홰심·미심·화승'이라고 한다. 예
전에 제주에서는 성냥이 귀할 때 갓 핀 억새꽃을 뽑아다 칡으로 동여매어 불씨인 '화심'을 만들어
썼다.

"화심은 주로 성냥이 귀한 중산간민의 사이에 들에 마소치러 나갈 때와 기타 밭 일을 볼 때 흔히 이용되고 있다. …… 산에서 일을 많이 보는 이일수록 이러한 화심을 준비하게 되는 것인데, 이것으로 담뱃불도 붙이고 필요한 경우에는 불을 일구어 무엇을 구워 먹게 도 된다. 그리고 본시 화심은 깨끗한 것이므로 때에 따라서는 산에서 지내는 온갖 제의 때에 향로 대용으로 제단에 놓아 향불을 피우기도 한다. 참으로 이 화심은 들에서의 불씨를 잇는 데는 다시 없이 좋은 것으로서 흔히 무속사회에서 심방의 말미로 듣게 되는 "산쟁이 미싱불로 도새기 털을 그시리니 돗궤기를 먹은간 씬간 돈경내가 낫다."는 표현을 보더라도 옛날 우리 조상들은 이 화심(미싱불)이 얼마나 생활에 이용되었나를 짐작하게 한다."

"눌이 커도 주지가 으뜸"

이뿐인가. 너무 자라지 않은 '어욱'은 베어다가 '주지(주저리)'도 만들었다. '주지'는 보리나 꼴 등 각종 '눌(가리)' 위에 이엉을 덮은 다음에 꼭대기에 덮는 물건이다. '주지'를 덮어야만 비가 와도 가리 안으로 물이 들지 않는다. '눌이 커도 주지가 으뜸'이라는 말은 아무리 가리가 커도 주저리가 없으면 비바람에 가리가 무사할 수 없기 때문에 생겨난 말이다. '주지'는 지역에 따라서 '주젱이'라고도 부른다. 자잘한 '어욱'으로는 '느래미(이엉)'도 엮었지만 보통은 '주저리'를 만드는 데 사용하였다.

'눌'과 '주쟁이' 제주 속담에 '눌이 커도 주쟁이가 으뜸'이라는 말이 있다. '눌'이 아무리 커도 꼭대기에 물이 들지 않도록 덮어주는 '주쟁이'가 없으면 아무 소용이 없다는 말이다. '눌'은 '가리', '주쟁이'는 '주저리'에 해당하는 제주어인데 '주지'라고도 한다. 사진을 보면, '주쟁이' 자리에 흰 비닐을 덮어 빗물이 들어가지 못하게 했다. 《사진으로 보는 제주역사》에서 발췌.

"어욱 비여당 주쟁이 짱 눌 우의 더끄는 거. 기장이 지니까 주쟁이 더끄민 ㅂ름에 불리지 아녕 좋주게. 눌이 커도 주지가 으뜸이렌 헌 말이 잇지. 이건 주쟁이가 없으면 눌이 아무리 커도 서늉 못허여. 꼭대기로 물 들어. 주쟁일 더꺼사 눌이 제 역할을 허는 거. 줌진 어 욱 헤당 느래미도 멘들곡. 흙은 건 덩체기 그차뒹 에끄는디 느래미 는 잘 아녀."

(억새 베다가 주저리 짜서 가리 위에 덮는 거. 길이가 기니까 주저리 덮으면 바람에 불리지 않아서 좋지. 가리가 커도 주저리가 으뜸이라 고 하는 말이 있지. 이것은 주저리가 없으면 가리가 아무리 커도 시 늉을 못해. 꼭대기로 물 들어. 주저리를 덮어야 가리가 제 역할을 하

는 거. 자잘한 억새 해다가 이엉도 만들고. 굵은 것은 밑둥 잘라두고 엮는데 이엉은 잘 안 해.)

— 한경면 조수2리 김성욱 구술

"초집 지붕 일 때 '어욱'으로 '집가지 거실어'"

'어욱'은 초집의 지붕을 일 때 없어서는 안 될 재료였다. 지붕을 일 때는 '그신새(초가 지붕을 덮었던 묵은 새)'로 일차 지붕을 덮은 다음에 '어욱'을 가지고 '집가지(처마)'를 빙 두른다. '집가지'는 '어욱'을 거꾸로 해서 박으면서 두르는데, '어욱'을 두른 후에 '새(띠)'를 덮어 집줄로 잘 동여매면 초가 지붕이 완성된다. '어욱'으로 처마를 두르는 것을 '알 박다' 또는 '집 알 거시린다'고 말한다. 집을 다 인 다음에 처마 끝을 '호미(낫)'로 곱게 마무리하면 칭찬의 대상이 되기도 한다. 집을 이고 단장하는 일은 남자들의 몫이었다. 가을철 집을 이고 나면 남자들의 한 해 일은 다 끝났다는 말도 있다.

"집 일 때 어욱 즈른 걸로 헤당 집 알 거실러. 집 서리 걸고, 서실허영 그신새로 흔 불 끌아뒁 집가지에 어욱을 거꾸로 허영 그신새에 지르멍 빙 허게 둘러. 경허는 걸 집 알 거시린덴 허는 거. 부엌 살림은 여인이 허곡 집 호스허는 건 남자가 꾸미는 거주."
(집 일 때 억새 짧은 것으로 해다가 집 아래를 '단장해.' 집 서까래 걸고 발비[서까래 위에 산자를 얹고 알매흙이 새지 못하도록 덧대어 까는 잡살뱅이 나뭇조각]해서 '묵은 새'로 한 벌 깔아두고 처마에 억새를 거꾸로 해서 '묵은 새'

에 찌르면서 빙 하게 둘러. 그렇게 하는 것을 '집 알 거시린다'고 하는 거. 부엌 살림은 여인이 하고 집 호사하는 것은 남자가 꾸미는 것이지.)

— 한경면 조수2리 김성욱 구술

"호랑이에게 물린 독을 제거할 때는 억새 줄기 달여 먹어"

이 밖에도 억새의 줄기는 무명실을 뽑을 때 '가래기(가락)'에 끼워서 사용하는 도구로도 활용되었다. 구술 자료 속의 사실들은 문헌 자료를 통하여서도 확인할 수 있다. 《유씨물명고》와 《본초강목》을 보면, '어욱'은 "껍질을 벗겨 새끼를 만들고 그 이삭으로 빗자루를 만들고, 신을 만들고, 발을 만들" 때 쓰였다.

- 芒 亦作菮 叢生葉如茅而長 甚快利傷人 抽莖白花如蘆剝其(+++捀)皮可爲繩其穗作帚此亦似웍싁而 未可知 芭茅 杜榮 仝 罷王根草 譯語웍싁也

  (망(芒) 달리 망(菮)이라 쓰기도 한다. 자주 사람에게 상처를 입힌다. 줄기가 솟고 흰 꽃이 피는 것은 갈대와 같다. 그 껍질을 벗겨 새끼를 만들고 그 이삭으로 빗자루를 만들기도 한다. '웍싁'과 비슷하나 아직 알지는 못한다. 파모, 두영이라 하기도 한다. 파왕근초(罷王根草)는 《역어유해》의 '웍싁'다.)

  — 《유씨물명고》 3, 草

'어욱'의 줄기는 약용으로도 사용되었다. 제주의 민간에서 아직 '어욱'의 약효에 대해서는 확인하지 못했지만,《본초강목》에 "줄기는 사람이나 가축이 호랑이나 이리 등에게 상처를 입거나 독이 몸에 퍼졌을 때 복용하라."고 되어 있다. 또 "억새 줄기로 만든 오래된 발을 술과 함께 넣어 달인 것을 복용하거나 불 살라서 오래 쬐면 산모의 배에 피가 가득 고여 갈증이 나거나 오로가 나오는 데 좋다."고 되어 있다.《본초강목》의 기록을 보자.

- 芒 杜榮 芭芒 芭茅 爾雅苄杜榮 郭璞注云 草似茅 皮可爲繩索履屬也 今東人多以箔 又曰 石芒生高山 如芒以節短江西呼爲折草 六七月生穗如荻 時珍曰 芒有二種 皆叢生 葉皆如茅而大 長四五尺 甚快利傷人如鋒刃 七月抽長莖 開白花成穗如蘆葦花者 芒也 五月抽短莖 開花如芒者 石芒也 竝於花將放時 剝其籜皮可爲繩箔草履諸物 其莖穗可爲掃帚也. (主治) 人畜爲虎狼等傷 恐毒入內 取莖雜葛根濃煮汁服(藏器) 煮汁服散血(時珍) 敗芒箔(主治) 産婦血滿腹脹 血渴 惡露不盡 月閉止好血 下惡血 去鬼氣疰痛癥結 酒煮服之 亦燒末酒下 彌久着煙者佳(藏器)

(두영 파망 파모라 한다.《이아》에서는 苄을 두영이라 한다 했다. 곽박(郭璞)이 주에 밝히기를, 이 풀은 띠와 비슷하고 껍질로는 노끈이나 짚신을 만들 수 있다 하였다. 지금 동인들 대부분은 이것으로 발을 만들었다. 또 석망(石芒)은 높은 산에서 자라는데 망(芒)과 같지만 마디가 짧다. 강서에서는 절초라 한다. 6·7월에 이삭이 피는데 물억새와 같다. 이시진(李時珍)이 말하기를 억새는 두 종류가 있는데, 다 같이 모여 자라며 잎은 다같이 띠와 같으나 크다. 키는 4·5척이며, 뾰

482

족한 칼날과 같이 날카로워 사람에게 상처를 입힌다. 7월에는 기다란 줄기가 솟고 흰꽃이 피어 이삭이 되는데 갈대 꽃과 같을 것을 '망'이라 한다. 5월에 짧은 줄기가 솟고 억새처럼 꽃이 피는 것을 '석망'이라 하는데 둘 다 꽃은 오래 간다. 그 껍질을 벗기어 새끼, 발, 신을 만들고 그 줄기와 이삭은 빗자루를 만들 수 있다. (주치) 사람과 가축이 호랑이나 이리 등에 상처를 입거나 그 독이 몸속에 들어가면 줄기와 칡뿌리를 섞어 삶아 질게 해서 복용하라.(장기) 삶아 복용하면 뭉친 혈을 풀리게 한다.(이시진) 억새 줄기로 만든 오래된 발(주치) 산모의 배에 피가 가득 고여 갈증이 나고 오로가 계속 나오거나 월경이 끝나 좋은 피가 그치고 나쁜 피가 나오거나 그로 인한 통증을 멎게 하려면 술과 같이 넣어 삶아서 복용하라. 또 술을 넣어 불사르면서 오래도록 연기를 쐬어도 좋다.)

이렇듯 가을의 전령인 '어욱'은 우리 생활 속에서 많이 애용되었던 야생 식물이다. 지붕을 덮는 재료로, 가리를 비바람으로부터 보호해주는 '주저리'로, 신날과 참바로, 불을 이어주는 불씨의 '끈'으로, 그리고 우리의 몸을 살리는 약용식물로 그 기능을 다했다. 이 가을, 제주의 들녘을 수놓은 '어욱고장'을 감상하며 예전 우리 조상들이 생활 속에서 '어욱'을 활용했던 그 지혜를 떠올려 보는 것은 어떨까.

참고문헌

강영봉(1986), 〈제주도방언의 식물이름 연구〉, 《탐라문화》 제5호, 제주대학교 탐라문화연구소, 1-20.

강영봉(1994), 《제주도방언의 동물이름 연구》, 경기대학교 대학원.

강영봉(1994), 《제주의 언어 1》, 제주문화.

강영봉(1997), 《제주의 언어 2》, 제주문화.

강영봉(2001), 〈제주어의 주거 생활 어휘〉, 《영주어문》 제3집, 영주어문학회, 3-12.

강영봉(2007), 《제주 한경 지역의 언어와 생활》, 태학사.

강영봉(2009), 《제주 서귀 호근 지역의 언어와 생활》, 태학사.

강영봉(2015), 《제주어 제주 사람 제주문화 이야기》, 도서출판 각.

강영봉·김동윤·김순자(2010), 《문학 속의 제주방언》, 글누림.

강요배(1994), 《제주의 자연》, 학고재.

강정희·김순자(2011), 《2011년도 민족생활어 조사 5-어촌생활어 기초어휘 조사》, 국립국어원·한남대학교.

강중훈(1996), 《오조리 오조리, 땀꽃마을 오조리야》, 지문사.

고광민(1999), 〈옛 살림집 들여다보기〉, 《제주학》 제4호, (사)제주학연구소, 10-21.

고부자(2007), 〈제주민속연구 현황과 과제〉, 《제주어와 제주민속의 변화 그리고 보존》, 제주특별자치도·국립민속박물관, 188-212.

고재환(1999/2002), 《제주도속담사전》, 제주도/민속원.

국립국어원(1999), 《표준국어대사전》, 두산동아.

김순자(2004), 〈제주학 정립을 위한 기본 용어 연구〉(제주대학교 석사논문).

김순자(2006), 《제주의 삶과 문화를 잇는 사람들―와치와 바치》, 도서출판 각.

김순자(2008), 〈제주 바다의 소라·고둥·전복 이름(1)〉, 《영주어문》 제15집, 영주어문학회, 63-100.

김순자(2008), 《나, 육십육년 물질허멍 이제도록 살안》, 제주대학교 국어상담소.

김순자(2009), 《해녀·어부·민속주: 제주도의 민족생활어》, 글누림.

김순자(2010), 《돌각돌각 미녕 싸멍 우린 늙엇주》, 제주대학교 국어문화원.

김순자(2012), 《앞멍에랑 들어나 오라 뒷멍에랑 나고나 가라》, 제주대학교 국어문화원.

김순자(2014), 〈제주도방언의 '호상옷(수의)' 관련 어휘 연구〉, 《탐라문화》 제47호, 제주대학교 탐라문화연구원, 113-141.

김순자(2014), 《제주도방언의 어휘 연구》, 도서출판 박이정.

김영돈(1965), 《제주도민요연구》(上), 일조각.

김용길(1995), 《서귀포 서정별곡》, 빛남.

김용해(1998), 《아버지의 유언》, 도서출판 학예원.

김정(1620), 《제주풍토록》.

김종두(2000), 《사는 게 뭣산디》, 영주문학사.

남광우(1997), 《교학 고어사전》, 교학사.

문충성(1980), 《자청비》, 문장.

문충성(1981), 《섬에서 부른 마지막 노래》, 문학과지성사.

문충성(2001), 《허공》, 문학과지성사.

문충성(2002), 《망각 속에 잠자는 돌》, 제주문화.

박용후(1960/1988), 《제주방언연구》, 동원사/고려대학교 민족문화연구소.

북한사회과학원 언어학연구소(1992), 《조선말대사전》, 사회과학출판사.

서재철·김영돈(1990), 《제주해녀》, 봅데강.

석주명(1947), 《제주도방언집》, 서울신문사출판부.

송상조(2007), 《제주말큰사전》, 한국문화사.

양전형(2015), 《게무로사 못 살리카》, 다층.

오성찬(1976), 《탐라인》, 창원사.

오성찬(1988), 《단추와 허리띠》, 지성문화사.

오성찬(1989), 《한 공산주의자를 위하여》, 실천문학사.

오성찬(1991), 《사삼사태로 반 죽었어, 반!》, 뿌리깊은나무.

오성찬(1998), 《푸른 보리밭》, 새미.

오성찬(1999), 《진혼아리랑》, 답게.

오성찬(2001), 《보제기들은 밤에 떠난다》, 푸른사상.

이영복(1942/1995), 〈밭당님〉, 《제주문학》(1900-1949), 제주대학교 탐라문화연구소.

유창돈(1964/2010), 《이조어사전》, 연세대학교출판부.

이건(1628), 《제주풍토기》.

제주도민속자연사박물관(1985), 《제주도의 음식》.

제주작가회의(2001), 《깊은 적막의 끝》, 도서출판 각.

제주특별자치도(2009), 《사진으로 보는 제주역사》.

제주특별자치도 여성특별위원회(2006), 《제주 여성의 생애: 살암시난 살앗주》.

진성기(1959), 《남국의 속담》, 제주민속연구소.

진성기(1969), 《제주도민속-세시풍속》, 제주민속연구소.

진태준(1977), 《건강과 민간요법》, 한국고시연구원.

한국정신문화연구원(1995), 《한국방언자료집 XI: 제주방언》.

한글학회(1992), 《우리말큰사전》, 어문각.

한기팔(1999), 《바람의 초상》, 시와시학사.

허영선(2003), 《뿌리의 나무》, 당그래.

현기영(1980), 《순이삼촌》, 창작과비평사.

현기영(1989), 《바람 타는 섬》, 창작과비평사.

현기영(1994), 《마지막 테우리》, 창작과비평사.

현기영(1999), 《지상에 숟가락 하나》, 실천문학사.

현길언(1988), 《우리 시대의 열전》, 문학과지성사.

현길언(1995), 《한라산》, 문학과지성사.

현진숙(2001), 〈제주 여성들은 어떤 옷을 입었을까〉, 《제주 여성문화》, 제주도, 153-211.

현평효(1962/1985), 《제주도방언연구: 자료편》, 정연사/태학사.

현평효 외(2009), 《개정증보 제주어 사전》, 제주특별자치도.

한평효·강영봉(2014), 《표준어로 찾아보는 제주어사전》, 제주대학교 국어문화원.

홍정표(1993), 《만농 홍정표 선생 사진집-제주 사람들의 삶》, 제주대학교 박물관.

도움 주신 분들

강원호(1926년생, 안덕면 덕수리)

강자숙(1931년생, 애월읍 봉성리)

고봉만(1930년생, 제주시 건입동)

고성수(1928년생, 제주시 도련동)

고순여(1926년생, 제주시 이호동)

고재인(1924년생, 구좌읍 한동리)

고태원(1934년생, 구좌읍 동복리)

고춘자(1927년생, 구좌읍 김녕리)

고희출(1932년생, 안덕면 서광리)

김경생(1920년생, 제주시 삼도1동)

김복만(1941년생, 구좌읍 김녕리)

김석규(1930년생, 서귀포시 호근동)

김석봉(1939년생, 구좌읍 송당리)

김성욱(1926년생, 한경면 조수2리)

김성화(1932년생, 한경면 조수1리)

김영하(1929년생, 안덕면 사계리)

김을정(1925년생, 표선면 성읍리)

김정순(1932년생, 애월읍 하귀2리)

김지순(1935년생, 제주시 삼도2동)

김충우(1958년생, 제주시 연동)

김희창(1941년생, 서귀포시 호근동)

박창식(1934년생, 구좌읍 한동리)

변행찬(1940년생, 서귀포시 색달동)

송순원(1936년생, 표선면 성읍리)

신창현(1939년생, 대정읍 구억리)

신춘도(1934년생, 구좌읍 동복리)

양춘자(1932년생, 안덕면 화순리)

오국현(1934년생, 표선면 가시리)

오문봉(1932년생, 구좌읍 한동리)

오양수(1937년생, 남원읍 의귀리)

이동백(1928년생, 표선면 성읍리)

이보연(1929년생, 제주시 이호2동)

이삼년(1932년생, 구좌읍 김녕리)

이옥춘(1932년생, 한경면 조수2리)

정서홍(1934년생, 표선면 가시리)

정양길(1915년생, 표선면 가시리)

조춘월(1934년생, 서귀포시 색달동)

한인열(1938년생, 서귀포시 색달동)

허순화(1932년생, 구좌읍 송당리)

홍수선(1932년생, 구좌읍 하도리)

홍영애(1932년생, 구좌읍 한동리)

홍진규(1915년생, 애월읍 수산리)

찾아보기

492

김순자

신성여자고등학교 졸업.
제주대학교 국어국문학과 졸업.
제주대학교 대학원 국어국문학과 졸업(문학박사).
제민일보 문화부장 직무대리 지냄.
제주대학교 강사, 제주대학교 국어문화원 연구원,
제주학연구센터 위촉연구위원 역임.
현재 (사)제주어연구소 이사.

논문
〈제주학 정립을 위한 기본 용어 연구〉, 〈제주도방언의 언어지리학적 연구〉 외 다수.
저서
《와치와 바치》, 《해녀 어부 민속주−제주도의 민족생활어》, 《개정증보 제주어사전》(공편), 《문학 속의 제주방언》(공저), 《제주도방언의 어휘 연구》, 《제주수산물 방언자료집》외 다수.
구술 자료집
《나, 육십육년 물질허멍 이제도록 살안》, 《돌각돌각 미녕 싸멍 우린 늙엇주》, 《앞멍에랑들어나오라 뒷멍에랑 나고나가라》 등이 있음.

제주 사람들의 삶과 언어

2018년 2월 4일 초판 2쇄 발행

지은이 김순자
펴낸이 김영훈
편집인 김지희
디자인 나무늘보
펴낸곳 도서출판 한그루
　　　　출판등록 제651-2008-000003호
　　　　63256 제주특별자치도 제주시 천수동로2길 23
　　　　전화 064 723 7580 전송 064 753 7580
　　　　전자우편 onetreebook@daum.net 누리방 onetreebook.com

ISBN 978-89-94474-38-0 03380

이 도서의 국립중앙도서관 출판예정도서목록(CIP)은 서지정보유통지원시스템 홈페이지(http://seoji.nl.go.kr)와
국가자료공동목록시스템(http://www.nl.go.kr/kolisnet)에서 이용하실 수 있습니다. (CIP제어번호: CIP2016027180)

값 30,000원